A FORMAÇÃO DO SÍMBOLO NA CRIANÇA
Imitação, Jogo e Sonho, Imagem e Representação

O GEN | Grupo Editorial Nacional – maior plataforma editorial brasileira no segmento científico, técnico e profissional – publica conteúdos nas áreas de ciências humanas, exatas, jurídicas, da saúde e sociais aplicadas, além de prover serviços direcionados à educação continuada e à preparação para concursos.

As editoras que integram o GEN, das mais respeitadas no mercado editorial, construíram catálogos inigualáveis, com obras decisivas para a formação acadêmica e o aperfeiçoamento de várias gerações de profissionais e estudantes, tendo se tornado sinônimo de qualidade e seriedade.

A missão do GEN e dos núcleos de conteúdo que o compõem é prover a melhor informação científica e distribuí-la de maneira flexível e conveniente, a preços justos, gerando benefícios e servindo a autores, docentes, livreiros, funcionários, colaboradores e acionistas.

Nosso comportamento ético incondicional e nossa responsabilidade social e ambiental são reforçados pela natureza educacional de nossa atividade e dão sustentabilidade ao crescimento contínuo e à rentabilidade do grupo.

JEAN PIAGET

A FORMAÇÃO DO SÍMBOLO NA CRIANÇA

Imitação, Jogo e Sonho, Imagem e Representação

Quarta Edição

Tradução de

Álvaro Cabral
e
Christiano Monteiro Oiticica

- O autor deste livro e a editora empenharam seus melhores esforços para assegurar que as informações e os procedimentos apresentados no texto estejam em acordo com os padrões aceitos à época da publicação, *e todos os dados foram atualizados pelo autor até a data de fechamento do livro.* Entretanto, tendo em conta a evolução das ciências, as atualizações legislativas, as mudanças regulamentares governamentais e o constante fluxo de novas informações sobre os temas que constam do livro, recomendamos enfaticamente que os leitores consultem sempre outras fontes fidedignas, de modo a se certificarem de que as informações contidas no texto estão corretas e de que não houve alterações nas recomendações ou na legislação regulamentadora.

- O autor e a editora se empenharam para citar adequadamente e dar o devido crédito a todos os detentores de direitos autorais de qualquer material utilizado neste livro, dispondo-se a possíveis acertos posteriores caso, inadvertida e involuntariamente, a identificação de algum deles tenha sido omitida.

- **Atendimento ao cliente: (11) 5080-0751 I faleconosco@grupogen.com.br**

- Título original:
  La Formation du Symbole chez l'enfant
  Imitation, Jeu et Rêve
  Image et Représentation

- Traduzido da terceira edição, publicada em 1964, por
  Editions Delachaux et Niestlé, Neuchâtel, Suíça.
  Copyright © 1964, Delachaux et Niestlé S.A., Neuchâtel (Switzerland)

- Direitos exclusivos para a língua portuguesa
  Copyright © 2010 by
  LTC I Livros Técnicos e Científicos Editora Ltda.
  Uma editora integrante do GEN I Grupo Editorial Nacional
  Travessa do Ouvidor, 11
  Rio de Janeiro – RJ – 20040-040
  www.grupogen.com.br

- Reservados todos os direitos. É proibida a duplicação ou reprodução deste volume, no todo ou em parte, em quaisquer formas ou por quaisquer meios (eletrônico, mecânico, gravação, fotocópia, distribuição pela Internet ou outros), sem permissão, por escrito, da LTC I Livros Técnicos e Científicos Editora Ltda.

- Capa: Olga Loureiro

- Editoração eletrônica: ANTHARES

CIP-BRASIL. CATALOGAÇÃO-NA-FONTE
SINDICATO NACIONAL DOS EDITORES DE LIVROS, RJ.

P642f
4.ed.

Piaget, Jean, 1896-1980
A formação do símbolo na criança : imitação, jogo e sonho, imagem e representação / Jean Piaget ; tradução de Álvaro Cabral e Christiano Monteiro Oiticica. – 4. ed. – [Reimpr.]. – Rio de Janeiro : LTC, 2023.

Tradução de: La formation du symbole chez l'enfant imitation, jeu et rêve, image et représentation
ISBN 978-85-216-1761-7

1. Psicologia infantil. 2. Imitação. 3. Jogos infantis. 4. Psicologia genética. 5. Simbolismo (Psicologia) em crianças. I. Título.

10-2542   CDD: 155.4
                      CDU: 159.922

SUMÁRIO

Introdução, *1*

PRIMEIRA PARTE
A GÊNESE DA IMITAÇÃO, *7*

CAPÍTULO I. *As Três Primeiras Fases: Ausência de Imitação, Imitação Esporádica e Inícios de Imitação Sistemática, 9*

§1. A Primeira Fase: A Preparação Reflexa, *10*

§2. A Segunda Fase: Imitação Esporádica, *11*

§3. A Terceira Fase: Imitação Sistemática de Sons Já Pertinentes à Fonação da Criança e de Movimentos Executados Anteriormente pelos Sujeitos de Maneira Visível para Ela, *23*

CAPÍTULO II. *As Fases IV e V: Imitação de Movimentos Não Visíveis do Próprio Corpo e de Novos Modelos, 37*

§1. A Quarta Fase: I. Imitação dos Movimentos Já Executados pelo Sujeito, mas de Maneira Invisível para Ele, *37*

§2. A Quarta Fase: II. Início da Imitação dos Modelos Sonoros ou Visuais Novos, *52*

§3. A Quinta Fase: Imitação Sistemática dos Novos Modelos, Incluindo os que Correspondem a Movimentos Invisíveis do Próprio Corpo, *59*

CAPÍTULO III. *A Sexta Fase: Princípios da Imitação Representativa e a Evolução Ulterior da Imitação, 69*

§1. A Sexta Fase: A Imitação Diferida, *70*

§2. A Evolução Ulterior da Imitação. A Imitação e a Imagem, *81*

§3. As Teorias da Imitação, *88*

SEGUNDA PARTE
O JOGO, *99*

CAPÍTULO IV. *O Nascimento do Jogo, 101*

CAPÍTULO V. *A Classificação dos Jogos e Sua Evolução, a Partir do Aparecimento da Linguagem, 119*
  §1. Exame Crítico dos Sistemas Usuais de Classificação das Condutas Lúdicas, 120
  §2. O Exercício, o Símbolo e a Regra, 125
  §3. Classificação e Evolução dos Jogos de Exercícios Simples, 129
  §4. Classificação e Evolução dos Jogos Simbólicos, 135
  §5. Os Jogos de Regras e a Evolução dos Jogos Infantis, 160

CAPÍTULO VI. *A Explicação do Jogo, 165*
  §1. Os Critérios do Jogo, 165
  §2. A Teoria do Pré-Exercício, 169
  §3. A Teoria da Recapitulação, 175
  §4. A Teoria da "Dinâmica Infantil", de F. J. J. Buytendijk, 178
  §5. Ensaio de Interpretação do Jogo pela Estrutura do Pensamento da Criança, 181

CAPÍTULO VII. *O Simbolismo Secundário do Jogo, o Sonho e o Simbolismo Inconsciente, 191*
  §1. O Simbolismo Secundário do Jogo e do Sonho na Criança, 193
  §2. A Explicação Freudiana do Pensamento Simbólico, 206
  §3. O Simbolismo Segundo Silberer, Adler e Jung, 218
  §4. Ensaio de Explicação do Simbolismo Inconsciente, 225
  §5. O Simbolismo Inconsciente e os Esquemas Afetivos, 232

TERCEIRA PARTE
A REPRESENTAÇÃO COGNITIVA, 241

CAPÍTULO VIII. *A Passagem dos Esquemas Sensório-motores para os Esquemas Conceptuais, 243*
  §1. Os Primeiros Esquemas Verbais, 244
  §2. Os "Pré-Conceitos", 250
  §3. Os Primeiros Raciocínios: Raciocínios Pré-Conceptuais (Transduções) e Raciocínios Simbólicos, 259
  §4. Da Inteligência Sensório-motora à Representação Cognitiva, 267

CAPÍTULO IX. *Das Categorias Práticas às Categorias Representativas, 275*
  §1. Os Mitos de Origem e o Artificialismo, 276
  §2. O Animismo, 281
  §2. *Bis*. O Declínio do Artificialismo e do Animismo, 284
  §3. Os Nomes, os Sonhos e o Pensamento, 286
  §4. Os Comportamentos Mágico-Fenomenistas, as Reações Relativas ao Ar e a Coordenação dos Pontos de Vista, 288
  §5. O Objeto, as Perspectivas Espaciais e o Tempo, 292
  §6. Conclusões: Pré-Conceito, Intuição e Operação, 300

CAPÍTULO X. *Conclusões: Os Estágios Gerais da Atividade Representativa, 305*
I. O Primeiro Período: A Atividade Sensório-Motora, *306*
II. O Segundo Período: A Atividade Representativa Egocêntrica. Fase I: O Pensamento Pré-Conceptual, *310*
III. O Segundo Período: A Atividade Representativa Egocêntrica. Fase II: O Pensamento Intuitivo, *319*
IV. O Terceiro Período: A Atividade Representativa de Ordem Operatória, *322*

Índice, *327*

Introdução

Os últimos trabalhos que consagramos ao desenvolvimento do pensamento racional na criança – *A Gênese do Número* e *O Desenvolvimento das Quantidades na Criança* – focalizaram a constituição dos diversos sistemas operatórios em jogo na logicização e na matematização nascentes do real, pelo que o pensamento intuitivo ou representativo só foi abordado, assim, de modo algo negativo: tratava-se, sobretudo, de mostrar a sua insuficiência e a intervenção necessária das operações propriamente ditas para completar e corrigir esse pensamento. Mas a representação imaginada, ou intuitiva, suscita uma série de problemas que convém examinar por si mesmos, em função da sua própria gênese e não apenas da sua inserção final no quadro das operações (ou, mais precisamente, das articulações progressivas que a transformam, pouco a pouco, em pensamento operatório e reversível). Importa, pois, reconstituir os inícios da representação e procurar compreender o seu funcionamento específico; só então será possível elucidar as questões das relações entre a intuição e as operações, nos casos em que a primeira se prolonga nas segundas, e naqueles, também numerosos, sem dúvida, em que a representação imaginada conserva a sua vida própria, fora das segundas, como no jogo, na imitação, no pensamento simbólico etc.

E mais. Antes de analisarmos a gênese das operações, tínhamos estudado – em *O Nascimento da Inteligência na Criança* e em *A Construção do Real na Criança* – a inteligência sensório-motora anterior à linguagem, isto é, a forma de inteligência que prepara, no terreno da ação elementar, o que mais tarde se converterá em operações do pensamento refletido. Portanto, convém agora procurar estabelecer a ponte entre a atividade sensório-motora que precede a representação, de um lado, e as formas operatórias do pensamento, do outro lado; e o problema equivale, de novo, a reconstituir os primórdios do pensamento representativo e a situar a sua evolução entre as duas fases extremas do sensório-motor e do operatório.

É evidente que, tomados em sua mais lata acepção, esses diversos problemas suscitariam o do papel da linguagem. Mas essa questão já foi abundantemente estudada. Por outra parte, nós também a abordamos em duas de nossas obras – *A Linguagem e o Pensamento na Criança* e *O Juízo e o Raciocínio na Criança* – do ponto de vista da socialização do pensamento. Não voltaremos, pois, a abordá-la aqui, senão a propósito dos primeiros esquemas verbais e dos "pré-conceitos", tão característicos do nível de dois a quatro anos. Esforçar-nos-emos, pelo contrário, em mostrar que a aquisição da linguagem também está subordinada ao exercício de uma função simbólica, a qual tanto se afirma no desenvolvimento da imitação e do jogo quanto no dos mecanismos verbais. Os domínios em que vamos, sobretudo, estudar os inícios da representação infantil são, portanto, aqueles em que os processos individuais da vida mental predominam sobre os fatores coletivos, e nisso insistiremos mesmo no caso da imitação, que conduz à constituição de relações interindividuais sem delas derivar univocamente. Mas limitar-nos-emos às questões da gênese da representação em geral, só abordando a descrição das representações particulares na medida em que os fatos convergirem com os que já foram focalizados em nossas obras anteriores, *A Representação do Mundo na Criança* e *A Causalidade Física na Criança*.*

Assim delimitados, os problemas que teremos de examinar no presente volume são ainda muito amplos. Trata-se, em primeiro lugar, e será esse o objetivo da primeira parte deste livro, de reconstituir a gênese da imitação.[1] Já formulamos a hipótese (em *O Nascimento da Inteligência*) de que a representação deriva, em parte, da própria imitação. No seu admirável livro *De l'acte à la pensée*, que versa sobre os mesmos problemas de que nos vamos ocupar no presente volume, Wallon defendeu um ponto de vista análogo, o que é mais uma razão para reexaminarmos a mesma questão à luz dos fatos anteriormente reunidos sobre os nossos próprios filhos. Longe de podermos adotar todas as teses de Wallon, seremos levados, aliás, a rebatê-las muitas vezes.

---

* Indicamos em português os títulos das obras de J. Piaget porque já as traduzimos ou vamos traduzir para esta Editora. Os demais livros citados pelo Autor vão com os títulos originais (N.T.)

[1] Tínhamos anunciado um volume especial sobre esse assunto. Para abreviar, fundimos o seu conteúdo nas páginas seguintes.

Mas a imitação constitui apenas uma das fontes da representação, à qual fornece, essencialmente, seus "significantes" imaginados. No outro extremo, e do ponto de vista das significações, sobretudo, pode-se considerar o jogo, ou atividade lúdica, como conduzindo igualmente da ação à representação, na medida em que evolui da sua forma inicial de exercício sensório-motor para a sua segunda forma de jogo simbólico ou jogo de imaginação. É mesmo no terreno da evolução do jogo que os processos assimiladores característicos do início da representação individual se revestem, sem dúvida, de sua mais evidente forma. Assim, dedicaremos a parte mais extensa desta obra (a segunda) ao estudo do jogo e dos fenômenos correlativos. Começaremos por reconstituir o nascimento do jogo, durante o primeiro ano, a título de introdução ao estudo do símbolo. Por outra parte, só reverteremos como simples recapitulação, para refrescar a memória, à questão dos jogos de regras, de que um exemplo particular (o jogo com bolas de gude) foi extensamente analisado em *O Juízo Moral na Criança*. Portanto, o jogo simbólico é que será essencial para nós, e, a seu respeito, seremos obrigados mesmo a ampliar a discussão até o problema do simbolismo "inconsciente" e do "pensamento simbólico" em geral, no sentido que lhe é dado pelos psicanalistas, de Freud a Silberer, a Adler e a Jung.

Só depois de examinarmos os problemas da imitação, do jogo e do pensamento simbólico "inconsciente" poderemos então, numa terceira e última parte, situar nesse conjunto os primórdios da representação cognitiva e extrair as conclusões a que nos terão conduzido essas análises prévias, no tocante ao mecanismo da atividade representativa ou da função simbólica.

São duas, essencialmente, as teses que vamos procurar desenvolver no presente volume. A primeira é que, no terreno do jogo e da imitação, pode-se acompanhar de maneira contínua a passagem da assimilação e da acomodação sensório-motoras – os dois processos que nos pareceram essenciais na constituição das formas primitivas e pré-verbais da inteligência – para a assimilação e a acomodação mentais que caracterizam os inícios da representação. A representação começa quando há, simultaneamente, diferenciação e coordenação entre "significantes" e significados", ou significações. Ora, os primeiros significantes diferenciados são fornecidos pela imitação e o seu derivado, a imagem mental, as quais prolongam a acomodação aos objetos exteriores. Quanto às próprias significações, elas são fornecidas pela assimilação, que predomina no jogo e se equilibra com a acomodação na representação adaptada. Depois de se dissociarem progressivamente, no plano sensório-motor, e de se desenvolverem ao ponto de poder ultrapassar o presente imediato, a assimilação e a acomodação apoiam-se, pois, uma na outra, numa conjunção final que se tornou necessária por causa dessa mesma ultrapassagem; é essa conjunção entre a imitação, efetiva ou mental, de um modelo ausente e as significações fornecidas pelas diversas formas de assimilação que permite a constituição da função simbólica. É então que a aquisição da linguagem, ou sistema de signos coletivos, se torna possível e que, graças ao conjunto tanto de símbolos individuais como desses signos, os esquemas sensório-motores acabam por transformar-se em conceitos ou por desdobrar-se em novos conceitos. A nossa primeira tese, prolongando a de *O Nascimento da Inteligência na Criança*, será, portanto, a da continuidade funcional entre o sensório-motor e o representativo, continuidade essa que orienta a constituição de sucessivas estruturas. Ora, essa suposição não é de natureza axiomática, tanto assim que Wallon objetou: "Por mais que Piaget queira demonstrar a continuidade dessa progressão, ele não teve outro remédio senão introduzir dois termos que não estão contidos nos esquemas motores: o espírito e o símbolo."[2] Vamos, pelo contrário, tentar mostrar como o símbolo é preparado pelo esquematismo pré-representativo. Quanto ao espírito, desenvolver-se-á por si mesmo, indubitavelmente.

A nossa segunda tese é a da interação das diversas formas de representação. Há representação quando se imita um modelo ausente. Assim acontece no jogo simbólico, na imaginação e até no sonho. Enfim, o sistema de conceitos e relações lógicas supõe a representação, quer em suas formas operatórias quer nas intuitivas. Quais são, pois, os elementos comuns a essas diversas representações, e poder-se-á sustentar que elas comportam mecanismos comparáveis?

A psicologia associacionista clássica resolvia facilmente o problema fazendo derivar todas as representações de uma realidade única e simples: a imagem, continuação direta da sensação. Mas a própria imagem cria um problema, visto que, longe de prolongar imediatamente a percepção como tal, não parece intervir na vida mental antes do segundo ano de vida e faz-se mister procurar compreender como. Além disso, é apenas um significante, ou um símbolo, e impõe-se precisamente estudar, a fim de compreendermos o seu papel, as relações entre os diversos significantes e as diversas significações, em suma, toda a atividade representativa.

Uma segunda maneira de resolver todos os problemas consiste em recorrer à vida social. Após tentar explicar as formas elementares da vida mental, da emoção em nível "projetivo" e da "inteligência das situações",

---

[2] *De l'acte à la pensée*, pág. 45.

pela intervenção, em fases sucessivas, de sistemas fisiológicos integrando cada um os precedentes, mas sem se prepararem mutuamente numa continuidade funcional, Wallon recorreu, para explicar a representação, a fatores sociais como o rito, o mito, a linguagem e as formas superiores de imitação. Mas a questão que se põe, nesse caso, é a de saber por que e como a criança sofreu, em tal ou tal momento exato, a influência de tais ou tais relações sociais: assim é que a linguagem se adquire numa certa idade e não noutra, segundo uma certa ordem e não uma outra, e só se transforma, pois, em pensamento, na medida em que este se encontra apto a se deixar transformar. Por consequência, não é a vida social em bloco que a Psicologia deve invocar, mas uma série de relações que se estabelecem, segundo todas as combinações possíveis, entre indivíduos de níveis distintos quanto ao desenvolvimento mental e em função de diferentes tipos de interação (pressão, cooperação, imitação, discussão etc.). Em sua última obra, Wallon censura-nos o fato de negligenciarmos o papel da vida social na gênese da representação: "Ele reduz aos fatores puramente individuais da motricidade poderes tais como o uso do símbolo e a expressão do pensamento, que só podem pertencer a um ser essencialmente social, e restringiu de maneira inadmissível os fundamentos da vida mental"[3] – assim se expressou Wallon a nosso respeito. Ora, essa objeção é tanto mais impressionante porquanto, num texto anterior,[4] Wallon nos acusava exatamente do contrário e queria que os progressos do pensamento lógico explicassem os da cooperação social, ao passo que nos atribuía a opinião inversa. Nós lhe havíamos concedido então que os fatores sociais nada explicam por si sós, se bem que a sua intervenção seja necessária ao desabrochar da razão. Fiel ao mesmo ponto de vista, responder-lhe-emos hoje que se a vida social, evidentemente, desempenha um papel essencial na elaboração do conceito e dos esquemas representativos vinculados à expressão verbal, ela não explica por si só, entretanto, os inícios da imagem ou do símbolo, tal como se observam na imitação diferida ou nos primeiros jogos de imaginação da criança de um ano. E mais: nenhum sociólogo conseguiu ainda demonstrar-nos a origem social dos símbolos "anatômicos" inconscientes com que nos deparamos no sonho, nem das imagens do estado transitório de sonolência!

O problema que vamos discutir no presente volume é, portanto, o da própria função simbólica, como mecanismo comum aos diferentes sis-

---

[3] *Loc. cit.*, págs. 45-46.

[4] *Bull. Soc. Franç. de Philos.*, ano XXVIII (Colin, 1928), nº 4: *Les trois systèmes de la pensée de l'enfant* (ver a intervenção de Wallon).

temas de representações e como mecanismo individual cuja existência prévia é necessária para tornar possíveis as interações do pensamento entre indivíduos e, por consequência, a constituição ou aquisição das significações coletivas. Isso não implica, de modo algum, que contestemos a natureza social daquelas, muito pelo contrário, pois tentamos constantemente demonstrar que a razão supõe a cooperação e a reciprocidade. Mas o fato social é, para nós, um fato a explicar e não a invocar como causa extrapsicológica. É por isso que o estudo da função simbólica nos parece dever abranger todas as formas iniciais de representação, da imitação e do símbolo lúdico ou onírico até ao esquema verbal e às estruturas pré-conceptuais elementares. Só então a unidade funcional do desenvolvimento que conduz da inteligência sensório-motora à inteligência operatória aparecerá através de sucessivas estruturas, individuais ou sociais; o equilíbrio progressivo entre a assimilação das coisas à atividade do sujeito e a acomodação deste àquelas redunda, com efeito, na reversibilidade que caracteriza essas ações interiorizadas, que são as operações da razão: ao passo que o primado da acomodação distingue a imitação e a imagem, o da assimilação explica o jogo e único símbolo "inconsciente".[5]

---

[5] Este volume já estava sendo impresso quando recebemos de Wallon o seu belo trabalho sobre *Les origines de la pensée chez l'enfant*. Lamentamos tanto mais não nos ter sido possível tomar em consideração esse livro porquanto Wallon, reatando no seu novo estudo os métodos de interrogatório de que nos servimos outrora, faz que nos encontremos, no terreno do próprio pensamento, de acordo num grande número de pontos essenciais.

PRIMEIRA PARTE

A Gênese da Imitação

omo foi estabelecido por M. P. Guillaume num livro que renovou a questão, a imitação não assenta numa técnica instintiva ou hereditária: a criança aprende a imitar, e essa aquisição suscita, tanto quanto as demais, todos os problemas relativos à construção sensório-motora e mental. Essa conclusão continuaria sendo válida mesmo que a tendência para imitar comportasse um componente transmitido por hereditariedade, visto que uma coisa é uma tendência e outra coisa muito diversa é a técnica que lhe permite desenvolver-se.

Iremos ainda mais longe e consideraremos a imitação pré-verbal da criança uma das manifestações da sua inteligência. Ao acompanharmos, passo a passo, a formação da imitação durante os dois primeiros anos, somos impressionados, com efeito, pela atividade propriamente dita que ela manifesta; durante esse período, a imitação nada tem de "automática" ou de "involuntária" (na acepção de não intencional), mas, pelo contrário, denuncia bem depressa a existência de coordenações inteligentes, tanto na aprendizagem dos meios que emprega como nos seus próprios fins. Além disso, existe uma conexão estreita, como veremos, entre as fases da imitação e as seis fases que distinguimos, anteriormente, no desenvolvimento da inteligência sensório-motora[1] a tal ponto que nos serviremos desse mesmo quadro para descrever os fatos cuja análise empreenderemos em seguida.

Ora, sendo esse o caso, é possível conceber desde já a interpretação seguinte. A inteligência sensório-motora pareceu-nos ser o desenvolvimento de uma atividade assimiladora tendente a incorporar os objetos exteriores aos seus esquemas, ao mesmo tempo que acomoda esses últimos àqueles. Na medida em que é procurado um equilíbrio estável entre a assimilação e a acomodação, pode-se falar, pois, de adaptação propriamente inteligente. Mas, na medida em que os objetos exteriores modificam os esquemas de ação do sujeito, sem que este, por seu turno, utilize diretamente esses objetos, ou, por outras palavras, na medida em que a acomodação predomina sobre a assimilação, a atividade se desenrola no sentido da imitação: esta constituiria, assim, o simples prolongamento dos movimentos de acomodação e compreender-se-ia o seu íntimo parentesco com o ato de inteligência de que ela apenas constituiria, portanto, um aspecto diferenciado ou uma parcela momentaneamente destacada. Inversamente, veremos em seguida que, quando a assimilação sobrepuja a acomodação, a atividade do sujeito se orienta, por isso mesmo, no sentido do jogo, que todos os intermediários ligam à adaptação inteligente e que constitui, assim, a recíproca da imitação.

Enfim, compreender-se desde o início em que é que o problema da imitação conduz ao da representação: na medida em que esta constitui uma imagem do objeto (o que certamente é, nada mais sendo do que isso), deverá ser então concebida como uma espécie de imitação interiorizada, quer dizer, um prolongamento da acomodação. Quanto ao simbolismo da imaginação, nenhuma dificuldade existe em compreender como se apoia no do jogo. Portanto, é necessário acompanhar, passo a passo, os progressos da imitação, depois os do jogo, para chegarmos, num dado momento, aos mecanismos formativos da representação simbólica.

---

[1] Ver *O Nascimento da Inteligência na Criança* (que designaremos pelas letras *N. I.*) e *A Construção do Real na Criança* (a que chamaremos *C. R.*).

CAPÍTULO I

As Três Primeiras Fases: Ausência de Imitação, Imitação Esporádica e Inícios de Imitação Sistemática

Em que nível do desenvolvimento devemos fixar o início da imitação? As variações dos autores a tal respeito mostram bem as dificuldades de uma separação nítida entre a imitação propriamente representativa e suas múltiplas formas preparatórias (ecoquinésia etc.). Wallon vai ao ponto de afirmar que "a imitação não sobrevém antes da segunda metade do segundo ano",[1] opinião admissível na hipótese de uma evolução mental por plataformas sucessivas, mas supõe, assim, a resolução antecipada do problema no sentido de uma oposição absoluta entre o representativo e o sensório-motor. Na realidade, mesmo que se chegasse, sem arbitrariedade, a entrosar as diversas fases da vida mental com as camadas neurológicas bem distintas (o que constitui uma tarefa muito legítima, mas a respeito da qual a história das teorias psicofisiológicas nos aconselha alguma prudência), subsistiria sempre que à descontinuidade relativa das estruturas corresponde uma certa continuidade funcional, de

---
[1] *De l'acte à la pensée*, pág. 157.

modo que cada uma dentre elas prepara as seguintes, utilizando, ao mesmo tempo, as precedentes. Não é absolutamente uma explicação o fato de se constatar o funcionamento sucessivo de aparelhos psiconeurológicos sobrepostos, mesmo indicando com exatidão como cada um integra os precedentes. A esse ponto de vista, natural para o clínico, o psicólogo desejoso de aproveitar os ensinamentos da embriologia experimental só pode opor o de uma comparação mais completa entre a psicogênese e a organogênese: as diversas fases que a embriologia distingue na construção do corpo vivo não são apenas, com efeito, caracterizadas por uma sequência de estruturações distintas e descontínuas, mas também por uma dinâmica cujo funcionamento requer, simultaneamente, a continuidade e uma certa direção, devendo esta ser concebida como uma tendência para o equilíbrio ou estado final do crescimento.[2]

Foi por isso que, ao estudarmos o nascimento da inteligência (ver *N. I.*), tivemos de remontar até o reflexo para acompanhar, sem praticarmos cortes arbitrários, a atividade assimiladora que culminou na organização de esquemas adaptados finais, pois só um princípio de continuidade funcional permite interpretar a diversidade infinita das estruturas. Analogamente, portanto, se chamamos imitação ao ato pelo qual um modelo é reproduzido (o que em nada implica a representação desse modelo, porquanto pode ser simplesmente "percebido"), encontramo-nos também na obrigação de acompanhar passo a passo, segundo as mesmas fases das atividades sensório-motoras em geral, todas as condutas que podem culminar nesse resultado, e isso a partir dos reflexos.

§1. *A PRIMEIRA FASE: A PREPARAÇÃO REFLEXA.* – A reprodução de um modelo parece implicar um elemento de aquisição em função da experiência; identicamente, a imitação parece dever ser excluída, de certo modo por definição, do nível dos reflexos puros. Mas tantos espíritos esclarecidos acreditaram numa hereditariedade da imitação (como técnica e não apenas como tendência) que vale a pena examinar a questão. Partamos unicamente dos fatos que pudemos recolher, a tal respeito, da observação dos nossos próprios filhos:[3]

Obs. 1. – T., desde a noite seguinte ao seu nascimento, é despertado pelos recém-nascidos seus vizinhos no berçário e põe-se a chorar em coro com eles. Aos

---

[2] Diz, por exemplo, Brachet: "Em embriologia, deve-se ter sempre presente no espírito o valor real da palavra *desenvolvimento*; ela significa que todas as formas e todos os órgãos se constroem por uma série lenta e progressiva de complicações, que se encadeiam estreitamente e só param quando o estado adulto é alcançado." *La vis créatice des formes*, Alcan (1927), pág. 171.

[3] J. = Jacqueline, L. = Lucienne, e T. = Laurent.

0;0 (3), encontra-se num estado de sonolência, sem dormir propriamente, quando um dos outros bebês começa gritando; não tarda que ele chore também. Aos 0;0 (4) e 0;0 (6), geme primeiro e, depois, chora realmente quando eu tento imitar os seus vagidos entrecortados. Um simples assobio ou quaisquer outros gritos não despertam, em contrapartida, reação alguma.

Podem-se interpretar essas observações banais de duas maneiras, embora nenhuma delas nos pareça autorizar ainda a falarmos de imitação. Em primeiro lugar, é possível que o choro dos seus vizinhos desperte simplesmente o recém-nascido e o excite desagradavelmente, sem que ele estabeleça uma relação entre os sons ouvidos e os seus próprios, ao passo que um assobio ou um grito o deixam indiferente. Porém, pode ser também que o choro se engendre pela sua própria repetição, graças a uma espécie de "exercício reflexo" análogo ao que notamos a propósito da sucção,[4] mas com reforço da fonação por intermédio do ouvido (da audição dos sons emitidos em virtude dessa mesma fonação). Nesse segundo caso, os gritos dos outros bebês reforçariam o reflexo vocal por confusão com os sons próprios.

Num caso e no outro, vê-se que não há imitação, portanto, mas simples deflagrar do reflexo por um excitante externo. Acontece que, se os mecanismos reflexos não engendram, assim, imitação alguma, o seu funcionamento implica, entretanto, certos processos que tornarão possível a imitação no decurso das fases seguintes. Na medida em que o reflexo conduz a repetições, as quais perduram além da excitação inicial (cf. a sucção em seco etc.), é porque se exerce por assimilação funcional, e esse exercício, sem constituir ainda uma aquisição em função da experiência exterior, torna-la-á possível com os primeiros condicionamentos. A transição opera-se de um modo tão insensível que é muito difícil saber, no caso da obs. 1, se se trata de um início de condicionamento ou não. Mas, se a segunda das duas interpretações for a boa, quer dizer, se o choro escutado reforçar o choro próprio por confusão ou indiferenciação, então vê-se despontar o momento em que o exercício reflexo dará lugar a uma assimilação reprodutora por incorporação de elementos exteriores ao próprio esquema reflexo: nesse caso, as primeiras imitações serão possíveis.

§2. *A SEGUNDA FASE: IMITAÇÃO ESPORÁDICA.* – A segunda fase é caracterizada, precisamente, pelo fato de os esquemas reflexos começarem assimilando certos elementos exteriores e ampliando-se, assim, em função de uma experiência propriamente adquirida, na forma de reações

---

[4] *N. I.*, cap. I, §§ 1-2.

circulares "diferenciadas". Por exemplo, no domínio da sucção, o esquema reflexo enriquece-se de novos gestos, como o de introduzir sistematicamente o polegar na boca. O mesmo acontece quando os gritos reflexos se diferenciam em vagidos ou em vocalizações reproduzidas com o mero intuito de exercê-las, quando a visão se prolonga em acomodação aos movimentos do objeto, e assim por diante. Ora, é na exata medida em que os esquemas incorporam elementos novos que a acomodação a esses elementos é suscetível de prolongar-se em imitação, desde que os modelos propostos lhes sejam idênticos; com efeito, a acomodação aos novos dados evolui paralelamente, durante essa segunda fase, à possibilidade de reencontrá-los por assimilação reprodutora. Assim é que, na medida em que a criança acomoda o seu ouvido e a sua fonação a um novo som que diferencia os seus vagidos, ela passa a ser capaz de reproduzi-los por reações circulares. Logo, bastará que o sujeito ouça o som em questão, mesmo no caso de não ter sido ele quem acabou de o emitir, para que o som ouvido seja assimilado ao esquema correspondente e a acomodação do esquema a esse dado se prolongue em imitação.

Portanto, duas condições são necessárias para que surja a imitação: que os esquemas sejam suscetíveis de diferenciação na presença dos dados da experiência e que o modelo seja percebido pela criança como análogo aos resultados a que ela própria chegou; logo, que esse modelo seja assimilado a um esquema circular já adquirido.

Essas duas condições são preenchidas, no caso da fonação, a partir, especialmente, do segundo mês:

Obs. 2 – T., ao 0;1 (4), está desperto e olha diante dele, imóvel e silencioso. Então, por três vezes, o choro de L. (4 anos) provoca o seu. Tal reação parece bem distinta das da obs. 1: com efeito, assim que L. deixa de chorar, T. também para; parece, pois, haver um nítido contágio e não apenas o desencadear de um reflexo mediante um excitante adequado.

Ao 0;1 (9), T. sustenta pela primeira vez, por reação circular, uma série de gemidos de lamúria que, em geral, precedem o choro rasgado. Então imito-o, a partir do momento em que os gemidos se convertem em pranto: T. deixa de chorar para reverter ao som anterior.[5]

Ao 0;1 (22), produz espontaneamente certos sons, tais como *ô*, *ê* etc. Ora, ele parece redobrar, com ou sem sorriso, quando se reproduz tais sons diante dele, logo depois de tê-los emitido ele próprio. A mesma observação ao 0;1 (23) e 0;1 (30).

---

[5] Esta observação confirma a de C. W. Valentine sobre B., aos 0;1 (1): imitação mútua de gemidos. Ver *Brit. Journ. of Psychology*, XXI (1930), pág. 108.

Aos 0;2 (11), depois de ele ter feito *lá, lé* etc., eu reproduzo esses sons. T. recomeça então, sete vezes em nove, longa e nitidamente. No mesmo dia, reproduzo os sons que lhe são habituais, sem que ele próprio tivesse vocalizado som algum há mais de meia hora; T. sorri silenciosamente, depois começa chilreando e para de sorrir. Não reproduz cada som por si mesmo, mas emite os sons sob a influência da minha voz, quando me cinjo àqueles que lhe são conhecidos.

Aos 0;2 (14), escuta imperturbável a vozearia de meia dúzia de meninas. Mas, quando produzo alguns sons que recordam os dele, T. põe-se imediatamente a palrar.

Aos 0;2 (17), imita-me assim que articulo sons idênticos aos seus (como *arr*) ou mesmo quando as minhas entonações lhe recordam as suas. Também me imita quando não palrou imediatamente antes: começa então por sorrir, depois faz um esforço com a boca aberta (ficando por instantes silencioso) e só depois produz um som, finalmente. Tal comportamento indica, claramente, a existência de uma tentativa concreta de imitação.

Aos 0;2 (25), faço *aaa*: longo esforço impotente, a boca aberta, depois um som tênue. Por fim, um largo sorriso e imitação regular.

Em resumo, a partir de 0;1 (4), houve em T. uma espécie de contágio vocal, que se prolongou numa excitação mútua global; depois, aos 0;2 (17) e 0;2 (25), num esforço de imitação diferenciada. Mas, daí até o fim da fase, essa imitação diferenciada não se desenvolveu: subsistiu apenas a imitação mútua e, esporadicamente, apresentou-se uma tentativa de reprodução de tal ou tal som particular, emitido espontaneamente um pouco antes da experiência.

Obs. 3 – Em J., o contágio vocal parece só ter começado durante a segunda metade do segundo mês. Ao 0;1 (20) e 0;1 (27), por exemplo, assinalo alguns surtos vocais em reação à voz materna. Aos 0;2 (3), ela responde uma vintena de vezes nas mesmas circunstâncias, com parada entre duas vocalizações; e, aos 0;2 (4), reproduz certos sons que emitiu espontaneamente um pouco antes.

Depois, ainda mais do que no caso de T., produziu-se uma espécie de período de latência, durante o qual J. continua apresentando contágio verbal e, por vezes, imitação mútua, mas sem esforço de imitação de sons particulares. Ainda aos 0;5 (5), registro que J. reage à voz sem imitar o som especializado que ouviu.

Aos 0;5 (12), J. está calada há bastante tempo quando eu faço *rrrá* duas ou três vezes; ela olha atentamente para mim e, depois, começa palrando bruscamente, sem imitar o próprio som. A mesma observação aos 0;6 (0), 0;6 (6), 0;6 (16) etc.

Aos 0;6 (25), pelo contrário, tem início uma fase de imitação muito mais sistemática que caracteriza a terceira fase (J. está atrasada em relação a seu irmão e à sua irmã. *Ver N. I.*).

Obs. 4. – L. emite espontaneamente o som *rrrá* a partir de 0;1 (21), mas não reage tão logo eu o reproduzo. Ao 0;1 (24), pelo contrário, quando faço *aa*, de um modo prolongado, ela emite duas vezes um som análogo, se bem que estivesse calada há mais de um quarto de hora.

Ao 0;1 (25), olha para mim quando faço *á, aaa, aaa, rra* etc. Observo alguns movimentos de sua boca, não de sucção, mas de vocalização. Consegue emitir uma ou duas vezes sons bastante vagos, sem imitação propriamente dita mas com contágio vocal evidente.

Ao 0;1 (26), quando faço *rrrá*, ela responde com uma espécie de *rrr* rolados: oito provas positivas contra três negativas. J. nada diz durante os intervalos. – A mesma observação no dia seguinte, aos 0;2 (2) etc.

Aos 0;3 (5), observo uma diferenciação no seu riso, sob a forma de certos sons baixos e redondos. Imito-os: ela responde reproduzindo-os com bastante nitidez, mas o fato não se produz quando ela não os emitiu imediatamente antes.

Aos 0;3 (24), ela imita *aaa* e, vagamente, *arrr*, nas mesmas circunstâncias, isto é, quando existe uma imitação mútua.

Nada de novo até por volta de 0;5.

Três características definem, segundo nos parece, essa imitação vocal nascente, próprias da segunda fase: em primeiro lugar, há contágio vocal nítido a partir do momento em que o sujeito se torna capaz de reações circulares relativas à fonação. Por outras palavras, a voz de outrem excita a voz da criança, quer se trate de choro ou de quaisquer outros sons. No primeiro caso, o contágio é quase automático, dada, sem dúvida, a emoção concomitante do gesto vocal. No segundo, pelo contrário, o contágio está sujeito a duas espécies de condições restritivas. Para excitar a voz do bebê, a voz de outrem deve, por um lado, reproduzir certos sons familiares, já emitidos pela criança, ou certas entonações etc., sem que o sujeito se restrinja por isso a imitar esses mesmos sons em todas as suas particularidades. Por outro lado, é preciso que a criança se interesse pelos sons ouvidos; logo, o contágio nada tem de automático, mas apresenta-se, outrossim, como uma espécie de reação circular com suas características de espontaneidade. Em resumo, o contágio vocal nada mais é do que uma excitação da voz da criança pelo voz de outrem, sem imitação precisa dos sons escutados.

Em segundo lugar, há imitação mútua, com um arremedo de imitação precisa, quando o experimentador imita a criança no momento em que esta se entrega à repetição de tal ou tal som determinado; nesse caso, o sujeito redobra de esforços e, excitado pela voz de outrem, imita por sua vez o som imitado pelo seu parceiro. É evidente que, em tal caso (por exemplo, T. repetindo *la* e *le* aos 0;2 (11), após ter emitido esses sons espontaneamente, no início da experiência), a imitação só é precisa na medida em que o experimentador imita a própria criança; portanto, esta não faz esforço para adaptar-se ao som ouvido mas, simplesmente, para conservar aquele que emitira momentos antes e a imitação prolonga diretamente a reação circular.

Em terceiro lugar, acontece esporadicamente a criança imitar com relativa precisão um som conhecido (isto é, um som que ela já descobriu espontaneamente), sem que o tivesse emitido logo antes. Por exemplo, T., aos 0;2 (17), imita o som *arrr* sem exercício prévio e faz esforço para adaptar-se-lhe. Mas, durante essa fase, um tal comportamento é muito excepcional e episódico. *A fortiori*, a criança dessa fase jamais procura imitar um som novo como novo.

Que concluir desses fatos? Guillaume, citando observações análogas desde o final do segundo mês (pág. 33), diz que, "nos cinco primeiros meses, não se registra qualquer aparência de imitação, se excetuarmos os fatos de natureza inteiramente excepcional" (pág. 36), como o seguinte: durante duas semanas, de 0;2 (11) a 0;2 (26), um de seus filhos imita os principais sons que lhe são familiares (*gu, pu, re*) (pág. 44). Stern assinala um fato análogo aos dois meses, Ferretti aos três meses, dez aos três e quatro meses (pág. 45) etc. Certamente, podemos recusar-nos a chamar imitação à simples excitação da voz pela de outrem, mas a questão que se põe é saber se, como Guillaume parece indicar, há descontinuidade entre essa conduta e a imitação propriamente dita, ou se existe uma relativa continuidade. Na explicação baseada nos mecanismos de transferência, que foi aquela que esse autor primeiro cogitou, é legítimo admitir a descontinuidade. Mas se a imitação prolonga, sem mais, a assimilação reprodutora, limitando-se a desenvolver sempre mais o elemento de acomodação inerente às reações circulares, o contágio vocal é, efetivamente, o início da imitação fônica: pelo menos, parece-nos que todos os intermediários se apresentam entre os fatos precedentes e os das fases ulteriores.

No que diz respeito agora à *visão*, certos fatos parecem constituir, do mesmo modo, a partir dessa fase, um princípio de imitação: referimo-nos às condutas por meio das quais a criança prolonga os seus movimentos de acomodação aos deslocamentos do rosto de outrem:

Obs. 5 – L., ao 0;1 (26), movimenta espontaneamente a cabeça para um lado e para outro. Ao 0;1 (27), ela olha para o meu rosto quando inclino rapidamente a cabeça da esquerda para a direita: ela reproduz logo esse gesto, três vezes. Recomeço, após uma pausa; ela reproduz também e, coisa a assinalar, reproduz esse movimento com muito maior nitidez quando eu concluí o meu do que durante a percepção.

Retomo a experiência nos dias seguintes, e o resultado é constantemente o mesmo. Aos 0;2 (2), em especial, ela prolonga claramente e de cada vez o movimento percebido. Na tarde do mesmo dia, ela comporta-se identicamente a propósito de um movimento diferente: eu baixo e levanto a cabeça (para trás e para a frente, em vez de fazê-lo lateralmente, como antes), e L. segue-me com os olhos enquanto me mexo e move ligeiramente a cabeça; depois, quando paro, ela reproduz o meu movimento, marcando-o com muito maior clareza. Tudo se passa, pois, como se, durante a percepção, ela se limitasse a acomodar os movimentos de seus olhos e de sua cabeça ao movimento percebido e como se, após a percepção, a sua acomodação se prolongasse numa imitação nítida.

Mas não se trata de uma pura acomodação perceptivo-motora porque, logo após o fato precedente, L. continua baixando e levantando a cabeça quando eu recomecei abanando-a lateralmente; fica imóvel a olhar para mim, enquanto mexo a cabeça para um lado e para outro e, depois, quando paro, ela balança a cabeça verticalmente.[6]

Aos 0;2 (16), pelo contrário, L. diferencia nitidamente os dois movimentos. Está nos braços de sua mãe, o tronco direito, e diante de mim. Começo por sacudir a cabeça de cima para baixo e de baixo para cima. L. permanece imóvel durante a percepção, salvo alguns ligeiros movimentos para acompanhar com os olhos os meus próprios deslocamentos. Assim que paro, ela reproduz nitidamente o movimento e no mesmo sentido. Então, abano a cabeça da direita para a esquerda e vice-versa; L. desloca ligeiramente a cabeça durante a percepção e depois, assim que paro, reproduz o meu movimento no sentido indicado. A sua mãe, que a segurava, sentiu nitidamente a diferença dos movimentos na espinha dorsal e nos músculos.

As mesmas reações diferenciadas aos 0;2 (20), 0;2 (24) etc. Noto ainda a coisa aos 0;3 (18), 0;3 (30) e no decorrer da fase seguinte.

Obs. 6 – As reações de T. pareceram-me mais indecisas no começo, mas definiram-se a partir de 0;3, aproximadamente.

Ao 0;1 (30), balanço diante dele a cabeça para a esquerda e a direita, fazendo *tá, tá, tá, tá* (duas vezes à esquerda e duas vezes à direita). Olha para mim com muita atenção e segue os meus movimentos. Quando termino, ele emite alguns sons, sorridente; depois parece executar alguns movimentos de cabeça que prolongam a acomodação. Mas a coisa é pouco segura, visto que, quando ele cessa de fixar um objeto, executa em geral, de modo próprio, movimentos espontâneos análogos. Tudo o que se pode dizer (e eu retomei a prova nos dias seguintes) é que ele parece abanar mais a cabeça depois que eu balancei a minha.

Aos 0;2 (7), a imitação dos movimentos laterais parece mais clara: T. olha para mim, seguindo com os olhos os meus movimentos, depois sorri e, por fim, balança a sua cabeça com muita nitidez. A mesma reação ao 0;2 (23).

Aos 0;3 (1), desloco a minha mão horizontalmente diante dos olhos de T.; segue-a com o olhar e depois, quando paro, continua o movimento abanando lateralmente a cabeça. A mesma reação com uma argola de guizos.

Aos 0;3 (4), T. está no colo da mãe; conserva-se direito e imóvel. Inclino a cabeça à esquerda e à direita; segue-me com o olhar, com ligeiros movimentos, e depois, quando paro, imita nitidamente. Nos dias seguintes, a reação reproduz-se. A partir de 0;3 (21), em particular, T. abana a cabeça quando abano a minha, ou quando balanço as mãos etc. Em seguida, esse gesto, cada vez mais frequente, converte-se em processo para agir sobre as argolas suspensas do teto do berço (terceira fase).

---

[6] Ela está nos braços da mãe e tem o corpo na vertical.

Tal comportamento, especialmente claro em L., é de natureza a fazer-nos compreender o que é a imitação em seus primórdios: o prolongamento da acomodação no seio das reações circulares já em funcionamento, isto é, das atividades complexas de assimilação e acomodação reunidas.

O leitor recordará, com efeito, que toda a conduta perceptiva inicial (visual, auditiva etc.) manifestou-se (*N. I.*, cap. II) não como um ato simples, mas como uma atividade assimiladora suscetível de exercício ou de repetição e, por isso mesmo, de reconhecimento e de generalização. A acomodação dos órgãos dos sentidos ao objetivo e dos movimentos desses órgãos aos das coisas não pode constituir, pois, se tudo se passa como acreditamos, um dado primordial e permanece sempre relativo à assimilação do objeto à própria atividade do sujeito.[7] É por isso que o sujeito e o objeto começam por ser apenas um, ao ponto de a consciência primitiva não distinguir o que pertence a um e o que provém do outro.

Logo, toda a acomodação aos dados exteriores tende a repetir-se, porquanto indiferenciada da própria assimilação reprodutora; e, tão cedo a acomodação ultrapassa o nível do puro reflexo para passar a ter em conta a experiência, essa repetição de todo o ato constitui a reação circular primária. Nas circunstâncias comuns, isto é, quando a atividade do objeto não alimenta, por uma convergência especial, a do sujeito, essa tendência para a repetição manifesta-se, simplesmente, sob a forma de uma necessidade de alimentar a percepção, mas esta cessa com ou pouco depois do desaparecimento do objeto ou do espetáculo percebido. Mas quando, por exceção, o próprio objeto responde à atividade assimiladora do sujeito, alimentando-a do exterior, a acomodação ao objeto prolonga-se para além da percepção, e é esse fenômeno, precisamente, que constitui o começo da imitação. Assim é que a convergência entre a voz de outrem e a fonação própria do sujeito alimenta a última, como acabamos de verificar.

Mas se o exemplo da fonação nos permitiu, simplesmente, constatar o fato, o da visão dos movimentos do rosto de outrem permitiu-nos analisar o seu mecanismo. Nesse caso, com efeito, a criança é obrigada, para acompanhar os movimentos da pessoa para quem olha, a fazer exatamente os mesmos movimentos de cabeça que o modelo (e isso muito antes de saber, é claro, que existe uma semelhança entre o rosto de outrem e o seu). Logo, para conservar a sua percepção dos movimentos de outrem (isto é, para continuar a ver o rosto de outrem se deslocando), basta à criança reproduzir os seus próprios movimentos de acomodação; logo que sacode a cabeça, verifica que a de outrem também parece abanar de novo. Essa

---

[7] Foi a esse mecanismo que V. Weizsäcker passou a chamar depois *Der Gestaltkreis* (1941).

imitação, aliás, nada tem de específico em relação ao rosto de outrem, pois os movimentos da mão, de uma argola etc. desencadeiam a mesma reação; portanto, é o movimento como tal, desde que visualmente percebido, que é imitado e não apenas os movimentos da cabeça.

A imitação nascente manifesta-se, pois, num tal exemplo, como um simples prolongamento dos movimentos de acomodação, na medida em que esses, bem entendido, fazem parte de uma reação circular já constituída ou de uma atividade assimiladora global. Ora, no que diz respeito à fonação anteriormente examinada, o fenômeno é exatamente idêntico, salvo no tocante ao conteúdo da percepção a conservar. Quando palra ou emite seus vagidos, a criança percebe um som que deseja manter ou repetir; e, como essa percepção faz parte de um esquema global de assimilação simultaneamente fônico e auditivo (é no momento em que a voz e o ouvido se coordenam que a reação circular primária, devida à experiência, ultrapassa o simples reflexo vocal), o sujeito logra reproduzir sem mais esse som, dependendo, assim, a acomodação auditiva à voz da assimilação vocal reprodutora. Ora, quando a criança ouve em outrem sons análogos aos que ela própria sabe emitir, a acomodação a esses sons torna-se inseparável de um esquema de assimilação já inteiramente preparado e põe sem mais esse esquema em atividade, daí resultando a imitação. No caso da fonação, como no da visão, o modelo a que a criança se acomoda é, portanto, assimilado a um esquema conhecido, e é isso que permite à acomodação prolongar-se em imitação. A acomodação e a assimilação são mesmo tão indiferenciadas nessa fase que a imitação poderia muito bem ser conhecida como derivada quer da segunda quer da primeira. Mas, como veremos mais adiante, a imitação de novos modelos desenvolve cada vez mais a própria acomodação. Logo, somente quando a imitação fica limitada à reprodução de sons ou gestos já executados espontaneamente pela criança é que a distinção se torna difícil.

Um terceiro exemplo confirmará essas primeiras hipóteses: é o da *preensão*. Se as interpretações precedentes são válidas, deveremos esperar, com efeito, que toda e qualquer coordenação nova ou reação circular recentemente adquirida dê lugar a uma imitação, na medida em que os movimentos de outrem podem ser assimilados por analogia global aos que são percebidos no próprio corpo da criança. Ora, é precisamente isso o que acontece no domínio da preensão: logo que, durante a terceira das cinco fases que distinguimos na aprendizagem da preensão (*N. I.*, cap. II, § 4), a criança passa a ser capaz de coordenar os movimentos de suas mãos com os da sua visão, ela adquire, ao mesmo tempo, o poder de imitar certos movimentos das mãos de outrem, por assimilação dessas às suas:

Obs. 7. – Já vimos (*N. I.* obs. 74) como T., a partir dos 0;3 (3), se dedicou a agarrar a minha mão, com exclusão de todo e qualquer outro objetivo visual, sem dúvida porque assimilava a minha mão à sua e tinha o hábito de agarrar suas mãos uma na outra, dentro do seu campo de visão (obs. 73). Essa interpretação talvez parecesse arriscada, tal é a desproporção existente entre a aparência visual da mão de outrem e a da mão de uma criança de apenas três meses. Não obstante, aos 0;3 (4), pude determinar em T. a existência de uma imitação dos deslocamentos da mão. Portanto, é difícil explicar o aparecimento simultâneo dessas duas condutas sem admitir tal assimilação.

Aos 0;3 (4), com efeito, basta que eu lhe apresente a minha mão de perto para que T. a agarre e que eu lha mostre de longe para que prenda suas mãos uma na outra, ao passo que não reage dessa maneira na presença de qualquer outro objeto. Uma hora após ter feito essa constatação, coloco-me diante da criança, a uma certa distância, e, em vez de apresentar a minha mão imóvel, afasto e acerco alternadamente uma da outra as minhas mãos; T., que está chupando o polegar, retira a mão da boca, sem deixar de olhar atentamente para mim, e reproduz três vezes, nitidamente, esse movimento de afastar e juntar as mãos.

Na tarde do mesmo dia, desperta após um longo sono e, ainda muito estonteado, olha para uma senhora que está ao lado do berço e depois examina as minhas mãos, que vão e vêm. Fixa-as sem parar, mas, durante um ou dois minutos, não mexe as dele (tem os braços estendidos, pousados no seu travesseiro). Interrompo o meu movimento: nada. Recomeço: olha para mim com atenção ininterrupta, depois mexe as mãos no lugar em que elas se encontram pousadas, aproxima-as lentamente uma da outra e, de súbito, une-as num amplo movimento. Paro de novo: deixa as mãos caírem de novo, uma para cada lado do corpo. Recomeço: dessa vez, ele junta imediatamente as mãos. As mesmas reações uma terceira e quarta vezes, após o que deixa de olhar para as minhas mãos a fim de contemplar as suas e chupá-las.

Aos 0;3 (5), olha demoradamente para as minhas mãos sem mexer, depois agita as suas, primeiro devagar, depois com maior vivacidade. Acerca-as, então, até 5 cm uma da outra (sem vê-las). Uma hora depois a mesma reação, mas, como as minhas mãos estão perto dele, apanha-as, demonstrando assim que o interesse da preensão levou a melhor sobre a imitação.

Aos 0;3 (6), a mesma reação. Em contrapartida, durante a quarta e quinta fases de preensão, ele recomeça nitidamente a imitar o movimento de juntar e afastar as mãos. Noto particularmente a coisa aos 0;3 (8) e 0;3 (23), assim como durante toda a terceira fase.

Obs 8. – J., aos 0;5(5), ainda se encontra na terceira fase da preensão (ver *N. I.*, obs. 70) e olha por diversas vezes para as suas mãos juntas. Experimento então afastar e unir as minhas mãos alternadamente, colocando-me diante da criança: ela olha para mim com grande atenção e reproduz três vezes o gesto. Quando paro ela para, depois recomeça comigo, tudo isso sem olhar para as suas próprias mãos e sem tirar os olhos das minhas.

Aos 0;5 (6) e 0;5 (7), não repetiu o êxito dessa prova, talvez porque eu estivesse ao lado dela e não defronte. Aos 0;5 (8), pelo contrário, quando eu reinicio o meu movimento diante dela, imita-me quatorze vezes em 1'50". Eu executei o movimento umas quarenta vezes. Quando parei, ela não o reproduziu mais de três vezes em cinco minutos: portanto, houve uma imitação nítida.

Tais fatos, ao que nos parece, confirmam as interpretações esboçadas a propósito dos movimentos de acomodação à visão. Antes de imitarem o movimento das minhas mãos, J. e T. estavam na posse de um esquema preciso, ao mesmo tempo manual e visual: juntar ou afastar as mãos e vê-las agir desse modo. Por consequência, quando olha para as minhas mãos, que executam o mesmo movimento, a criança, acomodando o olhar aos deslocamentos daquelas, assimila-os ao esquema já conhecido. Uma tal assimilação nada tem de misterioso; é uma simples assimilação recognitiva, análoga à que permite à criança reconhecer os seus pais a distância, independentemente das mudanças de dimensão aparente, ou à que lhe permite sorrir incontinenti a certas pessoas desconhecidas mas que se assemelham aos rostos familiares, ao passo que fica inquieta diante de outras (*N. I.*, obs. 37). Assimilando, desse modo, as mãos de outrem às suas, sem confundi-las nem, necessariamente, distingui-las (não existem ainda, nessa fase, objetos individuais nem gêneros propriamente ditos), a criança age em conformidade com o esquema correspondente, sendo ainda a assimilação recognitiva, durante a segunda fase, indissociável da assimilação reprodutora. A imitação do movimento das mãos nada mais é, pois, como os precedentes, do que um prolongamento da acomodação, dado o fato de o modelo ser assimilado a um esquema já constituído. Portanto, a imitação ainda mal se diferencia da assimilação e da acomodação reunidas, próprias das reações circulares primárias.

Mas uma tal interpretação dos inícios da imitação, por assimilação e acomodação reunidas, suscita uma dificuldade que convém analisar desde já: será que a imitação supõe, desde o princípio, um ato de assimilação (pois a acomodação que prolonga a imitação é, necessariamente, a acomodação de um esquema assimilador, e a acomodação imitativa só se diferenciará de maneira cada vez mais completa com a reprodução de novos modelos) ou, como se sustentou, a assimilação do modelo e do gesto imitador será um produto da própria imitação?

Com efeito, sabe-se que, em consequência da sua profunda crítica das teorias correntes, Guillaume acabou por considerar que a imitação é devida a um verdadeiro adestramento, regido por um jogo de várias "transferências"; portanto, a criança não teria necessidade, para copiar os gestos ou a voz de outrem, de assimilá-los aos seus, e bastar-lhe-ia reger-se

Ausência de Imitação, Esporádica e Sistemática

por certos sinais sem saber como devia agir, acarretando em seguida a convergência involuntária dos seus atos com os de outrem a consciência da assimilação, mas somente *a posteriori*. Além disso, sempre que a imitação se enxerta numa reação circular já adquirida, o caso é perfeitamente análogo, visto que, segundo Guillaume (*Imitation*, págs. 86-87), a percepção, na reação circular, não seria imediatamente motora mas adquiriria, igualmente, essa característica por transferência; a extensão da transferência, com base nos novos sinais, explicaria então a passagem da reação circular (ou imitação de si próprio) à imitação de outrem e, ainda nesse caso, a assimilação não seria necessária à imitação, mas, pelo contrário, dela resultaria.

Mas duas dificuldades inerentes a essa tese nos impedem de aceitá-la sem restrições, a menos que se atribua um papel como faremos em seguimento às observações de Guillaume, à imitação por adestramento, a qual terá de ser distinguida, então, da imitação com assimilação direta.

Primeiramente, no que diz respeito à reação circular, como explicar que a percepção se "associe" a um movimento e que adquira uma eficiência motora se ela não está presente desde o começo? Não pode ser o caso de uma associação passivamente sofrida, pois a atividade da criança estaria então subordinada, incessantemente, ao capricho das coincidências mais variadas: tossiria sempre, por exemplo, diante de uma argola de guizos, pelo fato de ter olhado para esse objeto durante um acesso de tosse etc. A repetição das associações tampouco poderia ser invocada singularmente, dado que ela só atua em ligação com uma sanção; portanto, a associação não é um fato primordial mas, pelo contrário, constitui-se apenas em função de uma totalidade complexa, caracterizada pela perseguição a um determinado fim. Foi isso, aliás, o que Guillaume logo reconheceu, pois sabemos que, ulteriormente à sua obra sobre a imitação, ele aderiu à Psicologia da Forma: para dar lugar a um esforço e adquirir, assim, eficácia motora, afirmou ele, desde o começo, que uma percepção deve apresentar uma "significação" ou um "interesse". Perguntaremos então: Significação relativamente a quê? E interesse em relação a quê? É claro que ambos esses complementos só se concebem em referência a um esquema de ação, em que a "significação" exprime o aspecto intelectual e o "interesse", o aspecto afetivo. Uma percepção não é *primeiramente* interessante ou significativa, para adquirir *seguidamente* uma eficácia motora, mediante a sua associação a um movimento: ela é interessante ou significativa *enquanto* intervém no funcionamento de uma ação e é assimilada, dessarte, a um esquema sensório-motor. O fato primordial não é, portanto, a percepção nem o movimento nem a associação entre ambos, mas, outrossim, a assimilação do objeto percebido a um esquema de ação, o qual é *simultaneamente* reprodução motora e reconhecimento perceptivo, quer dizer, assimilação reprodutora e recognitiva. Logo, é a assimilação que confere significações e interesses e que determina, assim, a repetição. Desse ponto de vista, a reação circular é tão somente uma assimilação que acaba incorporando diretamente os novos objetos aos esquemas anteriores, diferenciando esses últimos (vocalizações, movimentos de cabeça, preensão etc.), ao passo que a "transferência" nada mais é do que uma assimilação indireta ou mediata, dependente da existência de uma sanção extrínseca (e não mais intrínseca, isto é, confundindo-se com o êxito imediato) e, por conseguinte, de um esquema de assimilação, igualmente.

Quanto à passagem da reação circular ou repetição ativa de um resultado interessante para a imitação do modelo exterior coincidente com os esquemas circulares, não oferece, pois, dificuldade alguma nos exemplos que anteriormente descrevemos (obs. 2 a 8): graças à sua convergência objetiva com o gesto ou o som já conhecido, o modelo é diretamente assimilado ao próprio ato, e o caráter circular deste permite a sua repetição imediata. Não há, portanto, imitação nenhuma do novo, pois a acomodação ao modelo, prolongada pela imitação, já está incluída no esquema circular, e o caráter motor da percepção do modelo provém diretamente da assimilação deste a um esquema já constituído. Nessa imitação direta, por assimilação e acomodação reunidas, o interesse do modelo é, pois, imanente à sua própria repetição, dado que os objetos interessam à criança na medida em que servem de alimentos a um funcionamento e em que a sua percepção exprime, por assim dizer, a sua capacidade e mesmo a sua exigência de reprodução imediata. Isso é particularmente nítido no caso da fonação, quando o bebê é excitado pelo som conhecido e fica inteiramente insensível aos fonemas vizinhos.

Mas, a par dessa imitação que prolonga imediatamente os esquemas circulares, sem diferenciá-los, é perfeitamente legítimo distinguir uma "imitação por adestramento", com diferenciação dos esquemas adquiridos e sem assimilação direta do modelo ao gesto do sujeito. Guillaume cita, a tal respeito, um excelente exemplo precoce: a criança de Scupin, aos 0;2, aprende a pôr a língua de fora em resposta ao gesto idêntico de sua mãe, quando ele brincava com sua própria língua por reação circular. Pode-se também citar a imitação aparente do sorriso, a partir da quinta ou sexta semana etc. Tudo o que pretendemos afirmar é que se trata de uma "pseudoimitação", distinta da que descrevemos nas obs. 2 a 8 e que não a explica: com efeito, a pseudoimitação não é duradoura, salvo no caso de sanções incessantemente renovadas (como no caso do sorriso ou do prazer lúdico), ao passo que a imitação verdadeira, mesmo no estado esporádico da presente fase, dura em virtude da própria assimilação. Veremos mais adiante casos, especialmente estudados como tais, dessa pseudoimitação aprendida (ver as obs. 17 e 18). Limitemo-nos a assinalar, por agora, que, depois das brilhantes análises de Guillaume, tivemos precisamente o maior cuidado, desde o início das nossas observações, em eliminar, na medida do possível, a intervenção do adestramento. Foi por isso que, subtraídos a certas influências adultas (jogos sugeridos etc.) e, em particular, à mania pedagógica das babás, os nossos três modelos apresentaram um progresso na imitação muito mais lento e mais regular do que é o caso dos bebês deformados incessantemente pela influência das pessoas que os cercam.

§3. *A TERCEIRA FASE: IMITAÇÃO SISTEMÁTICA DE SONS JÁ PERTINENTES À FONAÇÃO DA CRIANÇA E DE MOVIMENTOS EXECUTADOS ANTERIORMENTE PELOS SUJEITOS DE MANEIRA VISÍVEL PARA ELA.* – A partir da coordenação da visão e da preensão, aos 0;4 (5) em média, têm início as novas reações circulares que exercem uma ação sobre as próprias coisas; nessas "reações secundárias" (ver *N. I.*, cap. III) integram-se pouco a pouco as reações circulares "primárias", próprias da fase precedente. É evidente que um tal progresso é de natureza a repercutir na imitação, dado que novos modelos se tornam assim suscetíveis de assimilação aos esquemas do sujeito, na medida em que se multiplicam as atividades visíveis para ele próprio.

Mas, comparada à das fases seguintes, a imitação da terceira fase, embora se torne assim mais sistemática, continua ainda limitada pelas próprias condições da reação circular secundária. Com efeito, ainda não existe nessa fase coordenação mútua dos esquemas secundários nem, sobretudo, acomodação precedendo a assimilação e procurando as novidades pelas novidades (como será o caso das "explorações" da quarta fase e, sobretudo, das "reações circulares terciárias" da quinta). Logo, a imitação própria da terceira fase também será essencialmente conservadora, sem tentativas de acomodação aos novos modelos, como se observará no decorrer das fases seguintes. Por outra parte, os "sinais" inerentes às reações secundárias permanecem vinculados à ação imediata e ainda não dão lugar, como os "indícios" móveis da quarta fase, a previsões ou reconstituições que ultrapassem a percepção atual.[8] Logo, o mecanismo

---

[8] Ver *N. I.*, cap. III, § 3, e cap. IV, § 4.

intelectual da criança tampouco lhe permitirá imitar os movimentos visualmente percebidos em outrem, quando os movimentos equivalentes do próprio corpo, embora já conhecidos por via tátil ou cinestésica, não são visualmente captados (pôr a língua de fora etc.); com efeito, para estabelecer, nesse caso, a correspondência entre o próprio corpo e o de outrem, o sujeito deveria dispor de tais indícios móveis. A imitação dos movimentos do rosto, invisíveis para a criança, continuará assim ausente nessa fase, pelo menos se evitarmos o adestramento invocado por Guillaume e, por conseguinte, a "pseudoimitação".

I. Vejamos, para começar, alguns exemplos de imitação vocal. No tocante a este primeiro grupo de fatos, pode-se afirmar, sem risco de arbitrariedade, que o contágio vocal e a imitação esporádica, próprios da segunda fase, dão lugar, doravante, a uma imitação sistemática e intencional de cada um dos sons conhecidos da criança. Mas ainda não se verá, antes da quarta fase, manifestar-se uma aptidão para imitar os novos sons propostos como modelo:

Obs. 9. – Aos 0;6 (25), J. inventa um novo som, inserindo a língua entre os lábios: qualquer coisa como *pfs*. Sua mãe reproduz então o som: J., encantada, repete-o por sua vez, rindo. Segue-se uma prolongada imitação recíproca: 1º) J. faz *pfs*; 2º) sua mãe imita, e J. olha-a sem mexer os lábios; 3º) quando sua mãe para, J. recomeça etc. – Em seguida, após uma longa pausa silenciosa, eu próprio faço *pfs*; J. ri e imita imediatamente. A mesma reação no dia seguinte, desde a manhã (antes de ter emitido espontaneamente o som em questão) e durante o dia todo.

Aos 0;7 (11) e dias seguintes, basta que eu faça *pfs* para que ela me imite logo e corretamente.

Aos 0;7 (13), ela imita esse som sem me ver nem compreender donde ele sai.

Obs. 10. – Aos 0;6 (26), J. emitiu frequentemente, durante o dia, os sons *bvá* ou *bvê* ou, ainda, *vá* e *vê*, mas ninguém a imitou dessa vez. Em compensação, no dia seguinte, aos 0;6 (27), eu digo-lhe *bvá*, *bvê* etc. (sem que ela tenha emitido antes esses sons); J. olha para mim, sorri e, depois, faz: *pfs, pfs... bvá*. Vê-se, pois, que J., em vez de imitar logo o modelo proposto, começa por responder com o som que está habituada a imitar há já dois dias. Será a identidade da situação que a faz reverter a esse som? Ou este passou a ser um "processo para fazer durar os espetáculos interessantes" (ver *N. I.*, cap. III, § 4)? Ou será simples automatismo? O seguimento da observação vai elucidar-nos a tal respeito.

Na tarde do mesmo dia, sempre que eu faço *bvá*, J. responde *pfs*, sem qualquer tentativa de imitar. – Após o que a ouço dizer *abu, abu* (novo som derivado de *bvá* e que ela exercita hoje). Então eu digo *pfs* um certo número de vezes: J. sorri e responde regularmente *abu*.

Aos 0;7 (13), digo-lhe *haa* (som familiar): ela ri e, quando paro, abre a boca como para fazer que eu prossiga; mas não tenta emitir som algum. Em compensação, quando deixo de dizer *haa*, é ela quem emite esse som, imitando-o corretamente.

Aos 0;7 (15), ela entoa *mam*, *mam* etc. no berço e sem que me veja. Eu digo *bvá*; ela cala-se um instante e depois, sempre sem me ver, diz baixinho *bvá*, *bvá* como a título de ensaio. Recomeço: ela faz então *bvá mam*, *bvá mam* etc.

Tais condutas parecem-nos instrutivas. Manifestamente, a única finalidade do sujeito é fazer continuar o som ouvido. Assim como, durante toda essa fase, a criança procura fazer durar os espetáculos interessantes e emprega, para tal efeito, uma série de processos extraídos de suas reações circulares secundárias, também a criança, no domínio vocal, deseja que continuem os sons escutados e age então da seguinte maneira: ora emprega, para agir sobre outrem, os sons que já serviram à imitação, ou aqueles que acabou de repetir (o que constitui o equivalente vocal dos "processos para fazer durar os espetáculos interessantes"), ora, quer espontaneamente, quer quando o primeiro método fracassa, imita realmente os sons emitidos por outrem. Nos dois casos, o interesse pela repetição é evidente, e pela repetição de fonemas que, intrinsecamente, nada têm de significativos.

Obs. 11. – Aos 0;7 (17), J. imita incontinenti, diferenciando-os e sem que os tivesse produzido antes, os sons *pfs*, *bvá*, *mam*, *Abu,*, *haa* e um novo fonema, *pff*, que ela vem exercitando há alguns dias. Sente prazer em imitar e já não produz um som por outro.

Aos 0;7 (20), ouve a trompa de um guardador de cabras, cujo som pode ser assimilado a um *an*. Imita logo, mais ou menos na altura pretendida, e emitindo um som único e contínuo.

Aos 0;8 (2), 0;8 (9) etc., ela imita de novo todos os fonemas de que dispõe, incluindo os sons recentes *pápá* e *bábá* que, para ela, não têm significação alguma.

Aos 0;8 (11), imita também *apf* ou *apfen* e o som de tosse.

Aos 0;8 (16), reproduz o conjunto complexo; bate no cobertor do berço dizendo *apf*.

Aos 0;8 (20), imita *crrr*, assim como o ruído de respiração forte.

Em contrapartida, aos 0;8 (14), 0;8 (19) etc., ela ainda não procura imitar os novos sons. Desde que um fonema desconhecido dela tenha sido inserto na série de modelos propostos, J. cala-se ou, se o som lhe interessa (sem dúvida por analogia com os que ela própria produz), procura fazê-lo continuar emitindo outros sons (ver a observação precedente).

Percebe-se que, durante essa fase, a criança torna-se capaz de imitar quase cada um dos sons que sabe emitir espontaneamente, na condição, entretanto, de que saiba isolar os sons da massa fônica. Como disse Guillaume, para ser reproduzido, o som deve constituir uma espécie de objeto reconhecível, independentemente das diferenças de timbre e de altura. Em compensação, é difícil admitir que a criança dessa fase imite os fonemas somente na medida em que eles estiverem impregnados de significação (não puramente auditiva) e que esse progresso das significações extrínsecas acompanhe de perto o da objetivação dos sons. Sem dúvida, um dos sujeitos nas experiências de Guillaume, L., reage a partir de 0;5 às palavras "Adeus", "Dança! Um, dois, três!", "Beija", "Puxa a barba, os cabelos", "Zanga com ele" etc. (pág. 47), e é evidente que uma criança tão desenvolvida pelo seu meio adulto só pode prestar a todos os sons que a cercam alguma significação direta ou indireta. Mas parece-nos difícil extrair desses fatos uma correlação entre a imitabilidade dos fonemas e o seu valor significativo. Em primeiro lugar, essa mesma L., aos 0;6, só imita *pápá*, *tátá*, *tété* e *man*, isto é, quatro fonemas que aparecem na maior parte das crianças dessa idade, independentemente de todo e qualquer sentido (nas nossas, em todo o caso). Por outra parte, os nossos próprios filhos, que nunca foram adestrados, durante essa fase, para associar palavras ou sons aos atos ou objetos, imitaram muito claramente, todos os três, os fonemas espontâneos, cujo significado permanecia, assim, puramente auditivo-motor. Mais do que isso: quando não os imitavam, esses sujeitos procuravam fazer com que outrem os repetisse, a ponto de utilizarem outros fonemas conhecidos a título de "processos" para forçar o adulto (obs. 10). Objetar-se-á, talvez, que, na falta de sinais de ordem verbal, os nossos filhos atribuíram, pois, a esses diversos sons espontâneos, alguma significação global inerente a essa repetição; mas, sendo assim, toda a produção vocal estaria no mesmo caso e não mais seria possível caracterizar a imitação pelo desejo de reproduzir os sons significativos, com exclusão dos demais.

Quanto ao mecanismo dessa imitação vocal, parece-nos que obedece às leis esboçadas no §2, isto é, que se explica por uma "assimilação" simultaneamente recognitiva e reprodutora, mais do que por qualquer jogo de "transferência". Ao que certamente se pode responder que a imitação recíproca (obs. 9) age por "transferência" e que "adestramos" as nossas crianças, tanto quanto qualquer outra, ao habituá-las a essa maneira de proceder. Mas, ainda a esse respeito, a obs. 10 é instrutiva: ela nos mostra que, longe de associar passivamente um sinal a um ato, a criança procura ativamente fazer durar o som ouvido e, com esse intuito, emprega um por um, a título de meios equivalentes, todos os "processos" vocais ao seu dispor ou a própria imitação. Em tais casos, isso nada se parece, pois, a uma associação, mas, outrossim, a um processo ativo, isto é, a uma assimilação intencional e real.

II. Por outra parte, a criança dessa fase aprende a imitar os movimentos de outrem análogos aos seus próprios movimentos conhecidos e visíveis. Imita, assim, todos os gestos, com exclusão dos gestos novos para ela ou dos gestos cujo equivalente próprio permanece fora do campo da sua percepção visual. Por outras palavras, a sua imitação é determinada pelo conteúdo de suas reações circulares primárias ou secundárias, na medida em que os movimentos necessários a tais reações deem lugar a uma percepção visual. Portanto, é referindo-se ao contexto das reações circulares estudadas anteriormente a propósito dessa fase (*N. I.*, cap. III) que se poderá compreender a significação dos exemplos seguintes.

O caso mais simples é o dos movimentos da mão, como agarrar os objetos vistos etc. (esquemas circulares relativos à atividade da mão, exclusivamente, sem englobar ainda os movimentos particulares dos objetos). Ora, os ensaios de imitação que se relacionam com esses movimentos colocam-nos imediatamente na presença de um fato fundamental a que reverteremos adiante: somente os esquemas como totalidades fechadas sobre si mesmas são imitados incontinenti, ao passo que os movimentos particulares que fazem parte desses esquemas, sem constituírem unidades reais, não são mais bem copiados do que os movimentos novos. Assim é que os gestos de agarrar, agitar a mão (gesto de adeus) mas sem significação extrínseca, remexer os dedos etc. são imitados sem dificuldade, ao passo que o gesto de abrir e fechar a mão, por exemplo, não é imitado antes de ter dado lugar a uma reação circular independente:

Obs. 12. – J., aos 0;6 (22), não imita o gesto de abrir e fechar a mão. Em contrapartida, imita o de afastar e juntar as mãos (ver a segunda fase, obs. 7-8) e o de deslocar uma só mão no campo visual.

Aos 0;7 (16), agarrei diante dela um cordão que pende do teto do seu berço (sem o sacudir nem puxar). Ela imita prontamente esse gesto, cinco vezes seguidas.

Aos 0;7 (22), ela imita o movimento global dos dedos, como o resto da mão imóvel. Mas não imita os movimentos novos e particulares dos dedos (espetar o indicador, por exemplo) nem o gesto de abrir e fechar a mão. A razão é, ao que parece, que lhe ocorre muitas vezes mexer espontaneamente os dedos (ver *C. R.*, obs. 130), ao passo que só abre e fecha as mãos no decorrer de atos mais complexos, como agarrar. As mesmas reações aos 0;8 (1).

Aos 0;8 (13), observo que ela abre e fecha alternadamente a sua mão direita, olhando-a com uma grande atenção, como se esse movimento, a título de esquema isolado, fosse uma novidade para ela (ver *C. R.*, obs. 130). Não tento nessa altura experiência alguma; mas, na tarde do mesmo dia, mostro-lhe a minha mão, abrindo-a e fechando-a regularmente. Ela então imita esse gesto, desajeitadamente mas com muita nitidez. Está deitada sobre o ventre e não olha para a sua mão; contudo, existe uma correlação evidente entre os seus gestos e os meus (ela não estava fazendo esse movimento imediatamente antes da prova).

Obs. 13. – Com L., a continuidade entre as reações circulares primárias ou secundárias revelou-se idêntica, mas a ordem de aparecimento dos fenômenos foi diferente. Verificamos antes, com efeito (*N. I.*, obs. 67), que já aos 0;3 (13) observava suas mãos abrindo e fechando (o que J. só fez a partir de 0;8, como acabamos de ver). Em contrapartida, ela não estuda ainda, como J. fazia entre 0;4 a 0;6 (*N. I.*, obs. 70), os simples deslocamentos de suas próprias mãos.

Ora, aos 0;4 (23), sem exercícios prévios, eu apresento a L. a minha mão, que abro e fecho lentamente. Parece-me que ela imita. Com efeito, executa um movimento análogo o tempo todo que dura a minha sugestão, ao passo que, quando eu cesso, ela para ou faz outra coisa.

Aos 0;4 (26), repito a experiência: a mesma reação. Mas a reação de L. seria devida, simplesmente, a um esboço de gesto de preensão? Apresento-lhe então, a título de contraprova, um objeto qualquer: ela abre e fecha a mão de novo, mas somente duas vezes, e procura logo agarrar e chupar o objeto. Recomeço o movimento das mãos: ela imita nitidamente, e o seu gesto é muito diferente daquele que a vista do brinquedo provocou.

Aos 0;5 (6), retomo a observação, erguendo o braço estendido diante dela; L. abre e fecha a mão alternadamente, sem mesmo aproximar o seu braço do meu. Portanto, não tenta agarrá-lo. Contraprova: uma cenoura colocada no mesmo local desperta imediatamente o gesto de preensão. Portanto, não há dúvida quanto à imitação.

Em compensação, no mesmo dia, 0;5 (6), L. não imita o gesto de afastar e acercar as mãos uma da outra nem o de deslocar uma só mão no campo visual.

Aos 0;5 (7), 0;5 (10) etc., as mesmas reações: ela imita o gesto de abrir e fechar a mão, mas não o de as afastar e juntar. Aos 0;5 (12), *idem*, mas, quando deixo a minha mão fechada, ela examina curiosamente o meu punho, sem ser capaz de imitar esse gesto. Aos 0;5 (18) e 0;5 (23), as mesmas observações.

Pelo contrário, aos 0;6 (2), L. observa as suas próprias mãos, que afasta e junta espontaneamente. Repito esse movimento instantes depois de ela ter parado (cerca de dez minutos): ela imita-o nitidamente, quando há apenas três dias ela ainda não reagia a tal sugestão. Após o que abro e fecho a mão sem deslocar o braço; depois desloco amplamente o braço sem mexer a mão e, por fim, recomeço afastando e juntando as mãos; ela imita corretamente cada um desses gestos. Na tarde do mesmo dia, as mesmas experiências e as mesmas reações.

No dia seguinte, aos 0;6 (3), assim como aos 0;6 (4) e 0;6 (5), L. não imita mais o gesto de afastar e juntar as mãos, porque não executava esse movimento de moto próprio antes do início da experiência. Mas aos 0;6 (19), pelo contrário, consegue imitar esse gesto, mesmo sem tê-lo realizado imediatamente antes. A mesma reação aos 0;6 (21) e dias seguintes.

Noto ainda a coisa aos 0;6 (30), 0;7 (8) etc.

Quanto ao gesto de deslocar simplesmente um braço no espaço, ela deixou igualmente de imitá-lo entre 0;6 (3) e o fim deste mês, salvo quando ela o executava imediatamente antes. A partir dos 0;7 (4), pelo contrário, ela copia-o corretamente.

Experimento também diferenciar o esquema de abrir e fechar a mão, mexendo simplesmente os dedos; ela imita esse movimento a partir dos 0;6 (5). Mas, na-

Ausência de Imitação, Esporádica e Sistemática

turalmente, trata-se apenas de um movimento global, e ela não imita ainda esse gesto novo e preciso, como o de espetar o indicador.

Obs. 14. – T. imita, desde 0;3 (23), o gesto de adeus, de que se serve (sem que o tenha aprendido das pessoas que o cercam) como de "um processo" para fazer mexer o teto do berço etc., e que constitui, assim, uma reação circular conhecida. Mas, precisamente, porque o gesto em questão pode ser empregado como um "processo para fazer durar os espetáculos interessantes", é lícito indagar se T. tem a consciência de imitar ou se deseja, simplesmente, obrigar-me assim a continuar o meu próprio gesto. Balanço então a mão horizontalmente (gesto de juntar e afastar as mãos); T. imita também esse último gesto, mas, depois, retorna ao gesto de adeus, quando recomeço esse último modelo.

As mesmas reações aos 0;3 (27), 0;4 (18), 0;5 (8) e 0;5 (24).

Aos 0;4 (5), T. olha para o seu polegar espetado e balança-o. Reproduzo esse gesto, e ele imita-o por seu turno. T. ri e compara diversas vezes as nossas duas mãos. Aos 0;4 (6), ele tem as mãos imóveis quando lhe apresento o meu punho fechado com o polegar em oposição, movendo levemente o todo: T. encara a minha mão, depois a dele (deslocando a cabeça para acompanhar com a vista o movimento), depois de novo a minha, e só então move vagarosamente a sua mão, com o polegar espetado. A mesma reação no dia seguinte.

Aos 0;4 (30), quando estou abrindo e fechando a minha mão diante dele, T. agita os seus dedos e olha espontaneamente para a sua direita, como se quisesse comparar. A mesma reação aos 0;5 (0). Aos 0;5 (8), ele parece imitar nitidamente o gesto de abrir e fechar a mão, mas, nos dias seguintes, contenta-se novamente em remexer os dedos. É ainda o que faz ao 0;7 (12) e aos 0;8 (6). Ora, eu nunca vi T. abrir e fechar sem mais a mão, a título de reação circular. Pelo contrário, o exame do movimento de seus dedos é-lhe familiar.

Durante essa fase, T. imita, portanto, quatro esquemas relativos aos movimentos das mãos: o gesto de adeus, afastar e aproximar as mãos, espetar o polegar e remexer os dedos; ora, esses quatro esquemas foram descobertos e exercitados espontaneamente por ele.

Em resumo, parece que a criança dessa fase é capaz de imitar todos os movimentos das mãos que ela executa espontaneamente, por mero interesse nesses movimentos, com exclusão daqueles que estão insertos em totalidades mais complexas e que seria necessário diferenciar a título de esquemas independentes para poder copiá-los. Quanto aos movimentos novos para o sujeito, veremos em seguida que não os imita.

Um segundo grupo de fatos é constituído pela imitação das reações circulares secundárias simples, tais como bater, raspar etc. (com exclusão daquelas que são relativas aos objetos suspensos):

Obs. 15. – J., a partir de 0;7 (5) e dias seguintes, imita o gesto de arranhar em panos (no seu lençol, uma almofada etc.), que ela executa frequentemente, de moto próprio, como reação circular. Registro ainda esse gesto aos 0;7 (15), 0;8 (6) etc.

Aos 0;7 (27), isto é, alguns dias após o momento em que ela começou batendo nos objetos,[9] J. imita sua mãe, que está batendo um cobertor. Olha unicamente para as mãos do modelo e nunca para as suas.

Aos 0;7 (30), olha para mim quando eu estou dando palmadas na minha coxa (a 1,50 m de J.): ela bate logo no rosto de sua mãe, que a segura ao colo.

Aos 0;8 (5), bate imediatamente num pato de celuloide, no qual acabei de bater diante dela. A mesma reação com uma boneca. Um momento após, está deitada sobre o ventre e chora com fome. Para distraí-la, sua mãe apanha uma escova e bate com ela numa saboneteira de porcelana: J. imita logo esse gesto, que, no entanto, é complexo. É que ela já sabe há alguns dias esfregar os objetos contra as paredes do berço etc. A mesma reação aos 0;8 (8) com um pente contra a madeira da cama.[10]

Aos 0;8 (13), bate no joelho de sua mãe sem tirar os olhos de mim, que estou batendo no meu etc.

L. imita igualmente os gestos de raspar (desde 0;6), de sacolejar os objetos que apanhou (desde 0;7), de bater num objeto (desde o final de 0;6). As mesmas reações em T., mas um pouco mais precoces, dado o seu avanço geral sobre as irmãs.

Falta examinar o caso das reações circulares complexas (tornadas complexas pelas suas condições físicas, sem que por isso sejam psicologicamente mais complexas), como as reações relativas aos objetos suspensos etc. Tais esquemas dão lugar, como os precedentes, a casos de imitação. É evidente, porém, que, como o interesse da criança incide, essencialmente, no resultado final do ato e não no pormenor dos movimentos executados para esse efeito, a imitação confunde-se, em tais casos, com a reprodução global do esquema. Deveremos concluir daí, como Guillaume, que a identidade dos movimentos do modelo e do sujeito é devida a uma simples convergência, sem imitação real, constituindo-se esta, tão somente, por sucessivas transferências? Comparemos, a tal respeito, as reações desse grupo com as de outros tipos:

Obs. 16. – J., aos 0;7 (20), sacoleja o teto do seu berço puxando o cordão pendurado, toda vez que faço o mesmo a título de exemplo.

Aos 0;8 (1), ela está sentada diante do batente da janela. Movimento-a e ela agarra prontamente o batente e faz o mesmo.

Aos 0;8 (13), ela está na presença de uma boneca suspensa, que eu faço balançar; logo que paro, ela recomeça, reproduzindo o meu gesto.

---

[9] Ver *N. I.*, obs. 103.

[10] Ver *N. I.*, obs. 104.

T., a partir dos 0;3 (23), reage do seguinte modo: procura e agarra, por exemplo, o cordão pendente das argolas do berço, para agitá-lo, desde que eu faça o mesmo diante dele etc.

Tais fatos podem ser interpretados de três maneiras. Pode muito bem ser, em primeiro lugar, que a criança procure unicamente reproduzir o resultado observado (agitar o teto do berço, mover a janela etc.) e, assim, imita, mas sem o saber e por simples convergência, os gestos do modelo. Em segundo lugar, a criança talvez se interesse, pelo contrário, nesses gestos como tais, independentemente dos seus resultados. Se apenas essas duas soluções estivessem em jogo, é óbvio que a primeira seria a mais verossímil; aí está um dos numerosos serviços que Guillaume prestou à Psicologia da Imitação, ao indicar essa solução. Mas, em nosso entender, há a possibilidade de uma terceira interpretação: é que o ato e o seu resultado constituem um esquema único, reconhecido como tal pela criança e dando lugar, também como tal, à repetição. Na primeira dessas três soluções, não haveria assimilação prévia dos gestos do modelo aos do sujeito. Na segunda haveria assimilação não só imediata mas também, de algum modo, analítica, prolongando-se a percepção diretamente em imitação. Na terceira, finalmente, haveria assimilação, mas global e dependente da existência prévia dos esquemas.

Limitada ao problema da obs. 16, a questão é difícil de resolver. Mas, se compararmos esse caso aos das obs. 12-14 e 15, duas conclusões gerais parecem impor-se, as quais permitem que se afaste, ao mesmo tempo, pelo menos no tocante a tais fatos, a concepção clássica segundo a qual a percepção se prolonga diretamente em imitação e a interpretação um pouco bitolada, assim nos parece, segundo a qual a imitação seria devida a uma sequência de transferências.

A primeira é que, durante essa fase, um gesto-modelo só é imitado se for assimilado a um "esquema" totalmente constituído, quer dizer, uma totalidade sensório-motora fechada e já exercida como tal. Assim é que, nas obs. 12-14, J. não imita o gesto de abrir e fechar as mãos antes de tê-lo exercitado por si mesmo, embora intervenha incessantemente na preensão. Pelo contrário, ela imita muito cedo o movimento de afastar e aproximar as mãos uma da outra, porque J. executa-o frequentemente no seu campo visual. Inversamente, L. imita mais cedo o primeiro desses dois gestos e mais tarde o segundo, por causa da ordem individual das suas próprias reações circulares. Mesmo no domínio dos movimentos da mão, exclusivamente, a criança dessa fase não imita fragmentariamente, portanto, tudo o que sabe fazer, mas somente os conjuntos que ela notou e exercitou a título de esquemas independentes. Com redobrada razão se pode dizer o mesmo das ações exercidas sobre as coisas: são os esquemas fechados sobre si mesmos que dão lugar à imitação e não os fragmentos de esquemas artificialmente trinchados pelo observador. Não basta, pois, que haja percepção de um modelo correspondente a movimentos conhecidos para que haja imitação nessa fase; é indispensável que haja assimilação do modelo a um esquema espontâneo, só a existência de esquemas de assimilação permitindo aos sujeitos, simultaneamente, reconhecerem e prolongarem em imitação, propriamente dita, a acomodação que aquele provoca.

Mas, inversamente – segunda conclusão –, qualquer esquema exercido por si mesmo pode dar lugar à imitação, desde que os movimentos próprios a executar permaneçam no campo visual do sujeito. Assim ocorre tanto em relação aos esquemas mais simples (movimentos da mão etc.) como aos mais complexos, sem que a criança se limite, nessa fase, à cópia dos resultados exteriores do ato. Quando foram exercidos espontaneamente por reações circulares diferenciadas, os movimentos puros sem resultados retêm a atenção do sujeito e deflagram tanto a reprodução imitativa como os gestos de efeitos complexos. Tudo depende aqui, segundo nos parece, da educação recebida pelo bebê: entregue a si próprio, ele dedica ao estudo dos seus próprios gestos o tempo que consagra, sem isso, à aprendizagem de todas as espécies de jogos.

Isso nos leva a examinar a imitação por aprendizagem, ou "pseudoimitação", cuja existência não negamos e cuja formação chegamos até a provocar em alguns pontos bem delimitados, como se verá agora. Acreditamos, porém, que esse comportamento é distinto da imitação por assimilação e acomodação diretas e não pode explicá-las pela simples razão de que nunca é duradouro se o adestramento não for prolongado e constantemente "sancionado". Nós já assinalamos, a propósito da segunda fase, um bom exemplo dessa pesudoimitação com convergência não intencional entre a ação do modelo e a do sujeito: é o caso do sorriso, cuja sanção, não seria necessário acrescentar, é infinitamente alimentada. Para compreender a natureza daqueles gestos que se pode desenvolver por adestramento educativo, durante a presente fase, convém estabelecer, primeiramente, uma lista dos gestos que a criança não imita espontaneamente. É a propósito desses fracassos que vamos descrever alguns fatos de pseudoimitação momentânea:

Obs. 17. – J., aos 0;5 (2), põe a língua de fora várias vezes seguidas. Eu faço o mesmo, diante dela e em sincronismo com o seu gesto. J. parece repetir coisa ainda

Ausência de Imitação, Esporádica e Sistemática

melhor. Mas trata-se de uma associação momentânea: um quarto de hora depois, nenhuma sugestão da minha parte leva a criança a recomeçar. A mesma reação negativa nos dias seguintes.

Aos 0;6 (1), faço "adeus" diante dela, ponho a língua de fora e depois abro a boca ou meto o polegar na minha boca. Nenhuma reação, visto que o primeiro gesto não corresponde a qualquer dos esquemas conhecidos da criança e os seguintes envolvem partes não visíveis do rosto. As mesmas reações aos 0;6 (22), 0;6 (25) etc.

Aos 0;7 (21), aproveito vários bocejos sucessivos para bocejar diante dela, mas J. não me imita. A mesma observação a propósito do esquema de pôr a língua de fora ou de abrir a boca sem bocejar.

De 0;7 (15) a 0;8 (3), tento sistematicamente levá-la a imitar o movimento das marionetes ou o gesto de bater palmas, assim como os de pôr a língua de fora, meter os dedos na boca etc. Fracasso contínuo.

A partir de 0;8 (4), em compensação, ela começa imitando certos movimentos da boca, mas, como veremos a propósito da fase seguinte, J. orienta-se segundo certos indícios inteligentes, em vez de associar passivamente esses movimentos a sinais constantes.

Obs. 18. – L., aos 0;5 (9), põe a língua de fora um certo número de vezes. Eu reajo do mesmo modo a cada repetição desse gesto. L. manifesta então um grande interesse e põe a língua de fora cada vez que eu recolho a minha. Ela conduz-se como se o seu gesto (conhecido graças às sensações dos lábios e da própria língua) constituísse um "processo eficaz" para fazer continuar o meu (sendo este conhecido de L. por via puramente visual). Há, pois, uma pseudoimitação baseada numa relação de eficácia. Contrariamente ao caso de J., aos 0;5 (2), que acabamos de descrever, L. recomeça, com efeito, pondo a língua de fora, após um instante de interrupção, quando eu reinicio a minha sugestão. – Em contrapartida, nos dias seguintes, aos 0;5 (11), 0;5 (12), 0;5 (14) e 0;5 (16), o meu exemplo não suscita qualquer reação.

Aos 0;5 (21), ela faz um certo ruído de saliva ao pôr a língua de fora. Eu imito essa espécie de estalido, e, por seu turno, ela imita-me, pondo novamente a língua de fora. O comportamento, portanto, volta a ser análogo ao que era aos 0;5 (9). Mas uma hora depois, assim como nos dias seguintes, nada subsiste dessa associação. – Aos 0;6 (2), em especial, eu tento demoradamente fazê-la pôr a língua de fora ou, simplesmente, abrir a boca, mas sem êxito algum.

Aos 0;6 (19), ela põe a língua de fora, eu imito-a, e segue-se uma prolongada imitação recíproca, que dura pelo menos cinco minutos. L. olha atentamente para a minha língua e parece estabelecer uma relação entre o seu gesto e o meu. – Mas, pouco depois da experiência, assim como nos dias seguintes, ela deixou de reagir ao modelo proposto.

Aos 0;7 (1), L. não imita qualquer dos movimentos relacionados com a boca: abrir a boca, bocejar, mexer os lábios, pôr a língua de fora etc. Ora, há já vários dias que sua mãe abre e fecha a boca ao mesmo tempo que ela, durante as refeições, para fazê-la engolir mais facilmente uma sopa pouco apreciada. Esse processo parece ter êxito, no sentido de que L., durante a refeição, come melhor enquanto se diverte com o espetáculo que assim lhe é oferecido; mas essa convergência não dá lugar a qualquer imitação fora dos períodos de refeição. Portanto, há uma "pseudoimitação", vinculada a uma certa situação, mas sem a estabilidade bastante para ser generalizada.

Aos 0;8 (2), 0;8 (5) e 0;8 (10), ainda não se registrou qualquer progresso. Aos 0;8 (14), ela coloca o indicador na boca e produz um som que a diverte. Eu imito-a, e ela ri. Longa imitação recíproca, mas, nessa mesma tarde, a sugestão deixa de operar.

Só entre 0;9 e 0;10 os movimentos relativos à boca foram verdadeiramente imitados.[11]

Tais observações confirmam, primeiramente, a conclusão tão sólida de que somos devedores a Guillaume: a de que não existe, nessa fase, nenhuma imitação espontânea de movimentos cujo equivalente não seja visível no próprio corpo do sujeito. Os movimentos relativos à boca, por exemplo, são percebidos visualmente na pessoa de outrem, enquanto só as sensações cinestésicas e gustativas permitem tomar conhecimento dos mesmos no corpo do sujeito: por consequência, é claro que não dão lugar a qualquer imitação direta imediata, sendo necessária uma aprendizagem para a sua aquisição.

Mas essa aprendizagem pode-se fazer de duas maneiras diferentes: por acomodação e assimilação progressivas ou por adestramento. Porém, o primeiro método supõe, no caso dos movimentos relativos a partes não visíveis do próprio corpo (o rosto, por exemplo), um jogo de indícios inteligentes e uma assimilação mediata que só se desenvolvem a partir da quarta fase. Quanto ao adestramento, ele conduz à formação de uma pseudoimitação muito mais fácil de adquirir, logo, mais precoce e cujo êxito, alimentado pela educação, pode ocultar as manifestações da assimilação espontânea. As obs. 17-18 mostram, assim, que basta repetir diante da criança um gesto executado espontaneamente para criar uma associação momentânea que reforça a ação do sujeito, servindo o modelo, nesse caso, de sinal excitante e nada mais. Ora, vê-se logo como uma sanção repetida pode consolidar a associação, até o momento em que a assimilação se tornará possível com o progresso da inteligência: é o que acontece quando se brinca constantemente com a criança, quando se a incentiva e encoraja etc. e os gestos executados impregnam-se, dessarte,

---

[11] M. C. W. Valentine (*op. cit.*, pág. 110) assinala a imitação da protrusão da língua aos 0;6 em C (182 dias) e aos 0;8 em Y, mas não sabemos se essa imitação perdurou.

de uma afetividade complexa que sanciona os resultados bem-sucedidos. Pelo contrário, quando nos atemos a uma simples imitação recíproca, a associação permanece frágil e desaparece após a experiência.

Portanto, é lícito concluir que, nas observações precedentes (10-16), a imitação era real, pois a técnica por nós adotada foi a mesma em todos os casos; ora, a imitação de sons conhecidos e de movimentos visíveis revelou-se duradoura após algumas imitações recíprocas, ao passo que a de movimentos não visíveis teria exigido, para consolidar-se, uma série de sanções alheias à assimilação imediata.

CAPÍTULO II

As Fases IV e V: Imitação de Movimentos Não Visíveis do Próprio Corpo e de Novos Modelos

As fases IV e V assinalam o desabrochar da imitação imediata, por diferenciação progressiva da acomodação, relativamente à assimilação, mas permanecendo ainda no limiar da imitação diferida ou da imitação com princípio de representação, reservadas para a sexta fase.

§1. *A QUARTA FASE: 1. IMITAÇÃO DOS MOVIMENTOS JÁ EXECUTADOS PELO SUJEITO, MAS DE MANEIRA INVISÍVEL PARA ELE.* – Do ponto de vista dos progressos da inteligência em geral, a fase IV, que começa entre os 0;8 e 0;9, caracteriza-se pela coordenação dos esquemas, daí resultando a sua maior mobilidade e a constituição de um sistema de "indícios" relativamente destacados da percepção atual (ver *N. I.*, cap. IV). Quanto à construção do espaço, do objeto e da causalidade, segue-se uma elaboração rápida das relações globais inerentes às simples reações circulares secundárias (ver *C. R.*).

Esse duplo progresso repercute na imitação da seguinte maneira. A coordenação dos esquemas e a constituição de "indícios" permitem à criança assimilar os gestos de outrem aos do seu próprio corpo, mesmo quando tais gestos permanecem invisíveis para o sujeito. Por outra parte, as combinações de relações facilitam a acomodação a novos modelos. Comecemos pela análise da primeira dessas duas aquisições, pois nenhuma outra é mais capaz de fazer compreender a íntima conexão que une o desenvolvimento da imitação ao da inteligência em seu todo. Na condição de limitar ao *mínimo* as intervenções do observador, pode-se acompanhar passo a passo, efetivamente, a assimilação gradual dos movimentos visíveis do rosto de outrem aos invisíveis do próprio rosto do sujeito:

Obs. 19. – Aos 0;8 (4), J. move os lábios para mordiscá-los. Faço o mesmo, e ela observa-me atentamente, parando de agir. Quando paro, ela recomeça, e assim sucessivamente. Ora, contrariamente ao que acontecera até aqui (ver a obs. 17), J. recomeça a imitar-me uma hora depois e no dia seguinte, sem ter executado o movimento imediatamente antes (mas, naturalmente, no momento em que eu lhe apresento de novo o mesmo modelo).

Para compreender esse novo interesse, é preciso notar duas circunstâncias. A primeira é que, há alguns dias, ela não se limita a imitar os sons por si mesmos e olha com a máxima atenção para a boca do modelo. Assim é que, aos 0;8 (2), ela imitou (ver a obs. 11) os sons *pfs, bvá, haa, mam mam, bvá, pápá, bábá* etc., mas olhando para a minha boca, como se estivesse interessada no mecanismo da palavra (à maneira como ela examina uma argola, ao fazê-la chocalhar). Em segundo lugar, quando move os lábios, aos 0;8 (4), J. começa por produzir um ligeiro ruído de salivação, devido à fricção dos lábios contra os dentes, ruído que eu próprio imitei no começo. O seu interesse pelos movimentos da boca é, pois, o resultado nítido de um interesse pela produção do som.

Mas, aos 0;8 (7), recomeço a experiência sem emitir som algum e sem que J. tenha executado, anteriormente, o movimento em questão: ela vê os meus lábios mexerem e depois imita, nitidamente, por três vezes, esse gesto, sempre com os olhos fixos na minha boca. – Na tarde do mesmo dia, a reação é idêntica, com o mesmo interesse e uma mímica de "experimentar para ver": move os lábios, primeiro lenta e timidamente, depois com decisão, como se começasse por assegurar a eficácia do método.

Nos dias seguintes, a sugestão do exemplo conserva-se plenamente, parecendo que o esquema está, assim, definitivamente adquirido.

Obs. 20. – Aos 0;8 (9), pondo a língua de fora, diante de J., recomeçando assim a experiência interrompida aos 0;8 (3) e que até agora só dera resultados negativos (ver a obs. 17). J. começa por olhar para mim sem reagir, mas, por volta do oitavo ensaio, passa a mordiscar os lábios como antes. Nos ensaios nove e dez, ganha coragem e já não reage de outro modo.

Na tarde do mesmo dia, a reação é imediata:: assim que ponho a língua de fora, ela mordisca os lábios.

Aos 0;8 (12), a mesma reação. Aos 0;8 (13), ela põe a língua de fora, mordiscando-a: eu imito-a e ela parece imitar-me, por seu turno, olhando para a minha língua com a maior atenção. Mas, a partir do dia seguinte e até 0;9 (1), volta a mordiscar os lábios apenas, quando eu ponho a língua de fora sem que J. faça o mesmo de moto próprio. O gesto de mordiscar os lábios deve parecer-lhe, portanto, a resposta adequada a todos os movimentos da boca de outrem (como voltaremos a ver durante as observações seguintes).

Aos 0;9 (2), pelo contrário, J. põe a língua de fora fazendo *bá... bá... bá...* ao mesmo tempo. Apresso-me a fazer a mesma coisa, e ela recomeça, rindo. Após três ou quatro repetições, somente, ponho a minha de fora em silêncio: J. olha-a então com toda a atenção, mexe e mordisca os lábios por instantes, depois põe a língua de fora várias vezes seguidas, sem emitir som algum. – Recomeço um quarto de hora após e ainda cerca de meia hora mais tarde: ela volta a mordiscar seus lábios, de cada vez, mas põe nitidamente a língua de fora um instante depois.

Aos 0;9 (3), recomeça a morder os lábios e a comprimi-los um contra o outro, mas sem mostrar a língua. Aos 0;9 (8), pelo contrário, faz as duas coisas ao mesmo tempo.

Aos 0;9 (11), finalmente, consegue dissociar em definitivo os dois esquemas. Ponho a língua de fora numa altura em que ela não o fizera logo antes. J. responde primeiro mordiscando os lábios imediatamente; depois, em seguida a uma curta pausa, mostra a língua numerosas vezes. Interrompo as provas e, depois, volto a pôr a minha língua de fora; ela olha para mim atentamente, mordiscando os lábios, mas pôs sua língua de fora mais depressa e nitidamente. Após uma segunda pausa, eu mostro a língua; ela põe então a sua de fora, muito claramente, sem mordiscar os lábios e depois de me observar com a maior atenção. Agora é impossível não concluir pela existência de uma imitação consciente.

Aos 0;9 (12), isto é, no dia seguinte, volto a mostrar-lhe a minha língua: ela põe incontinenti a sua de fora, sorrindo levemente. Três horas mais tarde, eu recomeço; ela mostra a língua quatro vezes seguidas, sem hesitar, rindo satisfeita. A mesma reação aos 0;9 (13), com idêntica mímica de satisfação. Aos 0;9 (14), ela põe sua língua de fora ao máximo, com um ar malicioso, assim que lhe mostro a minha etc.

Vê-se, pois, como o modelo da língua de outrem foi primeiramente assimilado ao esquema de mover os lábios e como, graças a um indício auditivo – o *bá... bá... bá* dos 0;9 (2) –, Jacqueline pôde diferenciar desse esquema o da protrusão da língua, unicamente.

Obs. 21. – O gesto de meter um dedo na boca deu lugar a um processo de aquisição exatamente comparável, salvo no que diz respeito ao indício empregado.

Ainda aos 0;8 (3), como se viu na obs. 17, J. não imita o gesto de introduzir um dedo na boca. O mesmo ocorre aos 0;8 (11): ela vê-me chupar o polegar, depois o indicador, sem reagir em momento algum aos meus gestos. A mesma reação aos 0;8 (13).

Aos 0;8 (28), pelo contrário, apodera-se do dedo que eu retiro da minha boca, tateia-o e acerca-o de sua própria boca para chupá-lo. Volto a metê-lo então na minha boca. J. arqueia o corpo quando eu paro (para fazer-me continuar) e depois mete a mão dela na boca, olhando para a minha. No segundo e terceiro ensaios, ela chupa de novo a sua mão. Trata-se de imitação ou procura, simplesmente, substituir pelo seu o meu dedo, que ela não pôde chupar? O seguimento parece mostrar que ela vacila entre os dois comportamentos.

Aos 0;9 (0), com efeito, ela observa-me com grande atenção quando eu chupo o meu indicador e põe-se a mordiscar os lábios. Essa reação, que ela apresenta há cerca de três semanas, quando eu ponho a língua de fora, é utilizada agora, pela primeira vez, no caso de eu chupar o dedo diante dela. Por outras palavras, J. começa assimilando esse espetáculo aos esquemas da atividade bucal, sob a sugestão, sem dúvida, da experiência que ela fez dois dias antes, ao querer passar o meu dedo da minha boca para a sua.

Aos 0;9 (1), J. recomeça chupando os lábios desde que me veja meter o meu dedo na boca, mas não move a sua mão.

Aos 0;9 (2), ela acompanha demoradamente com os olhos os meus dedos, que entram e saem da boca, e põe-se logo a mordiscar os lábios. Depois, dirige o seu polegar na direção da sua boca e aproxima-o lentamente, continuando a olhar para mim. Mas não chega a introduzir o dedo na boca e para quando o tem encostado ao lábio inferior.

Aos 0;9 (3), J. limita-se a mordiscar os lábios, chupando de tempos a tempos o polegar, é certo, mas de maneira tão espaçada que não nos parece haver imitação.

Aos 0;9 (8), morde os lábios e nada mais.

Aos 0;9 (11), pelo contrário, a imitação torna-se nítida. Meto o meu dedo na boca, a intervalos regulares, depois de ter-lho mostrado. Ela não reage logo de início, mas, depois, por quatro vezes, vejo-a espetar o seu indicador direito, com os outros dobrados e a mão toda pousada nos lençóis, fora do seu campo visual. Depois, acaba por meter o seu indicador três vezes na boca, lentamente e como se seguisse atentamente o que ela própria fazia.

Aos 0;9 (12), vê-me chupar o meu dedo e, um momento depois, introduz o seu indicador na boca. – Recomeço três horas depois: então ela endireita nitidamente o indicador, mantendo os demais dedos dobrados, mas ficou por aí. Na tarde do mesmo dia, reagiu da mesma maneira e depois, bruscamente, dirige o indicador e coloca-o entre os lábios.

Aos 0;9 (13), meto o meu dedo na boca (sem que tivesse antes posto a língua de fora). Ela observa atentamente o meu gesto e em seguida põe a língua de fora. – Mostro-lhe então o meu indicador, dirijo-o para o lado dela e, só depois disso, o meto na minha boca: ela estica então o seu indicador direito (duas vezes), depois o indicador esquerdo. Em seguida, aproxima insensivelmente o indicador direito da boca e, finalmente, introdu-lo entre os lábios, olhando ininterruptamente para o meu próprio gesto.

Aos 0;9 (16), ela começa por espetar o indicador, sem vê-lo; depois, num gesto brusco, leva-o à boca. A mesma reação aos 0;9 (17), 0;9 (21) etc. A imitação é doravante imediata.

Obs. 22. – Um movimento vizinho desses últimos, mas não constituindo em si mesmo um esquema (dando lugar a reações circulares independentes), é o de abrir e fechar a boca. Com efeito, esse gesto está implícito nos dois últimos. Vale a pena, portanto, apurar se a sua imitação foi adquirida por transferência ou por diferenciação assimiladora.

Aos 0;8 (11), J. olha com atenção quando eu abro e fecho a boca lentamente; reage mordiscando os lábios, o que constitui, portanto, o esquema global e indiferenciado por cujo emprego tiveram início todas as imitações precedentes. Nada mais obtenho nesse dia.

Aos 0;8 (21), ela vê sua mãe comendo e, é claro, abrindo e fechando distintamente a boca. J. reage de novo mordiscando os lábios. – Além disso, de 0;8 (10) a 0;9 (15), aproximadamente, procuro bocejar com frequência diante dela, o que não produz contágio algum. Quando o faço lentamente, ela mordisca os lábios, senão limita-se a contemplar-me com um ar bastante indiferente.

Aos 0;9 (15), 0;10 (11), nenhum progresso notável. Aos 0;10 (12), pelo contrário, diverte-se apertando as gengivas uma contra a outra, de modo a comprimir os dois incisivos médios inferiores contra o maxilar superior. Depois de ela ter feito alguns desses movimentos, abro e fecho alternadamente a boca: ela ri e imita logo o meu gesto, sem se ocupar mais com os seus dentes ou gengivas. Recomeço instantes depois: a mesma reação.

Uma hora depois, J. termina a sua refeição e não fez exercício algum de apertar as gengivas. Abro e fecho a boca: ela imita logo, rindo, com uma expressiva mímica de satisfação. – A mãe dela abre então a boca, para ver se J. também a imitará. J. ri e volta-se para observar a minha boca com atenção, após o que imita. – Na noite do mesmo dia, às 10 horas, despertou e imitou logo o mesmo gesto. O mesmo acontece no dia seguinte, numerosas vezes.

Aos 0;10 (16), abro a boca diante dela: J. abre e fecha a sua, mas começando por apertar as gengivas, como aos 0;10 (12), após o que imita simplesmente. As mesmas reações no dia seguinte, aos 0;10 (17).

Nos dias seguintes, J. já não precisa dessa referência para imitar corretamente o gesto de abrir a boca. Portanto, parece claro que o seu gesto de apertar as gengivas serviu-lhe de indício para passar do esquema global de mordiscar os lábios à compreensão do movimento de abrir e fechar a boca. Mas esse indício, longe de provocar uma transferência automática, serviu logo de instrumento para a assimilação.

A partir de 0;11 (15), J. imita o bocejo, mas reproduzindo intencionalmente o seu movimento e som (foi o som que serviu de indício), em vez de bocejar por contágio.

Obs. 23. – Citemos ainda, a propósito da boca, algumas limitações instrutivas.

Aos 0;10 (0), J. começou fazendo entre os lábios bolhas de saliva, cheias de ar, ao mesmo tempo que dizia *mêê, mêê* etc. Aos 0;10 (6), sua mãe faz o mesmo diante dela, produzindo o mesmo som. J. imita-a incontinenti. Depois disso, eu mostro-lhe apenas as bolhas, na minha boca, e J. copia sem emitir som algum. Aos 0;10

(14), volta a imitar o mesmo gesto, sem a ajuda de qualquer indício sonoro. A mesma reação aos 0;10 (17), 0;10 (21) etc. – Portanto, foi o som *mêê* que serviu, no começo, de indício para assimilar a produção de bolhas de saliva em outrem ao gesto correspondente realizado pela própria criança.

Aos 0;10 (18), J. inventa um novo esquema, que consiste em cerrar os lábios e aplicar a língua contra o lábio inferior, estufando-o. Faço o mesmo três vezes, enquanto ela executa espontaneamente o gesto: olha para a minha boca e continua. – Na tarde do mesmo dia, ela recomeça esse jogo. Cinco minutos depois de ela ter parado, repito o mesmo gesto: J. imita-me duas vezes seguidas. – Nos dias seguintes, repito ainda o mesmo gesto, sem que ela o tivesse executado antes: J. não reage, e eu considero provisoriamente o fato como um caso de "pseudoimitação". Mas, aos 0;11 (23), retomo a experiência sem que J. se tivesse entregado mais de duas vezes ao mesmo jogo: logo que eu a imito, ela imita-me por seu turno. No dia seguinte, faço o gesto sem que ela o tivesse executado antes de moto próprio: J. imita-me imediatamente, depois sorri e toca nos lábios com o indicador direito, como para verificar a correspondência do que viu em mim com o que sente nela própria.

Aos 0;11 (20), J. observa-me quando tenho um pedaço de pão na boca e faço-o aparecer e desaparecer entre os lábios (sem mostrar a língua): ela ri, põe a língua de fora, lenta e, sem dúvida alguma, intencionalmente!

Obs. 24. – Após a imitação relativa à boca, examinemos a dos movimentos relacionados com o nariz.

Aos 0;9 (6), J. contrai o hábito de colar o rosto contra a face da mãe e soprar pelo nariz ou fungar ruidosamente nessa postura. Aos 0;9 (11), começa produzindo o mesmo som nasal, mas fora desse contexto: respira ruidosamente, sem mover a cabeça nem o próprio nariz. Uma ou duas horas depois de ela o ter feito, começo o mesmo exercício: ela imita-me prontamente e parece procurar no meu rosto de onde vem o som. Observa primeiro a minha boca, depois parece examinar o meu nariz. Mas não imita ainda o gesto de tocar no nariz com o indicador ou a mão inteira, nem de franzir o nariz.

Aos 0;10, pelo contrário, J. diverte-se a soprar e a respirar ruidosamente, franzindo o nariz e quase fechando os olhos. Basta refazer a mesma coisa, quer imediatamente, quer sem relação alguma com os exercícios espontâneos, para que J. imite logo o gesto global. Ora, a partir dos 0;10 (6), experimento dissociar os movimentos do nariz dos demais elementos do esquema: olho para J. enquanto franzo o meu nariz, sem emitir qualquer som. J. examina-me primeiro, sem reagir; depois, contrai silenciosamente o nariz em resposta. Aos 0;10 (8), acontece o mesmo. Aos 0;10 (9), pelo contrário, assim que vê o meu nariz mexer, reage respirando ruidosamente (ela ri), mas, em seguida, dedica-se a franzir silenciosamente o nariz. Aos 0;10 (17), responde franzindo o nariz sem ruído. Aos 0;10 (20) etc., acontece o mesmo.

Aos 0;10 (6), após a imitação que acabamos de descrever, experimentei uma nova combinação, utilizando uma reação circular momentânea da criança. Com efeito, J. põe-se a fungar ruidosamente ao mesmo tempo que passa o seu indicador direito pelo nariz. Imito o mesmo gesto, pouco depois de ela ter parado. J. põe-se então a soprar de novo e olha para o meu dedo com atenção, enquanto move levemente o seu indicador, mas não chegou a reproduzir inteiramente o esquema. Alguns dias mais tarde, a mesma experiência nada apresenta de novo (J. não repetiu de moto próprio essa conduta). Aos 0;11 (1), pelo contrário, basta que eu coloque o meu indicador encostado ao nariz e assopre para que J., após alguns instantes de exame, faça corretamente o gesto três vezes seguidas.

Aos 0;11 (16), J. pôs várias vezes o dedo no nariz. Quando faço o mesmo diante dela, J. examina-me com atenção mas sem reagir. Aos 0;11 (25), pelo contrário, imita-me rindo quando eu próprio a imito. Aos 0;11 (26), ela imita logo esse gesto, sem que o tivesse executado espontaneamente antes de mim.

Obs. 25. – Eis, agora, alguns exemplos de imitação relativos aos olhos.

Aos 0;8 (28), coloco o meu rosto muito perto do de J. e depois abro e fecho alternadamente os olhos. J. manifesta um vivo interesse e apalpa os meus olhos, tentando fazer durar o espetáculo. O mesmo ocorre aos 0;9 (1) e semanas seguintes. Registro ainda uma reação inteiramente negativa aos 0;11 (11).

Em compensação, aos 0;11 (14), ela tenta imitar e comete um erro que nos parece revestir-se de certo interesse para a teoria da imitação: ela olha, ri e depois, continuando sempre a examinar os meus olhos, abre e fecha lentamente a boca. Responde assim, oito vezes seguidas, à minha sugestão.

Entrementes, aos 0;11 (2), quando ela esfregava os olhos com as costas da mão (o que faz com frequência), fiz o mesmo diante dela: J. não soube repetir a coisa e encarou, simplesmente, as costas de sua mão, depois de levá-la uma só vez na direção da cabeça (houve, portanto, a intenção de imitar). Aos 0;11 (11), do mesmo modo, J. fracassa inteiramente.

Aos 0;11 (16), pelo contrário, esfrego os olhos diante dela, imediatamente depois de ela ter esfregado o seu olho direito. Ela ri, como se tivesse entendido, e, depois, continuando a observar com o maior interesse o que eu faço, J. passa e repassa as costas da mão pela boca. Portanto, há uma confusão evidente do olho e da boca, como dois dias antes, quando ela abria e fechava a boca em vez de abrir e fechar os olhos. – Mas, dessa vez, J. parece não ficar satisfeita com a sua assimilação, dado que, em seguida, ela desloca lentamente as costas da mão contra a bochecha, esfregando-a sempre e sem tirar os olhos de mim, como se quisesse descobrir em si mesma o equivalente dos meus olhos. Chega assim à orelha, esfrega-a, depois volta às faces e cessa toda a pesquisa. – Cinco minutos depois, ela esfrega de novo o olho direito, espontaneamente, mas demorando o gesto mais do que antes. Apresso-me logo a esfregar os meus, e J. observa-me de novo com vivo interesse. Recomeça então esfregando a boca, depois a bochecha, parecendo buscar algo e sem tirar os olhos de mim.

Aos 0;11 (20), esfrega os olhos ao despertar. Faço o mesmo: ela ri. Quando acabou, eu recomeço, mas J. não me imita. Dez minutos após, pelo contrário, assim que esfrego os olhos, ela imita duas vezes, nitidamente, olhando para mim e sem que o tivesse feito entrementes. Um momento depois, eu recomeço e ela imita de novo. A prova de que se trata efetivamente de uma imitação do movimento como tal é que somente uma vez ela esfregou de fato um olho, como se tivesse sentido comichão; das outras vezes, passou simplesmente a mão por um canto da arcada supraciliar. – Na tarde do mesmo dia, nova imitação típica, sem prévio exercício espontâneo.

Aos 0;11 (21), ou seja, no dia seguinte, esfrego os olhos diante dela, às 8 horas da manhã; J. imita imediatamente. Às 18 horas, abro e fecho os olhos: ela responde esfregando os olhos. A mesma reação nos dias seguintes.

A partir de 1;0 (2), finalmente, ela imita o gesto de abrir e fechar os olhos, sem esfregá-los previamente.

Obs. 26. – Aos 0;11 (8), J. tem o indicador da mão esquerda na orelha e explora-a tatilmente. Ponho então um dedo na minha, diante da criança. Ela observa-me atentamente e interrompe a sua atividade. Paro também. Quando recomeço, ela olha-me de novo, interessada, e volta a pôr o seu dedo na orelha. Faz o mesmo cinco ou seis vezes, mas sem que possa haver a certeza de que se trata de uma verdadeira imitação. Pelo contrário, após uma pausa de alguns minutos, durante a qual J. faz outras coisas (amarrota um jornal etc.), eu reaproximo um dedo da minha orelha; então, encarando-me, ela dirige nitidamente o seu indicador para a sua orelha e acaba por introduzi-lo nela, pouco depois de eu ter feito o mesmo.

Aos 0;11 (11), ela imita seguidamente o mesmo gesto, sem exercício prévio. O mesmo ocorre aos 0;11 (22), 0;11 (23) etc. Registro ainda a coisa ao 1;0 (7) e nas semanas seguintes.

Obs. 27. – Notamos, enfim, que J., aos 0;11, contraiu o hábito, quando a enxugam após o banho, de cantarolar para ouvir sua voz tremular, sobretudo quando lhe limpam o rosto. Aos 0;11 (9), sua mãe canta diante dela, dando palmadinhas nas faces, de maneira que a voz lhe sai entrecortada. J. sorri e, um breve instante depois, leva à bochecha a sua própria mão e cantarola. Não chega a reproduzir o gesto-modelo, mas localiza muito bem a face e toca-a com um dedo.

Aos 0;11 (11), J. observa-me enquanto esfrego as faces com as costas da mão. Imita-me nitidamente (após ter imitado os gestos de tocar na orelha e de encostar o indicador no nariz).

Aos 0;11 (12), a mesma coisa.

Ao 1;0 (13), imita sucessivamente o gesto de bater na face e o de tocar nos lábios ou pôr a mão diante da boca.

Vê-se, assim, como J. conseguiu, partindo da imitação dos movimentos da boca, fazer corresponder às partes do rosto de outrem o seu nariz, seus olhos, suas orelhas e faces.

Obs. 28. – Como se viu (obs. 18), L. só começou imitando os movimentos da boca aos 0;8, inclusive. Com mais fortes razões aconteceu o mesmo relativamente aos movimentos que envolvem o nariz, os olhos etc.

Aos 0;9 (4), quando lhe mostro a minha língua de fora, L. espeta o seu dedo indicador. O mesmo ocorre nos dias seguintes, de modo bastante sistemático para que a relação possa deixar quaisquer dúvidas. Ora, esse gesto do dedo não é um "processo" causal usado por L. nem um esquema que eu tivesse exercitado com ela nos dias seguintes, por imitação recíproca. Portanto, parece que somente a analogia entre a língua de fora e o dedo espetado explica a reação da criança (cf. a assimilação dos olhos e da boca em Jacqueline: obs 25). – Em seguida, ausento-me três semanas, e, aos 0;9 (25), L. não mais reage nem aos movimentos da língua nem ao gesto de abrir e fechar a boca. Tampouco reage mais ao gesto de chupar o polegar.

Aos 0;10 (8), pelo contrário, quando ponho o meu indicador na boca (sem ruído), ela observa-me atentamente, depois examina o seu próprio indicador, como se nunca o tivesse visto. Acontece o mesmo cinco vezes seguidas. Só o introduz uma vez na boca, após exame, mas não é possível concluir desse caso único a existência de imitação. Depois disso ponho a língua de fora: nenhuma reação.

Em compensação, no mesmo dia, quando abro e fecho a boca sem ruído diante de L., a criança olha-me com grande interesse e depois diz *atata*. Ela imitou diversos sons nestes últimos dias, examinando a minha boca com a maior atenção, mas eu não fiz qualquer tentativa de imitação vocal nesse dia. Tudo se passa, pois, como se ela reconhecesse um movimento já observado e respondesse produzindo o som que habitualmente acompanha esse movimento.

Aos 0;10 (5), acontece o mesmo: L. diz *atata* quando abro e fecho a boca sem ruído. Quando refaço o movimento com ruído de saliva, ela imita o som, sem parecer ocupar-se do movimento.

Aos 0;10 (6), mostro-lhe a língua de fora: L. responde imediatamente *tátá* e, depois, abre e fecha a boca silenciosamente. Faço o mesmo; ela recomeça abrindo e fechando a boca, ora sem ruído, ora dizendo *tátá*.

Aos 0;10 (7), quando ponho a língua de fora, ela diz *tátá*, mas, quando abro e fecho a boca, ela imita-me claramente, sem emitir som algum. O mesmo acontece aos 0;10 (8) e ainda aos 0;10 (14).

Aos 0;10 (16), quando abro e fecho a boca, ela imita-me ora claramente, ora limitando-se a mover os lábios (como se mastigasse em seco). Por outra parte, ponho a língua de fora no momento em que ela acaba de fazê-lo espontaneamente: L. ri de prazer, como se compreendesse a relação. De súbito, começa dizendo *blá*, *blá*, e continua pondo a língua de fora. Imito-a, e ela ri ainda com mais gosto.

No dia seguinte, ela não reage mais ao gesto de pôr a língua de fora, mesmo quando eu o faço dizendo *blá*. Em contrapartida, imita o movimento de abrir e fechar a boca. Aos 0;10 (18), L. reencontra, pelo contrário, a faculdade de imitar o movimento de pôr a língua de fora (com ou sem o som que lhe serve de indício); imita também o gesto de abrir e fechar a boca, assim como o de mexer os lábios.

Nos dias seguintes, as suas reações parecem confundir-se. Quer eu ponha a língua de fora (com ou sem o som *blá*), quer eu abra e feche a boca, quer eu mova os lábios, L. reage indiferentemente, por meio dos cinco esquemas seguintes: abrir e fechar a boca sem ruído, dizer *atata*, mover os lábios ou mesmo dar estalidos com eles (por causa do som) e pôr a língua de fora!

Em contrapartida, desde os 0;10 (27), ela diferencia de novo e até melhor do que antes esses diversos modelos. Assim é que mostra a língua de fora sem ruído, diante do meu exemplo, e consegue mesmo fazê-la circular da esquerda para a direita e reciprocamente quando eu faço o mesmo diante dela etc. Essa diferenciação impôs-se de súbito, sem novos exercícios.

Aos 0;10 (26), quando eu chupo o meu polegar, ela abre e fecha a boca. A partir dos 0;11 (4), ela imita esse gesto imediata e corretamente.

Obs. 29. – De 0;10 a 0;11 (0), o gesto de abrir e fechar os olhos não provocou em L. reação alguma. Mas aos 0;11 (5), quando abro e fecho os meus olhos diante dela, Lucienne começa por abrir e fechar as mãos, muito lenta e sistematicamente. Depois abre e fecha a boca, também com lentidão e dizendo *tátá*.

Aos 1;0 (14), pelo contrário, o mesmo modelo dá lugar a duas reações sucessivas. Primeiramente, pisca os olhos enquanto abre e fecha a boca, como se tivesse dificuldade em distinguir esses dois esquemas, dos pontos de vista motor e cinestésico; depois agarra um travesseiro e tapa com ele o rosto, para retirá-lo em seguida e recomeçar, desde que eu volte a fechar os olhos!

Aos 1;0 (16), ela abre e fecha novamente a boca (desde que eu abra e feche os olhos) e, depois, tapa-se com o travesseiro.

Só ao 1;2 (7), ou seja, durante a quinta fase, é que L. imitou nitidamente esse gesto, sem voltar a cobrir o rosto com um objeto qualquer. Essa última reação, que L. apresentou sistematicamente entre 1;0 (14) e 1;2, em resposta aos meus movimentos dos olhos, retardou, evidentemente, a sua imitação correta.

Quanto aos movimentos relativos ao nariz, orelhas etc., não foram imitados durante a presente fase, por falta de reações circulares espontâneas, as quais teriam podido diferenciar-se de uma imitação verdadeira.

Obs. 30. – No caso de T., toda a sugestão relativa aos movimentos de boca e dos olhos manteve-se sem efeito até os 0;9. Aos 0;9 (21), pelo contrário, ele observa-me com atenção quando eu abro e fecho a boca (sem ruído) e, depois, diz *tátá* e *pápá*.[1] A razão, evidentemente, é que ele reconhece o movimento que faço quando eu próprio digo *pápá* (ele imitou sempre o som nos dias precedentes), e, assim, o movimento dos meus lábios é assimilado ao esquema vocal habitual.

Aos 0;9 (28), o gesto de pôr a língua de fora e o de chupar o polegar não são imitados. Pelo contrário, quando eu abro a boca, T. diz *pápá*.

Aos 0;9 (29), quando eu abro a boca (sempre sem ruído), T. diz novamente *pápá*, mas, dessa vez, em voz baixa! Em compensação, não imita movimento algum relativo à língua, aos olhos ou ao nariz.

Aos 0;9 (30), diz novamente *pápá* ou *tátá* em voz baixa, assim que eu abro a boca. Mas, quando ponho a língua de fora, limita-se a abrir a boca sem emitir sons. No mesmo dia, quando recomeço a abrir e fechar a boca, ele imita corretamente esse movimento, sem voltar a articular qualquer som.

---

[1] Devemos acentuar que esse fonema não tem significado algum para T.: trata-se de um simples som.

Aos 0;10 (7), consegue pôr a língua de fora quando eu também o faço, acompanhando esse movimento de uma espécie de estalido. Não consegue imitar-me quando o gesto é silencioso. Aos 0;10 (10), pelo contrário, T. põe a língua de fora desde que eu o faça (sem ruído). Quando mastigo diante dele (sem ruído), T. diz *pápá*, mas, quando meto pão na boca, não mais reage. Tampouco imita o movimento de meter um dedo na boca.

Aos 0;10 (21), ele imita corretamente os movimentos seguintes: abrir a boca (silenciosamente), pôr a língua de fora (*id.*) e meter o dedo na boca. Ele imitou esse último gesto de chofre, sem indício sonoro nem reação espontânea anterior.

Ao 1;0 (5), verifico que o bocejar é contagioso para ele.

Obs. 31. – Até aos 0;9 (29), T. não imitou qualquer movimento dos olhos nem da mão em relação aos olhos ou ao nariz.

Aos 0;9 (30), em compensação, quando eu abro e fecho os olhos diante dele (o que fiz durante várias semanas a fio), T. reage da seguinte maneira: começa por abrir e fechar as mãos, como L. aos 0;11 (5), depois abre e fecha a boca, como L. no mesmo dia e J. aos 0;11 (14). Nota-se ter sido nesse dia que T., aos 0;9 (30), soube pela primeira vez abrir e fechar a boca sem dizer *pápá* ou *tátá*, em resposta aos movimentos da minha. Não poderia, porém, tratar-se de uma questão de perseveração, visto que T. não imitou os movimentos de boca logo antes dos olhos.

Aos 0;10 (16), quando reinicio a mesma experiência, T. começa por abrir e fechar a boca, novamente, depois para por alguns instantes e, bruscamente, põe-se a piscar os olhos. Esse esquema, que ele pratica muitas vezes espontaneamente, jamais dera lugar a uma imitação recíproca; é, portanto, através de um ato de assimilação, pois aplica-o aqui à imitação dos movimentos do olho. Nos dias seguintes, T. reagiu logo dessa última maneira.

Aos 0;10 (21), quando assopro pelo nariz (ele fá-lo frequentemente, mas não o fazia nesse momento), imita-me incontinenti. Em contrapartida, quando coloco o meu dedo indicador sobre o nariz, T. pisca os olhos e franze o nariz. Aos 0;10 (25), imita logo o movimento de franzir o nariz, mas, aos 0;11 (5), deixa de imitar e de pôr o dedo colado ao nariz (ver, para esse último gesto, a obs. 50 *bis*).

Essas extensas observações, que diligenciamos transcrever integralmente para fornecer ao leitor todos os elementos necessários de informação, confirmam, em primeiro lugar, a tese de Guillaume sobre a necessidade de uma aprendizagem da imitação, sobretudo quando se trata dos movimentos não visíveis do corpo do sujeito. É notável, em particular, que o bocejo, cuja imitação se torna tão automática e contagiosa posteriormente, não dê lugar a qualquer reação imitativa imediata durante o primeiro ano, por falta de correspondência direta entre o espetáculo visual da boca de outrem e as percepções tátil-cinestésicas da própria boca. A imitação adquire-se, portanto, mas com que fins e por que meios?

Quanto aos fins, esses novos fatos acrescentam novos argumentos a favor do que já concluímos das observações das fases precedentes: a criança não adestrada em toda a espécie de jogos interessa-se, primeiramente, pelos próprios movimentos, sem que esses requeiram outras significações além de corresponderem a esquemas em exercício, isto é, a totalidades sensório-motoras autossuficientes. Assim é que mover os lábios, pôr a língua de fora, meter o dedo na boca, estufar o lábio inferior com a língua, franzir o nariz etc. etc. deram lugar, nos nossos filhos, a imitações sistemáticas, muito antes de certas ações de significação mais extrínseca serem executadas pelos mesmos órgãos: comer, levar a colher à boca, cheirar flores (ações imitadas entre 0;7 e 0;9 pelos modelos de Guillaume e somente depois de 1;0 pelos nossos). Sem dúvida, cada um dos movimentos citados nas obs. 19 a 31 são por si mesmos "significativos", que mais não fosse pelo fato da imitação recíproca e, sobretudo, por causa de sua relação com os esquemas espontâneos do sujeito. Mas nada autoriza a concluir dessas observações que a imitação começa pelos gestos mais significativos para se transferir, em seguida, a movimentos cada vez mais vazios. A verdadeira razão das sucessões observadas reside no mecanismo dos esquemas espontâneos: a imitação começa por totalidades autossuficientes (= por esquemas já constituídos), só se aplicando em seguida aos movimentos particulares que participam nesses esquemas a título de elementos componentes. Por outras palavras, o progresso da imitação é paralelo ao da própria construção dos esquemas de assimilação, desenrolando-se ambos por diferenciação gradual, isto é, por acomodações correlativas das coordenações.

Isso conduz-nos ao problema dos mecanismos. É evidente que não poderíamos continuar interpretando as obs. 19 a 31 como as precedentes, ou seja, por uma assimilação direta do modelo ao esquema próprio do sujeito. Mas, nesse caso, será preciso recorrer, forçosamente, a "transferências" na base de "sinais", à maneira das associações condicionadas, ou dever-se-á falar de uma assimilação mediata (e já não imediata), baseada nos "indícios" compreendidos pela inteligência? Por exemplo, quando J. (obs. 19) aprende a imitar um certo movimento dos lábios, graças a um ruído de salivação, esse ruído será um "sinal" desencadeando a mesma ação realizada pelo modelo, mediante simples associação e sem identificação, ou será um "indício" que permite ao sujeito assimilar o gesto visível do modelo à ação própria, invisível mas sonora? A diferença é a seguinte: o "sinal" (na acepção que lhe é dada nas condutas condicionadas) é incorporado a um esquema de maneira rígida ou indissociável e deflagra o seu exercício de modo mais ou menos automático, ao passo que o "indício" é um signo móvel, destacado da ação em curso e permitindo as previsões de um futuro próximo ou as reconstituições de um passado recente (ver *N. I.*, cap. IV, § 4).

Ora, no caso das obs. 19 a 31, um certo número de razões parece militar a favor da solução da assimilação mediata, por "indícios" inteligentes, o que não exclui, naturalmente, que o "sinal" associativo possa subsistir, por vezes, à margem do "indício". A primeira e a mais importante dessas razões é a mobilidade de que dão prova os signos utilizados pela criança na sua compreensão do modelo. A esse respeito, é preciso destacar o número de combinações possível de que esses signos dão prova, em conformidade com os princípios da coordenação dos esquemas dessa fase (ver *N. I.*, cap. IV, § 3). Podemos distinguir quatro que reputamos principais:

1º) Temos, primeiro, o caso em que um som serve de indício ao sujeito para lhe permitir assimilar um movimento visualmente percebido em outrem a um movimento próprio invisível (ver as obs. 19, 20, 23, 24, 27, 28 e 30). Ora, o que impressiona, em todos esses exemplos, é o papel muito transitório do som, papel apenas suficiente para permitir ao sujeito atribuir uma significação aos dados visuais percebidos em outrem: por exemplo, na obs. 19, o ruído da saliva é necessário no primeiro dia para conduzir à imitação do movimento dos lábios, mas, a partir da segunda experiência, esse som torna-se inútil. Tudo se passa, pois, como se o ruído tivesse simplesmente servido de meio-termo, o que é, precisamente, a função do indício em contraste com a do sinal; sem que, naturalmente, consiga ainda representar-se a sua própria boca (nem que disso tenha ainda necessidade), a criança compreende, simplesmente, graças ao indício sonoro, que os movimentos visualmente percebidos da boca de outrem "condizem" com uma certa impressão tátil-cinestésica da própria boca. Por outras palavras, graças ao "indício", a criança assimila o modelo visual e sonoro ao esquema sonoro e motor já conhecido dela própria e a imitação torna-se possível graças à acomodação desse esquema; o som torna-se então inútil, ao passo que, se fosse um sinal, deveria subsistir como excitante ou, no caso de transferência, ser ele próprio deflagrado pelo espetáculo visual. Ora, se acontece, com efeito, uma sugestão visual provocar uma reação simultaneamente vocal e motora (ver obs. 30), é sempre a título transitório, e o som desaparece rapidamente em seguida.

2º) O segundo caso é aquele em que a criança assimila o modelo a um esquema que interessa ao mesmo órgão, mas não idêntico ao que foi proposto. Por exemplo, nas obs. 20, 21 e 22, J. responde mordiscando os lábios às sugestões de pôr a língua de fora, chupar o dedo e abrir a boca; e, na obs. 28, L. abre a boca em resposta ao gesto de pôr a língua de fora. Em tais casos, a significação do modelo é, pois, compreendida parcialmente, na medida em que é análoga a um esquema próprio, mas sem correspondência precisa. Será uma transferência, se quisermos, mas por semelhança: a significação do modelo dependerá, nesse caso, de um ato de assimilação, e as percepções visuais, longe de constituírem simples sinais, consistem, outrossim, em indícios baseados na analogia.

3º) O mesmo ocorre num terceiro caso, no qual se observa, entre o modelo e o esquema do sujeito, uma assimilação por diferenciações progressivas, baseadas em indícios de pura semelhança. Na obs. 22, por exemplo, J., depois de ter respondido mordiscando simplesmente os lábios à sugestão de abrir e fechar a boca, acaba por apertar espontaneamente as gengivas uma contra a outra; basta, depois, que eu repita o meu gesto para que ela abra e feche a boca (ver também a obs. 23: estufar o lábio inferior com a língua; a obs. 24: o dedo no nariz; e a obs. 26: o dedo na orelha). Haverá simples relação de contiguidade, portanto, um sinal com transferência motora, ou assimilação por "indícios" inteligentes? O comportamento da criança parece manifestar bastante compreensão. Quando J. aperta as gengivas, não é esse gesto que ela reproduz, mas o modelo, quando até aí fracassara: portanto, tudo se passa como se ela compreendesse de súbito a correspondência existente entre o espetáculo visual da minha boca e a impressão motora da sua, a qual executa um movimento análogo, e como se essa compreensão lhe permitisse realizar com êxito a cópia até então frustrada. Do mesmo modo, quando aos 0;10 (18) ela estufa com a língua o seu lábio inferior, ao mesmo tempo que eu (obs. 23), tudo se passa como se ela compreendesse logo a relação entre o que vê e o que faz, o que aliás é natural, dado que a criança já sabe imitar os movimentos da boca e da língua. Quanto aos dedos no nariz e na orelha, ela pode estabelecer correspondências análogas.

Em resumo, pode muito bem constituir-se, por assimilação recíproca, uma tradução progressiva do visual em tátil-cinestésico e o inverso. Toda a aprendizagem da preensão, já consumada no início da terceira fase, supõe, com efeito, uma coordenação gradual, efetuada no próprio corpo, entre os dados visuais (espetáculo da mão e de seus movimentos visíveis) e os dados táteis e cinestésicos; logo, é muito normal que essa coordenação, alimentada durante a terceira fase pelo jogo das reações circulares secundárias (as quais dela resultam diretamente), culmine na quarta fase, isto é, no nível de assimilação recíproca desses esquemas secundários, numa correspondência entre os quadros visuais percebidos em outrem e os esquemas tátil-cinestésicos relativos aos movimentos invisíveis do corpo próprio. Além disso, na medida em que a criança não imita somente as ações de significados complexos, mas se interessa também pelos próprios movimentos, é claro que essa correspondência suscitará da sua parte uma exploração que prolonga diretamente todo o seu comportamento sensório-motor anterior.

4º) Um último caso é o da compreensão analógica da significação do modelo, não mais por confusão de movimentos relativos ao mesmo órgão, como no caso 2, mas por confusão dos órgãos que apresentam qualquer semelhança entre si. É o caso mais interessante e mais decisivo: os erros de interpretação que a criança comete revelam, com efeito, o mecanismo íntimo da sua técnica imitativa e confirmam, da maneira mais clara, as interpretações precedentes. O exemplo mais típico é o dos olhos: em resposta ao movimento de abrir e fechar os olhos, J., aos 0;11 (14), abre e fecha a boca (obs. 25); L., aos 0;11 (5), abre e fecha as mãos e depois a boca (obs. 29); e T., aos 0;9 (30), também aciona as mãos e a boca (obs. 31). Além disso, L. e T. continuaram, durante alguns dias, a confundir os olhos e a boca, e J., aos 0;11 (16), ainda passa a mão pela boca em resposta ao meu gesto de esfregar os olhos. A notar também L., aos 0;9 (4), que espeta o dedo quando eu ponho a língua de fora (obs. 28). Tais erros parecem extremamente instrutivos. Com efeito, não é possível considerar-se a percepção visual do movimento dos olhos de outrem um sinal que deflagra os esquemas da mão ou da boca do sujeito, pois nenhum vínculo de contiguidade espacial ou temporal impôs à criança essa aproximação: o erro deve, portanto, ser inteiramente levado à conta da analogia. Quando o sujeito vê os olhos de outrem fecharem e abrirem, ele assimila esse espetáculo, não ao esquema visual relativo à boca de outrem, naturalmente, mas a um esquema global, em parte visual, mas, sobretudo, tátil-cinestésico, de "abrir e fechar qualquer coisa". Ora, esse esquema motor corresponde, essencialmente, no próprio corpo da criança, aos movimentos da mão e aos da boca, sendo esses últimos invisíveis, mas já conhecidos por imitação; portanto, são esses os órgãos que o sujeito acionará para responder à solicitação do movimento dos olhos de outrem. Em resumo, o erro constitui uma confusão, se quisermos, mas inteligente: é a assimilação do modelo a um esquema análogo suscetível de traduzir o visual em cinestésico.

No total, a assimilação precede, nesses quatro casos, a acomodação imitativa e efetua-se, mediatamente, por meio de indícios inteligentes. Mas um outro argumento parece somar-se aos que acabamos de examinar. Se a imitação se processasse por meio de transferências associativas, deveríamos então assistir a uma aprendizagem que obedeceria à lei clássica dessas aquisições, isto é, a curva seria de ordem exponencial. Um bom exemplo, comentado por Guillaume (págs. 20-22), é o da adaptação progressiva à bicicleta. Ora, por muito graduais que sejam, por vezes, as imitações descritas nas obs. 19 a 31, chega sempre um momento em que a criança "compreende" a relação entre o modelo e o gesto correspondente e em que ela, então, imita subitamente: tudo se passa como se o sujeito explorasse primeiro diversas hipóteses, para em seguida fixar-se numa delas, mais ou menos definitivamente. Por isso mesmo, a imitação dos movimentos já executados, mas de maneira invisível, no próprio corpo entra no quadro geral das atividades inteligentes dessa fase: coordenação de esquemas secundários (e primários), com a aplicação de meios conhecidos às novas situações. Para imitar tais movimentos, trata-se, com efeito, de coordenar os esquemas visuais e os esquemas tátil-cinestésicos, todos primários, é verdade, mas por intermédio de indícios móveis que servem de "meios" em relação a essa finalidade que é a imitação. Além disso, as coordenações inteligentes dessa fase IV conduzem à construção das primeiras formas do "objeto" e a um começo de objetivação do espaço e da causalidade: é evidente que esses progressos gerais repercutem igualmente na imitação, sugerindo a busca de uma correspondência entre o corpo de outrem, concebido como origem autônoma de causalidade, e o corpo próprio, percebido como análogo àquele.

§2. *A QUARTA FASE: II. INÍCIO DA IMITAÇÃO DOS MODELOS SONOROS OU VISUAIS NOVOS.* – É impressionante o fato de, na medida em que a criança se torna capaz de imitar movimentos já executados de maneira invisível no próprio corpo, ela procurar, por outra parte, copiar os sons e os gestos novos, quando tais modelos a deixavam até então inteiramente indiferente. Ora, essa correlação explica-se, segundo nos parece, pelos progressos da própria inteligência. Que a criança não tenha tentando até então imitar o novo explica-se pelo fato de, até a terceira fase, a imitação progredir por esquemas simples, rígidos e não coordenados entre si; ora, a acomodação a um modelo novo exige uma certa maleabilidade dos esquemas, a qual acompanha de perto, necessariamente, a sua coordenação. Inversamente, se a imitação do novo começa na quarta fase, é porque os esquemas de que a criança dispõe tornam-se suscetíveis de acomodação móvel, na própria medida em que eles começam se coordenando entre si. Com efeito, até a presente fase, a acomodação permanecia indiferenciada da assimilação. A partir da fase V, ela diferenciar-se-á a ponto de conduzir a uma experimentação ativa (reações circulares terciárias) e, por conseguinte, a uma imitação de qualquer novidade, seja ela qual for. Durante essa fase IV, as reações são intermediárias: a acomodação, que começa a diferenciar-se em função da coordenação dos esquemas, concretiza-se apenas em "explorações" (*N. I.*, pág. 256) e, por consequência, num início de imitação do novo. Eis algumas observações, começando pelas tentativas de imitação de sons e fonemas novos:

Obs. 32. – J., aos 0;8 (8), isto é, alguns dias após o início da imitação de movimentos invisíveis, reage pela primeira vez a um som que é novo para ela. Digo-lhe *vu vu vu* e ela responde logo: *bu bu...bu bu*, quando, até agora, o som *vu vu* não dera lugar a qualquer reação. Reconhece-se na resposta *bu bu* um fonema análogo ao que ela já emitira espontaneamente (sob a forma *abu*; ver a obs. 11).

Aos 0;8 (28), o som *pu pu* provoca a resposta: *pu...u*.

Aos 0;9 (16), o som *ga ga* deflagra uma busca intensa: J. diz *mámá*, depois *aha*, depois *bábá*, *vává* e, finalmente *pápá*. O som *pipi* (sem significação) dá *VV*, depois *pp...pp* e, por fim, *pfff*. – Digo *pupu*, como aos 0;8 (28): J. responde *bvv*, *abu*, depois *bvu*, *bu* e, finalmente, em voz baixa, *pu* e *pu...u*.

Aos 0;9 (26), *tutu* dá *u...u* e *tititi* provoca *i...i...i* e depois *têtêtê*.

Aos 0;10 (25), ela imita incontinenti o ruído de dar estalidos com os lábios e, aos 0;11 (20), o som *pôpô* (sem significação).

Obs. 32 bis. – L. também só apresentou durante essa fase explorações nítidas, mas coroadas de escasso êxito, visando à reprodução de sons que eram novos para ela. Por exemplo, aos 0;9 (28), responde ao fonema *pápá* com os seguintes sons: *aha...dádá...gágá* e *tátá.* Numerosas tentativas foram necessárias para chegar a *pápá*.

Nos dias seguintes, ela responde quase regularmente *atata* ao mesmo modelo. Só a partir de 0;10 (8) se aplica a reagir corretamente.

Obs 33. – Aos 0;8 (19), J. olha com curiosidade para a minha mão quando eu pressiono o meu indicador contra o meu polegar. Ela começa por tocar na minha mão (ora o polegar, ora o indicador), para fazer-me continuar quando eu paro. Apresento-lhe então o meu indicador espetado; ela imita esse gesto e acaba por aplicar a extremidade do seu contra o meu.

Aos 0;9 (12), dobro e espeto alternadamente o meu indicador: ela abre e fecha a mão. Aos 0;9 (16), o mesmo modelo provoca, numerosas vezes, o gesto de adeus; mas, no momento em que J. não faz mais esforços para imitar, espeta corretamente o seu indicador. Quando recomeço, ela volta a fazer adeus.

Aos 0;9 (19), o mesmo modelo: ela imita, mas com toda a mão, levantando e baixando a mão inteira, sem tirar os olhos do meu indicador.

Aos 0;9 (21), a mesma reação. Aos 0;9 (22), enfim, ela consegue isolar o movimento do indicador e imitar corretamente.

A partir de 0;9 (22), reinicio a experiência inicial: tocar na extremidade do meu polegar com o meu indicador ou o médio. Dou também estalidos com o dedo médio contra a base do polegar, à maneira de castanhola, para excitar o seu interesse. Aos 0;9 (24), ela reage agitando os dedos; dobra-os e endireita-os com bastante rapidez, mas sem diferenciar esse movimento global. De 0;10 a 1;0, ela renuncia inteiramente a todas as tentativas de imitação. Finalmente, ao 1;0 (25), coloca o seu indicador de encontro à extremidade do polegar, em resposta ao primeiro dos dois modelos. Quanto aos estalidos do médio com o polegar, esfrega simplesmente o indicador contra o polegar, procurando assim produzir um som. – A mesma reação ao 1;0 (26) e dias seguintes. Só no início da quinta fase o gesto de tocar no polegar com o indicador pôde ser imitado.

Obs. 34. – Vejamos, agora, a maneira como J. aprendeu a imitar o movimento clássico das marionetes (mão vertical girando sobre si própria).

De 0;9 a 0;10 propus frequentemente esse modelo a J., sem associá-lo a um som (à conhecida canção) nem adestrar a criança, naturalmente, segurando-lhe as mãos. Durante todo esse período, J. manifestou um vivo interesse por tal espetáculo e olhou frequentemente para as suas próprias mãos, depois de ter visto as minhas girando, mas nunca tentou imitar.

Aos 0;10 (9), observa-me com muita atenção e, depois, bruscamente, estica a sua mão direita e olha-a fixamente (do lado da palma); em seguida, examina alternadamente (três vezes) a minha mão e a sua. Mas a sua mão permanece imóvel; parece haver aí uma tentativa de compreensão sem tentativa de realização.

Aos 0;10 (18), ela sorri ao mesmo gesto e responde com um gesto de adeus. O mesmo acontece várias vezes seguidas.

Aos 0;11 (16) e 0;11 (18), resultado negativo. Aos 0;11 (19), pelo contrário, ela olha atentamente para o modelo, mas sem se mexer. Mas, uns três minutos depois, levanta o braço direito, com o punho fechado, e faz sua mão girar ligeiramente, várias vezes, sem a olhar (esboço do gesto correto). Quando retomo a experiência, ela deixa de imitar!

Aos 0;11 (28), após dez dias de reação negativa, ela recomeça a levantar o braço esticado, fechando o punho e fazendo ligeiros movimentos de rotação, misturados a gestos de adeus. Ora, aos 0;11 (29), surpreendo-a fazendo espontaneamente o gesto das marionetes (com a mão fechada). Um quarto de hora depois, repito esse gesto: dessa vez, ela imita-me.

Imitação recíproca ao 1;0 (0), mas foi ela quem começou. A partir de 1;0 (3), J. imita logo o movimento.

Obs. 35. – Aos 0;11 (0), J. está sentada diante de mim, os pés separados e livres. Inclino então para a frente a cabeça e o tronco. Depois empertigo-me, volto a debruçar-me e assim sucessivamente. J. responde três vezes com um gesto de adeus, depois imita corretamente o movimento.

Aos 0;11 (1), ela está sentada e eu reclinado diante dela. Levanto a minha perna direita e faço-a oscilar verticalmente. J. responde primeiro inclinando e voltando a endireitar o tronco inteiro (como eu fizera na véspera) e, depois, com um gesto de adeus. Portanto, esse último gesto é, *grosso modo*, análogo ao da minha perna, mas executado com o braço e a mão.

Aos 0;11 (11), o mesmo modelo dá lugar às seguintes reações: J. começa por fazer o gesto de adeus, como precedentemente (foi assim que ela respondeu ao meu gesto nos últimos dias). Depois, mexe os pés e ergue ligeiramente a perna. Por fim, levanta nitidamente o pé direito, olhando para o meu. Ao 1;0 (2), retomo a experiência: imitação imediata.

Obs. 36. – Eis ainda algumas imitações de gestos novos, em J., mas obtidos sem hesitação:

Aos 0;11 (6), bato com uma das mãos nas costas da outra; J. faz imediatamente o mesmo.

Aos 0;11 (9), sua mãe bate num pato de celuloide com a extremidade de um pente: J. reproduz o gesto sem hesitação alguma, imitando a ação de espetar.

Mesmo êxito aos 0;11 (19), quando dou com a cabeça de um pequeno martelo contra as teclas de um xilarmônico metálico.

Aos 0;11 (7), ela tamborila numa mesa em resposta a esse modelo. A mesma reação com diferentes objetos escolhidos um a um.

Obs. 37. – Vimos precedentemente (obs. 13) que L., a partir dos 0;6 (5), consegue imitar o gesto de mexer os dedos (movimento global), mas ainda sem copiar qualquer gesto preciso e novo para ela, como o de espetar o indicador.

Aos 0;7 (27), apresento-lhe mais uma vez o meu indicador espetado: ela responde abrindo e fechando a mão toda, sem reproduzir o movimento específico do indicador, a não ser fortuitamente.

Aos 0;8 (30), ela ainda reage mexendo os dedos todos. Aos 0;9 (4), como já assinalamos (obs. 28), L., espeta o dedo em resposta ao meu gesto de pôr a língua de fora. Apresento-lhe então (algumas horas depois) o meu indicador esticado verticalmente: ela imita o gesto, mas, logo em seguida, mexe todos os dedos juntos.

Aos 0;9 (25), L. está sentada no seu carrinho. Começo por mexer a mão toda e, depois, faço-a desaparecer atrás da borda do carro. L. observa demoradamente o local onde a minha mão desapareceu; depois, com um sorriso, ergue a mão e imita o movimento, reproduzindo a trajetória até o local do desaparecimento. – Em seguida, agito o meu indicador diante dela: L. começa por agitar primeiro o seu pé com violência, depois as mãos, e só então mexe os dedos, mas não espeta isoladamente o indicador. Em contrapartida, na tarde do mesmo dia, começa logo por mexer os dedos juntos e, depois, limita-se aos movimentos do indicador.

Nos dias seguintes, a imitação é imediatamente correta.

Obs. 38. – Aos 0:10 (0), L. observa-me enquanto dou algumas palmadas no meu ventre; ela bate nos seus joelhos (está sentada). Aos 0;11 (26), L. tenta imitar-me quando seguro uma bola com o meu braço direito estendido: ela agarra-a, depois ergue a mão e consegue, após algumas tentativas, pôr a bola acima do nível da sua cabeça (mas não estende completamente o braço).

Aos 0;11 (28), ela imita logo o gesto de tapar um objeto com um lenço. Reconhece-se aqui o esquema de procurar os objetos: L. sabe reencontrar um objeto sob uma cortina, mas ainda não colocara, por iniciativa própria, uma cortina sobre o objeto. Não obstante, aos 0;11 (3) e 0;11 (15), escondeu os seus pés ou uma argola sob um cobertor ou um tapete (ver *C. R.*, obs. 85).

Como habitualmente, duas interrogações se impõem a respeito desses fatos: uma, relativa às finalidades a que o sujeito visa, em tais imitações; e a outra sobre os meios ou a técnica empregados.

Com efeito, por que motivo a criança, que até a terceira fase só imitou nas outras pessoas aquilo que sabia ela própria executar, passa agora a tentar reproduzir modelos novos para ela, a partir dessa nova fase? Deveremos falar de descontinuidade, a propósito desse novo progresso da imitação, ou não é esse mais do que um prolongamento de tudo o que se desenrolou precedentemente? Admitimos até agora uma continuidade funcional na sucessão das estruturas imitativas, mas, recorde-se, foi contra opiniões tão autorizadas quanto as de Guillaume e Wallon. Para o primeiro desses autores, não há relação direta entre a imitação inicial, simples prolongamento da reação circular, e a imitação verdadeira, dado que essa é uma reprodução intencional de modelos que se revestem de significações complexas; somente em virtude do jogo de transferências sucessivas, diz Guillaume, é que a criança se empenhará em imitar os movimentos por si mesmos e assim chegará, após uma longa volta, à imitação elementar dos atos não significativos. Acreditamos ter constatado, pelo contrário, a existência de todas as transições entre essa assimilação reprodutora que é a reação circular, ou imitação de si mesmo, a assimilação recognitiva e simultaneamente reprodutora, que é o início da imitação de outrem por incorporação do modelo ao esquema circular, e a assimilação mediata, por indícios inteligentemente coordenados, que é a imitação dos movimentos conhecidos mas invisíveis para o sujeito. Em todos esses casos, a criança imita na medida em que tende para conservar e repetir cada uma das ações de que é capaz, sendo a imitação, portanto, acomodação e assimilação ao mesmo tempo. Durante as primeiras fases, o modelo e o gesto próprio mantêm-se mais ou menos indiferenciados, por indissociação completa das tendências assimiladoras e acomodadoras. Ainda na terceira fase, as pessoas e objetos não são concebidos como dotados de uma atividade autônoma, e os espetáculos percebidos são ainda considerados uma espécie de prolongamento da atividade do sujeito; quer esse imite por assimilação recognitiva e reprodutora, quer procure, pela sua reação imitativa, fazer durar o que vê ou ouve, a imitação não se distingue essencialmente da reação circular, e é por isso que, até esse momento, não há imitação do novo. Em presença de novos modelos, o sujeito mantém-se indiferente ou então procura fazer continuar o espetáculo interessante, aplicando-lhe um esquema qualquer, numa espécie de "causalidade por eficácia" (ver *C. R.*, cap. III, § 2). Na quarta fase, pelo contrário, os progressos da inteligência e a diferenciação nascente entre a acomodação e a assimilação possibilitam a imitação de movimentos conhecidos mas invisíveis no próprio corpo. Uma certa oposição surge então, naturalmente, no seio das semelhanças globais, entre os exemplos propostos de fora e os movimentos habituais do sujeito; é a partir desse momento que a imitação se constitui, a título de função particular que prolonga a acomodação e começa distinguindo-se da simples assimilação reprodutora, embora utilizando-a, necessariamente. Com efeito, na medida em que a quarta fase assinala um começo de dissociação entre o sujeito e o objeto, a objetivação daí resultante obriga os esquemas assimiladores, mediante os quais a criança procura adaptar-se às coisas e às pessoas, a uma acomodação cada vez mais diferenciada. Os modelos propostos manifestam-se então, aos olhos do sujeito, de um modo inteiramente diverso do que eram nas fases anteriores: em vez de se oferecerem como um prolongamento da atividade própria, impõem-se doravante como realidades parcialmente independentes, análogas ao que a criança sabe produzir e, ao mesmo tempo, distintas da sua ação. É então, e só então, que os novos modelos adquirem interesse para o sujeito e que a imitação se especializa em função da acomodação como tal.

O interesse, que surge nessa fase, pelos novos modelos não constitui um mistério, portanto; muito mais do que parece, prolonga apenas os interesses anteriores de tendência conservadora. Em toda a atividade circular, e, por consequência, em toda a imitação do já conhecido, o caráter "interessante" do resultado procurado provém do fato de esse resultado servir de alimento ao funcionamento da ação, logo, à sua própria reprodução, precisamente; o interesse nada mais é, afinal, do que o aspecto afetivo da assimilação. Quando os objetos de desligam do sujeito e, destarte, os modelos se objetivam, esses últimos não podem mais ser assimilados integralmente e passam a ser sentidos como algo tão diferente quanto semelhante: a analogia converte-se então numa fonte de interesse e já não, exclusivamente, de semelhança. Com efeito, não importa qual o modelo que não deflagra ainda a imitação; o que interessa são os exemplos que apresentam uma analogia com os esquemas do próprio sujeito. Os modelos demasiado novos deixam o sujeito indiferente; por exemplo, os movimentos ainda desconhecidos a executar, de maneira invisível, pelo corpo do sujeito. Pelo contrário, os sons e os movimentos novos mas comparáveis com os que a criança percebeu em si mesma provocam logo um esforço de reprodução. Tudo se passa, pois, como se o interesse resultasse de uma espécie de mal-estar ou de conflito entre a semelhança parcial, que impele o sujeito à assimilação, e a diferença parcial, que tanto atrai a atenção como serve de obstáculo à reprodução imediata. Logo, é esse duplo caráter de semelhança e resistência que parece acionar a necessidade de imitar. Nesse sentido, a imitação do novo prolonga, indubitavelmente, a do conhecido; ambas supõem uma assimilação prévia, o que, aliás, é evidente, porquanto não poderia haver acomodação se não existissem esquemas suscetíveis de acomodação, e o exercício desses esquemas pressupõe a assimilação.

Mas, sendo assim, se os modelos propostos são, ao mesmo tempo, suficientemente vizinhos da atividade do sujeito para provocarem a tendência reprodutora e, apesar disso, suficientemente distintos dos esquemas já constituídos, nada mais resta senão acomodar estes àqueles. Aliás, é o mesmo processo que se observa desde o início das condutas adquiridas (fim da primeira fase), mas no tocante à atividade própria do sujeito. As reações circulares obedecem todas, com efeito, a esse mesmo esquema: interesse pelo resultado novo descoberto por acaso, quando ele recorda outros já conhecidos, e tentativa de reprodução desse resultado. Por isso se comparou, a justo título, a reação circular a uma imitação de si próprio, ou seja, uma autoimitação do sujeito. No caso dos novos modelos, pelo contrário, trata-se de um resultado exterior à ação, mas que recorda igualmente essa última e acarreta, por conseguinte, a mesma necessidade de reprodução. A acomodação necessária é, então, mais complexa e dissocia-se ainda mais da assimilação: é nisso que a imitação começa se destacando, a título de função independente. Porém, é preciso compreender que, desde o início, ela desempenhou o mesmo papel, embora menos diferenciado: em vez de utilizar o modelo, conhecido ou parcialmente novo, para fins distintos do sujeito, esse acomoda-lhe sempre os esquemas de que dispõe, quer esses se encontrem já inteiramente construídos (e, nesse caso, a acomodação permanece indiferenciada da assimilação), quer sejam a modificar em função da novidade (e, nesse caso, a acomodação diferencia-se em imitação).

Isso nos conduz ao problema técnico. É evidente que, por força da sua própria novidade, seria impossível falar de assimilação direta dos novos modelos aos esquemas análogos ou de acomodação brusca desses àqueles. Produz-se, primeiro, uma exploração tateante, comparável ao que chamamos, nessa mesma fase de evolução, de a "exploração dos objetos novos" (ver. N. I., cap. IV, § 5): diferentes esquemas são experimentados sucessivamente, para ver se um dentre eles convirá ao modelo. Por exemplo, na obs. 32, o novo som *gágá* provoca *mãmã*, *aha*, *bábá*, *vává* e, finalmente, *pápá*. Depois, logo que isso é possível, a criança coordena os esquemas entre eles, a fim de encontrar uma combinação compatível com o modelo. Na mesma obs. 32, o som *pupu* dá, assim, *bv*, depois *abu*, depois, por uma espécie de entrecruzamento, *bvu* e *bu*, sons que conduzem, finalmente, à cópia correta *pu* e *pu...u.* Daí à acomodação propriamente dita é apenas um passo: em vez de tentar diferentes esquemas ou de combiná-los entre si, a criança diferenciará simplesmente o mais próximo dentre eles, até a convergência com o modelo. Por exemplo, na obs. 33, o gesto de dobrar e voltar a espetar o indicador dá lugar a um movimento de adeus com o braço e a mão, depois com a mão, apenas, e depois, finalmente, com o dedo interessado, isolado dos demais. Enfim, chega o momento em que a coordenação e a diferenciação reunidas redundam logo no resultado pretendido, por exemplo (obs. 36), quando J. consegue bater com uma das mãos nas costas da outra ou fazer ressoar as marimbas de um xilarmônico com um martelo ou, ainda, quando L. (obs. 38) imita em seguida o gesto de cobrir um objeto com um lenço. Mas, para concluir, acentue-se que esses diversos métodos cabem todos no quadro das condutas inteligentes dessa fase IV: aplicações de meios conhecidos às novas situações por coordenação de esquemas, e explorações. Portanto, teremos de esperar a fase V para que um método geral de imitação do novo seja desenvolvido, finalmente.

§3. *A QUINTA FASE: IMITAÇÃO SISTEMÁTICA DOS NOVOS MODELOS, INCLUINDO OS QUE CORRESPONDEM A MOVIMENTOS INVISÍVEIS DO PRÓPRIO CORPO.* – O método próprio da fase precedente apresenta duas espécies de limitações: só se aplica aos modelos relativamente comparáveis às ações espontâneas da criança, e a acomodação desses esquemas conhecidos aos modelos permanece rudimentar e global. Portanto, a imitação dos novos modelos só se torna sistemática e precisa no decorrer da quinta fase, e isso em paralelo flagrante, uma vez mais, com os progressos da própria inteligência, da qual a imitação parece, pois, depender estreitamente. O leito recordará por certo, como no decurso dessa fase a acomodação continua processando a sua diferenciação relativamente à assimilação. Por uma parte, a "reação circular terciária" sucede as simples "explorações", isto é, a criança torna-se capaz de experimentar para descobrir as novas propriedades dos objetos. Por outra parte, a "descoberta dos novos meios por experimentação ativa" prolonga essas reações terciárias dentro da própria coordenação dos esquemas. Ora, essas mesmas características repercutem na imitação dos novos modelos, permitindo-lhe ultrapassar as simples aplicações, com acomodação, dos esquemas anteriores, para culminar numa acomodação por exploração empírica, dirigida e sistemática. Comecemos por mostrar como a criança aprendeu, por experimentação ativa, a imitar certos movimentos visíveis com resultados significativos:

Obs. 39. – Ao 1:0 (20), J. observa-me enquanto retiro e reponho a tampa da minha tabaqueira. O objeto está à sua disposição, e ela poderia tentar reproduzir o mesmo resultado. Mas J. contenta-se em levantar e baixar a mão, imitando assim o movimento da minha e não pelo efeito exterior.

Ao 1;0 (21), pelo contrário, ela imita a ação de desenhar. Coloco sob os olhos dela uma folha de papel e faço alguns riscos de lápis. Pouso em seguida o lápis; J. apodera-se logo dele e imita o meu gesto com a mão direita. Não consegue escrever, mas, ao endireitar o lápis, por mero acaso, faz alguns traços e continua logo. Passa em seguida o lápis para a mão esquerda, mas vira-o de ponta para cima: tenta rabiscar então com a ponta errada. Verificando o fracasso, não revira o lápis, mas passa-o de novo para a mão direita e aguarda. Para fazê-la desenhar outra vez, faço com o dedo o gesto de quem traça uma linha no papel; J. imita prontamente, mas com o seu dedo.

Ao 1:0 (28), esfrega o seu braço para imitar o gesto de ensaboar.

Igualmente ao 1:0 (28), coloco uma rolha na borda do seu berço e faço-a tombar com uma vara. Estendo esta a J., voltando a pôr a rolha de pé; ela apodera-se da vara e bate imediatamente na rolha, até que ela caia (ver *N. I.*, obs. 159).

Obs. 40 – Eis agora alguns exemplos de movimentos relativos às regiões visíveis mas pouco familiares do corpo.

Ao 1:1 (10), J. está diante de mim. Esfrego na minha coxa com a mão direita. Ela olha, ri e esfrega uma face, depois o peito.

Ao 1;2 (12), quando eu bato no abdômen, J. bate na mesa, depois nos joelhos (ela está sentada). Ao 1:3 (30), ela bate sem hesitar nos joelhos quando eu o faço; depois, quando esfrego a barriga, ela bate nos joelhos e em seguida na coxa. Só ao 1;4 (15) ela atinge logo o seu ventre.

Igualmente ao 1;3 (30), levanto o meu pulôver e enfio um dedo por baixo (ao nível da cintura). Ela põe então um indicador sobre o seu joelho, depois explora as circunvizinhanças e acaba por introduzir o dedo sob a meia.

Ao 1;4 (21), ela vê sua mãe pôr uma pulseira; J. agarra-a, assim que o objeto fica livre, e enfia-a no próprio braço, após algumas tentativas.

Obs. 41. – A propósito dessa imitação, por exploração experimental e tateante, dos novos movimentos, conviria estudar o fenômeno análogo no tocante à imitação verbal. Com efeito, é durante a quinta fase que J., L. e T. começam reproduzindo, inabilmente, as primeiras palavras adultas. Mas a análise de tais fatos levar-nos-ia longe demais. Limitemo-nos, pois, a um ou dois exemplos, aliás banais, para indicar simplesmente os sincronismos.

Só por volta de 1;3 (15) J. começou imitando ativamente os sons significativos que são novos para ela, isto é, as palavras da linguagem adulta não convergentes com os fonemas espontâneos da criança (como *pápá, māmā, vuvu* etc.). Ora, essa imitação faz-se primeiro, naturalmente, por tentativas dirigidas, enquanto a criança não atinge, durante a sexta fase, a de reproduções diferidas imediatamente corretas.

Ao 1;3 (18), por exemplo, J. responde *papi* quando se lhe diz *partiu*, por analogia provável com *papai* (ou *pápá*). Em seguida, diz de moto próprio *papi*, quando alguém sai ou quando termina um espetáculo, depois corrige pouco a pouco para *pati*. Ao 1;3 (25), ela diz *bu* por boca e *um* por mosca, depois *dá* por gato etc. Nos dias seguintes, *bu* converte-se em *bua*. Ao 1;3 (29), ela diz *gá* indiferentemente para caixa e casa, só pouco a pouco conseguindo dissociar os dois sentidos e os dois modelos fônicos. Essas dissociações operam-se durante as semanas seguintes e em correlação mútua.

No mesmo dia, pato dá *cácá*. Ao 1;4 (2), passarinho dá *paín*.

Esses fatos bastam para mostrar que a imitação de novos sons, como a de gestos não conhecidos, desenvolve-se simultaneamente por coordenação de esquemas usuais e por acomodação progressiva e tateante desses esquemas ao modelo.

Obs. 42. – Ao 1;1 (23), L. observa-me com atenção quando balanço o meu relógio, segurando-o pela extremidade da corrente. Logo que pouso o objeto, ela imita a minha ação, mas agarrando a corrente na parte mais próxima do relógio. Quando a preensão se faz próximo demais para facilitar um balanço adequado, L. pousa tudo à sua frente e agarra de novo a corrente, mas tendo o cuidado de aumentar o espaço intervalar.

Ao 1;2 (7), dou palmadas no meu ventre. Ela começa por bater palmas (por assimilação ao esquema conhecido de aplaudir), mas, depois, bate na barriga. No dia seguinte, ela apresenta as mesmas duas reações. Ao 1;2 (18), em compensação, ela consegue logo bater na barriga, no mesmo lugar em que eu bati na minha.

Ao 1;3 (1), L. chega, tateando, a imitar J., que remexe a terra com uma pequena pá.

Ao 1;3 (19), ela consegue também esfregar-se com uma esponja, quer no peito, quer nas pernas, em resposta aos modelos propostos.

Ao 1;4 (0), finalmente, ela reproduz o gesto de rabiscar, corrigindo progressivamente a posição do lápis até traçar algumas linhas no papel.

Vejamos agora alguns exemplos de imitação de gestos novos relativos às regiões não visíveis do corpo do próprio sujeito:

Obs. 43. – Já vimos (obs. 19-27) como J., durante a fase precedente, conseguiria imitar certos gestos conhecidos relativos a boca, nariz, olhos e orelhas, porque ela conhecia esses órgãos tatilmente e chegava assim, graças a um sistema de indícios, a fazer corresponder os seus movimentos conhecidos aos do modelo. Durante o mesmo período, tentei fazê-la imitar alguns novos modelos. O mais simples é fazê-la pôr a mão na testa, em qualquer parte ou em certos pontos precisos. Com efeito, esse gesto não parece espontâneo à criança. É verdade que ela pode adquirir um conhecimento tátil dos seus cabelos, mas trata-se ainda de localizar a testa a partir dos cabelos, e a própria testa é, evidentemente, o que há de menos interessante no rosto e, por consequência, o menos conhecido. Ora, até os 0;11 (11), nenhum movimento relativo aos cabelos ou à testa foi imitado. Nesse dia, pelo contrário, quando ponho a mão nos meus cabelos, diante de J., ela levanta a sua e parece procurar na boa direção. Nenhuma tentativa a respeito da testa.

Aos 0;11 (20), observa-me com interesse quando toco na minha testa com o indicador. Ela põe então o seu indicador sobre o olho esquerdo, depois passeia-o pela arcada supraciliar, depois esfrega a parte esquerda da testa com as costas da mão, mas parecendo encontrar mais alguma coisa. Atinge a orelha, mas retorna na direção do olho.

Aos 0;11 (23), quando toco na testa, ela esfrega o olho direito, sem convicção e olhando atentamente para mim. J. sobe uma ou duas vezes um pouco acima da arcada supraciliar, mas para regressar logo ao olho. A mesma reação aos 0;11 (24). Aos 0;11 (26), ela atinge três vezes a zona acima dos olhos, na região das têmporas, mas jamais no centro. O resto do tempo, limita-se simplesmente a esfregar o olho.

Aos 0;11 (28), J. continua, na presença do mesmo modelo, a esfregar o olho e a arcada supraciliar. Mas, em seguida, quando eu apanho uma mecha dos meus cabelos e a agito (na têmpora), J. consegue fazer o mesmo, pela primeira vez; afasta subitamente a mão da arcada supraciliar, em que estava encostada, explora mais acima, atinge os cabelos e agarra-os. A exploração é nitidamente intencional.

Aos 0;11 (80), ela puxa logo os cabelos, assim que eu o faço nos meus. Toca também na cabeça em resposta a essa sugestão. Mas, quando esfrego a testa, ela abandona o jogo. É de assinalar que, quando J. puxa os cabelos, acontece-lhe voltar bruscamente a cabeça, tentando vê-los! Semelhante gesto manifesta claramente a busca de uma correspondência entre as percepções táteis e as percepções visuais.

Ao 1;0 (16), por fim, J. descobre a testa; quando eu toco no meio da minha, ela esfrega primeiro o olho, depois procura em cima e toca nos cabelos, após o que desce um pouco e acaba por fixar o dedo na testa. Nos dias seguintes, ela consegue logo imitar esse gesto e localiza até, mais ou menos, as regiões da testa em função do modelo.

Obs. 44. – A propósito dessa descoberta da testa e dos cabelos, que conclui a homologação da figura com a de outrem, convém citar uma experiência um pouco diferente das precedentes, mas igualmente relativa à imitação: é a experiência do espelho.

Desde 1;0 (10) que eu coloco J., de tempos em tempos, diante de um grande espelho, posto de pé na extremidade inferior do seu berço (a criança está sentada). Após longos momentos de perplexidade, ela manifestou grande prazer pelo espetáculo da sua imagem: faz "adeus" e redobra de atividade ao ver a sua imagem repetir esse gesto, sorri, estende os braços etc. – Não é este o lugar adequado para discutir a questão de saber como é que a criança concebe essa imagem ou o que pensa da imagem de outrem quando aparece no espelho. O único problema que nos interessa, de momento, é o da imitação; ora, entre a imagem refletida e seus próprios gestos existe, manifestamente, uma relação análoga à do modelo e do corpo do próprio sujeito (estando entendido que a criança sabe fazer-se imitar tão bem quanto ela própria imita).

Dito isso, J. encontra-se, pois, diante de um espelho ao 1;0 (13). Então, sem que ela me saiba presente (estou escondido atrás de uma cortina e sem fazer ruído algum), aproximo um objeto da sua cabeça, e ela vê subitamente no espelho a imagem de um brinquedo por cima dos seus cabelos; J. examina-o com estupefação e, de repente, vira a cabeça para o objeto real, a fim de olhá-lo diretamente. – Essa reação parece dever ser relacionada com o comportamento de J. aos 0;11 (30), quando ela voltava a cabeça para ver seus próprios cabelos (obs. precedente).

Ao 1;0 (19), reato a experiência, fazendo aparecer sobre a cabeça de J. um macaquinho de borracha; dessa vez, ela não se volta, mas, olhando para a imagem no espelho, levanta o braço e procura o objeto por cima dos cabelos; depois, estende ainda mais o braço e alcança o macaco, sempre com os olhos fixos no espelho, unicamente. A mesma reação com outros objetos.

Na experiência seguinte, faço aparecerem os mesmos brinquedos ora à direita, ora à esquerda, mas de modo que ela só possa vê-los no espelho e evitando todos os atritos e ruídos; J. procura-os imediatamente ao lado correto, primeiro com a mão, depois voltando a cabeça.

As mesmas reações ao 1;0 (20) e dias seguintes.

Obs. 45. – Ao 1;1 (15), J. olha para mim quando eu faço um gesto de pirraça, com o polegar na ponta do nariz e a mão espalmada. Ela coloca todos os dedos sobre o nariz e depois o indicador, apenas. Uma série de repetições nada acarreta de novo.

Depois, na tarde do mesmo dia, meto o polegar na boca, espalmando os outros dedos: J. mete prontamente o seu polegar na boca e mexe os demais dedos, até esticá-los corretamente. Então tiro a minha mão da boca e volto a apoiar o polegar na ponta do nariz, reproduzindo o meu gesto anterior de pirraça: J. acaba fazendo o mesmo. Portanto, foi suficiente decompor as operações do gesto de pirraça para conduzir J. a uma imitação correta.

Ao 1;3 (7), reponho o meu polegar na boca, com os outros dedos espalmados, mas chupo ruidosamente o polegar. J., que esquecera entrementes esse modelo e a maneira de imitá-lo, decompõe-no da seguinte maneira. Começa por um beijo a seco (para reproduzir o som), depois mete o polegar na boca com o indicador sobre o nariz (sem som) e, por fim, espeta os outros dedos. – Portanto, ela percebe o modelo em função de diversos esquemas de assimilação (o ruído do beijo, o ato de chupar o polegar, o de espetar o indicador), acomodando depois o todo ao modelo.

A propósito do nariz, citemos ainda a seguinte tentativa. Ao 1;3 (30), J. observa-me quando eu toco na base do nariz com o meu indicador; ela toca então no canto do olho (também com o indicador) e depois, hesitando (o dedo desvia-se primeiro na direção da testa), chega ao lugar certo. Mantém por instantes o dedo entre os olhos, depois toca na base do meu próprio nariz e volta ao seu, satisfeita.

Obs. 46. – Vejamos, agora, alguns movimentos novos relativos à boca.

Ao 1;1 (19), J. está diante de mim quando eu toco com o meu indicador na ponta da minha língua. Ela tenta imediatamente imitar e procede em três fases.

Em primeiro lugar, toca no lábio com o indicador (o que constitui um esquema conhecido). Em segundo lugar, põe a língua de fora sem tocá-la com o indicador (*idem*). Por fim, em terceiro lugar, leva o indicador na direção da boca, procura manifestamente a língua e acaba por tocar-lhe na extremidade.

No mesmo dia, encosto a minha língua na comissura esquerda da boca: J. põe diretamente a língua de fora, depois desloca-a e acaba por empurrá-la contra a comissura direita (o que é natural, pois estou defronte dela).

Ao 1;1 (23), ela tenta imitar-me quando eu toco no meu queixo; começa por procurar na direção da orelha e encontra-a; depois toca o nariz e em seguida os olhos; por fim, sem tirar os olhos de mim, desce na direção da boca e apanha os lábios, ficando por aí. – Ao 1;2 (3), porém, ela parte diretamente da boca e acaba por atingir o queixo, descendo prudentemente.

Obs. 47. – Verifica-se que, em cada um dos exemplos precedentes, a criança avança por experimentação ativa, apoiando a sua exploração naquilo que já sabe. Note-se, a esse respeito, que a criança continua, durante toda essa fase, a ocupar-se das partes do rosto que conhece (olhos, orelha, nariz, boca etc.) e realiza, em relação a elas, autênticas "reações circulares terciárias", destinadas a informá-la cada vez melhor sobre as relações existentes entre o tátil e o visual.

Assim é que, ao 1;1 (15), J. toca nos meus olhos e apalpa-os delicadamente com o indicador. Tenta fechá-los e reabri-los e, depois, bruscamente, passa sem hesitar para os seus, como se quisesse estabelecer a comparação.

Ao 1;1 (19), ela explora a minha orelha esquerda, cuidadosamente; toca no pavilhão auricular, fá-lo vibrar, enfia o dedo no orifício do canal auditivo externo etc. Depois, tal como fizera com os olhos, passa rapidamente à sua orelha (direita) e apalpa-a.

Ao 1;1 (21), bate por acaso no meu nariz com a sua mão direita, quando eu segurava. Toca imediatamente com a mesma mão no seu próprio nariz.

Ao 1;2 (3) e 1;3 (30), ela faz a mesma coisa com a minha boca e os meus dentes etc.

Obs. 48. – Vejamos ainda algumas tentativas de imitação de novos movimentos, mais complexos do que os precedentes.

Ao 1;1 (23), J. está sentada diante de mim. Estufo as bochechas e depois espeto cada uma com o meu indicador, deixando escapar o ar da boca. J. põe então a palma de sua mão direita sobre a boca e produz um som que se assemelha a um beijo. Depois tocou nas faces, mas não chegou a reproduzir o conjunto.

Ao 1;2 (30), bato nos meus dois joelhos com as mãos e depois coloco as palmas uma contra a outra (como no gesto de aplaudir, mas sem ruído); ela toca nos joelhos e depois aplica as palmas das mãos contra os olhos (gesto de "esconde-esconde"), após o que pousa de novo as mãos sobre os joelhos.

Ao 1;4 (0), toco em minhas faces, uma após a outra, com o meu indicador: ela começa por dar pequenos tapas nas duas extremidades da boca e depois aplica o indicador contra a face direita; somente depois disso consegue tocar alternadamente em ambas as faces.

No mesmo dia, descrevo com o meu indicador um círculo em torno do meu rosto. J., muito interessada nesse espetáculo, começa então por tocar na asa direita do nariz, depois descreve uma vaga curva no espaço e acaba tocando na boca. Observa-me por instantes, cessa todo o movimento, depois esboça de novo uma curva para acabar tocando na boca. – Continuo com a minha sugestão, seguindo sempre a mesma trajetória (a testa, a orelha direita, o queixo, a orelha esquerda e a testa, sem tocar em parte alguma, mas acompanhando de perto o oval do rosto): dessa vez, J. descreve uma curva semicircular em torno do nariz e, depois, com o indicador no ar, esboça uma trajetória oval muito alongada e algo imprecisa.

Obs. 49 – L., ao 1;0 (5), bate na cabeça com uma caixa. Faço o mesmo, e ela imita-me, por seu turno. Ora, essa aquisição, pertencente ainda à fase precedente, deu lugar nos dias seguintes a tentativas dirigidas características da quinta fase. Ao 1;0 (11), por exemplo, ela tenta copiar o gesto seguinte: pôs um retângulo de papel-cartão na cabeça. L. observa-me primeiro, sem reagir; depois, quando coloco a minha mão vazia nos cabelos, ela apanha o papel-cartão e dirige-o para a testa. No mesmo dia, bato na cabeça com a palma da mão esquerda; ela levanta então a mão direita e toca na orelha.

Ao 1;0 (12), L. brinca com uma corrente. Bato então na cabeça com a mão (sem ter tocado na corrente): ela coloca então a corrente sobre os cabelos.

Ao 1;1 (18), pelo contrário, bato na minha cabeça com uma boneca de L., que dá em seguida pequenas pancadas no rosto com o mesmo objeto, assim que eu lho devolvo (nariz e olhos).

Ao 1;1 (23), puxo os meus cabelos, e L. ri às gargalhadas. Procuro então o equivalente no seu rosto (no nariz e depois nos olhos: cf. o caso precedente). Recua então, progressivamente, na direção da orelha e puxa-a (é de assinalar, como notamos na obs. 28, que Lucienne, durante a quarta fase, não descobrira seus olhos, orelhas e nariz, por ausência de reações circulares espontâneas relativas a esses órgãos e, por consequência, por falta de indícios apropriados). Na vez seguinte, assim que volto a arrepanhar os cabelos, ela vai direto à orelha, mas solta-a para recuar ainda mais e descobrir uma mecha de cabelos, que puxa com convicção.

Quando à testa, L. só a localizou depois de ter descoberto o nariz e os olhos (ver a obs. seguinte).

Obs. 50. – Ao 1;1 (25), L. observa-me com atenção quando eu toco no meu nariz com o indicador (esse gesto, jamais executado espontaneamente por ela, não deu lugar até este momento a qualquer experiência de sua parte). Espeta imediatamente o seu indicador e procura na direção da boca (que ela conhece). Toca nos lábios e depois dirige-se acima da boca. Explora primeiro a região situada ao lado do nariz, depois atinge esse órgão e agarra-o imediatamente.

Toco em seguida nas minhas orelhas: ela procura ao lado do nariz e planta o indicador na bochecha direita.

Ponho em seguida o meu indicador na testa: L. procura em redor da boca! Quanto ao movimento de abrir e fechar os olhos, ela ainda abre e fecha a boca como na fase precedente, mas, quando toco nos meus olhos, ela não reage.

Esfrego sob o meu nariz com as costas da mão: imitação imediata.

Ao 1;2 (6), L. procura espontaneamente a minha língua, abrindo-me a boca com os dedos (eu tinha a boca fechada); toca na minha língua e, em seguida, toca sem hesitação na dela. A comparação é nítida, demorada e atenta. L. recomeça no dia seguinte. Então abro e fecho os olhos; ela reproduz imediatamente o gesto, mantendo seus olhos semicerrados e franzindo o nariz, como se acabasse de compreender a diferença entre os olhos e a boca, em resultado da imitação precedente.

Ao 1;2 (10), ela imita de novo o gesto de fechar os olhos, mas não sabe tocar nas orelhas nem na testa.

Ao 1;3 (3), em compensação, ela consegue, quase sem dificuldade, atingir a sua orelha: parte do olho e procura para trás. Quanto à testa, explora as têmporas, um pouco atrás dos olhos, e acaba por levar a mão um pouco mais acima e atingir a orla da testa.

Obs. 50 bis. – T., aos 0;11 (29), procura imitar o movimento que faço ao pôr o indicador sobre o nariz (ver obs. 31): ele mete-o na boca. Quando ponho a mão em cima da cabeça, ele tenta imitar-me colocando a sua à altura dos olhos.

Ao 1;1 (8), quando toco no meu nariz, ele dirige a mão para a sua orelha (esquema habitual).

Ao 1;3 (4), mete o indicador numa narina; depois, tendo retirado o dedo, procura reencontrar essa posição mas sem êxito: põe o dedo no olho direito, depois a meia-altura do nariz, na base do nariz, e, finalmente, mete-o na boca.

Ao 1;4 (0), pelo contrário, imita os gestos de colar a mão contra o nariz e no alto da cabeça.

O principal interesse dessas reações é o seu paralelismo com as condutas inteligentes que lhes são contemporâneas. Em vez de coordenar simplesmente um esquema que serve de meio ao esquema que fixa uma finalidade à ação e de acomodar ambos à situação nova, a inteligência da quinta fase é capaz de coordenar um maior número de esquemas e de diferenciá-los, uns em relação aos outros, para acomodá-los ao objetivo: essa exploração, por tentativas sucessivas e dirigidas, leva então à descoberta de novos meios, tais como os esquemas de "suporte" (puxar um objeto para atrair para si o objetivo colocado sobre aquele), do "barbante", da "vara" etc. (ver *N. I.*, cap. V).

Ora, comparados aos da fase precedente, os casos de imitação próprios da quinta fase apresentam diferenças inteiramente análogas. As explorações empíricas e tateantes, utilizadas pela criança, são muito mais flexíveis e mais bem dirigidas por uma série de esquemas auxiliares que conferem uma significação aos diversos eventos que surgem no decurso das explorações (ver *N. I.*, cap. V, § 4). Sem dúvida, a imitação dos sons e movimentos novos visíveis (obs. 39-42) só difere em grau da fase IV. Em contrapartida, a reprodução dos movimentos desconhecidos, relativos às regiões não visíveis do corpo do sujeito, supõem explorações tateantes sistemáticas em um conjunto de esquemas significativos auxiliares que tornam essa conduta realmente comparável às "descobertas de novos meios". Por exemplo, quando J. (obs. 43) consegue localizar tatilmente a própria testa, baseando-se na percepção visual da minha, não só resolveu um problema novo para ela, mas, além disso, utiliza novos meios: parte do seu olho, que ela conhece, depois tateia, tocando sucessivamente na orelha e nos cabelos e compreendendo que não atingiu ainda o seu objetivo final, para depois considerar-se satisfeita quando consegue apalpar a testa. Como é que a criança se orienta e, sobretudo, como escolhe ela entre os erros e as tentativas bem-sucedidas? No que diz respeito à testa, é a experiência de suas faces (obs. 27) que lhe fornece a analogia de uma superfície lisa ao tato; quanto aos cabelos, é o conhecimento de tudo o que é sedoso ou felpudo e a prova de que uma tal correspondência é entre o tátil e o visual, bem explorada, e até que ela tende a ser controlada pela criança, é o gesto tão característico, aos 0;11 (30), de voltar bruscamente a cabeça para conseguir ver os seus próprios cabelos (obs. 43)!

Em resumo, em vez de limitar-se, no caso dos movimentos invisíveis do próprio corpo, a tentar os diversos esquemas conhecidos, como na fase IV, a criança do presente nível diferencia-os e tateia experimentalmente. Era o que a criança já fazia na fase IV para os movimentos visíveis, mas as suas condutas desenvolveram-se agora com uma perseverança e uma segurança muito maiores. A imitação tornou-se, pois, uma espécie de acomodação sistemática que tende a modificar os esquemas em função do objeto, em contraste com as acomodações inerentes ao ato de inteligência, as quais aplicam igualmente esses esquemas ao objeto, mas incorporando esse a um sistema de utilizações variadas.

CAPÍTULO III

A Sexta Fase: Princípios da Imitação Representativa e a Evolução Ulterior da Imitação

No decorrer da sexta fase da constituição da inteligência sensório-motora, a coordenação dos esquemas emancipa-se suficientemente da percepção imediata e da experiência empírica para dar lugar agora a combinações mentais. Por outras palavras, as tentativas e explorações tateantes interiorizam-se, e a coordenação opera-se antes de dar lugar a um ajustamento exterior.

No que diz respeito à imitação, o mesmo ocorre, exatamente, com uma só diferença: é a acomodação como tal que então se interioriza, diferenciada em relação ao sistema total das assimilações e acomodações combinadas que constituem o ato de inteligência. Por uma parte, com efeito, a criança consegue imitar logo os novos modelos, substituindo assim a acomodação tateante e exterior por uma combinação interna de movimentos. Por outra parte, e sobretudo, verifica-se o aparecimento de "imitações diferidas", isto é, a primeira reprodução do modelo não se faz mais, necessariamente, em presença do mesmo, mas na sua ausência e após um intervalo mais ou menos longo de tempo. Por outras palavras, a imitação desliga-se da ação atual e a criança torna-se capaz de imitar interiormente uma série de modelos, dados no estado de imagens ou de esboços de atos: a imitação atinge, assim, os primórdios do nível da representação.

Mas, então, cria-se um grande problema, cuja solução devia ser preparada por todas as análises das fases precedentes: a capacidade representativa vem reforçar a imitação, exteriormente e a título de novo fator; ou a imagem representativa nada mais é do que o produto interiorizado da imitação, uma vez concluída a montagem desta?

§1. *A SEXTA FASE: A IMITAÇÃO DIFERIDA.* – Examinemos, em primeiro lugar, alguns fatos relativos à imitação de pessoas reais e de imagens.

Obs. 51. – Ao 1;4 (0), J. observa-me enquanto eu cruzo e descruzo rapidamente os meus braços, batendo com as mãos nas espáduas (gesto de aquecer o corpo). Ela jamais tentara até este dia imitar esse movimento, que eu lhe propus como modelo duas ou três vezes, recentemente. Não obstante, ela consegue realizar, à primeira tentativa, a imitação correta. O seu gesto é um pouco curto, mas perfeitamente reproduzido.

O mesmo ocorre, seguidamente, com diversos movimentos complicados dos braços e das mãos: descrever uma cruz, pôr os braços por cima e atrás da cabeça etc.

Obs. 52. – Ao 1;4 (3), J. recebe a visita de um menino de 1;6, que ela vê de tempos em tempos, e que, depois do almoço, resolve fazer uma birra terrível: chora e grita estentoricamente procurando sair de um cercado de bebê e empurra-o batendo furioso os pés no chão. J., que nunca vira semelhantes cenas, observa-a estupefata e imóvel. Ora, no dia seguinte, é ela que chora e esbraveja no seu cercado e tenta deslocá-lo, dando ligeiros e sucessivos pontapés nas grades. A imitação do todo é impressionante; ela não teria, naturalmente, implicado a representação se tivesse sido imediata, mas, a mais de doze horas de intervalo, supõe sem dúvida algum elemento representativo ou pré-representativo.

Ao 1;4 (17), após uma visita do mesmo menino, ela imita-o nitidamente de novo, mas numa outra atitude; ela arqueia-se toda, a cabeça pendente e os ombros encolhidos, quando está de pé, e ri com desenvoltura (como o seu modelo).

Obs. 53. – Ao 1;6 (23), J. olha para um jornal ilustrado e fixa a sua atenção na fotografia (muito reduzida) de um menino que abre a boca (mímica de estupefação ou de pasmo). J. aplica-se então a reproduzir esse gesto e consegue-o de primeira, de maneira impressionante. – A observação é interessante porque a situação em nada implicava um contexto de imitação: J. limitava-se a ver as imagens. Portanto, tudo se passa como se, para compreender o que via, J. tivesse necessidade de imitar plasticamente.

Obs. 54. – A propósito das imitações diferidas das condutas do seu amiguinho (obs. 52), é útil notar que J., na mesma época, pôs-se a reproduzir certas palavras, não no momento em que eram pronunciadas na sua presença, mas numa outra situação correspondente ao seu emprego e sem que a criança as tivesse ainda imitado.

Assim é que, ao 1;4 (8), J. diz *"a passo"* enquanto caminhava, quando nunca pronunciara tais palavras e ninguém acabara de proferi-las diante dela. Trata-se, pois, de uma imitação virtual que se atualiza sob o efeito do contexto ativo.

Ao 1;4 (10), ela aponta para o nariz de sua mãe dizendo *"nariz"*, sem que o tivesse dito precedentemente nem tivesse ouvido a palavra imediatamente antes.

Ao 1;4 (14), ela diz *"Flop"* a um cão seu conhecido, nas mesmas circunstâncias.

Subsequentemente, o fenômeno torna-se cada vez mais frequente, é claro. Quer dizer, é cada vez menos no momento em que acaba de ouvi-la que a criança emprega, pela primeira vez, uma palavra ou um grupo de palavras. Mas o importante, para nós, era registrar o começo desse tipo de imitação vocal e relacioná-lo com os fatos precedentes.

Obs. 55. – Pudemos notar, ao 1;4 (5), o anúncio da representação nas condutas imitativas de L., nas circunstâncias seguintes. Mostro a L. o meu nariz. Ela visa imediatamente o seu, chega ao lado e acaba por indicá-lo corretamente com o indicador. Procura então a sua boneca (uma boneca de 30 cm), que está num divã a alguma distância, e tenta localizar-lhe o nariz; consegue tocá-lo, apesar da sua exiguidade. Vê-se, com efeito, por esse exemplo, que L. já não se contenta em imitar um modelo atual, mas que procura, por generalização imediata, o equivalente dos órgãos do seu próprio corpo numa personagem ainda não imitada nem mesmo facilmente imitável (pois que se trata de uma boneca).

Nos dias seguintes, essa capacidade pré-representativa dá lugar a imitações diferidas quase simbólicas. Assim é que, ao 1;4 (23), L. imita em seu banho J., que aí não está: apanha uma toalha de rosto, torce-a em rodilha, enxuga nela a boca e põe-na sob o queixo, como faz sua irmã muitas vezes.

Ao 1;5 (7), acalenta a sua boneca nos braços, sem modelo atual, à maneira da sua irmã mais velha.

Vejamos, por outro lado, alguns casos interessantes de imitação de objetos. Não insistimos até agora, para abreviar, na imitação de objetos, visto que, nas fases precedentes, ela se confunde com a dos movimentos que as próprias pessoas poderiam executar (balanço etc.). Em compensação, no nível de imitação diferida observam-se curiosas reações de reprodução, pelos movimentos do próprio corpo, de uma situação física que interessa à criança (objetos pendurados, aberturas a ampliar etc.). Nas observações que se seguem, começaremos por recordar, em cada um dos nossos sujeitos, alguns casos característicos de imitação de objetos nas fases IV e

V, para melhor se compreender a continuidade e a novidade, ao mesmo tempo, das reações da fase VI em relação às dos níveis precedentes:

Obs. 56. – No decorrer da fase IV, J. apresentou, sobretudo, uma imitação de objetos materiais em relação provável com a "causalidade por imitação" (ver o cap. III de *C. R.*). Aos 0;9 (9), por exemplo, ela está na presença de um papagaio de celuloide, ao qual imprimo, sem me mostrar (a minha mão está tapada por um cobertor), um movimento oscilatório vertical; ela imita *incontinenti* esse movimento, sem dúvida para fazer continuar o do papagaio. Do mesmo modo, aos 0;10 (7), ela vê uma escova e um cartão, ambos animados do mesmo movimento: responde fazendo "adeus". Na fase V, a imitação dos objetos é, sobretudo, de ordem perceptiva. Ao 1;2 (25), por exemplo, vê uma lâmpada de suspensão que oscila no ar, ligada ao teto: J. balança logo o corpo, dizendo *bim-bam*. J. procura, sem dúvida, enunciar assim o fato e classificá-lo com uma palavra e um esquema motor reunidos.

Finalmente, na fase VI, a imitação dos objetos adquire uma função nitidamente representativa. Ao 1;3 (8), J, brinca com um palhaço de grandes pés e, por mero acaso, prende esses pés no decote do seu vestido. Tem dificuldade em desprendê-los mas, assim que se livrou, tenta repor o palhaço na mesma posição. Sem dúvida, trata-se de um esforço para compreender o que se passou; sem isso, a conduta da criança não teria finalidade alguma. Ora, como J. não conseguisse prender convenientemente o palhaço no vestido, estende a mão à sua frente, dobra o indicador em ângulo reto, para reproduzir a forma dos pés do brinquedo e, depois, descreve exatamente a mesma trajetória do palhaço, conseguindo assim meter o dedo no decote. Observa por instantes o dedo imóvel, depois puxa o vestido, sem poder ver, naturalmente, o que faz. Então retira o dedo, satisfeita, e passa a outra coisa.

Imitando assim com o dedo e a mão a forma e o movimento do palhaço, J. quis simplesmente construir para si, sem dúvida, uma espécie de representação ativa do acontecimento que acabara de produzir-se e que ela mal compreendera.

Obs. 57. – L., do mesmo modo, apresentou alguns casos de imitação de objetos, com um fim essencialmente objetivo.

Ao 1;1 (25), por exemplo, ela está sentada no seu berço. Eu seguro a minha bicicleta e faço-a ir e vir, paralelamente ao comprimento do berço. L., muito interessada por esse movimento, começa por fazê-lo continuar empurrando o selim (eu seguro o guidom, naturalmente, e ajudo assim a mover o objeto). Depois ela debruça-se para ver o que se passa, olha para o chão, como para compreender a causa do movimento, e, por fim, balança-se ligeiramente para a frente e para trás, no mesmo ritmo do vaivém da bicicleta (agora imóvel). – Todo o comportamento da criança parece indicar, claramente, que essa imitação apresenta, como no caso de J., uma finalidade de simples representação.

Já salientamos, por outra parte, um caso notável de pesquisa inteligente (ver *N. I.*, obs. 180), no decorrer da qual L. tentou representar-se a solução imitando com a boca a abertura de uma caixa de fósforos. Ao 1;4 (0), com efeito, L. procura tirar de uma caixa de fósforos uma corrente de relógio, quando a abertura da caixa não tem mais de 3 mm de largura; ela observa então a caixa com a maior atenção e depois, várias vezes seguidas, abre e fecha a boca, pouco ao princípio, depois cada vez mais. É óbvio que a criança, procurando representar-se os meios de ampliar a cavidade de caixa, utiliza, a título de "significante" ou de símbolo representativo, a sua própria boca, cujos movimentos ela conhece por via tátil-cinestésica e por analogia com a imagem visual da boca de outrem. É possível que a isso se some um elemento de causalidade por imitação: L. talvez tente, além disso, apesar da sua idade, agir sobre a caixa por meio do seu gesto mimético. Mas, o essencial para ela, como o demonstra o contexto de suas condutas, é pensar a situação, e, para fazê-lo, recorre à sua representação ativa.

Obs. 58. – T. imitou sempre tanto os objetos materiais como as pessoas.

I. Fases II-V: aos 0;3 (1), T. já mexe a cabeça lateralmente quando eu o faço ou quando desloco a minha mão diante de seus olhos: ora, ele executa o mesmo gesto na presença de uma argola que eu balanço horizontalmente (ver, anteriormente, a obs. 6). Aos 0;3 (24), quando eu faço ir e vir uma bolsa, verticalmente, ele não reage, mas, desde que eu balance no plano horizontal, T. abana a sua cabeça lateralmente.

Aos 0;7 (5), ele responde por um gesto de adeus a uma almofada que eu sacudo verticalmente, imitando assim com a mão o movimento do objeto. Aos 0;10 (20), ele tem à sua frente um travesseiro sobre o qual está colocada uma corrente de relógio. Sem que ele possa ver-me, eu ergo e abaixo alternadamente o travesseiro; T. responde com movimentos do tronco que o empertigam e o deixam cair de novo. – No mesmo dia, os movimentos horizontais de uma caixa metálica dão lugar a movimentos laterais da cabeça.

II. Fase VI: ao 1;0 (10), Laurent observa uma caixa de fósforos que eu ponho de pé no sentido da altura e que abro e fecho alternadamente. Encantado com esse espetáculo, que ele aprecia com a maior atenção, T. imita a caixa de três maneiras. 1ª) Abre e fecha a sua mão direita, com os olhos postos no objeto. 2ª) Faz *tff, tff,* com a boca, para reproduzir o ruído do objeto. 3ª) Finalmente, reage como L. ao 1;4 (0), quer dizer, abre e fecha a boca. Essas três reações pareceram-me constituir, segundo a mímica da criança, concomitantes da percepção, muito mais do que tentativas de agir sobre o objeto; com efeito, trata-se apenas de gestos discretos e não de "processos" perseverantes, de intensidade variando de acordo com o êxito ou o fracasso.

Ao 1;0 (11), ele imita o som de uma janela que bate e balança-se de acordo com o ritmo dela.

Ao 1;0 (23), faço leque com um caderno, diante do rosto de T., mas sem produzir nenhum som; ele responde ora abanando a cabeça lateralmente, ora soprando levemente com o nariz ou a boca. Mais do que "processos" para fazer durar o movimento, tratava-se, sobretudo, de uma simples atitude perceptiva ou representativa.

Essas observações revelam o aparecimento de três novidades em relação à fase precedente: imitação imediata de novos modelos complexos (obs. 51), imitação diferida (obs. 52-55) e imitações de objetos materiais, servindo para a sua respectiva representação (obs. 56-58).

Assinalemos, em primeiro lugar, que a criança, até aqui, só conseguiu imitar com êxito, à primeira tentativa, os movimentos e os sons já conhecidos e que podiam ser reproduzidos por simples coordenação de esquemas anteriores simples. Quando o modelo era decididamente novo, a criança só conseguia copiar mediante explorações tateantes mais ou menos demoradas. Em compensação, na obs. 51, J. imita logo um gesto complexo desconhecido, como se a acomodação se efetuasse interiormente e sem necessidade de tatear externamente.

Essa interiorização da imitação – seja qual for o seu mecanismo – ainda é mais nítida no segundo grupo de casos. Até agora, acontecera muitas vezes a criança reproduzir sem percepção atual um modelo já imitado anteriormente (bater palmas, por exemplo, sem incitamento exterior). Mas, em tais casos, o sujeito aprendera a imitar o modelo na sua própria presença, por acomodação perceptiva direta. Pelo contrário, o que caracteriza as reações 52-55 é a criança, sem ter jamais imitado ainda um movimento ou um som dados, reproduzi-los pela primeira vez na ausência do modelo, como se se apoiasse numa simples recordação, não acompanhada de percepção presente.[1] Aqui, de novo, e mais ainda do que no caso precedente, parece, pois, que a acomodação de esquemas de assimilação ao modelo, no decurso de seu longo exercício, é suficientemente emancipada da ação imediata para funcionar autônoma e interiormente.

Mas é nesse ponto que o problema anunciado no início deste parágrafo (e que constitui, de fato, o tema fundamental de toda a primeira parte da presente obra) se equaciona em toda a sua acuidade: a imitação diferida, ou protelada, estará efetivamente em continuidade com a das fases precedentes, constituindo a sua interiorização – como a "linguagem interior" está em continuidade com a palavra e desta constitui a interiorização – ou será necessário fazer intervir nessa sexta fase uma nova faculdade (memória de evocação, representação etc.), destinada a explicar o que está precisamente em causa – a cópia a distância (isto é, diferida) ou a imitação imediata e sem tentativas exploratórias dos novos modelos? Em especial, quando o sujeito imita ulteriormente e pela primeira vez um modelo desaparecido há muitas horas ou dias inteiros, parece, com efeito, que o modelo percebido exteriormente é substituído por um "modelo interno". Será este, pois, o produto da própria imitação ou o produto da "representação"

---

[1] M. C. W. VALENTINE (*op. cit.*, pág. 115) só registra, igualmente, essas imitações diferidas a partir do segundo ano do desenvolvimento.

em geral, a qual apareceria nesse nível preciso e provocaria essa transformação da imitação, assim como muitas outras reações novas (aparecimento da linguagem e transformação da inteligência sensório-motora em inteligência conceptual ou representativa)?

Fixemos primeiro o sentido das palavras, de maneira a distinguirmos melhor as perguntas. Com efeito, emprega-se o termo "representação" em dois sentidos muito diferentes. Na sua acepção mais lata, a representação confunde-se com o pensamento, isto é, com toda a inteligência que já não se apoia simplesmente nas percepções e movimentos (inteligência sensório-motora) e sim num sistema de conceitos ou esquemas mentais. Na acepção mais estrita, ela reduz-se à imagem mental ou à recordação-imagem, isto é, à evocação simbólica das realidades ausentes. Aliás, é evidente que essas duas espécies de representações, latas e estritas, apresentam relações mútuas: o conceito é um esquema abstrato e a imagem, um símbolo concreto, mas, embora já não se reduza o pensamento a um sistema de imagens, poder-se-á admitir que todo o pensamento se faz acompanhar de imagens, portanto, se pensar consiste em interligar significações, a imagem será um "significante" e o conceito, um "significado".[2] Além disso, é muito verossímil que ambas se constituam concorrentemente. De fato, foi nessa mesma fase VI que notamos (*N. I.* e *C. R.*) o aparecimento da representação, no sentido lato, na inteligência sensório-motora da criança, ao passo que verificamos agora, nos mesmos sujeitos, o nascimento correlativo de uma imitação diferida, supondo, pelo menos, a representação no sentido mais estrito (modelo interno ou recordação). Mas importa distinguir cuidadosamente essas duas espécies de noções, e as duas espécies de problemas que com elas se relacionam, se quisermos ligar posteriormente as soluções encontradas.

Assim, chamaremos doravante "representação conceptual" à representação em sentido lato e "representação simbólica ou imaginada", ou "símbolos" e "imagens", simplesmente, à representação no sentido estrito. Notemos ainda – e isso é fundamental – que, de acordo com a terminologia dos linguistas, devemos reservar o termo "símbolo" para os significantes "motivados", isto é, que apresentam uma relação de semelhança com o significado, em contraste com os "signos", que são "arbitrários" (quer dizer, convencionais ou socialmente impostos). Ora, além dos conceitos e símbolos, também se registra nessa mesma fase um princípio de emprego de "signos", visto que, no momento aproximado em que a inteligência

---

[2] Ver, em particular, o excelente capítulo de I. MEYERSON sobre "Les images", na 2ª edição do *Traité de psychologie*, de DUMAS.

sensório-motora se prolonga em representação conceptual e a imitação se converte em representação simbólica, o sistema de signos sociais também aparece, sob as espécies da linguagem falada (e imitada). O problema envolve, pois, três e não apenas dois termos, ao mesmo tempo: conceitos, símbolos ou imagens e signos verbais.

Dito isso, poder-se-ia sustentar uma primeira solução, que consistiria em interligar esses três termos e conceber os conceitos, as imagens e os signos como interdependentes, pois que dependentes, todos eles, da vida social. Se bem a compreendemos, foi essa a solução definida por Wallon: não só os conceitos estão vinculados aos signos, mas da linguagem depende igualmente o espaço mental (págs. 82-3), assim como a "passagem" que a imitação opera entre as "constelações perceptivo-motoras" ou "perceptivo-posturais" e seus equivalentes "feitos de imagens, símbolos, proposições" (pág. 161). Daí a oposição radical admitida por esse autor entre as reações aparentemente imitativas dos primeiros dezoito meses de vida e a imitação verdadeira, "que não sobrevém antes da segunda metade do segundo ano" (pág. 157), logo, se bem entendemos, entre a "ecocinésia" e a "imitação representativa". Mas dessa concepção, muito mais teórica do que experimental, não poderemos extrair grande ajuda para explicar os pormenores dos fatos. É claro que estamos inteiramente de acordo com a necessidade de recorrer aos fatores sociais para explicar o pensamento, apesar da opinião que, curiosamente, Wallon nos atribui, de querermos tirar toda a razão dos esquemas sensório-motores individuais. Mas o recurso ao conceito global de "vida social" parece-nos inadmissível em Psicologia: a "sociedade" não é uma coisa nem uma causa, mas um sistema de relações, e à Psicologia compete distinguir essas relações e analisar separadamente os seus efeitos respectivos. Foi o que nós já tentamos antes, quanto aos efeitos contrários das relações de pressão e de cooperação sobre a formação da lógica; e, no domínio tão confuso dos primórdios do símbolo, trata-se de proceder a uma dissociação metódica dos fatores possíveis, antes de passar de um salto da Neurologia para a Sociologia.

Ora, revertendo ao problema da imitação, a passagem das reações das fases IV e V para as da fase VI impõe, verdadeiramente, a hipótese de uma separação total? Quando, na fase IV, o sujeito consegue, por intermédio de "indícios" manifestamente inteligentes, localizar a correspondência entre o rosto do modelo e os movimentos próprios invisíveis, será necessário dizer, de acordo com o teórico, que o sujeito ainda não imita, ao passo que alguns meses mais tarde a imitação diferida da conduta de um amigo constituirá uma verdadeira imitação? Sem dúvida, houve passagem do sensório-motor ao representativo – mas constituirá essa passagem um resultado final ou será imputável à intervenção de fatores próprios da "sociedade" humana? A comparação com os antropoides impõe-se neste ponto. Com efeito, pode muito bem acontecer que, no momento em que certas representações simbólicas vêm coroar a evolução da inteligência sensório-motora na criança, a aquisição da linguagem articulada também comece, por seu lado: essa convergência, que reforçará, bem entendido, o poder simbólico ulterior, não explicará tudo, porém, se encontrarmos no antropoide um poder análogo à exclusão de todo o sistema de "signos". Ora, o caso é precisamente esse.

Como disse muito bem Guillaume,[3] "a linguagem oral do homem é apenas a principal e não a única manifestação de uma *função simbólica* muito geral". Na falta de linguagem, o símio manifesta interesse por "objetos simbólicos", que podemos comparar aos nossos signos monetários: jovens chimpanzés foram adestrados, primeiro, a extrair grainhas de uvas de um aparelho distribuidor, introduzindo fichas numa ranhura, e, em seguida, a obter essas fichas acionando um outro distribuidor. Ora, "era preciso esperar de três a vinte e quatro horas para utilizar as fichas; entretanto, os macacos consentiam em trabalhar mais de uma hora para reunir uma provisão daquelas". Mais ainda, Wolfe (1936) conseguiu ensinar os símios a "diferenciarem várias espécies de fichas, segundo o significado arbitrário que lhes atribuíra; umas não tinham valor, outras davam direito a uma galinha, outras, a duas; e outras, que permitiam receber água ou alimentos ecos, eram empregadas judiciosamente pelos animais, privados durante vinte e quatro horas quer de água, quer de alimentos secos, respectivamente". Enfim, Nyssen e Grawford (1936), colocando os animais em duas jaulas contíguas, das quais uma só continha um distribuidor, conseguiu provocar donativos e trocas; ora, o valor simbólico das fichas úteis e das fichas imprestáveis era perfeitamente reconhecido.

Esses fatos devem ser relacionados com as experiências de Koehler[4] sobre a memória representativa do chimpanzé que, uma hora depois, ainda se lembra muito bem que um fruto foi enterrado na areia, assim como do local exato, e que, tão cedo se apodera de uma vara, trata de desenterrá-lo a 1,30 m da grade de sua jaula. Vê-se, assim, que, anteriormente à linguagem, podem constituir-se sistemas mais ou menos complexos de representações, os quais implicam algo de superior ao "indício" perceptivo, ou seja, "significantes" já diferenciados do "significado" a que dizem respeito, quer

---

[3] "La psychologie des singes", em *Nouveau traité de psychologie*, de DUMAS, tomo VIII. Ver págs. 325-326.

[4] *L'intelligence des singes supérieurs*, trad. GUILLAUME, págs. 265-268.

se trate de "objetos simbólicos", como no caso das fichas, que devem ser situados a meio-caminho entre o indício e o símbolo propriamente dito, quer se trate de "representações", como diz Koehler (cuja prudência sobre esse ponto preciso é conhecida), ou seja, de imagens-recordações.

A imitação diferida e representativa não requer, pois, necessariamente, a intervenção de representações conceptuais nem de "signos", porquanto existem símbolos tais como a imagem, a lembrança de evocação, o objeto simbólico etc., inerentes aos mecanismos individuais do pensamento. Pode-se, nesse caso, conhecer uma segunda solução para o nosso problema: é que, uma vez construída a imitação sensório-motora, tal como se manifesta na fase V, a imagem mental virá reforçá-la a título de novo fator, estranho aos mecanismos próprios dessa imitação, mas neles se integrando logo que a sua maturação tenha chegado a termo. Surgem, porém, duas dificuldades inevitáveis. A primeira é compreender donde sairia, nesse caso, a imagem. Com efeito, nenhuma das reações das fases precedentes a pressupõe: insistimos nisso (*N. I.* e *C. R.*) a propósito da inteligência sensório-motora e reencontramos, na presente análise, o mesmo resultado, a propósito da imitação. Então, por que aparece a imagem na sexta fase, e como explicar esse aparecimento *ex abrupto?* A segunda dificuldade é mais séria ainda: a imitação diferida supõe a imagem mental desde o princípio ou, pelo contrário, a ela conduz? Aconteceu-nos muitas vezes estabelecer a coisa em nós próprios, por introspecção, e não poucos sujeitos confirmaram essa observação; chega-se a ter consciência de imitar alguém, mas sem saber quem (por exemplo, sorrir de um modo que não parece habitual, com o sentimento de copiar um desconhecido), para em seguida, mas só em seguida, reencontrarmos a imagem do modelo (por exemplo, de um personagem observado no trem e que sorria silenciosamente enquanto lia). Nada prova, portanto, que a representação por imagem, a recordação-imagem etc., preexista à imitação diferida, visto que poderá seguir-selhe, apoiando-se nela.

Daí resulta a terceira solução: a imagem mental, isto é, o símbolo como cópia ou reprodução interior do objeto, não será simplesmente um produto de interiorização da própria imitação? Como efeito, sabe-se muito bem que a imagem não é simplesmente, como durante muito tempo se acreditou, um mero prolongamento da percepção. Ela resulta de uma construção afim daquela que engendra os esquemas da inteligência, mas cujos materiais são fornecidos por uma "matéria sensível". Ora, acrescentemos, essa matéria é tanto motora como sensível: ouvir mentalmente uma melodia é uma coisa, mas poder reproduzi-la requer, singularmente, capacidade de audição interior; a imagem visual também permanece vaga desde que não possa traduzir-se em desenho ou mímica. Portanto, a imagem é um esboço de imitação possível. Por que não há de ela ser, então, o produto de interiorização da imitação, uma vez esta elaborada, tal como a linguagem interior é, simultaneamente, o esboço das palavras que estão para vir e a interiorização da linguagem exterior adquirida? Quando a acomodação dos esquemas sensório-motores se manifesta em gestos visíveis, ela constitui a imitação propriamente dita, mas quando, suficientemente desenvolvida para esboçar-se sem a necessidade de explorações exteriores, permanece virtual e interna, não conduzirá então, sob essa última forma, a uma imitação interiorizada que seria a imagem?

É para ajudar-nos a decidir entre essas duas soluções que o exame da imitação dos objetos (obs. 56 a 58) pode ser proveitoso. Notemos, em primeiro lugar, que as coisas, num grau bem superior às pessoas, dão lugar, por parte da criança, a movimentos de utilização, isto é, a uma assimilação aos esquemas práticos usuais. Até na fase IV, logo, enquanto a acomodação e a assimilação permanecem indiferenciadas, a imitação dos objetos conserva-se incluída nas reações circulares, que são simultaneamente assimiladoras e acomodadoras. A partir da fase IV, pelo contrário, ou seja, a partir da dissociação progressiva das duas tendências, a imitação dos objetos diferencia-se da sua utilização, embora continue sendo mais rara do que a de pessoas, visto que as reações de utilização predominam. Assinalemos, porém, que em toda a "exploração" (fase IV) e em toda a "reação circular terciária" (fase V) a busca de novidades e sua reprodução como tais envolvem sempre uma certa imitação; quando, por exemplo, a criança alimenta o balanço de um objeto suspenso, ela imita, num sentido, pelo vaivém das mãos, o movimento do objetivo. Enfim, quando a acomodação se liberta suficientemente, essa imitação dos objetos inertes adquire então uma função quase representativa. Quando T., por exemplo, imita com a mão e a boca a abertura de uma caixa de fósforos (obs. 58), torna-se evidente que o sujeito já não procura agir sobre a coisa, mas acompanha-a, simplesmente, de uma espécie de representação plástica que a ajuda a seguir aquilo que percebe. Ainda mais, quando L. (obs. 57) deseja abrir a caixa que está quase fechada e procura prever, pela representação, o desenrolar ulterior da situação, é precisamente a essa representação imitativa que ela recorre, abrindo e fechando também a própria boca.

Nesses últimos exemplos vê-se perfeitamente como a própria imitação acaba desempenhando o papel da imagem interior e quase da "experiência mental". Mas vê-se, sobretudo – e é aí que queríamos chegar –, que a imagem usada por L. ainda não é, precisamente, "mental", porquanto permanece exterior! É evidente, pois, numa tal reação, que a imitação representativa precede a imagem e não a sucede, sendo o símbolo interior, assim, um produto de interiorização e não um novo fator surgindo não se sabe donde.

É até interessante – se quisermos persistir na comparação entre a imagem e a linguagem interior – verificar um certo paralelismo (com a defasagem no tempo que explica a aquisição mais lenta da linguagem) entre as condutas de L. e T. e as reações verbais da criança de dois a quatro e cinco anos. Com efeito, a criança é por muito tempo incapaz de linguagem interior, daí resultando aqueles solilóquios em voz alta, os "monólogos" e mesmo os "monólogos coletivos" que já descrevemos anteriormente nas crianças menores (*A Linguagem e o Pensamento na Criança*), ao passo que, com o desenvolvimento, registra-se uma interiorização cada vez mais completa. Do mesmo modo, a imagem mental ainda exterior, se assim podemos dizer, dos inícios da fase VI, atesta uma linha evolutiva muito semelhante.

Entretanto, convirá assinalar desde já (reverteremos a esse ponto frequentemente, nas Partes II e III do presente volume) uma diferença essencial entre o símbolo que é a imagem e os signos sociais que constituem a linguagem. A imagem mental continua sendo de ordem íntima, e é precisamente porque diz respeito somente ao indivíduo e apenas serve para traduzir suas experiências particulares que ela conserva um papel insubstituível ao lado do sistema de signos coletivos. É por isso que a linguagem interiorizada se conserva muito mais socializada, embora interior, do que a imagem e conserva sempre uma tendência para exteriorizar-se: em todos os graus, ela é o esboço de uma possível palavra exterior. Pelo contrário, a transformação da imitação em imagens comporta uma parcela muito maior de autêntica interiorização: é até na divagação imaginativa e no próprio sonho que a imitação das cenas vividas e a cópia, muitas vezes singularmente precisa nos mínimos detalhes, de personagens e coisas vão traduzir-se em quadros figurativos. Pelo menos, é esse um dos polos para o qual o símbolo se orientará, como veremos na Parte II (cap. VII). No outro polo, a imagem pode, tal como a linguagem interior, constituir o esboço de novas exteriorizações: a imagem desdobra-se de novo, por vezes, em imitação (e em imitação tanto das coisas como das pessoas), no desenho e nas técnicas plásticas, nos ritmos e sons, nas danças e ritos, na própria linguagem onde, sob a forma de "linguagem afetiva", descoberta e analisada por Bally, a expressividade se revigora nas fontes da imagem e do símbolo.

Mas, para compreender os destinos ulteriores da imagem e da representação simbólica, às quais a imitação fornece, assim, o que lhes permite constituírem cópias mais ou menos semelhantes do real, é preciso estudar ainda a réplica da imitação, se assim podemos dizer, ou seja, o jogo e a própria construção imaginativa, que utilizarão essas cópias nos sentidos mais diversos, insuflando-lhes significados cada vez mais distantes de seu ponto de partida imitativo.

§2. *A EVOLUÇÃO ULTERIOR DA IMITAÇÃO.*[5] *A IMITAÇÃO E A IMAGEM* – Examinamos anteriormente as formas que a imitação assume durante o desenvolvimento da criança, após a aquisição da linguagem. Seremos breves nesse ponto, pois a evolução da imitação dos dois aos sete-oito anos é muito conhecida e os fatos que pudemos colher não apresentam grande coisa de novo a tal respeito. Em poucas palavras, dos dois aos sete anos a imitação representativa amplia-se e generaliza-se numa forma espontânea, que o seu progressivo desembaraço, assim como o seu egocentrismo, torna por vezes inconsciente, ao passo que, entre os sete e oito anos, a imitação torna-se refletida e integra-se ou reintegra-se na própria inteligência.

Para estudar esse desenvolvimento da imitação, procedemos das duas maneiras seguintes. Por uma parte, fizemos um levantamento das diferentes imitações entre J., L. e T., assim como da maneira como as três crianças imitavam seus pais. Por outra parte, organizamos na Casa da Criança, em Genebra, uma experiência muito simples, que consistiu em fazer um grupo de crianças de quatro a sete anos (examinadas individualmente) assistir a uma construção com cubos e depois dar-lhes um material análogo para ver o que elas fariam; o construtor do modelo proposto tanto era um adulto como uma outra criança mais velha, da mesma idade ou mais nova. É inútil, atendendo à banalidade dos fatos obtidos, fazer uma análise sistemática e citar as observações em detalhe; limitar-nos-emos, pois, a duas espécies de comentários de ordem geral, um sobre móbeis e outro sobre a técnica da imitação.

Do ponto de vista dos móbeis, é interessante verificar que (nas idades que estamos agora considerando, não mais do que no período do pré-verbal) a imitação jamais constitui uma conduta autossuficiente; é verdade que resulta sempre de uma acomodação especial ao modelo proposto, mas, porque o modelo é assimilado de perto ou de longe a um esquema próprio do sujeito, idêntico ou análogo, é que suscita essa acomodação imitativa. Por outras palavras, a imitação é sempre um prolongamento da inteligência, mas no sentido de uma diferenciação em função de novos modelos: a criança imita um avião ou uma torre etc. porque compreende

---

[5] Com a colaboração da Sra. Elisabeth Sontag.

o seu significado e só se interessa por isso numa relação qualquer com as suas próprias atividades. Porém, somando-se àqueles fatores que já se manifestam no nível sensório-motor, intervém agora um novo móbil essencial: é a valorização da pessoa imitada. A influência desse fator anuncia-se, aliás, desde os primeiros meses, no sentido de que o bebê já imitará muito menos um desconhecido do que uma pessoa da família; mas, com o desenvolvimento da vida social e o intercâmbio de pensamento, surge toda a espécie de novos matizes e graduações. Assim é que o prestígio do parceiro desempenha um papel preponderante: um adulto que dispõe de autoridade pessoal ou uma criança mais velha e admirada são imitados como tais, ao passo que uma criança da mesma idade e, sobretudo, mais nova propõe frequentemente em vão modelos que, entretanto, são semelhantes. Por esse motivo, Tarde, que assinalou com muita perspicácia, não obstante, esses fatores de prestígio, simplifica demais as coisas ao querer fazer da imitação o cimento da vida social; do ponto de vista das relações interindividuais, a imitação nunca é mais do que um veículo e não um motor, devendo esse último ser procurado quer na pressão, autoridade e respeito unilateral, causas da imitação do superior pelo inferior, quer na reciprocidade intelectual ou moral e no respeito mútuo, causas da imitação entre iguais.

Mas, no nível dos dois aos sete anos, em que essa cooperação ainda é esporádica, a imitação entre iguais e, muitas vezes, até entre mais novos e mais velhos, quando estes últimos não possuem autoridade especial, dá lugar a uma interessante particularidade. Nós já a tínhamos assinalado a propósito da linguagem da criança (*A Linguagem e o Pensamento na Criança*, cap. I) e voltamos a encontrá-la nas nossas observações presentes, tanto com J., L. e T., como na Casa da Criança: a criança imita muitas vezes sem saber, por simples confusão de pontos de vista ou da atividade de outrem com a sua. Se for aceitável a definição que propusemos do egocentrismo infantil (abstraindo das significações adultas dessa palavra talvez mal escolhida, mas que evita a criação de um neologismo), tal imitação involuntária constitui uma manifestação típica desse egocentrismo. Com efeito, o egocentrismo infantil é, essencialmente, um fenômeno de indiferenciação: confusão do ponto de vista próprio com o de outrem, ou da ação das coisas e pessoas com a atividade própria do sujeito. Assim definido, o egocentrismo tanto é sugestibilidade e absorção inconsciente do eu no grupo (já insistimos nesse ponto na obra citada, pág. 57) quanto ignorância do ponto de vista dos outros e absorção inconsciente do grupo no eu; e, nos dois casos, é essencialmente inconsciente, na medida em que é, justamente, a expressão de uma indissociação. No tocante à imitação, acontece em especial o seguinte: a criança declara, com frequência, não querer copiar o avião ou a casa propostos, que o modelo não lhe interessa e não é bonito, que quer fazer "outra coisa" ou "de outra maneira", após o que reproduz exatamente o que tem diante dos olhos! Registramos até o caso de um menino de seis anos que acusava o seu monitor (sete anos) de ter copiado, quando a relação era precisamente inversa. Um outro menino de seis anos, podendo escolher entre um automóvel, uma casa e uma igreja já construídos ou um avião em vias de fabricação, declara que não gosta de aviões e que "não fará isso", após o que imita o avião, sem conservar lembrança alguma de suas intenções anteriores. Do mesmo modo, L. copia incessantemente, aos três anos, os jogos de J. (cinco anos e meio), acreditando inventar etc. etc.

É tanto mais interessante destacar essa imitação por confusão do eu e do outro, porquanto ela reproduz, num sentido, por "defasagem vertical", o que vimos no cap. I sobre os primórdios da imitação sensório-motora. Igualmente no plano sensório-motor, os modelos só são aceitos (movimentos da mão ou da cabeça) porque são diretamente assimilados aos esquemas da atividade do sujeito: a imitação é nesse caso inconsciente por simples confusão entre os movimentos exteriores e os do eu. Ora, se o mesmo fenômeno se reproduz aqui num plano superior, é porque a atividade representativa em causa está igualmente nos seus primórdios e supõe um mesmo trabalho de coordenação dos pontos de vista e delimitações do interno e do externo; daí a defasagem devida, uma vez mais, à continuidade das situações funcionais, apesar da diferença completa das estruturas em jogo.

Isso nos conduz ao problema da técnica, ou mecanismo estrutural, desses novos tipos de imitação, e devolve-nos à questão das relações entre a imitação e a imagem mental.

A característica da imitação propriamente representativa, no nível de dois a sete anos, em contraste com a imitação sensório-motora, é que, doravante, a representação figurada do modelo precede a sua cópia. Durante as fases I a V da imitação sensório-motora, não existem imagens mentais. Na fase VI desse primeiro período (ver o §1 deste capítulo), a representação figurada faz o seu aparecimento, mas permanece, por assim dizer, imanente na imitação: esta é já "diferenciada", o que pressupõe a imagem, mas esta última surgiu como um prolongamento do esboço interior de imitação, logo, como consistindo numa imitação interiorizada. Doravante, pelo contrário, a imagem adquire a sua vida própria e antecede de tal modo a imitação que, ao imitar, o sujeito ignora muitas vezes que copia, como se a sua réplica lhe parecesse emanar de si próprio, ou seja, prolongar precisamente as suas imagens interiores, em vez de determiná-las.

Assim, poderemos ainda, nesse novo período do desenvolvimento da imitação, considerar a imagem mental uma imitação interior? E como conceber, nesse caso, as relações entre a ação exterior, que continua sendo a imitação em ato, e o esquema representativo em que a imagem se converteu? Enfim, se a imitação é agora provocada pela imagem, quando o era precedentemente pela percepção direta, como interpretar as relações entre a imagem e a percepção?

A solução a que fomos até agora conduzidos consiste em considerar, por uma parte, a imitação como um simples prolongamento das acomodações do sujeito à inteligência sensório-motora; e, por outra parte, a imagem mental nascente como uma imitação interiorizada. No nível da inteligência verbal e representativa, que examinamos agora, a primeira questão resume-se, então, a saber em que se converteu a inteligência sensório-motora: transformou-se inteiramente em pensamento conceptual, sob a influência da linguagem e do intercâmbio social, ou subsistiu em estado independente, conservando algo da sua forma inicial, em algum plano inferior do sistema de condutas (tal como os reflexos, as percepções e os hábitos, que também aparecem muito antes da inteligência verbal mas subsistem durante a vida inteira, na própria base da hierarquia das ações)?

Ora, a inteligência sensório-motora que coordena, durante os dois primeiros anos, as percepções e os movimentos, até culminar na construção do objeto permanente, do espaço prático e das constâncias perceptivas da forma e das dimensões, conserva igualmente um papel fundamental durante o resto do desenvolvimento mental e até no próprio adulto; se bem que superada, quanto à direção geral das condutas, pela inteligência conceptual, que desenvolve os esquemas iniciais até transformá-los em operações racionais, a inteligência sensório-motora perdura, contudo, durante a existência toda, sob uma forma muito análoga à sua estrutura característica das fases V eVI (dez a dezoito meses), constituindo o órgão essencial da atividade perceptiva, assim como o intermediário necessário entre as próprias percepções e a inteligência conceptual. Com efeito, seria inconcebível que as construções espaciais esboçadas antes da linguagem, no plano perceptivo-motor, não continuassem na base das representações espaciais ulteriores; e Wallon, segundo nos parece, enereda por um caminho sem saída quando opõe radicalmente o espaço representativo ao espaço sensório-motor: com efeito, a "intuição geométrica" apoia-se, em todos os níveis, na continuidade das construções perceptivas, mostrando bem, por isso mesmo, o papel de intermediário indispensável desempenhado pela imagem, entre a própria percepção e o conceito representativo. Ora, a imagem não é um derivado da percepção pura, mas o produto de uma acomodação imitativa, o que por si mesmo atesta a existência de uma atividade situada acima das percepções e movimentos mais abaixo do pensamento refletido: é essa atividade que nos parece prolongar a inteligência sensório-motora, anterior à linguagem, e que designaremos, após o aparecimento desta, por inteligência perceptiva ou, mais simplesmente, "atividade perceptiva".

Com efeito, as investigações que pudemos realizar sobre o desenvolvimento das percepções, desde a infância à idade adulta, demonstraram a existência de dois níveis bem distintos nos mecanismos perceptivos. Por uma parte, há a apreensão direta das relações perceptivas, dando lugar a estruturas relativamente independentes da idade. Por exemplo, as ilusões geométricas são comuns ao adulto, à criança e mesmo a animais de níveis muito variados (descobriu-se, por exemplo, a ilusão de Delboeuf nos vairões, pequenos peixes de água doce). Mas, por outra parte, há uma atividade perceptiva que consiste em comparações, análises, previsões etc., a qual é a origem de correções e controles e que aumenta regularmente com a idade.[6] Se, por exemplo, apresentarmos ao sujeito três hastes verticais, uma fixa e de 10 cm (A), a um metro dele, uma outra (C) (variável), a quatro metros de fundo, e uma terceira (B), situada entre as duas mas um pouco retraída lateralmente (B é igual a A e fixa como esta), verificaremos o seguinte: 1º) se os elementos forem apresentados dois a dois, as relações são, de modo geral, as mesmas em todas as idades: um elemento C de 10 cm é visto diferente de A, por causa do efeito de profundidade; B é visto igual a A (eles, aliás, foram postos ao lado um do outro no início da experiência), e C é visto igual a B (estando este último mais próximo de C do que de A); 2º) pelo contrário, se apresentarmos os três elementos simultaneamente, A, B e C (quando este tem 10 cm) são logo vistos como iguais pelos adultos e as crianças de sete a oito anos em média, ao passo que as crianças menores veem A = B; B = C e A > C! Portanto, há uma transposição imediata das relações, nesse caso particular, a partir de uma certa idade, e ausência de transposição e mesmo de desvio (A B C) nos sujeitos mais jovens. Do mesmo modo, as experiências que fazem intervir as antecipações, o *Einstellung* etc., mostram um reforço notável e progressivo desses mecanismos com a idade; por exemplo, a experiência

---

[6] Ver *Arch. de Psychol.*, 1945: "Recherches sur le développement des perceptions" (Pesquisas V e VIII).

de Auersperg e Buhrmester sobre a circundução de um quadrado, e a de Usnadze sobre a desigualdade taquistoscópica aparente de dois círculos iguais, após a apresentação de dois círculos desiguais. Enfim, e sobretudo, a famosa constância em profundidade ainda progride nitidamente com a idade, até cerca dos 10 anos, apesar do dogma gestaltista, se evitarmos certos erros sistemáticos não percebidos pelos investigadores da escola da *Gestalt* ("erro de padrão" e, no caso das experiências de Burzlaff, papel privilegiado do elemento mediano das séries): essa constância é devida a controles ou regulações cuja evolução é possível acompanhar e não a uma organização invariável.[7]

Se procurarmos agora determinar a natureza dessa atividade perceptiva, veremos que ela prolonga, efetivamente, a inteligência sensório-motora em ação antes do aparecimento da linguagem e da inteligência conceptual. Essa continuidade nada tem de surpreendente, aliás, visto serem os esquemas sensório-motores, precisamente, desenvolvendo-se durante o primeiro ano de existência, que asseguram a organização gradual do objeto, do espaço prático e perceptivo-motor, assim como as constâncias (ainda muito relativas, no princípio do segundo ano) da forma e da grandeza. Quando a inteligência conceptual aparece, os esquemas sensório-motores, que dela constituem a subestrutura, ficam então especialmente afetos à regulação dos hábitos motores e da percepção, ao mesmo tempo que sofrem, pouco a pouco, por ricochete, a influência dos esquemas conceptuais e operatórios em que parcialmente se integram.

Vê-se, portanto, como se torna possível conceber a imagem, mesmo nos níveis ulteriores da representação, uma imitação interior devida aos esquemas sensório-motores sempre presentes. Assim, a imagem não é o prolongamento da percepção como tal, mas da atividade perceptiva, a qual é uma forma elementar de inteligência que deriva, ela própria, da inteligência sensório-motora característica dos primeiros dezoito meses da existência. Ora, assim como as acomodações dessa inteligência inicial constituem a imitação sensório-motora, também as acomodações da atividade perceptiva constituem a imagem, que verdadeiramente é, pois, uma imitação interiorizada. É por isso que, no nível da fase VI da inteligência sensório-motora, a imitação diferida, que é devida à atividade interiorizada dos esquemas, prolonga-se já diretamente em imagem. Quando a atividade perceptiva se integra nas formas conceptuais da inteligência, a imagem é-lhes então submetida por força dessa mesma atividade e reen-

---

[7] *Ibid.*, Pesquisas III e VI-VIII.

contra a sua conexão com as formas superiores de imitação, vinculadas a essa inteligência conceptualizada.

Que se passa, com efeito, quando se percebe um quadro visual, a fim de reconstituir, em seguida, a sua imagem mental? Decompõe-se, compara-se e transforma-se mediante uma atividade cujas raízes se prendem, simplesmente, à regulação e à comparação perceptivas, mas que se integram, por outra parte, num jogo de conceitos que permite atribuir significações aos elementos e às relações assim analisadas. Ora, é essa atividade perceptiva, e não a percepção como tal, que engendra a imagem, espécie de esquema ou de cópia resumida do objeto percebido, e não continuação da sua vivacidade sensorial. Além disso, a imagem é imediatamente integrada na inteligência conceptual, a título de significante, tal como a atividade perceptiva já o fora, no momento preciso da percepção, dado que esta pode revestir-se de uma significação nacional e não apenas sensório-motora.

Compreende-se, pois, como a imitação interiorizada, prolongando nos níveis representativos a acomodação dos esquemas sensório-motores que constituem a atividade perceptiva, redunda na formação de imagens que podem engendrar, por seu turno, novas imitações exteriores. É num sentido análogo que H. Delacroix considerou a imitação a continuação dos movimentos descritos necessários à percepção, sendo esses movimentos, justamente, inerentes ao que chamamos aqui a atividade perceptiva, em contraste com a própria percepção.

No tocante às crianças de dois a sete anos de que falávamos anteriormente, acrescente-se que as suas imitações permanecem globais e não entram, de modo algum, nos detalhes do modelo. É um avião, uma casa ou uma torre que elas procuram copiar, em termos genéricos; e, embora se inspirem no plano geral do objeto percebido, contentam-se com pouco, nas relações precisas. A imitação é, a esse respeito, comparável ao desenho do mesmo nível, que também é uma imitação e cabe, assim, como um caso particular, nos comportamento que procuramos analisar. Ora, são suficientemente conhecidas, graças aos notáveis trabalhos de Luquet, as características essenciais da "imagem" que serve de ponto de partida da imitação-desenho: o "modelo interno", redundando no realismo intelectual, na justaposição ou incapacidade sintética e nos processos infantis de narração gráfica. Ora, fato interessante para a interpretação que sugerimos aqui, tanto o caráter sincrético das primeiras imitações representativas como as diversas características do desenho concebido a título de imitação traduzem, precisamente, as leis essenciais da atividade perceptiva desse nível, origem da imagem representativa. Com efeito, já foi dito e redito que as percepções infantis eram sincréticas ou globais, mas não é tanto a percepção como tal que apresenta esse caráter entre os dois e sete anos! É, antes, a atividade perceptiva que, por sua carência de análises e comparações, de antecipações e de transposições, deixa o sujeito passivo na presença dos quadros percebidos. Esse sincretismo da atividade perceptiva explica, então, simultaneamente, a pobreza ou, pelo menos, a rigidez relativa do figurativismo infantil e os aspectos essenciais da imitação e do desenho.

Entre os sete e oito anos assiste-se a um triplo progresso. Primeiramente, há imitação dos pormenores, com análise e reconstituição inteligentes do modelo. Em seguida, há consciência de imitar, isto é, dissociação nítida do que provém de fora e do que pertence ao eu. Sobretudo, há escolha, só intervindo a imitação propriamente dita em função das necessidades inerentes ao trabalho pessoal e a título de auxiliar. A esse nível da imitação poder-se-á chamar, pois, refletido, isto é, que se submete à própria inteligência. Mais precisamente, ela reintegra-se no domínio da inteligência, pois nunca deixou de ser o prolongamento da acomodação própria dos esquemas da inteligência, e é na medida em que os progressos desse mecanismo acomodador são equilibrados pelos da assimilação mental que o intercâmbio dos dois processos substitui a imitação no quadro de toda a atividade inteligente.

§3. *AS TEORIAS DA IMITAÇÃO.* – Chegados ao final deste esboço da gênese da imitação, podemos agora examinar as principais interpretações conhecidas dessa importante função, de maneira a melhor situarmos entre elas os resultados obtidos.

Em primeiro lugar, poder-se-á reter a noção de um "instinto de imitação"? Em todo e qualquer instinto é preciso distinguir a tendência (o *Trieb* dos alemães) e a técnica (a montagem hereditária). Quanto a essa última, Guillaume estabeleceu, de maneira definitiva, que nada existe de inato na imitação, contrariamente à hipótese aventurosa de Le Dantec. A criança aprende a imitar, e essa aprendizagem é particularmente evidente no domínio dos movimentos não visíveis do corpo do sujeito. Verificamos em J., L. e T. que o bocejo, por exemplo, por mais reflexo que seja, só se torna contagioso depois do segundo ano, por falta de correspondência compreendida entre o modelo visual e os movimentos da própria criança. Quanto à "tendência" para imitar, foi formulada a hipótese de componentes instintivos: para Claparède, um "instinto de conformidade" impeliria a criança a copiar o que a cerca. Acreditamos, por nossa parte, ser muito perigoso falar de instinto quando a "tendência" não corresponde a "técnicas" reflexas (tais como para a nutrição e a sexualidade), sem o que a própria inteligência seria o mais essencial dos instintos. No caso particular em discussão, seria necessário, para remontar às primeiras imitações, considerar instintivo o mecanismo da própria assimilação, isto é, a tendência para reproduzir o semelhante. E mesmo assim isso não explicaria a imitação como tal, visto que esta, precisamente, se diferencia a pouco e pouco da assimilação, sob a forma de uma acomodação dos esquemas assimiladores. A imitação do novo cria, portanto, um problema insolúvel em termos de instinto.

Poder-se-á então explicar a imitação por meio de condutas perceptivas ou de reações condicionadas, umas e outras as mais simples, sem dúvida, depois dos reflexos? Enquanto o associacionismo clássico interpretava a imitação como sendo devida a associações entre a percepção do modelo e as recordações-imagens, visuais ou auditivas, assim como entre estas e as imagens motoras, o que suscitava todas as questões que já sabemos, G. Finnbogason tentou, por seu turno (*L'intelligence sympathique*), reduzir a imitação à própria percepção, considerada primordialmente motora e acarretando, portanto, uma tendência para a reprodução do objeto percebido sem o auxílio de intermediários. H. Delacroix aprofundou essa hipótese num belo estudo[8] a que devemos numerosas sugestões. A imitação automática, ou pura, copia tanto as coisas como as pessoas, mas essa imitação das coisas só raramente se desdobra em gestos exteriores; conserva-se em estado de esboço, como quando seguimos com o olhar os contornos da figura percebida. São esses movimentos descritivos que constituem o germe da imitação, e esta aparece no momento em que eles se propagam no corpo todo, tal como o jogador de bilhar imita a trajetória da bola que segue com os olhos. Na vida corrente, esses movimentos descritivos são inibidos pelos movimentos de utilização, mas têm livre curso na criança muito pequena ou no artista, menos utilitários do que nós.

Essa tese suscitou objeções, em particular de Guillaume, para quem a associação entre a percepção e o movimento é adquirida; por exemplo, a imitação relativa às partes invisíveis do corpo do sujeito mostra bem o número de coordenações necessárias à sua construção. Não obstante, acreditamos que nem tudo é de rejeitar na ideia de uma conexão necessária entre o perceptivo e o motor. O neurologista Von Weizsäcker e seus discípulos demonstraram que as noções de um reflexo essencialmente motor e de uma sensibilidade independente dele são o produto de abstrações tão ilegítimas quanto aquelas de que viveu por muito tempo a teoria do arco reflexo, antes de Sherrington ter posto a descoberto as totalidades motoras

---

[8] H. DELACROIX, "De l'automatisme dans l'imitation", *Journ. de Psychol.*, 1921.

naturais. Von Weizsäcker propõe, assim, que se ampliem, simultaneamente, as noções de totalidade reflexa e de *Gestalt* perceptiva para que caibam num conceito único, a que ele chama *Gestaltkreis*, de modo que os reflexos e as sensações fossem interdependentes.[9] Foi exatamente o que propusemos, com pequenas diferenças, quando falamos de "esquemas de assimilação sensório-motora" e a nossa explicação das estruturas espaciais elementares, mediante tais esquemas, concorda, em suas linhas gerais, com os trabalhos de Alf. Auersperg sobre a antecipação e reconstituição motoras, inerentes à percepção de objetos em movimento.[10] Mas nem por isso deixa de ser válido – e é nesse ponto que acompanharemos Guillaume – que os esquemas sensório-motores de um certo nível não se prolongam, sem mais nem menos, nos do nível superior: a passagem de uma fase a outra supõe que os esquemas do primeiro englobam elementos novos, e, por conseguinte, a imitação tem, apesar de tudo, de ser aprendida; ela é o produto de uma atividade perceptiva (§2) e não das próprias percepções iniciais. Essa aprendizagem, porém, não resulta, necessariamente, de um adestramento; desenvolve-se pelo contrário, por assimilações e acomodações ativamente combinadas.

Convém fazer aqui uma observação essencial para a compreensão da ideia de assimilação, da qual Wallon, ao que nos parece, fez pouco caso. O fato fundamental que a introdução da ideia de assimilação requer é que jamais um novo elemento exterior dá lugar a uma adaptação perceptiva, motora ou inteligente, sem estar vinculado às atividades anteriores; só se percebe, só se o move (ou só nos movemos em relação a ele) ou só se compreende um objeto relativamente a outros ou relativamente às ações precedentes que envolveram o mesmo objeto. Portanto, nunca nas novas condutas surgindo *ex abrupto*, sem nenhum vínculo com o passado, imediato ou distante. Para explicar esse fato, o senso comum, incluindo o de muitos neurologistas, contenta-se em raciocinar assim: quando uma conduta A característica de uma certa fase transforma-se numa conduta superior B, parece suficiente admitir que os novos elementos *b*, característicos de B, integram-lhe a conduta A, sobrepondo-se a ela. Por exemplo, uma percepção A, associada a um movimento *b*, formará com ele um novo todo B, de que ela passará a ser parte integrante etc. Por nossa parte, acreditamos – e nisso consiste toda a hipótese da assimilação – que uma tal sobreposição constitui somente um aspecto do mecanismo total; a in-

---

[9] Ver VON WETZSÄCKER, *Der Gestaltkreis*, Leipzig, 1941.
[10] AUERSPERG, A., e BUHRMESTER, H., "Exper. Beitrag zur Frage d. Bewegstehens", *Zeitschr. f. Sinnesphysiol.*, vol. 66, pág. 274.

Imitação Representativa e Evolução

tegração é, por assim dizer, recíproca, isto é, a conduta A já constitui um todo (um "esquema" ou um *Gestaltkreis*, como se quiser), e esse todo incorporou os novos elementos *b*, o que precisamente o transformou em B. Em resumo, quando B se integra a A não é somente porque *b* se enxertou em A; é também, e sobretudo, porque o esquema A assimilou *b*. Por isso existe continuidade funcional na vida mental, apesar das diferenças qualitativas das estruturas sucessivas; e é por isso que os níveis heterogêneos que se sobrepõem uns aos outros – e aos quais Wallon pretendia reduzir todo o desenvolvimento – só explicam uma das duas faces dessa evolução. Tampouco chegamos a entender como foi que Wallon nos leu, para poder escrever sobre a assimilação que ela "obriga-se não só a fazer da experiência o fator único, mas também a ver nela apenas uma coleção de encontros favoráveis" (pág. 33), quando, afinal, ela nos serve precisamente para explicar, ao mesmo tempo, o desenvolvimento interno e a utilização da experiência, sem recorrer ao associacionismo nem à simples pressão dos fatos exteriores. Se A assimila *b*, isso jamais ocorre fortuitamente, de fato, mas porque *b* completa a estrutura de A, mesmo que a assimilação se efetue por ocasião de um encontro fortuito com um objeto. Quando Wallon nos atribui a hipótese de "coordenações fortuitas" para explicar a passagem de uma fase a outra (pág. 31), ele confunde a ocasião da coordenação e as razões da assimilação coordenadora, e reduz assim a assimilação a uma simples associação, no sentido mais clássico e mais banal do termo. E, quando nos responde: "Não será preciso supor, com a ocasião, o poder de utilização?... Esse poder não se encontra em cada esquema isolado e tampouco é inteiramente suscitado do exterior. Ele pertence ao comportamento de conjunto..." (pág. 31), Wallon traduz exatamente, na realidade, o nosso pensamento, pois o característico da atividade assimiladora é, precisamente, implicar sempre um "comportamento de conjunto".[11]

---

[11] É divertido, depois disso, verificar o espanto de Wallon quando descobre que, "se o poder assimilador de Piaget é capaz de fazer superar as diferenças de domínios sensório-motores, então é porque também esse poder está dotado de uma estrutura cujos níveis tanto condicionam a experiência como dela resultam" (pág. 33). Quanto a esses mesmos níveis, Wallon parece estar persuadido de que queremos ignorar completamente as coordenações orgânicas, para nos instalarmos numa pura "psicologia da consciência". Sem dúvida, esquecemo-nos de assinalar que a fase I dos "esquemas reflexos" corresponde ao que os fisiologistas chamam os reflexos, que a fase III da coordenação entre a visão e a preensão corresponde às conexões que se estabelecem entre as correntes nervosas ligadas ao funcionamento do olho e ao da mão etc. Mas, reparado esse esquecimento, poder-se-á perguntar se não seria vantajoso deixar ao neurologista o cuidado de determinar as coordenações fisiológicas em causa, fornecendo-lhe simplesmente, para esse efeito, uma análise das condutas, tão detalhada quanto possível, e na linguagem não da consciência, mas das "operações", isto é, da ação. Quando os dois ▶

Assim, está equacionado o problema de saber se a evolução que conduz à imitação (e, aliás, à própria inteligência, pois constatamos incessantemente a estreita conexão dessas duas funções) assenta nos sucessivos atos de assimilação sensório-motora, desenvolvendo-se mediante totalidades mutuamente entrosadas, ou se os elementos sensoriais e os elementos motores só se associam do exterior. No primeiro caso, os esquemas de assimilação implicam, desde o começo, uma acomodação que se tornará imitativa. Isso não significa que todo o modelo possa ser imitado sem mais, em qualquer altura, mas que os progressos da imitação acompanham os da construção de esquemas, e isso a partir da percepção, porquanto esta também principia pela elaboração de esquemas sensório-motores. No segundo caso, pelo contrário, a imitação continua sendo obra de associação entre as percepções e os movimentos, assim adquirindo as primeiras, em relação aos segundos, o valor de "sinais".

Foi essa segunda interpretação que Guillaume desenvolveu no seu magnífico livro sobre a Imitação. Não procedendo a imitação de uma técnica instintiva nem da percepção como tal, só resta, segundo ele, para explicar o móbil que impele a criança a imitar, inovar interesses exteriores à própria imitação. É essa a primeira originalidade de Guillaume: somente os gestos significativos ou os efeitos desses gestos sobre os objetos seriam imitados, no começo, com exclusão dos movimentos desprovidos de significação extrínseca. A semelhança dos movimentos do modelo e do sujeito resultaria, portanto, em primeiro lugar, de uma simples convergência, devida à conformidade dos respectivos aparelhos corporais. Por outra parte, a fim de passar dessa imitação global à dos movimentos, como tais, bastaria invocar um adestramento, automático ou mesmo educativo, o qual,

---

métodos convergirem, obter-se-á, sem dúvida, uma segurança muito maior do que querendo antecipadamente tapar os buracos da neurologia mediante uma psicologia bem preparada demais para prestar-lhe esse serviço, ou tapar os buracos da psicologia mediante uma neurologia que, apesar de tudo, também é dócil, como o mostra, entre outras coisas, a história das ideias relativas às localizações cerebrais. Que Wallon fique tranquilo, pois: nós admitimos, como ele, que as coordenações sensório-motoras correspondem a órgãos, e continuaremos até, quer ele queira ou não, a crer num paralelismo psicofisiológico (ou "princípio de isomorfismo" etc.). Quanto à "exclusão explícita do papel da maturação", que ele curiosamente nos atribui (pág. 47), seria necessário ignorar inteiramente a existência dos gêmeos verdadeiros para ter semelhante candura. Acontece, porém, que a maturação interessa, sobretudo, ao fisiologista, ao passo que o problema das condutas, estudadas pelo psicólogo, consiste principalmente em saber como as coordenações nervosas progressivas possibilitam a utilização da experiência. Ora, a assimilação mental desempenha, precisamente, o papel de intermediário entre essa utilização e as estruturas orgânicas, e de intermediária indispensável assim que se admitir a continuidade funcional do desenvolvimento.

por uma série de transferências associativas, conferiria um valor de sinal às percepções associadas aos movimentos. Enfim, uma vez adquirida por transferência a imitação do detalhe dos movimentos, a criança ganhará consciência das semelhanças e chegará, assim, *a posteriori*, à assimilação entre o modelo e o seu próprio corpo.

Já falamos do valor dessa análise que, ao submeter as hipóteses anteriores a uma crítica rigorosa, renovou o problema da imitação. Contudo, é-nos difícil acompanhar Guillaume em dois pontos importantes: o que diz respeito ao papel das significações exteriores e o que se refere à transferência associativa. Quanto ao primeiro ponto, o exemplo dos nossos filhos leva-nos a considerar duvidoso que os gestos com significações extrínsecas sejam imitados antes dos simples movimentos. Se se quiser sustentar, simplesmente, que o bebê de peito se interessa pelas ações consideradas em sua totalidade, antes de decompô-las e de se preocupar com o "como", então Guillaume tem certamente toda a razão; mas, nesse caso, todos os gestos imitados seriam significativos para o bebê, inclusive os movimentos sem resultados exteriores. Acreditamos, efetivamente, que são significativos, desde as primeiras fases, todos os movimentos (ou todos os sons) suscetíveis de repetição, o que equivale a dizer que a significação depende da assimilação sensório-motora. Quer se ensinem à criança pequenos jogos diversos, como nos mostra Guillaume (págs. 111-112), quer nos limitemos, como fizemos, a executar diante dela simples movimentos, o resultado será sempre o mesmo: é a possibilidade de reprodução que interessa ao sujeito, isto é, o interesse não é exterior, mas imanente ao funcionamento, e identifica-se com a assimilação recognitiva e reprodutora.

Quanto à técnica da imitação, vimos pormenorizadamente em que é que o mecanismo da transferência associativa não basta para explicar os progressos dessa função, dado que estes são correlativos da construção da própria inteligência. Ora, Guillaume não nega a existência de uma relação entre as condutas imitativas e a inteligência, do momento que as primeiras subentendem a exploração intencional. Mas é na prossecução do objetivo final, ou seja, uma vez mais, do resultado exterior do ato imitado, que ele vê a inteligência em ação, ao passo que a cópia dos meios, isto é, dos movimentos em si, resultaria de uma derivação secundária que consiste, precisamente, em transferências. Se, em contrapartida, somos levados a atenuar a oposição entre fim e meios, é porque assim consideramos ter sido reforçada a função da inteligência. E, efetivamente, o detalhe das aprendizagens sucessivas que descrevemos é muito mais comparável a um jogo de assimilações e de acomodações sucessivas, logo, de reações afins da inteligência sensório-motora, do que a um sistema de simples transferências. Em particular, os erros da imitação, sobre os quais insistimos no cap. II, recordam muito mais falsas hipóteses do que falsas agulhas associativas; quando a criança abre e fecha a boca em resposta a movimentos de pálpebras, esfrega os lábios quando alguém esfrega os olhos, levanta a mão e observa a palma em resposta ao gesto de marionetes, reage por meio do tronco e das mãos a um modelo relativo às pernas etc., é evidente que se trata de esforços de assimilação direta e não apenas de interferência de automatismos. Que no decorrer dessa exploração intervêm certos sinais é óbvio; porém, eles não desempenham a função do interruptor que aciona os reflexos condicionados, mas, outrossim, a do indício utilizado pelas tentativas exploratórias inteligentes.

Em resumo, a imitação adquire-se por uma constante assimilação dos modelos a esquemas suscetíveis de se lhes acomodarem. Entretanto, isso não quer dizer que se deva rejeitar inteiramente o papel que Guillaume atribui à transferência associativa. O único defeito da sua explicação é ser esta excessivamente exclusiva: se não explica totalmente a gênese da imitação, elucida muitíssimo bem a sua automatização. Desde o começo das condutas imitativas, há quase uma espécie de vontade de conquista que se subestima ao querer reduzi-la aos moldes da transferência. Mas, assim que a imitação triunfa e a sua técnica atinge a perfeição, ela automatiza-se e, então, os resultados a atingir sobrepujam os movimentos que aí conduzem, ajustando-se estes últimos aos fins por associações imediatas. Assim, no caso da imitação, como em todos os outros, sem dúvida, a transferência associativa é apenas um mecanismo derivado que aparece durante as fases secundárias do ato, e não um mecanismo primário suscetível de explicar a própria formação das condutas.

Procuremos, pois, para concluir, fazer um resumo dos resultados a que fomos conduzidos pelo conjunto das análises precedentes. – A atividade sensório-motora é, antes de mais nada, assimiladora, isto é, no caso das impressões que o assaltam, o recém-nascido procura, sobretudo, conservar e reencontrar aquelas que acompanham o funcionamento dos seus órgãos. Esse esforço de repetição constitui os "esquemas", ou seja, as totalidades simultaneamente motoras e perceptivas que se alimentam, pois, por assimilação ao mesmo tempo reprodutora e recognitiva. A esses esquemas, no começo simplesmente reflexos (fase I), são incorporados, em seguida, inúmeros elementos exteriores, numa série infinita; a assimilação torna-se, desse modo, generalizadora. Mas essa exploração jamais termina: as realidades encontradas retornam sempre repletas de uma multidão de cambiantes ou de novos elementos, que é possível negligenciar no princípio, assimilando o máximo de eventos aos esquemas habituais, mas que, a longo prazo, fazem desmoronar os moldes precedentes. Logo, toda a conduta se torna bipolar: assimilação aos esquemas antigos e acomodação desses esquemas às novas condições. A assimilação mantém a sua função primordial de conservar e de fixar pelo exercício o que interessa à atividade do sujeito. Mas, quando surge, durante essa busca, uma realidade semelhante à que é procurada mas suficientemente distinta para necessitar de um esforço especial de acomodação, o esquema assim diferenciado tende, então, a reter a novidade como tal. É essa diversificação progressiva dos esquemas por assimilação e acomodação combinadas que caracteriza as reações circulares próprias das fases II e III. Mas, nesses níveis, a assimilação e a acomodação, embora orientadas em sentidos inversos, não são ativamente diferenciadas; quer dizer, se uma tende a conservar e a outra consiste em modificar os esquemas, essa modificação ainda é imposta pelas realidades assimiladas, e não procurada intencionalmente. É por isso que, nas citadas fases, a imitação, que prolonga a acomodação, reduz-se sempre a uma reprodução dos modelos conhecidos, confundindo-se a imitação de outros com essa imitação de si mesmo que constitui, de fato, a reação circular.

A partir da fase IV, a assimilação torna-se mediata, ou seja, os esquemas, assimilando-se reciprocamente, conseguem coordenar-se de tal modo que uns servem de meios a outros que assimilam o objetivo. Assim, a inteligência manifesta-se na forma de subordinações de meios a fins e de aplicações de meios conhecidos às novas situações. Logo, graças ao próprio jogo dessa assimilação recíproca dos esquemas e das acomodações que ela impõe, o universo assimilável enriquece-se cada vez mais, ampliando cada conquista o domínio a conquistar ainda. É nesse nível que a assimilação e a acomodação começam diferenciando-se ativamente, tornando-se a primeira tanto mais móvel quanto mais aumentar o seu raio de ação e culminando a segunda numa "exploração" das múltiplas particularidades concretas que resistem a essa incorporação geral aos esquemas do sujeito. É então, e só então, que se constitui essa função específica da imitação que é a reprodução dos novos modelos (incluindo aqueles que são conhecidos mas indiretamente, isto é, que correspondem aos movimentos invisíveis do corpo do próprio sujeito). Até aqui, com efeito, a imitação tendia a reproduzir os modelos assimiláveis à atividade própria, acomodando-a àqueles. Ora, o sujeito, não podendo assimilar o universo inteiro à sua atividade, é quem, doravante, em virtude do mesmo princípio de equilíbrio, mas invertendo os termos do problema, passa a identificar-se com os novos modelos, graças a essa acomodação dos esquemas, agora ativa e diferenciada. Assim, a imitação propriamente dita surge como um prolongamento da acomodação dos esquemas assimiladores, o que ela é desde o princípio, mas o que passa especificamente a ser com a diferenciação ativa da fase IV. Durante a fase V, a imitação do novo sistematiza-se em virtude dos progressos da acomodação no sentido da experimentação ativa e, no decurso da fase VI, atinge mesmo o nível da imitação diferida por interiorização das acomodações.

A imitação vem assim inserir-se, e é essa a nossa conclusão essencial, no quadro geral das adaptações sensório-motoras que caracterizam a construção da própria inteligência. Como vimos a todo momento, a adaptação inteligente é constituída por um equilíbrio entre a acomodação e a assimilação: sem esta, a acomodação não forneceria possibilidade alguma de coordenação nem de compreensão, mas, sem aquela, uma assimilação pura deformaria o objeto em função do sujeito (cf. *N. I. e C. R.*). A inteligência sensório-motora é, pois, incessantemente, acomodação do esquema antigo ao novo objeto e, ao mesmo tempo, assimilação deste àquele. Mas a acomodação é essencialmente instável e vicariante, pois constitui apenas, de fato, o "negativo" das características objetivas que impedem a assimilação integral do real à atividade do sujeito: constantemente à mercê das circunstâncias novas que quebram os moldes da assimilação, ela só atinge o equilíbrio na condição de receber das coisas uma série de "positivos", isto é, de cópias estáveis ou de reproduções, anunciadoras da representação propriamente dita. É nisso que consiste a imitação, cuja função parece ser construir como um conjunto de "positivos" correspondentes, prolongando-os, aos "negativos" que caracterizam a acomodação, e permitir, a cada nova tiragem,[12] novas reconstituições e antecipações. Finalmente, é nisso que consiste a imagem mental ou representação simbólica, porquanto é a herdeira dessa função de cópia mais ou menos exata, a qual, aliás, não esgota a natureza.

Compreende-se, assim, a "técnica" da imitação e por que motivo ela acompanha, passo a passo, os progressos da própria inteligência, desenvolvendo-lhe simplesmente os mecanismos acomodadores. A partir da fase II é que vemos o processo se esboçar em função da construção dos primeiros esquemas adquiridos. Um bom exemplo é o de L. (obs. 5), que, para perceber os meus movimentos de cabeça, tem de acompanhá-los com o olhar e com a sua própria cabeça, e que, quando eu paro, prossegue com os seus movimentos por uma espécie de prolongamento imitativo. É nesse sentido que Delacroix tem razão quando vê na imitação a continuação

---

[12] A "tiragem", permitindo a passagem do negativo da acomodação ao positivo da imitação, é, naturalmente, devida à assimilação reprodutora.

dos movimentos descritivos próprios da percepção. E, ao mesmo tempo, esse exemplo mostra-nos por que um movimento não está "associado" a uma percepção, mas é inerente ao próprio esquema perceptivo: a teoria da forma demonstrou, com efeito, como os fatores de simetria do campo visual acarretam a produção de um movimento, quando um objeto fixado pelo olhar se desloca do centro para a periferia do campo e provoca, desse modo, uma assimetria. Mas, a partir da fase III, esses esquemas elementares já não bastam para explicar a acomodação imitativa, e novos elementos devem ser-lhes incorporados. Assim é que, com a coordenação da visão e da preensão, novos esquemas se formam, os quais não resultam da "associação" dos esquemas perceptivos anteriores com os movimentos até então independentes deles, mas da assimilação mútua das duas espécies de esquemas, constituindo destarte uma nova totalidade: é a acomodação dessa totalidade aos modelos que lhe são assimiláveis que dá origem à imitação motora dessa fase IV. Quanto à imitação das fases IV a VI, vimos suficientemente em que é que ela acompanha os progressos da inteligência para que seja necessário reverter ao assunto. Em todos os níveis ela constitui, pois, o prolongamento da acomodação dos esquemas da inteligência sensório-motora, da percepção e do hábito às coordenações interiorizadas.

É isso que explica por que o sujeito, em todos os níveis (e tanto nos antropoides de Koehler como na criança), só imita os modelos visuais na medida em que os compreende. Desse ponto de vista, poder-se-ia mostrar, em especial, como os níveis da imitação são correlativos aos dos esquemas do objeto e da causalidade. Enquanto a noção de objeto não é constituída, a imitação assenta numa espécie de indiferenciação entre o modelo e o corpo do sujeito e faz-se acompanhar de uma "causalidade por imitação" (ver C. R., pág. 251), a qual nada mais é, afinal, que um "processo para fazer durar os espetáculos interessantes". Com a constituição da noção de objeto, pelo contrário, e com a objetivação da causalidade, o corpo de outrem torna-se uma realidade comparável, sem ser idêntica, ao próprio corpo, daí resultando esse esforço surpreendente de correspondência entre os órgãos percebidos no modelo e os órgãos próprios, o qual culmina numa representação destes últimos, em especial do rosto. É inútil insistir também nas conexões existentes entre a imitação e a construção do espaço.

O que, em contrapartida, convém acentuar, para concluir, é que, embora a imitação dependa, assim, a todo instante, da inteligência, de modo nenhum se confunde com ela. De fato, como lembramos há pouco, a inteligência tende a um equilíbrio permanente entre a assimilação e a acomodação. Por exemplo, para atrair a si um objetivo, por meio de uma vara, é preciso que o sujeito assimile simultaneamente a vara e o objetivo ao esquema da preensão e ao movimento por contato, mas também é preciso que ele acomode esses esquemas aos objetos, às suas dimensões, distâncias etc., e seguindo a ordem causal mão-vara-objetivo. Inversamente, a imitação prolonga a acomodação como tal, dela constituindo, pois, o "positivo" e subordinando-lhe, por conseguinte, a assimilação; ela reproduzirá, por exemplo, com um gesto, o deslocamento da vara que puxa o objetivo, sendo o movimento da mão determinado, assim, pelos da vara e do objetivo (o que constitui a própria definição de acomodação), sem que a mão aja efetivamente sobre eles (o que constituiria uma assimilação). Mas, assinalemo-lo agora, uma terceira possibilidade pode ser encarada: é a assimilação pela assimilação, sobrepujando a acomodação. Suponhamos, por exemplo, que a vara agarrada não atinge o objetivo e que o sujeito se consola batendo numa outra coisa, ou que, durante o percurso da vara, agita-a por agitar, ou ainda que, na falta de vara, o sujeito empunha um papel e lhe aplica, para rir, o esquema da vara; nesse caso haverá como que uma assimilação livre, sem acomodação às condições espaciais ou à causalidade dos objetos. Nesse terceiro caso, haverá simplesmente jogo, dobrando-se a realidade aos caprichos de uma assimilação que será deformante por falta de acomodação. Adaptação inteligente, imitação e jogo, tais são, portanto, as três possibilidades, provenientes do equilíbrio estável entre a assimilação e a acomodação ou do predomínio de uma dessas duas tendências sobre a outra.

SEGUNDA PARTE

O Jogo

Se o ato de inteligência culmina num equilíbrio entre a assimilação e a acomodação, enquanto a imitação prolonga a última por si mesma, poder-se-á dizer, inversamente, que o jogo é essencialmente assimilação, ou assimilação predominando sobre a acomodação.

Primeiramente, o jogo é simples assimilação funcional ou reprodutora. O fenômeno do "pré-exercício" de que K. Groos quis fazer a característica de todo o jogo só se explica pelo processo biológico segundo o qual todo órgão se desenvolve funcionando; de fato, assim como, para crescer, um órgão tem necessidade de alimento, o qual é por ele solicitado na medida do seu exercício, também cada atividade mental, desde as mais elementares às tendências superiores, tem necessidade, para se desenvolver, de ser alimentada por uma constante contribuição exterior, mas puramente funcional e não material.[1] Utilização das coisas por uma atividade que tem em si mesma a sua finalidade, o jogo primitivo começa, pois, por confundir-se quase com o conjunto das condutas sensório-motoras, das quais constitui um dos polos: o dos comportamentos que não mais necessitam de novas acomodações e que se reproduzem por mero "prazer funcional" (o *Funktionslust*, de K. Bühler). Mas, com a interiorização dos esquemas, o jogo diferencia-se ainda mais das condutas de adaptação propriamente

---
[1] O que não exclui de modo algum, seria desnecessário dizer, o papel do amadurecimento interno.

ditas (inteligência), para orientar-se no sentido da assimilação como tal: em vez do pensamento objetivo, que procura submeter-se às exigências da realidade exterior, o jogo da imaginação constitui, com efeito, uma transposição simbólica que sujeita as coisas à atividade do indivíduo, sem regras nem limitações. Logo, é assimilação quase pura, quer dizer, pensamento orientado pela preocupação dominante da satisfação individual. Simples expansão de tendências, assimila livremente todas as coisas a todas as coisas e todas as coisas ao eu. Se, portanto, no nível dos primórdios da representação, o aspecto de cópia inerente ao símbolo, como "significante", prolonga a imitação, as próprias significações, como "significados", podem oscilar entre a adaptação adequada que é própria da inteligência (assimilação e acomodação equilibradas) e a livre satisfação (assimilação que subordina a acomodação). Enfim, com a socialização da criança, o jogo adota regras ou adapta cada vez mais a imaginação simbólica aos dados da realidade, sob a forma de construções ainda espontâneas mas imitando o real; sob essas duas formas, o símbolo de assimilação individual cede assim o passo, quer à regra coletiva, quer ao símbolo representativo ou objetivo, quer aos dois reunidos.

Verifica-se, pois, que a evolução do jogo, que interfere incessantemente com a da imitação e da representação em geral, permite dissociar os diversos tipos de símbolos, desde aquele que, pelo seu mecanismo de simples assimilação egocêntrica, se distancia ao *máximo* do "signo", até aquela que, pela sua natureza de representação simultaneamente acomodadora e assimiladora, converge com o signo conceptual sem que, entretanto, se confunda com ele.

CAPÍTULO IV

O Nascimento do Jogo

Na primeira parte desta obra analisamos as sucessivas condutas que caracterizam a gênese da imitação e que se escalonam pelas seis fases de que já nos servíramos anteriormente para descrever o desenvolvimento da inteligência sensório-motora. Agora, importa dedicarmo-nos a idêntico trabalho no que diz respeito ao jogo. Mas, constituindo esse, simplesmente, durante as fases iniciais, o polo de condutas definido pela assimilação (ao passo que a imitação se orienta para o polo definido pela acomodação), quase todos os comportamentos que estudamos a propósito da inteligência (*N. I* e *C. R.*) são suscetíveis de se converter em jogo, uma vez que se repitam por assimilação pura, isto é, por simples prazer funcional. Portanto, ser-nos-á possível muito maior brevidade nesta análise dos primórdios do jogo do que na da imitação nascente e insistiremos apenas nas fases IV a VI. Mas não se deve concluir, de modo algum, que o jogo se constitui após a imitação ou que se diferencie menos depressa do que ela em relação às condutas de adaptação propriamente ditas. É simplesmente mais fácil de interpretar, embora se afirme de maneira igualmente precoce.

Com efeito, se a acomodação extravasa incessantemente os limites da adaptação propriamente dita (ou equilíbrio entra a acomodação e a assimilação), o mesmo se pode dizer da assimilação. O motivo é simples:

os esquemas momentaneamente inutilizados não poderiam desaparecer sem mais nem menos, ameaçados de atrofia por falta de uso, mas vão, outrossim, exercitar-se por si mesmos, sem outra finalidade que o prazer funcional ligado a esse exercício. Tal é o jogo nos seus primórdios, recíproca e complemento da imitação. Esta exerce os esquemas quando eles se acham acomodáveis a um modelo conforme as atividades habituais, ou quando podem ser diferenciados na presença de modelos novos mas comparáveis a essas atividades. Portanto, a imitação é ou, pelo menos, torna-se uma espécie de hiperadaptação por acomodação a modelos utilizáveis de maneira não imediata, mas virtual. O jogo evolui, pelo contrário, por relaxamento do esforço adaptativo e por manutenção ou exercício de atividades pelo prazer único de dominá-las e delas extrair como que um sentimento de eficácia ou de poder. A imitação e o jogo unir-se-ão, bem entendido, mas somente no nível da representação, e constituirão assim o conjunto do que poderíamos designar por adaptações inatuais, em contraste com a inteligência em ato e em trabalho. Durante as fases sensório-motoras puras, pelo contrário, a imitação e o jogo ainda se encontram separados e mesmo, de algum modo, antitéticos. E é por isso que os estudamos separadamente.

Quando têm início os exercícios lúdicos? A questão põe-se a partir da *primeira fase*, que é a das adaptações puramente reflexas. Para uma interpretação do jogo como a de K. Groos, para quem o jogo é um pré-exercício dos instintos essenciais, seria necessário localizar o seu surgimento nessa fase inicial, visto que a sucção dá lugar a exercícios em seco, isto é, fora das refeições (*N. I.*, cap. I, §2). Mas é muito difícil, segundo nos parece, considerar verdadeiros jogos os exercícios do reflexo, quando esses prolongam, simplesmente, o prazer de mamar e consolidam o próprio funcionamento da montagem hereditária, manifestando assim uma autêntica função adaptativa. Pelo menos, na ausência de elementos adquiridos na conduta, é impossível fazer a delimitação entre a assimilação que intervém na montagem adaptativa hereditária e uma assimilação que extravasaria de tal quadro.

Durante a *segunda fase*, pelo contrário, o jogo já parece duplicar uma parte das condutas adaptativas. Mas prolonga essas últimas de maneira tão contínua e indistinta que não é possível afirmar onde começa, exatamente, e essa questão de fronteira cria de imediato um problema que interessa a toda e qualquer interpretação dos jogos ulteriores. Os "jogos" da voz, quando das primeiras lalações, os movimentos da cabeça e das mãos acompanhados de sorrisos de divertimento, já pertencem a uma atividade lúdica ou são de uma ordem diferente? De modo geral, as "reações circu-

O Nascimento do Jogo

lares primárias" são lúdicas, adaptativas ou as duas coisas ao mesmo tempo? Ora, se utilizarmos incondicionalmente os critérios clássicos, desde o citado "pré-exercício" de Groos até o caráter "desinteressado" e (como diz Baldwin) "autotélico" do jogo, deveremos dizer (e Claparède quase chegou aí) que tudo é jogo durante os primeiros meses de existência, à parte algumas exceções apenas, como a nutrição ou certas emoções como o medo e a cólera. Com efeito, quando a criança olha por olhar, manipula por manipular, balança as mãos e os braços (e na fase seguinte, quando agitar os objetos suspensos, sacudir argolas etc.), ela entrega-se a ações centradas nelas próprias, a exemplo de todos os jogos de exercícios, e que não são insertas em qualquer série de atos impostos por outrem ou pelas circunstâncias exteriores: não têm mais finalidade exterior do que, mais tarde, os exercícios motores – atirar pedras numa poça de água, fazer esguichar a água de uma torneira, saltar etc. – que todo mundo considera jogos ou brincadeiras. Mas falta muito para que todas as atividades autotélicas possam considerar-se jogos. A ciência apresenta esse caráter e, singularmente, as matemáticas puras, cujo objeto é imanente ao próprio pensamento; ora, por mais que se queira compará-la a um jogo "superior", é evidente que difere sempre do jogo propriamente dito, em virtude da sua adaptação forçada a uma realidade externa ou interna. De modo geral, toda assimilação é autotélica, mas é preciso distinguir a assimilação com acomodação atual e a assimilação pura, ou subordinação das acomodações anteriores e assimilação do real à atividade do sujeito, sem esforço nem limitação. Ora, esse último caso parece ser característico do jogo, pois, se assim não fosse e quiséssemos confundi-lo com o "pré-exercício" em geral, teríamos de englobar no jogo, praticamente, toda atividade infantil.

Mas, embora as reações circulares não apresentem, pois, intrinsecamente, um caráter lúdico, pode-se dizer que a maior parte delas se prolonga em jogos. Com efeito, embora não seja possível traçar, naturalmente, qualquer fronteira precisa, verifica-se que, após ter manifestado, pela sua seriedade, uma grande atenção e um grande esforço de acomodação, a criança reproduz em seguida as suas condutas por mero prazer, com uma mímica de sorriso ou mesmo de riso, e sem aquela expectativa dos resultados que é tão característica da reação circular que instrui. Poder-se-á sustentar que, chegada a esse ponto, a reação deixa de constituir um ato de adaptação completo para engendrar somente, daí em diante, um prazer de assimilação pura, de assimilação simplesmente funcional: é o *Funktionslust* de K. Bühler. Bem entendido, os esquemas devidos à reação circular não dão lugar unicamente a jogos: uma vez adquiridos, tais esquemas podem também entrar ulteriormente, a título de meios, nas adaptações mais completas, tanto quanto funcionar de maneira lúdica. Por outras palavras, um esquema jamais é por si mesmo lúdico, ou não lúdico, e o seu caráter de jogo só provém do contexto ou do funcionamento atual. Mas todos os esquemas são suscetíveis de dar lugar a essa assimilação pura, cuja forma extrema é o jogo. O fenômeno é claro no tocante a esquemas tais como os da fonação, da preensão (olhar para os dedos que mexem etc.) e certos esquemas visuais (olhar de cabeça para baixo etc.):

> *Obs. 59.* – Recordará o leitor como T., a partir dos 0;2 (21), adquiriu o hábito de jogar a cabeça para trás a fim de observar os quadros familiares nessa nova posição (ver *N. I.*, obs. 36). Ora, a partir dos 0;2 (23 ou 24), parece que T. repete o gesto com um ar cada vez mais divertido e com um interesse cada vez menor pelo resultado exterior: endireita a cabeça e depois inclina-a de novo, uma série de vezes, rindo às gargalhadas. Por outras palavras, a reação circular deixa de ser "séria" ou instrutiva, se assim podemos exprimir-nos em relação a um bebê de menos de três meses, para converter-se em jogo.
>
> Desde os 0;3, T. brinca com a voz, não só por interesse fônico, mas por "prazer funcional", rindo para si próprio do seu novo poder.
>
> A partir dos 0;2 (19) e (20), sorri para as suas mãos e, desde 0;2 (25), para os objetos que agita na mão, ao passo que, em outras ocasiões, observa-os com uma profunda seriedade.

Em suma, durante essa segunda fase, o jogo só se esboça ainda na forma de uma diferenciação ligeira da assimilação adaptativa. Somente em virtude do processo contínuo de desenvolvimento é que poderemos até, por recorrência, falar de duas realidades distintas. Mas a evolução ulterior do jogo permite assimilar desde já essa dualidade, assim como a evolução da imitação leva a distinguir a imitação nascente, a partir da autoimitação contida na reação circular.

Durante a *terceira fase*, ou fase das reações circulares secundárias, o processo mantém-se inalterado, mas a diferenciação entre o jogo e a assimilação intelectual é um pouco mais nítida. Com efeito, desde o momento em que as reações circulares já não afetam somente o corpo do sujeito ou os quadros perceptivos vinculados à atividade sensorial elementar, mas também os objetos manipulados com uma intencionalidade crescente, soma-se ao simples "prazer funcional" de K. Bühler, aquele "prazer de ser causa" sublinhado por K. Groos. A ação sobre as coisas, que se inicia com cada nova reação secundária, num contexto de interesse objetivo e de acomodação expectante, até muitas vezes de inquietação (quando a criança balança novos objetos suspensos ou agita novos brinquedos sonoros), transforma-se assim em jogo, irremediavelmente, logo que o novo fenômeno é "compreendido" pela criança e não oferece mais alimento à exploração propriamente dita:

Obs. 60. – Basta reler as obs. 94 a 104 do volume *N. I.* para encontrar todos os exemplos que se queiram sobre a passagem da assimilação própria das reações secundárias à assimilação pura característica do jogo propriamente dito. Assim, na obs. 94, L. descobre a possibilidade de fazer balançar os objetos suspensos do teto do seu berço. No começo, entre 0;3 (6) e 0;3 (16), ela estuda o fenômeno sem sorrir, ou sorrindo levemente, mas com uma mímica de interesse e atenção, como se estivesse estudando seriamente o fenômeno. Depois, pelo contrário, a partir de 0;4, aproximadamente, ela só se dedica a essa atividade, que perdurou até os 0;8 e mesmo depois, com uma mímica de alegria exuberante e de poder. Por outras palavras, a assimilação já não é acompanhada de acomodação atual nem consiste mais, portanto, num esforço de compreensão: há, simplesmente, assimilação à atividade própria, isto é, utilização do fenômeno para o prazer de agir, que é no que consiste o jogo.

Poderíamos repetir esses comentários a propósito de cada uma das reações circulares secundárias. Mas é mais curioso notar que mesmo os "processos para fazer durar um espetáculo interessante", isto é, as condutas que resultam de uma generalização dos esquemas secundários (*N. I.*, obs. 110-118), dão lugar a uma atividade propriamente lúdica. Com efeito, gestos como arquear o corpo para conservar um quadro visual ou um som, executados primeiro com uma grande seriedade e uma expectativa quase ansiosa do resultado, são empregados em seguida em qualquer ocasião e quase "para rir". Não só, quando o processo é coroado de êxito, a criança o utiliza com o mesmo "prazer de ser causa" que nas reações circulares simples, mas parece ainda que, onde o processo fracassa aos próprios olhos do sujeito, este acaba por repetir o gesto sem crer na sua eficácia e simplesmente para divertir-se. Não se deve confundir esse ato com os gestos de reconhecimento sensório-motor de que falamos anteriormente: a mímica da criança basta para revelar se ela brinca ou procura reconhecer o objeto.

No curso da *quarta fase*, ou fase da coordenação dos esquemas secundários, pode-se assinalar o aparecimento de duas novidades relativas ao jogo. Em primeiro lugar, as condutas mais características desse período, ou "aplicação de esquemas conhecidos às novas situações" (ver *N. I.*, obs. 120-131), são suscetíveis, como as precedentes, de prolongarem-se em manifestações lúdicas, na medida em que elas são executadas por pura assimilação, isto é, pelo prazer de agir e sem esforço de adaptação, tendo em vista atingir uma finalidade determinada:

Obs. 61. – Depois de ter aprendido, a partir dos 0;7 (13), a repelir um obstáculo para agarrar o objetivo, T. começa, entre 0;8 (15) e 0;9, a sentir prazer nesse gênero de exercícios. Quando eu interponho, várias vezes seguidas, a minha mão ou um cartão entre a sua e o brinquedo que ele cobiça, T. chega a esquecer momentaneamente esse brinquedo para limitar-se a repelir o obstáculo, rindo às gargalhadas. – O que era adaptação inteligente converteu-se, pois, em jogo por deslocamento do interesse para a própria ação, independentemente de sua finalidade.

Em segundo lugar, a mobilidade dos esquemas (ver *N. I.*, §5 etc.) permite a formação de verdadeiras combinações lúdicas, passando o sujeito de um esquema a outro não para os explorar sucessivamente, como até aqui, mas para assegurar-se deles diretamente e sem qualquer esforço de adaptação!

Obs. 62. – J., aos 0;9 (3), está sentada no seu berço, e eu penduro por cima dela o seu patinho de celuloide. J. puxa um barbante que pende do teto e sacode assim o pato, por um momento, rindo. Os movimentos que ela faz involuntariamente repercutem no seu cobertor; ela esquece então o pato, puxa a si o cobertor e sacode tudo com os braços e os pés. Como o próprio teto do berço também é sacolejado por causa desses movimentos, J. olha-o e arqueia o corpo inteiro para logo se deixar cair de chofre, o que sacode o berço todo. Após ter repetido essa manobra uma dúzia de vezes, J. percebe de novo o seu patinho; agarra então uma boneca que também está suspensa do teto do berço e sacoleja-a inúmeras vezes, o que faz oscilar o pato. Notando em seguida o movimento de suas próprias mãos, larga tudo para uni-las e agitá-las (prolongando o gesto anterior). Depois, apanha o seu travesseiro, retirando-o de baixo da cabeça, e, depois de tê-lo sacudido, bate-lhe energicamente, bate nas paredes do berço e ainda na própria boneca pendurada. Quando segurava o travesseiro, notou-lhe as franjas, que logo começou chupando. Esse gesto, que lhe recorda o que ela faz todos os dias para adormecer, leva-a a deitar-se de lado, na posição predileta para o sono, segurando uma parte da franja na mão e, ao mesmo tempo, chupando o polegar. Mas tudo isso não dura mais de meio minuto, e J. retoma as atividades precedentes.

Compare-se essa sucessão de comportamentos com a da obs. 136 do volume *N. I.* e a diferença entre o jogo e a atividade propriamente inteligente ressalta logo. No caso dos esquemas ensaiados sucessivamente na presença de novos objetos (obs. 136), J. procura, simplesmente, assimilá-los e, de algum modo, "defini-los pelo uso". Portanto, há inteligência propriamente dita, porque a adaptação dos esquemas a uma realidade exterior constitui um problema. No caso presente, pelo contrário, os esquemas, embora associando-se mutuamente segundo um processo análogo e aplicando-se cada um aos detalhes com o mesmo escrúpulo, sucedem-se, porém, sem uma finalidade exterior. Os objetos a que eles se aplicam já não constituem problema e servem, simplesmente, de ensejo para a atividade própria do sujeito. Quanto a essa atividade, tampouco já implica a aprendizagem, mas uma simples exibição jubilosa de gestos conhecidos.

Mas, em tais condutas, há mais do que uma sequência de combinações sem finalidade nem esforço de acomodação atual. Há o que poderíamos chamar uma espécie de "ritualização" dos esquemas, os quais, ao saírem de seu contexto adaptativo, como que são imitados ou "jogados" plasticamente. A assinalar, particularmente, como J. executa ritualmente todos os gestos habituais do início do sono (deitar-se de lado, chupar o polegar, agarrar a franja do travesseiro), simplesmente porque esse esquema foi evocado ao sabor das combinações. Entende-se facilmente como essa "ritualização" prepara a formação dos jogos simbólicos: bastaria, para que o ritual lúdico se transformasse em símbolo, que a criança, em vez de desenrolar simplesmente o ciclo dos seus movimentos habituais, tivesse consciência da ficção, isto é, "fingisse" que dormia. É o que veremos, precisamente, na fase VI.

Ora, no decurso da *fase quinta*, certas novidades vão assegurar, justamente, a transição entre essas condutas da fase IV e o símbolo lúdico da fase VI, acentuando por isso mesmo o caráter de ritualização que acabamos de apontar. Em relação às "reações circulares terciárias" ou "experiências para ver", produz-se frequentemente o seguinte, de fato: por ocasião de um evento fortuito, a criança diverte-se a combinar gestos sem relações mútuas e sem tentar realmente experimentar, para em seguida repetir esses gestos ritualmente e com eles fazer um jogo de combinações motoras. Mas, contrariamente às combinações da fase IV, que são extraídas dos esquemas adaptados, estas são novas e imediatamente (ou quase imediatamente) lúdicas:

Obs. 63. – J., aos 0;10 (3), aproxima o nariz da face de sua mãe e acaba por encostá-lo, o que a obriga a respirar muito mais vigorosamente. Interessa-se logo por esse fenômeno, mas, em vez de repeti-lo simplesmente, ou de fazê-lo variar para estudar os seus detalhes, complica-o muito depressa por simples prazer: afasta o rosto alguns centímetros, franze o nariz, funga e sopra alternadamente, com muita força (como se estivesse assoando-se); depois, precipita-se de novo para a face da mãe, rindo às gargalhadas. – Esses gestos foram repetidos ritualmente durante mais de um mês, pelo menos uma vez ao dia.

Ao 1;0 (5), J. segura os cabelos com a mão direita, durante o seu banho. Mas a mão, como está molhada, escorrega e bate na água. J. recomeça prontamente, pousando primeiro a mão com delicadeza nos cabelos e, depois, precipitando-a para a água. Varia as alturas e as posições, e poder-se-ia pensar numa reação circular terciária se a mímica da criança não revelasse que se tratava, simplesmente, de combinações lúdicas. – Ora, nos dias seguintes, em cada banho, o jogo é reproduzido com uma regularidade ritual. Por exemplo, ao 1;0 (11), J. bate diretamente na água, logo que entra na banheira, mas estaca de chofre como se algo faltasse no seu movimento: leva então as mãos ao cabelo e reencontra a sequência do jogo.

Ao 1;3 (19), ela pousa tão longe quanto possível um alfinete, com uma das mãos, para recuperá-lo com a outra. Esse comportamento, ligado à elaboração de grupos espaciais, tornou-se um jogo ritual, provocado à simples vista do alfinete. – Do mesmo modo, ao 1;4 (0), J. tem a sua perna presa sob a alça de um cesto. Retira-a para logo a enfiar de novo e estudar a posição. Mas, uma vez esgotado o interesse geométrico, o esquema torna-se lúdico e dá lugar a uma série de combinações, durante as quais J. manifesta o mais vivo prazer no exercício de seu novo poder.

Ao 1;3 (11), J. pede um certo utensílio e ri muito quando lho apresentam. Entrega-se à execução de um certo número de gestos rituais, com um ar zombeteiro, e o jogo fica por aí, para recomeçar nos dias seguintes.

Ao 1;3 (21), ela diverte-se fazendo balançar uma casca de laranja virada sobre uma mesa. Mas, como ela estivera espiando sob a casca, momentos antes de pô-la em movimento, J. repete ritualmente esse gesto umas vinte vezes, pelo menos: apanha a casca, revira-a, pousa-a na mesa, ergue-a para fazê-la balançar e recomeça.

Essas condutas são curiosas pelo seu caráter de combinações inadaptadas às circunstâncias exteriores. Do ponto de vista objetivo, com efeito, não é necessário franzir o nariz para fungar, em seguida, encostado ao rosto da mãe, nem tocar nos cabelos para chapinhar na água, nem espiar sob uma casca de laranja (que já é perfeitamente conhecida) para fazê-la balançar. Será que, em contrapartida, tais ligações parecem necessárias à própria criança? Não o cremos, embora rituais análogos possam fazer-se acompanhar, mais tarde, de um sentimento de eficácia, sob o domínio da emoção (como é o muito conhecido caso do jogo que consiste em evitar pôr os pés nas linhas de junção das lajes das calçadas). Nos seus respectivos contextos atuais, esses comportamentos apenas adaptaram o ponto de partida, o qual consiste em reações circulares primárias, secundárias e terciárias. Porém, ao passo que na reação circular normal o sujeito tende a repetir ou a fazer variar o fenômeno, para melhor se lhe acomodar e melhor o controlar, nesses casos particulares a criança complica as coisas e depois repete, minuciosamente, todos os seus gestos, úteis ou inúteis, pelo prazer exclusivo de exercer a sua atividade da maneira mais completa possível. Em suma, tanto na presente fase como nas precedentes, o jogo apresenta-se na forma de uma ampliação da função de assimilação, para além dos limites da adaptação atual.

Portanto, os rituais da presente fase prolongam os da anterior, com uma só diferença: enquanto os da fase IV consistem, simplesmente, em repetir e associar os esquemas já constituídos, com um fim não lúdico, os da presente fase constituem-se quase imediatamente em jogos e manifestam uma fertilidade muito maior de combinações (fertilidade devida, sem dúvida, aos hábitos resultantes da reação circular terciária). Ora, esse progresso no sentido da ritualização lúdica dos esquemas acarreta um desenvolvimento correlativo no sentido do simbolismo. Com efeito, na medida em que o ritual engloba esquemas "sérios" ou elementos desses esquemas (como os gestos de fungar, de reclamar um utensílio etc.), tem por efeito separá-los de seu contexto e, por consequência, evocá-los simbolicamente. Sem dúvida, ainda não intervém necessariamente, nessas condutas, a consciência de "fazer de conta", pois a criança limita-se a reproduzir fielmente os esquemas em questão, sem aplicá-los simbolicamente a novos objetos; mas, na falta de representações simbólicas, já aí podemos apontar um esboço de símbolo em ação.

Com a *sexta fase*, finalmente, o símbolo lúdico desliga-se do ritual sob a forma de *esquemas simbólicos*, graças a um progresso decisivo no sentido da representação. Ora, esse progresso concretiza-se, precisamente, quando da passagem da inteligência empírica para a combinação mental e da imitação exterior para a imitação interna ou "diferida", daí resultando o conjunto de problemas que logo se percebe. Mas examinemos primeiramente os fatos e procuremos apurar em que medida eles prolongam os observados nas fases anteriores:

Obs. 64. – Em J., que citamos predominantemente no decurso das observações precedentes, o verdadeiro símbolo lúdico, com todas as aparências externas da consciência do "como se", teve início ao 1;3 (12), nas circunstâncias seguintes. Ela vê uma toalha cujas bordas franjadas lhe recordam vagamente as de seu travesseiro: apanha-a, retém uma ponta na sua mão direita, chupa o polegar da mesma mão e deita-se de lado, rindo muito. Conserva os olhos abertos, mas pisca-os de tempos a tempos, como se quisesse fazer uma alusão aos olhos fechados para dormir. Enfim, rindo cada vez mais, grita *nanã* (= dormir). A mesma toalha provoca idêntico jogo nos dias seguintes. Ao 1;3 (13), ela serve-se, com a mesma finalidade, da gola de um casaco de sua mãe. Ao 1;3 (30), é a cauda do seu burrinho de papelão que recorda a J. as franjas do seu travesseiro. Por fim, a partir de 1;5, ela faz *nanã* aos seus animais de brinquedo, um urso e um cão de pelúcia.

Do mesmo modo, a partir de 1;6 (28), ela fiz *avun* (= sabão) enquanto esfrega as mãos e finge que as lava (a seco).

Ao 1;8 (15) e dias seguintes, ela faz de conta que come os objetos à sua volta, por exemplo, uma folha de papel, dizendo *muito bom*.

Obs. 64 bis. – O desenvolvimento desses símbolos que implicam a representação não exclui, é claro, o dos rituais simplesmente sensório-motores. Assim, ao 1;6 (19), J. percorre uma varanda batendo nas grades a cada passo, num movimento ritmado com pausas e repetições: um passo (pausa), bate, um passo (pausa), bate etc.

Ora, estabelecem-se frequentemente conexões entre os rituais e o simbolismo, dando esse origem àqueles, graças a um desprendimento progressivo da ação. Por exemplo, ao 1;3, J. aprendeu a balançar-se de pé numa tábua arqueada, que ela fazia oscilar com os pés. Mas, a partir de 1;4, contraiu o hábito de caminhar com as pernas afastadas, fazendo de conta que perdia o equilíbrio, como se estivesse sobre a tábua. Ria muito e dizia *bim bam*.

Ao 1;6, ela própria balança, rindo, pedaços de madeira ou folhas e repete *bim bam*; por fim, essa expressão converte-se num esquema semigenérico e semissimbólico aplicável a ramos, objetos suspensos e até a gramíneas.

Obs. 65. – Com L., o "fazer de conta" ou símbolo lúdico teve início ao 1;0 (0), a partir do ritual motor, tal como acontecera com J. Estava ela sentada no berço quando, sem querer, tombou para trás. Percebendo então o travesseiro, pôs-se na posição de dormir de lado, agarrando o travesseiro com uma das mãos para aplicá-lo contra o rosto (o seu ritual é diferente do de J.). Porém, em vez de imitar a coisa meio a sério, como J. na obs. 62, tem estampado no rosto um sorriso rasgado (ela não sabe que está sendo observada): apresenta, pois, a mímica de J. na obs. 64. Permanece alguns momentos nessa posição e depois senta-se, encantada. Durante o dia, reproduziu a coisa uma série de vezes, se bem que já não se encontre no seu berço: ri antecipadamente (a assinalar esse indício do símbolo representado), depois joga-se para trás, volta-se de lado, coloca as mãos sobre o rosto, como se segurasse um travesseiro (que não existe) e permanece imóvel, de olhos abertos, sorrindo silenciosamente. Portanto, está constituído o símbolo.

Ao 1;3 (6), ela faz semblante de meter uma argola de guardanapo na boca, depois ri, faz *não* com a cabeça e retira-a. – Esse comportamento ainda é intermédio entre o ritual e o símbolo, mas, ao 1;6 (28), L. faz de conta que bebe e come, nada tendo nas mãos. Ao 1;7, faz de conta que bebe, servindo-se de uma caixa qualquer, que em seguida aplica contra a boca de todos os presentes. – Esses últimos símbolos vinham sendo preparados há um mês ou dois por uma ritualização progressiva cujas principais fases consistiram em divertir-se bebendo em copos vazios e, depois, em repetir a coisa imitando o ruído dos lábios e da garganta.

Percebe-se em que consistem essas condutas, nas quais julgamos discernir, pela primeira vez, a ficção ou o sentimento do "como se", característicos do símbolo lúdico, em contraste com os simples jogos motores. A criança utiliza esquemas habituais e mesmo, na sua maioria, já ritualizados no decorrer dos jogos dos tipos precedentes, mas: 1º) em vez de acioná-los na presença dos objetos a que são habitualmente aplicados, assimila-lhes novos objetos que não lhe convêm do ponto de vista de uma adaptação efetiva; 2º) além disso, esses novos objetos, em vez de darem lugar a uma simples ampliação do esquema (como é o caso da assimilação generalizadora própria da inteligência), são utilizados com o único propósito de permitir ao sujeito imitar ou evocar os esquemas em questão. É a reunião dessas duas condições – aplicação do esquema a objetos inadequados e evocação para auferir prazer – que nos parece caracterizar o início da ficção. Assim é que o esquema de adormecer já origina ritualização lúdica a partir da fase IV, porquanto, na obs. 62, J. reproduziu-o na presença do seu travesseiro. Mas ainda não há, então, símbolo nem consciência de "fazer de conta", pois a criança limita-se a aplicar seus gestos correntes ao próprio travesseiro, logo, ao excitante normal da conduta; há jogo, sem dúvida alguma, na medida em que o esquema só é exercido por prazer, mas não há simbolismo. Pelo contrário, na obs. 64, J. imita o sono segurando um pano qualquer, a gola de um casaco ou mesmo a cauda de um burro de papelão, à guisa de travesseiro; e, na obs. 65, L. procede analogamente fingindo segurar um travesseiro quando nada tem nas mãos. Portanto, já não se pode dizer que o esquema foi evocado pelo seu excitante usual, e temos de admitir, pelo contrário, que esses objetos servem simplesmente de substitutos do travesseiro, substitutos que se tornaram simbólicos mediante os gestos que simulam o sono (esses gestos atingem mesmo, no caso de L., o nível de ficção sem suporte material). Em resumo, há símbolo, e não apenas um jogo motor, porque há assimilação fictícia de um objeto qualquer ao esquema, e exercício desse sem acomodação atual.

O parentesco desses "esquemas simbólicos" ou primeiros símbolos lúdicos como a imitação diferida e representativa, própria da mesma fase IV, é bastante claro. De um ponto de vista geral, encontramos nessas duas espécies de condutas um elemento representativo cuja existência é atestada pelo caráter diferido da reação: a imitação diferida do novo modelo tem lugar após o seu desaparecimento, e o jogo simbólico representa uma situação sem relação direta com o objeto que lhe serve de pretexto, objeto esse que serve, simplesmente, para evocar a coisa ausente. Do ponto de vista da própria imitação, encontra-se, por outro lado, um elemento que poderíamos considerar imitativo nas condutas 64 e 65; na obs. 64, J. imita os seus próprios gestos que precedem o sono, ou as ações de comer, lavar-se etc.; e na obs. 65, L. imita os mesmos movimentos. Entretanto, e independentemente do fato de só se registrarem imitações do próprio sujeito, não se trata de condutas de imitação pura, mesmo a título de jogo, pois o objeto presente (as franjas da toalha, a gola do casaco e a cauda do burro por travesseiro, a caixa de L. servindo de prato etc.) é assimilado diretamente, e desprezando suas características objetivas, ao objeto habitual dos gestos imitados (ao travesseiro ou ao prato etc.). Portanto, há – e é o que caracteriza o jogo simbólico, em contraste com o jogo meramente motor – imitação, pelo menos aparente, e, ao mesmo tempo, assimilação lúdica. Isso provoca uma questão que abordaremos daqui a pouco, mas, antes disso, convém examinar as relações do símbolo lúdico com o indício, com o signo, com o conceito e com o desenvolvimento do próprio jogo de exercício sensório-motor.

É evidente, em primeiro lugar, que os esquemas simbólicos em causa nas obs. 64 e 65 superam, em complexidade, o "indício" sensório-motor, embora esse último sirva de instrumento à inteligência desde as fases anteriores. O indício é apenas uma parcela ou um aspecto do objeto ou do processo causal cuja assimilação ele permite; por exemplo, na imitação dos movimentos invisíveis do corpo do sujeito, um indício sonoro permite àquele encontrar a correspondência entre o modelo visual e o seu próprio rosto. Como parcela do objeto, o indício permite, pois, antecipá-lo sem representação mental e por simples ativação do esquema interessado; assim, uma criança de oito a nove meses já saberá reencontrar um brinquedo debaixo de uma cobertura qualquer, quando a forma estufada desta serve de indício à presença do objetivo. Pelo contrário, o símbolo repousa numa simples semelhança entre o objeto presente, que desempenha o papel de "significante", e o objeto ausente por ele "significado" simbolicamente, e é nisso que podemos dizer que existe representação: uma situação não dada é evocada mentalmente, e não apenas antecipada praticamente como um todo, em função de uma de suas partes.

O esquema simbólico de ordem lúdica atinge, pois, quase o nível do "signo", dado que, contrariamente ao caso dos indícios, nos quais o significante é uma parte ou um aspecto do significado, há doravante uma dissociação nítida entre os dois. Mas, como já vimos, o "signo" é um significante "arbitrário" ou convencional, ao passo que o "símbolo" é um significante "motivado", isto é, representa uma semelhança com o "significado"; conquanto arbitrário, o signo supõe, portanto, uma relação social, como se evidencia na linguagem ou sistema de signos verbais, ao passo que a motivação (ou semelhança entre o significante e o significado) própria do símbolo poderia ser o produto do pensamento simplesmente individual.

Entretanto, vamos encontrar aqui o mesmo problema já ventilado a propósito da fase da imitação diferida ou representativa. Com efeito, verifica-se que, no nível em que aparecem esses primeiros símbolos lúdicos, a criança se torna capaz de começar aprendendo a falar, de modo que os primeiros "signos" parecem ser contemporâneos desses símbolos. Assim é que J., fingindo dormir como se as franjas de uma toalha fossem as do seu travesseiro (o que constitui um sistema de símbolos lúdicos), diz ao mesmo tempo *nanã*, que já é um signo verbal. Ver, analogamente, *avun* (sabão), *bimbam* etc. Portanto, não seria lícito concluir que o símbolo, mesmo sob a sua forma lúdica, pressupõe o signo e a linguagem, na medida em que assenta, como esses últimos, num fator de ordem representativa? Nesse caso, tal fator seria um produto social, devido ao intercâmbio e à comunicação intelectuais. Ora, assim como pudemos afastar essa solução no caso da imitação, em nome de argumentos aduzidos, uns da continuidade entre as condutas da fase VI e as dos níveis anteriores, outros da comparação com os antropoides, também certas razões, em parte paralelas às precedentes, nos impedem de adotar essa solução no tocante ao símbolo lúdico.

Em primeiro lugar, tanto a palavra como o contato com outrem sempre acompanham a formação de tal simbolismo. Por exemplo, L. (obs. 65), contrariamente a J., finge que dorme, com um largo sorriso, sem pronunciar uma palavra e ignorando que é observada. Sem dúvida, essa razão, por si só, nada prova, porquanto já poderiam existir condutas verbo-sociais interiorizadas. Somada às outras, porém, reveste-se de algum valor.

Em segundo lugar, encontram-se no chimpanzé certos jogos simbólicos como "agarrar uma das pernas com as duas mãos" e tratá-la "como algo estranho, como um verdadeiro objeto, talvez mesmo um boneco, acalentando a perna de um lado para o outro nos braços, acariciando-a etc." (Koehler, *loc. cit.*, trad. Guillaume, pág. 298).

Em terceiro lugar, o efeito mais característico do sistema de signos verbais sobre o desenvolvimento da inteligência é, certamente, permitir a transformação dos esquemas sensório-motores em conceitos. O destino normal do esquema é, com efeito, chegar ao conceito, dado que os esquemas, como instrumentos de adaptação a situações cada vez mais variadas, são sistemas de relações suscetíveis de abstração e generalização progressivas. Mas, para adquirir a fixidez de significação dos conceitos e, sobretudo, o seu grau de generalidade, que supera o da experiência individual, os esquemas devem dar lugar a uma comunicação interindividual e, por consequência, ser expressos por signos. Assim, é legítimo considerar que a intervenção do signo social assinala um momento culminante e decisivo na direção da representação, mesmo que o esquema se torne já representativo por si mesmo, nos limites próprios da fase VI. Mas o esquema simbólico de ordem lúdica não é um conceito, de modo algum, nem pela sua forma, isto é, como "significante", nem por seu conteúdo, ou seja, como "significado". Pela sua forma, não ultrapassa o nível da imagem imitativa ou da imitação diferida, quer dizer, justamente aquele nível de imitação representativa que é próprio da sexta fase, independentemente da linguagem. Pelo seu conteúdo, é assimilação deformante e não generalização adaptada, isto é, não existe acomodação dos esquemas às conexões objetivas, mas deformação dessas em função do esquema. Por exemplo, quando a cauda de um burro serve de travesseiro (obs. 64), ou uma caixa substitui um prato (obs. 65), não se pode falar de generalização adaptada, mas, tão somente, de assimilação subjetiva, isto é, precisamente lúdica, ao passo que, quando a mesma criança emprega uma colher para atrair para si um objeto, não se pode considerar a colher um símbolo lúdico da vara habitual, e teremos de considerar essa conduta uma assimilação generalizadora. Ora, só a assimilação generalizadora levará ao conceito, por intermédio do signo, ou seja, mediante o intercâmbio social, enquanto o símbolo lúdico não passa de assimilação egocêntrica, e isso mesmo muito tempo depois do aparecimento da linguagem e dos conceitos mais socializados de que a criança pequena pode ser capaz.

Logo, se a formação do símbolo lúdico não é devida à influência do signo ou da socialização de ordem verbal, terá de ser explicada, forçosamente, pelo trabalho anterior da assimilação. É óbvio, com efeito, que, tanto quanto a imitação representativa, esse tipo de símbolo não pode surgir *ex abrupto* num dado momento do desenvolvimento mental; nesse novo caso, como no das condutas imitativas, há continuidade funcional entre as sucessivas fases, mesmo quando as estruturas (em contraste com as funções) diferem tanto umas das outras quanto as dos esquemas inteiramente sensório-motores e as dos esquemas em parte interiorizados e em parte representativos. Desse ponto de vista, símbolo lúdico está em germe (não dizemos pré-formado como estrutura mas funcionalmente preparado) desde a assimilação generalizadora da segunda fase. Quando um esquema é aplicado a objetivos cada vez mais distantes do seu objeto inicial, pode haver um desligamento progressivo da ação em face daquele, no sentido de que todos os objetivos novos e antigos serão colocados num mesmo plano: verifica-se, então, uma generalização do esquema, com equilíbrio entre a assimilação e a acomodação. Mas, na medida em que o novo objetivo é tido como substituto do objeto inicial, esse primado da assimilação conduz a uma relação que, se fosse consciente ou mentalmente interiorizada, seria simbólica. Ainda não o é, naturalmente, por falta de interiorização possível, mas, do ponto de vista da função, uma tal relação já anuncia o símbolo. Por exemplo, quando o bebê chupa o polegar em vez do seio materno (não afirmamos, aliás, que exista substituto todas as vezes que ele chupa o dedo), basta que o primeiro lhe sirva para evocar o segundo para que exista símbolo; essa evocação, se alguma vez se produzir, prolongará simplesmente, com efeito, a assimilação do polegar ao esquema da sucção, fazendo do primeiro o significante e do segundo o significado. É por falta de diferenciação suficiente entre o significante e o significado que não se pode falar ainda de símbolo na fase II; e, portanto, não podemos acompanhar, no sentido da pré-formação, certos psicanalistas que veem simbolismo, consciente ou "inconsciente", desde essa assimilação sensório-motora. Mas reconhecemos que, funcionalmente, a assimilação lúdica das fases II e III é o ponto de partida do símbolo.

Durante as fases IV e V registra-se um progresso na direção do símbolo, na medida em que o desenvolvimento da assimilação lúdica conduz a uma diferenciação um pouco mais acentuada entre o significante e o significado. No decorrer da ritualização lúdica dos esquemas, com efeito, acontece de a criança reproduzir fielmente certas ações habitualmente insertas em contextos muito diferentes; por exemplo, colocar-se na posição de dormir ao ver o seu travesseiro (mas por um instante muito curto e sem ter sono algum), ou assoar-se na face da mãe (mas sem que realmente o faça). Tais atos, sem dúvida, ainda não são propriamente simbólicos, pois o gesto esboçado é uma autorrepresentação e mantém-se, portanto, significante e significado, ao mesmo tempo. Contudo, sendo o gesto apenas esboçado e, além disso, tendo por único propósito o divertimento próprio, é claro que teremos de ver nele, apesar de tudo, um esboço de diferenciação entre o significante – constituído pelos movimentos realmente executados e que se conservam em estado de esboço lúdico – e o significado, que é aqui o esquema completo tal como se desenrolaria se fosse levado "seriamente" a termo. Por outras palavras, há como que uma alusão simbólica e até exatamente comparável às chamadas "ficções" ou "sentimentos de como se" com que Karl Groos dotou os animais, como uma generosidade um tanto exagerada, e que são, igualmente, simples esboços de condutas não desenvolvidas até a sua conclusão: os gatinhos que lutam com a mãe e a mordiscam, sem a ferir, não "fazem de conta" que lutam, por ausência de se representarem o que seria uma luta real, assim como J., ao imitar as ações de dormir ou de assoar-se, tampouco atinge a representação ou o símbolo, por falta de ficção interiorizada; mas certamente seria uma prova de tendenciosismo arbitrário recusar reconhecer que esses símbolos representados, por assim dizer, preparam o advento dos símbolos representativos.

Portanto, quando o esquema propriamente simbólico aparece, durante a sexta fase, mediante a assimilação de um objeto qualquer ao esquema representado e ao seu objetivo inicial (por exemplo, por assimilação da cauda de um burro a um travesseiro e ao esquema de adormecer), essa novidade apresenta-se, na realidade, como o termo sensório-motor básico de uma diferenciação progressiva entre o "significante" e o "significado": o significante é, então, constituído pelo objeto escolhido (a cauda do burro) para representar o objetivo inicial do esquema, assim como pelos movimentos executados ficticiamente nele (imitação do sono), ao passo que o significado nada mais é do que o próprio esquema, tal como se desenrolaria seriamente (dormir na realidade), assim como o objeto a que ele é habitualmente aplicado (o travesseiro). Logo, os movimentos que servem para adormecer já não saem unicamente do seu contexto ordinário nem são simplesmente esboçados como que por mera alusão, tal como vimos nas ritualizações lúdicas das fases IV e V; aplicam-se agora a objetos novos e inadequados, e desenrolam-se por uma imitação minuciosa mas inteiramente fictícia. Portanto, há representação, visto que o significante está dissociado do significado e este é constituído por uma situação não perceptível e simplesmente invocada através dos objetos e gestos presentes. Mas essa representação simbólica, como no caso das imitações diferidas, é apenas o prolongamento de toda a construção sensório-motora anterior.

Como explicar, então, no caso particular do símbolo lúdico, a passagem do sensório-motor para o representativo? Já verificamos, a propósito das imitações diferidas, que esses fatos são contemporâneos, que ambos são simultaneamente correlativos das transformações da própria inteligência, a qual, na sexta fase, se torna suscetível de evoluir por meio de esquemas interiorizados, logo, representativos, em contraste com os esquemas de desenvolvimento exterior ou empírico. Ora, essas três espécies de transformações apoiam-se umas nas outras, indubitavelmente. Por uma parte, tem de invocar-se, como já fizemos antes para a inteligência (*N. I.*, cap. VI), o progresso dos esquemas no sentido da mobilidade e da rapidez, de maneira tal que as suas coordenações e diferenciações deixam de exigir as explorações tateantes externas ou efetivas e passam a efetuar-se antes que os próprios movimentos se desenrolem. Essa interiorização dos esquemas da inteligência torna então possível a imitação diferida, visto que a imitação é uma acomodação dos esquemas e o seu caráter diferido resulta da sua interiorização. Mas a imitação diferida repercute então na inteligência, possibilitando a representação (obs. 56-58), isto é, facilitando precisamente a acomodação interior dos esquemas às situações que é mister antecipar. Ora, assim como a imitação, cujos progressos são devidos à inteligência, reforça essa mediante uma retroalimentação, também a assimilação lúdica, cujo caráter, simultaneamente mais móvel e diferido, se desenvolve na fase VI em virtude das mesmas causas gerais, é apoiada pela própria imitação, que lhe fornece os elementos representativos necessários à constituição do jogo simbólico propriamente dito.

Com efeito, quando a cauda do burro é assimilada ao travesseiro, ou uma caixa de papel-cartão a um prato (obs. 64 e 65), há nesse simbolismo, ao mesmo tempo, uma assimilação lúdica que assim deforma os objetos, até sujeitá-los à fantasia menos objetiva, e uma espécie de imitação, visto que a criança imita os gestos de dormir e de comer. É óbvio, inclusive, que precisamente em virtude dessa espécie particular de autoimitação é que o simbolismo lúdico se torna possível, pois sem ela não haveria representação dos objetos ausentes nem, por consequência, ficção ou sentimento de "como se". De modo geral, encontramos em todos os símbolos lúdicos essa união *sui generis* de uma assimilação deformante, princípio do próprio jogo, e de uma espécie de imitação representativa, fornecendo a primeira as significações ou esquemas "significados" e constituindo a segunda o "significante" específico de um símbolo. Ora, caracterizamos até aqui o jogo e a imitação por duas funções de certo modo antitéticas: uma, de assimilação das coisas ao eu ou entre elas, segundo os interesses do eu; outra, de acomodação dos esquemas da ação do sujeito às coisas e modelos exteriores. Logo, como conceber que, de opostos, os dois modelos passem a ser solidários no caso do símbolo, a partir da sexta fase, ou seja, desde os primórdios do pensamento e da inteligência intuitiva ou representativa?

Que a imitação e o jogo se elaborem durante as mesmas fases e passem pelas mesmas fases de construção, incluindo a fase representativa, explica-se facilmente, visto que ambos promanam, embora em sentidos inversos, de uma mesma diferenciação do complexo original de assimilação e acomodação reunidas. Com efeito, as primeiras adaptações sensório-motoras, assim como os atos de inteligência propriamente dita, supõem um e outro processo, equilibrados de acordo com diversas dosagens. É natural, portanto, que a inteligência, que os equilibra, a imitação e o jogo, que fazem um dos processos predominar sobre o outro, evoluam concorrentemente, fase por fase. Mas como explicar que, de antitéticos no começo, o jogo e a imitação possam tornar-se complementares?

Convém notar, primeiramente, que nenhum esquema é, como tal, definitiva e invariavelmente adaptativo, imitativo ou lúdico, mesmo que a sua função inicial o tenha orientado numa dessas três direções. É por isso que um esquema de imitação pode tornar-se lúdico, tanto quanto um esquema adaptativo. Além disso, é preciso relembrar que todo esquema participa sempre, simultaneamente, da assimilação e da acomodação, pois cada um desses dois processos é necessariamente inseparável do outro; portanto, são apenas as suas relações recíprocas que determinam o caráter adaptativo, imitativo ou lúdico do esquema. Dito isso, podem-se representar as diversas relações da seguinte maneira.

No ato de adaptação inteligente, cada objeto ou cada movimento determinado é assimilado a um esquema anterior que, por seu turno, se lhe acomoda; a assimilação e a acomodação acompanham assim, passo a passo, o desenrolar atual dos acontecimentos, podendo antecipá-los, de uma parte. No jogo de exercício sensório-motor, o objeto é simplesmente assimilado a um esquema conhecido e anterior, sem nova acomodação nem antecipação acomodadora das sequências causais ulteriores. Na imitação, pelo contrário, o esquema anterior é transformado por acomodação ao modelo atual, o que permite reconstituí-lo imediatamente ou mais tarde. Mas, estando assim subordinada a assimilação à acomodação, o modelo não é incorporado, sem mais nem menos, a atos completos de inteligência, e só a assimilação poderá fornecer-lhe, mais cedo ou mais tarde, uma significação que o supera. Ora, essa significação pode ser de ordem adaptativa se a cópia imitativa for incorporada, em seguida, a atos de assimilação acompanhados de novas acomodações, às quais a imitação serve, precisamente, de suporte ou de auxiliar. Mas essa significação também pode ser de ordem lúdica, se a assimilação ulterior for apenas uma incorporação deformante do objeto percebido a esquemas anteriores, inicialmente relacionados com um outro objetivo.

A diferença essencial entre o símbolo lúdico e a representação adaptada é, pois, a seguinte. No ato de inteligência, a assimilação e a acomodação estão incessantemente sincronizadas e, por conseguinte, mutuamente equilibradas. No símbolo lúdico, pelo contrário, o objeto atual é assimilado a um esquema anterior sem relação objetiva com ele; e é para evocar esse esquema anterior e os objetos ausentes que com ele se relacionam que a imitação intervém a título de gesto "significante". Em suma, no símbolo lúdico, a imitação não diz respeito ao objeto presente e sim ao objeto ausente, que se faz mister evocar; e, desse modo, a acomodação imitativa mantém-se subordinada à assimilação. Na imitação diferida, pelo contrário, a acomodação imitativa continua sendo um fim em si e subordina a assimilação reprodutora. Finalmente, no ato de inteligência, a imitação relaciona-se com o próprio objeto que se quer assimilar, e a acomodação, mesmo que se prolongue em imitação representativa, permanece em equilíbrio constante com a assimilação.

Em conclusão, quer se trate de inteligência, de imitação e de condutas lúdicas, todas três exclusivamente sensório-motoras, a imitação prolonga a acomodação, o jogo prolonga a assimilação e a inteligência reúne-as sem interferências que compliquem essa situação simples. Com as condutas simultaneamente diferidas e interiorizadas, que assinalam os primórdios da representação, a imitação, que desenvolve então uma acomodação aos objetos ausentes e não apenas aos presentes, adquire por isso mesmo uma função formativa de "significantes", em relação às significações (aos "significados") adaptadas ou lúdicas, segundo elas promanem da assimilação atualmente acomodada ou da assimilação deformante, características da inteligência ou do jogo.

CAPÍTULO V

A Classificação dos Jogos e Sua Evolução, a Partir do Aparecimento da Linguagem

pós termos analisado a gênese do jogo durante os dois primeiros anos da existência, importa agora acompanhar o seu desenvolvimento ulterior, notadamente, nos níveis do pensamento verbal e intuitivo (dos dois aos sete anos) e, depois, da inteligência operatória concreta (sete a onze anos) e abstrata (dos onze anos em diante). Mas, se o jogo se apresenta, no nível pré-verbal, sob uma forma relativamente simples, porque essencialmente sensório-motora, o mesmo já não ocorrerá em seguida. A primeira tarefa a cumprir é, pois, escolher uma classificação adequada. Os três momentos distintos e sucessivos de toda a análise metódica são, com efeito, a classificação, a descoberta de leis ou relações e a explicação causal. Mesmo na Física, esse caminho, que a Química e a Biologia também adotaram em seguida, revelou-se necessário. Convém, pois, que os psicólogos não aceitem levianamente as classificações prévias nem se contentem em utilizar como quadros os que já resultam de uma teoria explicativa e dela são, assim, automaticamente solidários, em vez de prepará-la sem pressupostos. No domínio do jogo, em especial, as classificações correntes revelam-se inaplicáveis, uma vez que não se baseiam numa pura análise estrutural, independentemente de interpretações. Vamos começar, pois, por examinar o que elas valem para o uso prático e por substituí-las por um ensaio de simples descrição, fundado nas estruturas em causa.

§1. *EXAME CRÍTICO DOS SISTEMAS USUAIS DE CLASSIFICAÇÃO DAS CONDUTAS LÚDICAS.* – Como procedemos antes a respeito das perguntas de uma criança (*A Linguagem e o Pensamento na Criança*, capítulo V), procuramos reunir uma coleção tão completa quanto possível de jogos infantis, quer registrando dia a dia os jogos espontâneos dos nossos filhos, quer observando, com diversos colaboradores, os jogos praticados nas escolas (nomeadamente, na Casa da Criança, de Genebra) ou na rua. Na posse de cerca de um milhar de observações, procuramos então aplicar-lhes as classificações conhecidas. Ora, salta aos olhos, quando se tenta essa experiência, que a maioria dos autores só se preocupou com certos jogos-tipos, em particular os que correspondiam às suas teorias explicativas, e menosprezou a imensa maioria dos casos intermediários, porque se mantinham inclassificáveis desse ponto de vista preestabelecido.[1] Se nos preocuparmos, pelo contrário, em ter na devida conta todos os casos, sejam eles vagos ou típicos, chegar-se-á então, necessariamente, a uma classificação de simples estruturas, na falta de se descobrir outro critério que seja, ao mesmo tempo, geral e capaz de se aplicar aos detalhes de cada caso particular.

Um ponto de vista célebre consistiu, por exemplo, em classificar os jogos segundo as tendências que eles concretizavam ou, por outras palavras, segundo o seu *conteúdo*. Foi o que tentou K. Groos, seguido nesse ponto por Claparède. Numa primeira categoria, chamada "jogos de experimentação" ou "jogos de funções gerais", estão agrupados os jogos sensoriais (assobios, gritos etc.), os jogos motores (bolas, corridas etc.), os jogos intelectuais (imaginação e curiosidade), os jogos afetivos e os exercícios da vontade (jogos de inibição, como sustentar uma posição difícil o máximo de tempo possível etc.). Uma segunda categoria, a dos "jogos de funções especiais", compreende os jogos de luta, perseguição, cortesia, os jogos sociais, familiares e de imitação. – É evidente que essa maneira de agrupar os fatos é solidária da teoria de pré-exercício, ao ponto de toda e qualquer resistência à própria classificação correr o risco de revelar certos pontos fracos da teoria.

---

[1] A notar, entretanto, a interessante classificação fornecida por J. O. GRANDJOUAN, *Le qui vive, Jeux d'observations* (Eclaireurs de France, 1942).

Ora, a grande dificuldade com que se depara o emprego dessa classificação é ser quase impossível situar numa só dessas divisórias, ao mesmo tempo, não só a multidão de casos intermédios revelados pela observação cotidiana, mas até certos jogos que, no entanto, podemos considerar clássicos. O jogo de bolas de gude, por exemplo, é certamente sensório-motor, porquanto se trata de visar e lançar. Mas, a partir dos sete ou oito anos, é também um jogo de competição e de lutas canalizadas, visto que a partir dessa idade já temos campos concorrentes e uma competição entre jogadores (quando as crianças menores jogam cada uma por si e para si); como bem disse Claparède, "o instinto de luta intervém na maioria dos jogos, se não como móbil principal, pelo menos como móbil adicional" (*Psychologie de l'enfant*, 8ª ed., pág. 467). Mas, além desses fatores, o essencial é, sem dúvida, a presença de regras (ver *O Juízo Moral na Criança*, capítulo I): o jogo de bolas de gude é, pois, eminentemente social (imitação, sociabilidade etc.). Enfim, como não ficar impressionado, ao estudar as regras, pela sua complexidade intelectual: não se elabora um código e não se o aplica sem um esforço lógico, e as "funções gerais" intervêm todas aqui. Logo, onde classificar, de acordo com os quadros de K. Groos, o jogo das bolas de gude?

Certo, esse politelismo de um jogo complexo é reconhecido por todos os autores. Mas não condena ele, afinal de contas, uma classificação baseada nos conteúdos ou "móbeis"? Não, se um dos conteúdos predominar sobre os demais; mas, no jogo das bolas de gude, isso depende da idade dos jogadores, dos tipos individuais e quase dos momentos da partida. Tais dificuldades encontram-se, aliás, em diversos graus, praticamente em todos os jogos, a partir de um certo nível do desenvolvimento. Pelo contrário – e esta observação vai justamente permitir-nos estabelecer os limites aquém dos quais a teoria de Groos é válida –, existem jogos elementares que não pressupõem imaginação simbólica nem regras e nos quais é possível, sem arbitrariedade, assinalar qual a tendência que exercem. São todos os jogos dos animais (salvo alguns raros exemplos de jogos simbólicos nos chimpanzés), os jogos sensório-motores das fases I a V do capítulo precedente e alguns jogos análogos que subsistem depois do aparecimento da linguagem (saltar, atirar pedras etc.). Em contrapartida, assim que aparecem a imaginação simbólica e as regras sociais, a classificação pelo conteúdo torna-se cada vez mais equívoca. Acabamos de verificá-lo por um jogo de regras. Quanto aos jogos simbólicos, tomemos como exemplo o jogo de "brincar com bonecas".

À primeira vista, seríamos levados a ver nesse jogo um caso típico de exercício das tendências familiares e, notadamente, do instinto maternal.

Mas, em primeiro lugar, qual é, na menina que ama sua boneca como uma jovem, que a acalenta, a dirige e a educa, o papel desempenhado pelo "instinto", propriamente dito (supondo que ele exista como entidade simples na espécie humana), e qual o de uma imitação simpática do que a criança que brinca aprecia na sua própria mãe? Mesmo admitindo a intervenção de um instinto, este só poderia ser a causa originária de um interesse global, genérico e indefinido, sendo os pormenores das próprias atitudes inspirados, evidentemente, pelo meio ambiente. Mas há mais. Toda a observação sistemática de um jogo de bonecas mostra imediatamente que as atitudes puramente maternais da menina (as quais são, portanto, parcialmente adquiridas por imitação) constituem apenas uma pequena fração do conjunto do jogo. Com efeito, na maioria dos casos, a boneca serve apenas de ocasião para a criança reviver simbolicamente a sua própria existência, de uma parte para melhor assimilar os seus diversos aspectos e, de outra parte, para liquidar os conflitos cotidianos e realizar o conjunto de desejos que ficaram por saciar. Assim, podemos estar certos de que todos os eventos, alegres ou aborrecidos, que ocorrem na vida da criança repercutir-se-ão nas suas bonecas. Nesse sentido lato, a hipótese de um conteúdo específico do jogo com bonecas perde toda a validade: trata-se apenas de uma construção simbólica com múltiplas funções, tomando simplesmente da matéria familiar os seus meios de expressão, mas interessando, em seu conteúdo, a vida inteira da criança.

É claro que esses comentários sobre os jogos de bonecas ou de bolas de gude aplicam-se a todos os outros jogos que envolvem e implicam o pensamento: desde que o símbolo ou a regra intervenham, a classificação pelo conteúdo torna-se impossível e só os jogos sensório-motores elementares respondem, assim, a esse princípio de classificação. Deveremos, então, de acordo com Quérat,[2] basear-nos naquilo a que esse autor chama "a origem" dos jogos? Trata-se ainda do motor psíquico que preside ao aparecimento dos jogos, mas, estando a questão circunscrita ao ponto de partida, apenas, a sua resolução poderá parecer mais fácil. Quérat distingue, de fato, três categorias: os jogos de hereditariedade (lutas, perseguição etc.); os jogos de imitação, divididos por sua vez em jogos de sobrevivência social (jogo do arco, proveniente da cópia de uma arma hoje abandonada) e jogos de imitação direta; e, finalmente, os jogos de imaginação, tendo como subclasses as metamorfoses de objetos, as vivificações de brinquedos, as criações de brinquedos imaginários, as transformações de personagens e a representação em ato de histórias e contos.

---

[2] *Les jeux des enfants*, Paris, 1905.

Tal classificação é, ao mesmo tempo, difícil de admitir em seu princípio e inaplicável em detalhe. Que significa, em primeiro lugar, a noção de jogos hereditários? Se a entendermos como o jogo de tendências instintivas, iremos encontrar de novo todas as dificuldades do ponto de vista de K. Groos. Se, pelo contrário, considerarmos os jogos de perseguição, de cultura e mesmo de azar como resíduos hereditários das atividades próprias das sociedades primitivas, enveredamos pelo terreno da pura fantasia, e nada nos permite hoje arriscar uma hipótese tão aventurosa. Em todo caso, deixará de ser uma classificação para tornar-se apenas uma interpretação, solidária da famosa teoria do jogo de Stanley Hall, que recordaremos no capítulo VI. Aliás, mesmo que se chegasse a determinar a origem de certos jogos, esse resultado não seria necessariamente decisivo no tocante às suas afinidades funcionais ou mesmo estruturais. O jogo das bolas de gude e o de perseguição regulamentada (esconde-esconde) são, por exemplo, muito aparentados: em ambos os casos o simbolismo é inexistente ou está num segundo plano; e, nos dois casos, existem regras transmitidas pela tradição social infantil, aplicando-se a uma matéria sensório-motora que elas canalizam para transformá-la em competição organizada. Entretanto, seria possível, como certos etnógrafos querem, que o jogo das bolas de gude derivasse de antigas práticas divinatórias, ao passo que o jogo de perseguição é classificado por Quérat no jogos hereditários e não passa, sem dúvida, de um jogo motor espontâneo que acabou regulamentado à medida que se socializou. Vê-se que o princípio da "origem" dos jogos a classificar continua sendo singularmente discutível. Quanto ao detalhe das aplicações, como se quer, por exemplo, dissociar sem equívoco os jogos de imitação e os de imaginação? Todo o jogo simbólico é uma coisa e outra, ao mesmo tempo, e já entrevimos por que na conclusão do capítulo IV. Um jogo de "comidinha" é imitação de situações reais e imaginação de novas cenas. Uma "metamorfose de objetos", como um caixote transformado em automóvel (exemplo de Quérat), é imitação do veículo ao mesmo tempo que criação imaginária etc.

Só nos resta, então, um terceiro princípio de classificação possível. Se o conteúdo ou o móbil, isto é, de fato, a função do jogo, assim como a sua origem, não nos fornece classificações unívocas, isso se deve, certamente, a que essas duas primeiras espécies de classificação permanecem dependentes de interpretações prévias. Para classificar os jogos sem nos ligarmos antecipadamente a uma teoria explicativa ou, por outras palavras, para que a classificação sirva à explicação, em vez de pressupô-la, é indispensável, portanto, que nos limitemos a analisar as estruturas em si, tal como em cada jogo nos são reveladas: o grau de complexidade mental, do jogo sensório-motor elementar ao jogo social superior.

Sem pretender realizar uma classificação exaustiva, Stern deu-nos um bom exemplo desse modo de classificar.[3] Ele divide os jogos em duas grandes classes: os jogos individuais e os jogos sociais. Na primeira, distingue diversas categorias por ordem de complexidade crescente: conquista do corpo (jogos motores com o próprio corpo como instrumento), conquista das coisas (jogos de destruição e jogos construtivos) e jogos de interpretação (metamorfose de pessoas e coisas). Os jogos sociais abrangem os jogos de imitação simples, os jogos de papéis (interpretações) complementares (professores e alunos etc.) e os jogos combativos. Dessa vez, estamos no bom caminho que nos conduzirá a uma classificação objetiva: a análise das características estruturais, exclusivamente, com um *mínimo* de pressupostos teóricos. Mas algumas dificuldades de pormenor impedem-nos de adotar integralmente o esquema de Stern. Com efeito, a grande divisão entre jogos individuais e sociais não nos parece poder ser mantida sob a forma muito simples que esse autor nos sugere. Por uma parte, só existe uma diferença de grau entre o jogo simbólico individual (*Rollenspiel*) e o jogo simbólico de muitos. Com muita frequência, as crianças brincam mais na presença umas das outras do que umas com as outras, e é muito difícil assinalar, desse ponto de vista, o limite exato do individual e do social. Sem dúvida, poder-se-á dizer que todo jogo simbólico, mesmo individual, acaba por ser, mais cedo ou mais tarde, uma representação que a criança dá a um *socius* imaginário, e que todo jogo simbólico coletivo, mesmo quando bem organizado, conserva algo de inefável que é próprio do símbolo individual. Por outra parte, o produto mais característico da vida social, tanto na criança como no adulto, é a existência de regras, e, se quisermos reunir numa categoria especial os jogos infantis exclusivamente sociais, é nos jogos regulamentados que deveremos pensar, mais do que no simbolismo. Quanto aos jogos individuais, enfim, parece-nos que existe uma linha de demarcação relativamente nítida entre os jogos de exercícios sensório-motores e o jogo simbólico, implicando este a ficção e a imaginação que os primeiros ainda não requerem.

Uma outra classificação estrutural interessante é a utilizada por Ch. Bühler.[4] Os jogos infantis foram nela repartidos em cinco grupos: I) Os jogos funcionais (ou sensório-motores). II) Os jogos de ficção ou de ilusão. III) Os jogos receptivos (ver imagens, ouvir histórias etc.). IV) Os jogos de construção. V) Os jogos coletivos. Mas é evidente que a categoria III não está no mesmo plano das outras, e a própria autora reuniu esses jogos

---

[3] *Psychol. d. früh. Kindheit*, 4ª ed., págs. 278 e segs.
[4] *Kindheit u. Jugend*, 3ª ed., págs. 129-146 e 229-231.

receptivos e os jogos de ilusão no seu quadro estatístico da evolução dos jogos infantis (pág. 135). Quanto aos jogos coletivos, limitemo-nos a repetir que somente a presença de regras permite distingui-los, do ponto de vista de suas estruturas, dos jogos de ficção e de construção. Mas é claro que todas as transições interligam os tipos extremos: entre um jogo de "ilusão", representando simbolicamente uma casa por uma pedra ou um pedaço de madeira, e um jogo de construção que procura reproduzir tão fiel e objetivamente quanto possível a casa, por um trabalho de modelagem, de montagem de cubos ou até de carpintaria, encontraremos sempre um grande número de intermediários, os quais podem ser seriados da maneira mais insensível. De modo geral – e Ch. Bühler é a própria a insistir nesse ponto, tal como Claparède já o fizera antes –, há continuidade, na criança, entre o jogo e o próprio trabalho. Não será então o caso de o jogo de construção constituir uma categoria particular, simultaneamente intermédia entre o jogo sensório-motor e o jogo simbólico, assim como entre ambos e a atividade adaptada (adaptação simultaneamente prática e representativa)? Construir uma casa em massa de modelar ou em cubos é, ao mesmo tempo, obra de habilidade sensório-motora e de representação simbólica; e é, quanto ao desenhá-la e projetá-la, ultrapassar o jogo propriamente dito na direção do trabalho ou, pelo menos, do ato gratuito de inteligência. Fala-se por vezes de "ocupações" para designar essas condutas de transição. Limitemo-nos, pois, de momento, a notar que os jogos de construção não constituem uma categoria situada no mesmo plano dos outros, mas, antes, uma forma fronteiriça ligando os jogos às condutas não lúdicas.

§2. *O EXERCÍCIO, O SÍMBOLO E A REGRA.* – Procurando destrinçar o que resulta da discussão precedente, deparamo-nos, pois, com três grandes tipos de estruturas que caracterizam os jogos infantis e dominam a classificação de detalhe: o exercício, o símbolo e a regra, constituindo os jogos de "construção" a transição entre os três e as condutas adaptadas.

Certos jogos não supõem nenhuma técnica particular: simples *exercícios*, põem em ação um conjunto variado de condutas, mas sem modificar as respectivas estruturas, tal como se apresentam no estado de adaptação atual. Logo, somente a função diferencia esses jogos, que exercitam tais estruturas, por assim dizer, em vazio, sem outra finalidade que não o próprio prazer do funcionamento. Por exemplo, quando o sujeito pula um riacho pelo prazer de saltar e volta ao ponto de partida para recomeçar etc., executa os mesmos movimentos que se saltasse por necessidade de passar para a outra margem; mas fá-lo por mero divertimento e não por necessidade, ou para aprender uma nova conduta. Pelo contrário, quando o sujeito faz de conta que come uma folha verde que ele qualifica de espinafre, temos, além do esboço sensório-motor da ação de jantar, uma evocação simbólica caracterizando uma estrutura diferente da imagem representativa adaptada, porque ele procede por assimilação deformante e não generalizadora, como no caso do conceito. Do mesmo modo, a regra de jogo não é uma simples regra inspirada na vida moral ou jurídica etc., mas uma regra especialmente construída em função do jogo, embora possa conduzir a valores que o ultrapassam.

Esse jogo de simples exercício, sem intervenção de símbolos ou ficções nem de regras, caracteriza especialmente as condutas animais. Quando um gatinho corre atrás de uma folha morta ou de um novelo, nenhuma razão temos para supor que ele considera esses objetos símbolos do rato. Sem dúvida, quando uma gata luta com o seu filhote, usando as garras e os dentes, ela sabe muito bem que a luta não é "séria", mas não é necessário, para explicar a coisa, que o animal se represente o que seria o combate, se fosse real: basta que o conjunto dos movimentos que servem habitualmente a essa adaptação seja moderado pelo amor materno e funcione, assim, "em branco", e não como se o animal estivesse na presença de um ser perigoso. A situação em que o esquema é acionado fornece, pois, a razão do jogo sem que haja a necessidade de falar, como Groos,[5] na consciência de "representar um papel" ou de "fazer como se" (pág. 130). Para esse autor, só a ausência de linguagem impede comprovar a existência de uma "ficção" e no fato de o gatinho repor em movimento uma bola, assim que esta para, Groos não hesita em ver "um começo daquela ilusão voluntária, consciente, que é o elemento mais interno e o mais elevado do jogo" (pág. 130). Em suma, "o animal que compreende estar-se entregando a uma pseudoatividade e que continua a desempenhá-la eleva-se ao nível da ilusão voluntária, do *prazer da aparência*, e encontra-se no limiar da reprodução artística" (págs. 317-18). Mas, se compararmos esses jogos do animal com os do bebê, antes da linguagem, e com a maneira como quase todos os esquemas sensório-motores dão lugar a um exercício lúdico, à margem do seu estado de adaptação, só se pode concluir pela inutilidade da hipótese de uma ficção representativa: a bola atrás da qual o gatinho corre é um objetivo como qualquer outro, e, se ele próprio a repõe em movimento, nada mais faz do que propiciar-se a ocasião de continuar correndo, sem que aí veja, necessariamente, uma ilusão de qualquer gênero. Somente no caso, já discutido anteriormente, do chimpanzé de Koehler, que acalenta e acaricia a sua própria perna, é que se pode falar

---

[5] K. GROOS, *Le jeu des animaux*, Paris, 1902.

de ficção, mas esse exemplo, que está ao nível dos símbolos lúdicos infantis mais elementares, situa-se no apogeu dos jogos de animais e não acarreta consequência nenhuma no tocante aos jogos das espécies inferiores.

Na criança, o jogo de exercício é, portanto, o primeiro a aparecer e é o que caracteriza as fases II a V do desenvolvimento pré-verbal, em contraste com a fase VI, no decorrer da qual tem início o jogo simbólico. Mas convém assinalar uma diferença entre os jogos sensório-motores iniciais e os do animal, ou, pelo menos, de uma grande parte deles. No animal, os esquemas motores exercidos em vazio são, frequentemente, de ordem reflexa ou instintiva (lutas, perseguições etc.); daí, em relação ao que essas atividades serão no estado de amadurecimento adulto, a noção de "pré-exercício" utilizada por Groos. Nas espécies superiores, como o chimpanzé, que se diverte a fazer a água correr, a juntar objetos ou a destruí-los, a dar cambalhotas e a imitar os movimentos de marcha etc., e na criança, a atividade lúdica supera amplamente os esquemas reflexos e prolonga quase todas as ações, daí resultando a noção mais vasta de "exercício" funcional de que nos serviremos: o jogo de "exercício" pode ser, assim, pós-exercício e exercício marginal, tanto quanto pré-exercício. Enfim, se é essencialmente sensório-motor, o jogo de exercício também pode envolver as funções superiores; por exemplo, fazer perguntas pelo prazer de perguntar, sem interesse pela resposta nem pelo próprio problema.

Uma segunda categoria de jogos infantis é a que denominaremos o *jogo simbólico*. Ao invés do jogo de exercício, que não supõe o pensamento nem nenhuma estrutura representativa especificamente lúdica, o símbolo implica a representação de um objeto ausente, visto ser comparação entre um elemento dado e um elemento imaginado, e uma representação fictícia, porquanto essa comparação consiste numa assimilação deformante. Por exemplo, a criança que desloca uma caixa imaginando ser um automóvel representa, simbolicamente, este último pela primeira e satisfaz-se com uma ficção, pois o vínculo entre o significante e o significado permanece inteiramente subjetivo. Na medida em que implica a representação, o jogo simbólico não existe no animal (exceto no caso recordado há pouco) e só aparece na criança durante o segundo ano do seu desenvolvimento. Entretanto, vimos que entre o símbolo propriamente dito e o jogo de exercício existe um intermediário, que é o símbolo em atos ou em movimentos, sem representação; por exemplo, o ritual dos movimentos executados para adormecer é, primeiro, simplesmente destacado do seu contexto e reproduzido por jogo na presença do travesseiro (fases IV e V do capítulo precedente); depois, é finalmente imitado na presença de outros objetos (fase VI), o que marca o início da representação. Essa continuidade não prova, certamente, que o símbolo já está contido na assimilação lúdica sensório-motora, e insistimos nesse ponto no capítulo IV. Mas, em compensação, mostranos que, quando o símbolo vem-se enxertar no exercício sensório-motor, não suprime este último e, simplesmente, subordina-se-lhe. A maioria dos jogos simbólicos, salvo as construções de pura imaginação, ativa os movimentos e atos complexos. Eles são, pois, simultaneamente sensóriomotores e simbólicos, mas chamamo-lhes simbólicos na medida em que ao simbolismo se integram os demais elementos. Além disso, as suas funções afastam-se cada vez mais do simples exercício: a compensação, a realização dos desejos, a liquidação dos conflitos etc. somam-se incessantemente ao simples prazer de se sujeitar à realidade, a qual prolonga, por si só, o prazer de ser causa inerente ao exercício sensório-motor.

Não distinguiremos como categorias essenciais o jogo simbólico solitário e o simbolismo a dois ou a muitos. Com efeito, o simbolismo principia com as condutas individuais que possibilitam a interiorização da imitação (a imitação tanto de coisas como de pessoas), e o simbolismo pluralizado em nada transforma a estrutura dos primeiros símbolos. Sem dúvida, quando verdadeiras representações são organizadas em comum pelos grandes, como nas cenas que representam a vida escolar, um casamento ou o que se quiser, grandes aperfeiçoamentos do simbolismo ganham vida, em relação aos símbolos rudimentares e globais com que os menores se contentam. Mas é então que o símbolo lúdico se transforma, pouco a pouco, em representação adaptada, exatamente como quando as montagens informes dos pequenos se convertem em sábias construções de madeira, pedras ou de modelagem, a cargo das crianças maiores. Os símbolos coletivos promovidos à categoria de "papéis" num jogo de comédia etc. constituem apenas um caso particular, portanto, daqueles jogos de criação que promanam em parte do jogo simbólico, mas que se desenvolvem na direção da atividade construtiva ou do trabalho propriamente dito.

Enfim, aos jogos simbólicos sobrepõe-se, no curso do desenvolvimento, uma terceira grande categoria, que é a dos jogos com *regras*. Ao invés do símbolo, a regra supõe, necessariamente, relações sociais ou interindividuais. Um simples ritual sensório-motor, como o de caminhar ao longo de uma vedação de madeira tocando com o dedo em cada uma das tábuas, não constitui uma regra, dada a ausência de obrigação, e implica no máximo um sentido de regularidade ou uma *Regelbewusstssein*, segundo a expressão de Bühler. A regra é uma regularidade imposta pelo grupo, e de tal sorte que a sua violação representa uma falta. Ora, se vários jogos regulados são comuns às crianças e aos adultos, um grande número deles, porém, é especificamente infantil, transmitindo-se de geração em geração sem a intervenção de uma pressão adulta.

Assim como o jogo simbólico inclui, frequentemente, um conjunto de elementos sensório-motores, também o jogo com regras pode ter o mesmo conteúdo dos jogos precedentes: exercício sensório-motor como o jogo das bolas de gude ou imaginação simbólica, como nas adivinhações e charadas. Mas apresentam a mais um elemento novo, a regra, tão diferente do símbolo quanto este pode ser do simples exercício e que resulta da organização coletiva das atividades lúdicas.

Exercícios, símbolos e regra, tais parecem ser as três fases sucessivas que caracterizam as grandes classes de jogos, do ponto de vista de suas estruturas mentais. Onde situar, então, os jogos de construção ou de criação, propriamente ditos? Querendo construir uma classificação genética baseada na evolução das estruturas, esses jogos não caracterizam uma fase entre as outras, mas assinalam uma transformação interna na noção de símbolo, no sentido da representação adaptada. Quando a criança, em vez de representar um barco com um pedaço de madeira, constrói realmente um barco, escavando a madeira, plantando mastros, colocando velas e acrescentando-lhe bancos, o significante acaba por confundir-se com o próprio significado, e o jogo simbólico, com uma verdadeira imitação do barco. Surge então a questão de saber se essa construção é um jogo, uma imitação ou um trabalho espontâneo, e esse problema não é específico de tais condutas de construção, pois interessa, em geral, os domínios do desenho, da modelagem e de todas as outras técnicas de representação material. Do mesmo modo, quando o jogo de "papéis" se converte em criação de uma cena de teatro ou de uma comédia interna, saímos do jogo na direção da imitação e do trabalho. Portanto, se concebermos as três classes de jogos de exercício, de símbolo e de regras como correspondendo a três fases, estando entendido que essas fases são também caracterizadas pelas diversas formas sucessivas (sensório-motora, representativa e refletida) da inteligência, então é evidente que os jogos de construção não definem uma fase entre outras, mas ocupam, no segundo e, sobretudo, no terceiro nível, uma posição situada a meio caminho entre o jogo e o trabalho inteligente, ou entre o jogo e a imitação.

§3. *CLASSIFICAÇÃO E EVOLUÇÃO DOS JOGOS DE EXERCÍCIO SIMPLES*. – Pudemos constatar, analisando no capítulo precedente o nascimento do jogo, que quase todos os esquemas sensório-motores adquiridos pela criança, durante os dezoito primeiros meses, davam lugar a uma assimilação funcional à margem das situações de adaptação propriamente ditas, ou seja, a uma espécie de simples funcionamento por prazer. Ora, esses exercícios lúdicos, que constituem a forma inicial do jogo na criança, de maneira nenhuma são específicos dos dois primeiros anos ou da fase de condutas pré-verbais. Reaparecem, pelo contrário, durante toda a infância, sempre que um novo poder ou uma nova capacidade são adquiridos; durante a sua fase de construção e adaptação atuais (em contraste com a adaptação consumada), quase todas as condutas dão lugar, por seu turno, a uma assimilação funcional ou exercício em vazio, acompanhados do simples prazer de ser causa ou de ser um sentimento de poderio. Mesmo o adulto ainda reage frequentemente do mesmo modo: é muito difícil, quando se acaba de adquirir, pela primeira vez, um aparelho de rádio ou um automóvel, que o adulto não se divirta fazendo funcionar um ou passeando no outro, sem mais finalidade do que o prazer de exercer os seus novos poderes. É mesmo difícil ocupar uma nova função acadêmica sem se divertir um pouco, durante os primeiros tempos, com os novos gestos que se executam em público. Sem dúvida, todo jogo de exercício acaba por cansar, dando azo a uma espécie de saturação quando o seu objetivo deixa de ser a ocasião para qualquer espécie de aprendizagem. Mas, como essa forma de jogo é vicariante e pode reaparecer a cada nova aquisição, ela ultrapassa largamente, assim, os primeiros anos da infância. Isso não significa, naturalmente, que os jogos de exercício sejam tão numerosos, absoluta ou relativamente, em todas as demais idades; pelo contrário, como as novas aquisições são cada vez mais raras e como outras formas de jogo aparecem com o símbolo e a regra, a frequência – tanto absoluta como relativa – dos jogos de exercício diminui com o desenvolvimento do sujeito, a partir do aparecimento da linguagem. Não obstante, pois que o novo se constitui incessantemente, importa classificar e estudar a evolução dos jogos de exercício.

Em primeiro lugar, podemos dividi-los em duas categorias, segundo se conservam puramente sensório-motores ou envolvem o próprio pensamento. Com efeito, existem jogos de pensamento que não são simbólicos e consistem em exercer, simplesmente, certas funções; por exemplo, as combinações de palavras, as perguntas por perguntar etc. (com exclusão das anedotas ou trocadilhos que saem do âmbito do jogo propriamente dito para provocar impressões de comicidade ou de espírito). Os próprios jogos de exercício sensório-motores permitem uma classificação segundo os tipos seguintes, cujas formas inferiores já são nossas conhecidas do capítulo IV, ao passo que as formas superiores só aparecem ulteriormente.

Uma primeira classe é a dos jogos de *exercício simples*, isto é, aqueles que se limitam a reproduzir fielmente uma conduta adaptada, de ordinário,

A Classificação dos Jogos

a um fim utilitário, mas retirando-a do seu contexto e repetindo-a pelo único prazer de se exercer tal poder. A essa classe pertencem, pois, quase todos os jogos sensório-motores das fases II a V, descritos no capítulo IV, salvo os "rituais lúdicos" de que voltaremos a falar. Mas, como acabamos de ver, em todas as idades se formam de novo jogos ou divertimento desse tipo. Eis alguns exemplos, depois dos dois anos:

Obs. 66.[6] – J., aos 2;2 (25), apanha pedras para atirá-las numa poça de água, rindo muito. Aos 2;6 (3), faz rolar o seu carrinho, imprimindo-lhe um certo impulso. Na mesma época, puxa o seu carrinho com um barbante, atira uma bola a várias distâncias etc. Vê-se, pois, que se trata dos movimentos aprendidos a partir do segundo ano, do ponto de vista da própria inteligência (ver *N. I.*), mas utilizados aqui como jogos.

Aos 2;8 (2), ela enche um balde de areia, vira-o, desfaz o bolo com a pá e recomeça, durante cerca de uma hora.

Aos 3;6 (2), ela cola e descola agulhas de pinheiro num pedaço de piche.

Aos 3;8 (0), ata e desata os sapatos com ar de satisfação, após tê-lo aprendido há pouco a fazer.

Obs. 67. – Y., aos 3;6, faz correr insetos nas costas de sua mão e ri com as cócegas que eles produzem. Aos 3;7, esgaravata o solo, faz montes de poeira e desmancha-os. Acumula o máximo de poeira possível na sua mão para deixá-la depois cair em cone; diverte-se com a impressão que a poeira provoca ao escorrer-lhe entre os dedos e recomeça.

G., aos 3;11, apanha um grande pedaço de plasticina, que divide em pequenas porções. Depois reúne tudo e recomeça. No começo, trata-se de experimentos sobre a partilha e reconstituição de um todo, mas o esforço de adaptação, uma vez concluído, leva a criança a converter a conduta em jogo.

Percebe-se em que consiste o caráter lúdico dessas atividades banais. Cada uma dessas condutas, quer se trate de lançar, puxar um barbante, imprimir um impulso, encher ou despejar, ou, mais tarde, dividir um todo e reconstituí-lo etc., deu lugar a aquisições propriamente inteligentes. Nos casos mais simples (puxar, atirar etc.), trata-se de esquemas sensório-motores construídos por reações circulares terciárias, ou "experiências para ver", nas fases V e VI da inteligência sensório-motora. Nos casos mais complexos (decomposição e recomposição de um todo), trata-se de inteligência prática e intuitiva. Mas, em todos esses casos, o esquema utilizado deixou de impor à criança qualquer problema de adaptação atual; o

---

[6] A partir desse grupo de observações, já não nos limitaremos aos nossos três filhos, J., L. e T., mas citaremos também as condutas de outros sujeitos.

esquema está adquirido, e o seu emprego nas obs. 66 e 67 consiste apenas num exercício puramente funcional e efetuado por prazer.

Dessa primeira classe passa-se, insensivelmente, à segunda: a das *combinações sem finalidade*. A única diferença entre essas novas condutas e as precedentes consiste, de fato, em que o sujeito não se limita mais a exercer, simplesmente, atividades já adquiridas, mas passa a construir com elas novas combinações que são lúdicas desde o início. Porém, como essas combinações não apresentam uma finalidade prévia, constituem apenas uma ampliação do exercício funcional característico da primeira classe. A ocasião mais frequente de produção de tais jogos é o contato com um material novo, destinado quer à diversão (boliche, bolas de gude, peteca etc.), quer à construção (jogos educativos de planos, volumes, cubos, ábacos etc.). Mas também podem ocorrer combinações puras com quaisquer objetos. Eis alguns exemplos:

Obs. 68. – J., aos 3;2, por exemplo, alinha os palitos de boliche dois a dois; depois, alinha (sem tê-la procurado intencionalmente) uma fila perpendicular à outra; finalmente, constrói filas simples sem nenhum intuito de conjunto. Aos 3;6, coloca pedras dentro de um balde e depois retira-as uma a uma, repõe-nas, transvasa-as de um balde para outro etc. Depois o jogo reverte ao simbolismo (ela faz de conta que bebe chá com o balde cheio de pedras!).

Aos 3;6, caminha ao longo de uma balaustrada, tocando em todos os balaústres, um por um; depois tamborila nos vidros de uma porta e recomeça segundo o mesmo rito. Nessa mesma data, ela atravessa um bosque, seguindo sempre o mesmo itinerário e dizendo: *"Eu estou fazendo um jogo. Trato de fazer com que as avencas não me toquem."*

Obs. 69. – Os jogos educativos da Casa da Criança dão sempre lugar, nas crianças de três e quatro anos, a manipulações lúdicas sem finalidade, antes que se desenhem as construções propriamente ditas.

P., aos 3;11, diverte-se demoradamente a enfiar as contas nas hastes do ábaco, mas sem ordem nem plano, misturando as cores. Do mesmo modo, tateia e deforma a plasticina (massa de modelar), sem construir nem representar nada. Empilha os cubos de um jogo de volumes e desmancha tudo, sem nenhum plano.

Y., (4;2), começa por despejar no chão o conteúdo de uma caixa de cubos de armar, voltando a metê-los todos. Depois, diverte-se empurrando uns cubos contra os outros, remexendo assim o maior número de volumes ao mesmo tempo. Finalmente, coloca um cubo sobre outro e empurra o conjunto.

N., (4;3), mistura as contas de todas as cores a primeira vez que ela aborda o ábaco. Do mesmo modo, na presença de um jogo de loto, empilha os cartões sem se ocupar das correspondências, depois espalha-os em cima da mesa para recomeçar a fazer pequenas pilhas.

Essas espécies de jogos sensório-motores, que consistem em movimentos pelo movimento ou em manipulações pela manipulação, são essencialmente instáveis. O seu ponto de partida é, frequentemente, aquela espécie de "ritual lúdico" descrito no capítulo IV, com a única diferença de que entre as crianças de um ou dois anos trata-se de combinações fortuitas, mas oferecidas tal qual pela realidade exterior, as quais são fielmente repetidas a título de jogo, ao passo que na obs. 68 (exemplo da balaustrada ou das avencas) é o próprio sujeito quem cria a combinação. Em seguida, temos puras explorações tateantes (obs. 68, no princípio, ou obs. 69), mas lúdicas e não adaptativas. Na fronteira superior, as combinações encontradas dão lugar ao simbolismo (beber chá), ou seja, a construções propriamente ditas, como vamos ver. Antes, assinalemos ser, sem dúvida, a essa segunda classe que se devem atribuir os jogos de *destruição de objetos*, de que é inútil darmos exemplos. Por vezes, quis-se ver nessas destruições uma manifestação de curiosidades instintivas, o que certamente é exagerado. Quando há curiosidade propriamente dita, saímos do âmbito do jogo e revertemos à experimentação inteligente. Na maioria dos casos, há simplesmente uma exploração tateante pelo prazer de agir ou de encontrar novas e divertidas combinações; e, como é mais fácil desfazer que construir, o jogo converte-se então em destruição.

A terceira classe a distinguir é a das *combinações com finalidade*, ficando entendido que se trata, desde já, de finalidades lúdicas. Eis, primeiramente, dois fatos de ordem corrente e que citamos, simplesmente, para fixar as ideias:

Obs. 70. – V., aos 5;2, diverte-se pulando de cima para baixo e de baixo para cima numa escada. Combinando primeiro os seus movimentos sem finalidade, propõe-se em seguida saltar do chão para cima de um banco, franqueando uma distância cada vez maior. K., (5;6), imita-o, então, mas do outro lado. Começam em seguida saltando a partir das duas extremidades opostas; correm pelo banco ao encontro um do outro, sendo um deles, portanto, rechaçado pelo choque. Esse jogo, tornando-se social, transforma-se então em jogo de regras (obs. 93).

Obs. 71. – P., Y. e N., após a obs. 69, ultrapassam rapidamente o nível das combinações sem finalidade para divertirem-se ordenando cubos, planos e bolas de diferentes maneiras: enfiam as contas de um ábaco obedecendo à ordem de grandezas decrescentes, ou selecionando as cores, arrumam os cubos horizontalmente em filas ou verticalmente em torres etc. Mas essas combinações inventadas por jogo puro evoluem incessantemente em duas direções distintas: ou o jogo predomina e essas combinações tornam-se simbólicas (*"Isto é uma ponte!"*, *"Eu fiz uma casa"*... etc.) ou, então, o interesse pela própria construção leva a melhor e a criança abandona a atitude lúdica para experimentar ou assumir tarefas decorrentes da inteligência prática e da adaptação autêntica.

Vê-se, assim, que os jogos de exercício sensório-motores não chegam a constituir sistemas lúdicos independentes e construtivos, à maneira dos jogos de símbolos ou de regras. A sua função própria é exercitar as condutas por simples prazer funcional ou prazer de tomar consciência de seus novos poderes. Desde que cheguem a combinações propriamente ditas, ou permanecem incoerentes e mesmo destrutivas, ou então atribuem-se finalidades, mas, nesse caso, o jogo de exercício transforma-se, mais cedo ou mais tarde, das três maneiras seguintes: 1º) faz-se acompanhar de imaginação representativa e volta, pois, ao jogo simbólico (obs. 71); 2º) socializa-se e envereda pelo caminho de um jogo regulado (a obs. 70 conduz-nos ao limiar deste último); 3º) conduz a adaptações reais e sai, assim, do domínio do jogo para reentrar no da inteligência prática ou nos domínios intermediários entre esses dois extremos.

Quanto aos jogos de *exercício do pensamento*, podemos assinalar as mesmas três categorias do exercício simples e das combinações com ou sem finalidade. Ou melhor, poderemos encontrar no seio de cada uma dessas três classes todas as transições entre o exercício sensório-motor, o da inteligência prática e o da inteligência verbal. É evidente, por exemplo, que, tendo aprendido a formular perguntas e, notadamente, os "porquês", o que constitui um ato de inteligência refletida, a criança pode-se divertir fazendo perguntas pelo simples prazer de perguntar, o que constituirá um exercício simples. Pode assim fazer uma descrição ou relato sem pé nem cabeça pelo prazer de combinar sem finalidade as palavras e os conceitos; ou pode fabular e inventar pela único prazer de constituir, o que constituirá uma combinação lúdica de pensamento com finalidade. Mas não é menos claro que as combinações serão tão instáveis e até mais do que as dos jogos de exercício sensório-motores, pois a fabulação raramente se mantém no nível exclusivo da combinação e converte-se com tanto maior facilidade em imaginação simbólica porquanto já constitui um ato de pensamento. Também é inútil insistir sobre essas formas residuais do jogo de exercício, cuja importância diminui rapidamente com a idade, em benefício do sistema lúdico essencial de que passaremos agora a ocupar-nos. Citemos, simplesmente, um exemplo de cada uma das três categorias assinaladas há pouco:

Obs. 72. – Aos 3;8, J. pergunta, na presença de uma figura: – *O que é isso?* – É um curral. – *Por quê?* – É uma casa de vacas. – *Por quê?* – Porque tem vacas lá dentro, não vês? – *Por que são vacas?* – Então não vês? Têm chifres. – *Por que é que têm chifres?...* E assim por diante. Na realidade, se a primeira pergunta talvez seja séria, as seguintes são, cada vez mais, perguntas feitas pelo prazer de perguntar e de ver até onde irá a resposta.

Obs. 73. – Aos 3;9, J. fabula frequentemente sem outra finalidade senão contradizer ou combinar ideias à sua maneira, sem interesse pelo que afirma, mas somente pela combinação como tal: – *Isso são asas* (a orelha de um elefante)? – Não. Os elefantes não voam. – *Claro que voam, sim! Eu vi um.* – Estás brincando. – *Não, não é brincadeira. É verdade. Eu vi.*

Ou, ainda, quando sua xícara está muito quente: – *Eu vou beber mesmo assim* (bem que se precata de o fazer!). *Quero tirar o quente que tenho no meu estômago.*

Ou, num outro dia: – *Vi um porco que se lavava. A sério. Eu vi. Ele fazia assim...* etc.

Daí certas fabulações que acabam por formar uma verdadeira narrativa (combinação lúdica sem finalidade): – *Eu estava num armário, fecharam-no à chave, mas eu pude sair. Eu via pelo vidro o que se passava...* etc.

Mas, repitamos, tais exercícios em vazio são essencialmente instáveis, na medida em que não comportam nenhum interesse real para o próprio conteúdo do pensamento. Assim que tal interesse reaparece, a combinação retorna então ao jogo simbólico.

§4. *CLASSIFICAÇÃO E EVOLUÇÃO DOS JOGOS SIMBÓLICOS.* – O problema das fronteiras entre o jogo simbólico e os jogos de exercício excede o interesse de uma simples classificação e atinge as questões centrais de interpretação do jogo em geral: daí a importância das classificações prévias. Com efeito, poder-se-ia dizer, e aí reside a originalidade do ponto de vista de K. Groos, que o jogo simbólico ainda é, no seu todo, um jogo de exercício, mas que exercitaria (e, sobretudo, "pré-exercitaria") essa forma particular de pensamento que é a imaginação como tal.[7] Não é este o momento de discutir a teoria de Groos em geral, tanto mais que a dificuldade que sentimos em acompanhá-lo nesse terreno da imaginação simbólica é que está na origem da interpretação que desenvolveremos mais adiante (ver capítulo VI). Se nos limitarmos por agora ao problema da pura classificação, existe uma evidente diferença entre os jogos de exercício intelectual e os jogos simbólicos. Quando a criança se diverte em fazer perguntas pelo prazer de perguntar ou em inventar uma narrativa que ela sabe ser falsa pelo prazer de contar, a pergunta ou a imaginação constituem os conteúdos do jogo, e o exercício, a sua forma; pode-se dizer então que a interrogação ou a imaginação são exercidas pelo jogo. Quando, pelo contrário, a criança metamorfoseia um objeto num outro ou atribui à sua boneca ações análogas às suas, a imaginação simbólica constitui o instrumento

---

[7] K. GROOS (*Die Spiele des Menschens*) classifica, com efeito, os jogos simbólicos entre os jogos de pré-exercício das funções intelectuais (1ª Parte, cap. III, *Phantasie*).

ou a forma do jogo e não mais o seu conteúdo; este é, então, o conjunto dos seres ou eventos representados pelo símbolo; por outras palavras, é o objeto das próprias atividades da criança e, em particular, da sua vida afetiva, as quais são evocadas e pensadas graças ao símbolo. Assim como o exercício, nos jogos não simbólicos, consiste numa assimilação funcional que permite ao sujeito consolidar seus poderes sensório-motores (utilização das coisas), também o símbolo lhe fornece os meios de assimilar o real aos seus desejos ou aos seus interesses: assim, o símbolo prolonga o exercício, como estrutura lúdica, e não constitui em si mesmo conteúdo que seria exercitado como tal, à semelhança da imaginação numa simples fabulação. Na prática, o critério de classificação é simples: no jogo de exercício intelectual, a criança não tem interesse no que pergunta ou afirma, e basta o fato de formular as perguntas ou de imaginar para que se divirta, ao passo que, no jogo simbólico, ela se interessa pelas realidades simbolizadas, servindo tão só o símbolo para evocá-las.

Portanto, convém classificar os jogos simbólicos segundo o mesmo princípio dos jogos de exercício, isto é, segundo a própria estrutura dos símbolos, concebidos estes como instrumentos da assimilação lúdica. A esse respeito, a mais primitiva forma do símbolo lúdico é também uma das mais interessantes, visto que assinala, precisamente, a passagem e a continuidade entre o exercício sensório-motor e o simbolismo: é o que designamos no capítulo IV por *esquema simbólico*, ou reprodução de um esquema sensório-motor fora do seu contexto e na ausência do seu objetivo habitual. Já analisamos exemplos do esquema simbólico nas obs. 64 e 65, como na conduta de fazer de conta que dorme. Encontraremos adiante muitos outros casos similares.

Obs. 74. – Ao 1;1 (20), J. arranha o tapete do quarto no lugar onde está desenhado um pássaro, depois fecha a mão como se esta contivesse o pássaro e encaminha-se para a mãe: – *Toma* (abre a mão e faz o gesto de entregar algo). – O que é que tu me trazes? – *Um pio-pio* (= pássaro).

Aos 2;0 (8), o mesmo jogo com uma flor do tapete, depois com um raio de sol, que ela finge transportar. J. oferece então: – *Um pouquinho de luz.*

Igualmente aos 2;0 (8), ela abre a janela e grita, rindo: – *U-u menino!* (um menino que ela encontra em passeio e que nunca está no jardim). Depois acrescenta, rindo: – *Por ali!*

Aos 2;0 (16), simula, rindo, fazer voar uma gaivota desenhada numa caixa: – *Vem* (J. abre os braços). Depois, finge que a segue pelo quarto e acrescenta: – *Não vem.*

É claro, como já acentuamos no capítulo IV, que esses "esquemas simbólicos" marcam a transição entre o jogo de exercício e o jogo simbólico

A Classificação dos Jogos

propriamente dito; do primeiro, conservam o poder de exercitar uma conduta fora do seu contexto de adaptação atual, por simples prazer funcional, mas, do segundo, manifestam já a capacidade de evocar essas condutas na ausência do seu objetivo habitual, quer na presença de novos objetos concebidos como simples substitutos (ver as obs. 64 e 65), quer na ausência de todo o suporte material (como na obs. 74 e já na obs. 65).

Mas, se o "esquema simbólico" já pertence aos jogos de símbolo, nem por isso deixa de constituir apenas uma forma primitiva, limitada pela seguinte condição: só põe em ação um esquema atribuído à conduta do próprio sujeito. Por outras palavras, a criança limita-se a fazer de conta que exerce uma de suas ações habituais, sem atribuí-las ainda a outros nem assimilar os objetos entre si como se a atividade de uns fosse exercida pelos outros. Assim é que o sujeito faz de conta que dorme (obs. 64 e 65), que se lava (obs. 64), que se balança sobre uma prancha (obs. 64 *bis*), que come (obs. 65), que entrega e faz vir (obs. 74), outros tantos esquemas que ele exerce não somente sem adaptação atual, mas também simbolicamente, visto que age na ausência dos objetivos habituais dessas ações e mesmo na ausência de todo e qualquer objeto real. Posteriormente, o sujeito fará dormir, comer ou andar ficticiamente outros objetos que não ele próprio e começará, assim, transformando simbolicamente uns objetos nos outros. Sem dúvida, ele já utiliza uma franja de toalha, uma gola de casaco ou uma cauda de burro como travesseiro (obs. 64), mas essa assimilação lúdica de um objeto a outro permanece então interior à produção da conduta do sujeito (fazer de conta que dorme) e dela não se desliga, como acontece no período seguinte, sob a forma de uma assimilação vinculada às ações atribuídas às coisas.

Vê-se, pois, em que consiste o limite superior dos símbolos lúdicos atingidos pelo desenvolvimento sensório-motor (fase VI do capítulo IV): trata-se sempre de esquemas de ação do próprio, mas exercidos simbolicamente e não mais realmente (como nas fases II a V). Portanto, o símbolo ainda não está emancipado a título de instrumento do próprio pensamento; é a conduta, exclusivamente, ou o esquema sensório-motor, que fazem a vez de símbolos, e não tal objeto ou tal imagem particulares. Mas, assim mesmo, esse início de simbolismo apresenta uma considerável importância para o destino ulterior do jogo: desligado do seu contexto, o esquema simbólico já é suficiente para garantir o primado da representação sobre a ação pura, o que permitirá ao jogo assimilar o mundo exterior ao eu, com meios infinitamente mais poderosos do que os do simples exercício. A partir do esquema simbólico, vemos assim desenhar-se a função que será a do jogo simbólico, em seu todo. Por que motivo, com efeito, a criança sente prazer em fazer de conta que dorme, que se lava, balança, transporta um pássaro etc.? Dormir e lavar-se não são jogos, evidentemente, mas exercitar simbolicamente essas condutas converte-as em jogos *a posteriori!* É óbvio que esse exercício simbólico, ainda menos do que o exercício puro e simples, não pode explicar-se pelo pré-exercício: não é para aprender a lavar-se ou a dormir que a criança assim joga. O que ela procura é, simplesmente, utilizar com liberdade os seus poderes individuais, reproduzir as suas ações pelo prazer de oferecê-las em espetáculo, a si própria e aos outros, em suma, exibir o seu eu e assimilar-lhe, sem limites, o que ordinariamente é tanto acomodação à realidade como conquista assimiladora.

O que o jogo de exercício realiza mediante a assimilação funcional, o jogo simbólico reforçará, pois, pela assimilação representativa de toda a realidade ao eu. O "esquema simbólico" realiza a transição, constituindo ainda um simples exercício de condutas próprias, mas um exercício que, por outro lado, já é simbólico.

Durante o *segundo período* do desenvolvimento da criança (1;6 a sete anos), pelo contrário, ou seja, a partir da aquisição sistemática da linguagem, assiste-se ao sucessivo aparecimento de uma série de formas novas de símbolos lúdicos, que vamos tentar classificar e analisar, visto que só o estudo pormenorizado de sua formação poderá confirmar a significação entrevista há pouco do jogo simbólico em geral, isto é, de uma das variedades mais características da representação infantil.

Fase I. Tipos I A e I B. – A primeira dessas formas (portanto, a primeira categoria após a forma de transição constituída pelo "esquema simbólico") é a *projeção dos esquemas simbólicos nos objetos novos* (Tipo I A). Uma vez constituído um esquema simbólico, que a criança reproduz em si mesma, chega mais cedo ou mais tarde o momento em que, graças ao jogo de correspondências estabelecidas entre o eu e os outros (e devidas ao mecanismo da imitação), o sujeito atribuirá a outrem e às próprias coisas o esquema que se tornou familiar. É o que já vemos desenhar-se no final das observações 64, 64 *bis* e 65: depois de, durante dois meses, ter brincado de dormir, J. passa a fazer com que o seu urso e o seu cão (64) façam "nanã". Depois de ela própria ter imitado a ação de fazer "bimbam", J. balança pedaços de madeira e folhas (64 *bis*) e L., depois de fingir que come e bebe, acaba aplicando uma caixa contra a boca das pessoas que a rodeiam (65). A "projeção de esquemas simbólicos em novos objetos" nada mais é do que uma generalização dessas condutas:

Obs. 75. – J., ao 1;6 (30), diz "*chora, chora*" ao seu cão, e ela própria imita o ruído do choro. Nos dias seguintes, ela faz chorar o seu urso, um pato etc. Ao 1;7 (1), faz chorar o seu chapéu etc.

Ao 1;6 (13), faz caminhar a sua boneca, *"anda, anda"* e, depois, quaisquer objetos. Ao 1;7 (25), em vez de ela própria morder a face de sua mãe, como tem o hábito de fazer, aplica a cabeça do seu urso no mesmo local e diz: *"Ai, ai, ai."*

Ao 1;8 (25), apanha uma colher e dá de comer à sua boneca, mergulhando a colher numa terrina vazia. Serve-se, no mesmo dia, de uma concha que aproxima da boca de sua mãe e da boneca. Ao 1;9 (28), coloca uma concha em cima da mesa e diz: *"Sentada."* Depois, coloca-a sobre outra e acrescenta, com ar encantado: *"Sentada tacho."* Ao 1;11 (0), faz uma girafa beber numa pequena marmita: *"Tu acabou."* Coloca então uma boneca na marmita, para fazê-la dormir; depois, pousa em cima dela um cartão-postal: *"Bebê cobertor... tem frio."*

Depois dos 2;0, esse gênero de jogo prossegue ainda por algum tempo.

Obs. 75 bis. – L., ao 1;6 (2), dá de comer à sua boneca e deita-a. Ao 1;6 (4), acalenta uma colher, rindo, como se esse utensílio fosse uma boneca. Ao 1;6 (22), enfia um vestido de boneca em redor do seu braço e ergue-o verticalmente, rindo às gargalhadas. Ao 1;8 (0), estende a boneca, tapa-a com um cobertor, mete-lhe uma fita nas mãos (como ela própria faz nessa época para adormecer) e finge que dorme, permanecendo de pé e rindo.

Percebe-se a diferença entre esses jogos e os das obs. 64-65 e 74: enquanto o simples "esquema simbólico" consiste em reproduzir diretamente uma ação do sujeito, mas ficticiamente, os jogos das obs. 75 e 75 *bis* consistem em atribuir a outros essa mesma ação, o que desliga definitivamente o símbolo do exercício sensório-motor, projetando-o a título de representação independente. Ora, no mesmo nível do desenvolvimento constitui-se uma forma de jogo aparentemente diferente das anteriores, mas que é o seu complemento exato: é a *projeção de esquemas de imitação em novos objetos* (Tipo I B), isto é, trata-se ainda de uma projeção de esquemas simbólicos, mas agora inculcados a certos modelos imitados e já não, diretamente, à ação do sujeito:

Obs. 76. – J., ao 1;9 (20), esfrega o assoalho com uma concha, depois com uma tampa de cartão, dizendo: *"Eu varro Abebeia"* (= como a arrumadeira). No mesmo dia, puxa os cabelos para trás, olhando-se num espelho, e diz rindo: *"Papai."* Aos 2;4 (13), finge que lê um jornal, assinala com o dedo certos pontos da folha de papel que segura e fala entre dentes. Ao 1;8 (2), finge que telefona, depois faz a sua boneca falar (imitando uma voz de falsete). Nos dias seguintes, telefona com quaisquer objetos (folha de papel, enrolada em forma de cone).

Obs. 76 bis. – T., ao 1;3 (20), um quarto de hora depois de eu ter tocado diante dele uma trompa de caça, já apanha uma cadeirinha de boneca, de 5 cm de altura, coloca-a diante da boca e finge tocar na trompa, imitando um som de buzina: *"Puôô, puôô..."* Não sabe que está sendo observado. Essa conduta foi o primeiro jogo simbólico observado em T., mas é muito possível, naturalmente, que certos esquemas simbólicos análogos aos das obs. 64 e 65 o tenham precedido sem que nós estivéssemos presentes.

Vê-se, desse modo, que a estrutura desses jogos é semelhante à dos precedentes: trata-se sempre de esquemas aplicados simbolicamente a novos objetos, substituindo os seus objetivos habituais; mas esses esquemas foram simplesmente aplicados por imitação, em vez de pertencerem diretamente à ação do sujeito. Ora, esse encontro dos fatos citados nas observações 76 e 76 *bis* com os das observações 75 e 75 *bis* é muito significativo e permite-nos, justamente, caracterizar essa primeira forma de jogos inteiramente simbólicos, em contraste com a forma de transição constituída pelos "esquemas simbólicos" do nível precedente.

Recordará o leitor que, no momento em que os exercícios ou "rituais" lúdicos se transformam em "esquemas simbólicos", pelo fato de se desligarem da ação habitual para se aplicarem a outros objetos, produz-se uma dissociação entre o significante e o significado, que é, precisamente, constitutiva do simbolismo: o gesto executado por jogo, assim como o objeto ao qual ele se aplica, desempenha o papel de simbolizantes, e o gesto representado desempenha o de simbolizado. Assinalamos, além disso (capítulo IV, fase VI), que o simbolizante consistia sempre numa espécie de imitação, mas, como os "esquemas simbólicos" só reproduzem as ações do próprio sujeito, tratava-se de uma autoimitação.

Ora, nas "projeções de esquemas simbólicos e de esquemas de imitação", ambas essas características são desenvolvidas. Começando pelo segundo ponto, verificamos que existe em cada um desses fatos, tanto os descritos nas obs. 75 e 75 *bis* como nas obs. 76 e 76 *bis*, um elemento de imitação e um de assimilação. Nas obs. 75 e 75 *bis*, há por assim dizer imitação dupla: a criança, ao projetar as suas próprias condutas em outros seres (fazer chorar, comer, beber ou dormir animais e bonecas), imita-os ela própria, tal como eles agem quando reproduzem suas próprias ações! Nas obs. 76 e 76 *bis*, a criança imita outras pessoas (a arrumadeira que varre, o pai que telefona, que lê o jornal ou toca trompa etc.) Ora, nesses dois casos, a imitação desempenha o papel de simbolizante, ao passo que o simbolizado é, no primeiro caso, a ação anterior do sujeito (a ação "séria") e, no segundo, o próprio modelo. Mas, no segundo caso, trata-se, entretanto, de um jogo e não de uma imitação pura, porquanto, em vez de imitar diretamente o modelo (o que seria fácil), a criança fá-lo por intermédio de objetos adequados que, portanto, intervêm igualmente a título de simbolizantes. Em suma, nos dois casos, a assimilação lúdica envolve um número mais elevado de intermediários do que anteriormente, desligando-se ainda mais da ação do sujeito; daí resulta uma dissociação completa entre o simbolizante e o simbolizado, a qual vai encontrar a sua generalização nas duas categorias seguintes de símbolos lúdicos.

Fase I. Tipos II A e II B. – Uma segunda fase da formação dos jogos simbólicos é caracterizada, primeiro, por uma forma II A a que chamamos *a assimilação simples de um objeto a um outro* (dizemos assimilação simples por oposição aos tipos seguintes, nos quais intervêm reproduções de cenas inteiras ou novas combinações simbólicas). Notemos, primeiramente, que a assimilação de um objeto a outro já está implícita nos tipos precedentes: no "esquema simbólico", uma cauda de burro é tomada por um travesseiro; nas "projeções de esquemas simbólicos e de esquemas de imitação", uma cadeirinha de boneca é tomada por uma trompa de caça etc. Mas, nos tipos anteriores, essas assimilações conservam-se insertas nas ações de conjunto que as determinam. Nos fatos que se seguem, elas apresentam-se, pelo contrário, de modo direto e ocasionam o jogo ou servem-lhe de pretexto:

Obs. 77. – Ao 1;8 (30), J. acaricia os cabelos de sua mãe e diz *"bichano bichano".* Ao 1;9 (0), vê uma concha e diz antecipadamente *"xicra"*; só então a apanha e faz que bebe (cf. obs. 65, mas, aqui, o julgamento precede o ato). No dia seguinte, diante da mesma concha, diz *"copo"*, depois *"xicra"*, depois *"chapéu"* e, finalmente, *"barco na água".*

Ao 1;9 (3), agarra uma caixa vazia e fá-la ir e vir, dizendo *"carro".* Ao 1;9 (20), enche uma das mãos de conchas e diz *"flores".*

Ao 1;10 (30), põe uma concha na borda de uma grande caixa e fá-la deslizar, dizendo: *"Gato no muro."* Depois, sem nada fazer, *"árvore"*, e, por fim (colocando a concha em cima da cabeça), *"bem no alto"* (da árvore: ela vira na véspera um gato trepar num pinheiro). Aos 2;1 (7), põe uma concha na ponta do seu indicador e diz *"dal"* (= dedal de costura), depois esfrega-a contra uma outra, como se estivesse cosendo, e diz *"remendado".*

Ao 2;0 (22), passeia um dedo sobre a mesa e diz: *"Dedo passeia... cavalo que t(r) ota."* Aos 2;1 (4), ela também faz deslizar um cartão-postal sobre a mesa e diz: *"Automóvel."* Aos 2;3 (8), imprime um movimento rápido de rotação aos seus dedos e diz: *"Bicicleta está enguiçada."* Depois recomeça: *"Bicicleta consertada."*

Ao 2;3 (9), mostra um pedregulho rugoso: *"É um cão. – Onde está a cabeça? – Aqui* (aponta uma protuberância). *– E os olhos? – Acabaram. – Mas é uma pedra, não é? – Sim* (aproxima-a da minha boca). *Boa para cão. É um barco, nada, nada."* No dia seguinte, um biscoito que ela come: *"É um cão. Agora é um leão."* As suas formas para sapatos tornam-se *"ferros de engomar"* etc. Aos 2;3 (10), segura uma escova sobre a cabeça: *"É um guarda-chuva"*, depois *"um casaco"* etc. etc.

Ainda aos 3;4 (0), referindo-se a um prendedor de roupa: *"Entra na sua casa. É uma vovó."* Mas os símbolos desse nível já são insertos num número cada vez maior de combinações variadas, salvo algumas exceções residuais, como, por exemplo, aos 3;11 (24). "*Vi uma rã morta.* – Onde foi isso? – *Aqui, tu vês os olhos, a boca? Ela tem um grande buraco nas costas, tu vê.* – Mas eu não estou vendo nada. – *Era de mentirinha. Isso é um ramo de flores.*"

Obs. 78. – Em L., notei aos 2;1 (26) as primeiras assimilações mútuas de objetos, independentemente dos esquemas simbólicos de ação: uma casca de laranja é assimilada primeiro a uma batata, depois a um pastel, que ela oferece em seguida a comer à sua boneca.

Aos 2;1 (27), faz escorrer lentamente um punhado de areia entre os dedos e diz "*Chove.*" Aos 2;3 (22), segurando um torrão de açúcar entre os dedos: "*Ah! Não posso abrir a porta.*" Aos 2;5 (7), duas escovas são "*uma casinha*".

Aos 3;0 (22), um pequeno retalho de fazenda é "*vovó, muito doente, está mal das pernas*". Mas, nessa idade, os seus símbolos convertem-se cada vez mais em combinações complexas.

Ora, assim como ao tipo I A (projeção dos esquemas simbólicos) correspondia um tipo contemporâneo I B caracterizado pela projeção de esquemas de imitação, também ao tipo II A, definido pela assimilação mútua dos objetos, corresponde um tipo II B, que prolonga a forma I B no emprego dos esquemas de imitação e que consiste numa *assimilação do corpo do sujeito ao de outrem ou a quaisquer objetos*, isto é, um jogo a que vulgarmente se dá o nome de "jogo de imitação":

Obs. 79. – Em J., a assimilação do eu a outrem resulta diretamente dos jogos do tipo I B (obs. 76): ao 1;10 (30), ela finge que joga de esconde-esconde com um primo ausente já há dois meses. Depois, ela própria é o seu primo: "*Clive corre, Clive salta, Clive ri*" etc., e imita-o saracoteando-se. Aos 2;2 (23), faz de conta que passa a ferro como a engomadeira (tal como, na obs. 76, varre como a arrumadeira); mas, instantes depois, ela própria é a engomadeira: "*É a senhora Séchaud que passa.*"

Ao 2;4 (8), ela é a sua mãe: "*É a mamãe*", e diz para mim: "*Vá, beije a mamãe*", e dá-me um beijo.

Aos 2;6 (3), ela é a sua irmã pequena e imita a ação de mamar, jogo que reaparece frequentemente. Aos 2;8 (27), imita os gestos do bebê e, depois, faz novamente de conta que mama.

Aos 2;7 (4), após ter visto um menino que dizia "Vou para minha casa", ela toma a mesma direção e diz também "*Vou para minha casa*", e imita o modo de andar do seu modelo. Nesse mesmo dia, ela é uma senhora das nossas relações. Aos 2;7 (23), é um primo da sua idade (muitas vezes ao dia, sem imitar o seu acento de voz nem o seu modo de andar).

Aos 2;8 (5), ela entra de gatinhas no meu quarto, fazendo *miau*. Aos 2;8 (27), ela é a sua babá.

Subsequentemente, esse gênero de jogos funde-se com o tipo II A nas combinações simbólicas mais complexas.

Obs. 80. – Se, no caso de J., parece existir uma ligeira defasagem entre esses jogos do tipo II B e os da forma II A, com L., pelo contrário, são exatamente contemporâneos: aos 2;1 (7), ela apresenta-se à sua mãe imitando os gestos de J. e dizendo: "*É* (= eu sou) *Jacquinet* (= Jacqueline)."

Aos 2;3 (22), ela é o carteiro, e, aos 2;4 (7), diz (sozinha, num canto do meu escritório): "*Eu sou Chouquette*" (uma amiguinha vista recentemente, mas não nos dias precedentes).

Aos 2;5 (2), "*Eu sou Suzanne*" (a sua madrinha), e aos 3;0 (15), diz: "*Térèse com seu chapéu de veludo*" (uma habitante da região de Valais).

Ainda aos 4;3, L., de pé ao meu lado, imóvel, imita uma espécie de repicar de sinos. Peço-lhe que se cale, mas continua. Ponho-lhe então a minha mão sobre a sua boca. Ela repele-me, indignada, mas conservando sempre o tronco empertigado: "*Não faça isso. Eu sou uma igreja* (= o campanário)."

Vê-se imediatamente que esses dois tipos II A e II B, ou seja, portanto, as assimilações mútuas de objetos e as assimilações do eu a outrem, ainda estão mais vizinhas umas das outras do que no caso dos jogos dos tipos I A e I B. De fato, é evidente que, tanto nas duas condutas do tipo II A como nas do tipo II B, intervêm simultaneamente a imitação e a assimilação simbólica.

Nas obs. 77 e 78, a criança começa por um comportamento que recorda o dos "esquemas simbólicos" da fase VI do período precedente: J. acaricia os cabelos como se fosse um fato e bebe por uma concha como se fosse um copo cheio; e L. dá a comer uma casca de laranja como se esta consistisse num bolo. A criança limita-se, nesse caso, a imitar, como nos jogos dos níveis precedentes, as suas próprias ações anteriores, mas na presença de novos objetos. Porém, e é nisso que reside a novidade dessas condutas, a assimilação simbólica (cabelos = gato, concha = copo e cascas = doces) precede o movimento imitativo e é verbalmente anunciada antes de toda e qualquer ação, em vez de ser precipitada pela ação. Além disso, a partir das condutas seguintes, o movimento imitativo desliga-se da ação do sujeito e consiste em copiar o objeto simbolicamente evocado: assim, J. imita o movimento de um automóvel com um caixote vazio, um ramo de flores, o andar de um gato e sua subida numa árvore, um cavalo que trota etc., e L. imita a chuva deixando escorrer areia entre os dedos, uma porta fechada com um torrão de açúcar etc. Portanto, intervém um elemento de imitação, propriamente dita, nos símbolos do tipo II A; e esse elemento constitui, com o próprio objeto dado, o simbolizante (ou "significante"), ao passo que o simbolizado (ou "significado") é o objeto ausente, de ordem puramente representativa, evocado simultaneamente pelo gesto imitativo e pelo objeto dado. Assim é que, no caso da caixa-automóvel, a própria caixa e o movimento real que lhe é imprimido desempenham o papel de símbolos ou de simbolizantes, enquanto o automóvel a que a caixa foi assimilada, bem como o seu movimento imaginado, constitui a significação (logo, o simbolizado ou significado) do símbolo. Desse modo se consume a fusão da imitação simbolizante e da assimilação lúdica, preparada desde a fase VI do período sensório-motor e a cujos progressos assistimos no começo da fase I do período verbal (tipos I A e I B).

Quanto às condutas do tipo II B (obs. 79 e 80), é evidente que apelam para a imitação, dado que a criança se identifica a outras personagens. Mas é igualmente notório que a imitação não é pura e que se subordina à assimilação lúdica, pois o sujeito não se limita a copiar outrem permanecendo ele próprio: assimila-se inteiramente a outrem, do mesmo modo que, nas obs. 77 e 78 (tipo II A), assimila um objeto a outro. Por consequência, vemos aqui de novo que o gesto imitativo desempenha a função de simbolizante, sendo a personagem evocada o simbolizado; logo, o símbolo revela-se, tal como nas condutas do tipo II A, o produto de uma colaboração que se tornou generalizável entre a assimilação lúdica e a imitação, ao passo que, até agora, o papel da imitação limitava-se à reprodução das condutas anteriores do próprio sujeito (esquemas simbólicos) ou à aplicação a novos objetos das conservadas observadas em outrem (tipo I B).

Fase I. Tipos III. – Uma vez o símbolo constituído na sua generalidade, cedo se desenvolve em várias *combinações simbólicas*. As primeiras dentre elas são quase contemporâneas do tipo II e, algumas vezes, até dos tipos I, mas conservam-se ainda rudimentares, nesse caso. As verdadeiras combinações simbólicas, de proliferação infinita, caracterizam uma terceira fase que só se manifesta plenamente a partir dos três a quatro anos de idade, isto é, na segunda metade da fase I.

No nível das combinações simbólicas que vamos agora examinar, torna-se impossível repartir os jogos segundo a mesma oposição das categorias I A e I B ou II A e II B, isto é, segundo predomina a assimilação à ação própria do sujeito ou a imitação de personagens exteriores; em toda combinação lúdica complexa, como as dos jogos com bonecas ou personagens imaginários inventados pela criança para acompanhá-la em suas ações, os elementos de imitação e de assimilação ao eu estão unidos tão intimamente ou sucedem-se de maneira tão inextricável que se torna artificial querer descobrir uma nota dominante no conjunto do jogo. Assim, os diferentes tipos A, B, C e D que vamos distinguir no decurso dessa terceira fase constituem mais tipos de complexidade crescente do que, de fato, tipos correspondentes aos das fases precedentes.

A Classificação dos Jogos

Um primeiro tipo (III A) é o das *combinações simples*, indo até a transposição de cenas reais e a desenvolvimentos cada vez mais extensos. Esse jogo é apenas o prolongamento dos do tipo II (A e B), mas agora com a construção de cenas inteiras, em vez de assimilações simples de objetos a objetos ou de imitações isoladas. As formas mais elementares do tipo III A também começam simultaneamente com os tipos II, só se diferenciando subsequentemente. Vejamos os exemplos dessa diferenciação progressiva:

Obs. 81. – J., aos 2;1 (9), passa a cabeça da sua boneca através das grades da varanda, o rosto voltado para a rua, e começa contando-lhe o que se vê: "*Tu vês o lago e as árvores. Tu vês um carro e um cavalo*" etc. No mesmo dia, está sentada num sofá e conta-lhe o que ela própria viu no jardim.

Aos 2;1 (13), dá-lhe de comer, mas falando-lhe longamente, à maneira como a incentivam nas suas próprias refeições: "*Vá, só mais uma gota. Faz o gostinho a Jacqueline. Só mais esta.*" Aos 2;3 (25), coloca-a a cavalo sobre uma cerca, retira-lhe os cabelos de sobre as orelhas para que possa ouvir uma caixa de música etc. Aos 2;7 (15), explica-lhe os seus próprios jogos: "*Tu entendes, eu atiro a bola...*" etc.

Aos 2;5 (25), ela prepara um banho para L.: um talo de erva faz as vezes de termômetro de água, a banheira é uma caixa, e a água conserva-se em estado de afirmação verbal. Em seguida, J. mergulha o termômetro no banho, acha a água quente demais, aguarda uns instantes e volta a meter o talo de erva na caixa. "*Agora está bem, mas que sorte.*" Aproxima-se então de L. (na realidade) e faz de conta que lhe tira o avental, o vestido, a camisa, fazendo os gestos, mas sem tocar na roupa da irmã. O mesmo jogo aos 2;8 (0).

Aos 2;6 (22), ela caminha de um lado para outro, os braços cruzados, segurando ao colo um hipotético bebê. Coloca-o então cautelosamente numa cama (também imaginária), adormece-o, "*Dorme, bebezinho*", mas desperta-o em seguida e volta a segurá-lo nos braços. No mesmo dia, faz de conta que carrega sua mãe ("*Mamãe é muito pesada*"), depois imita a caseira distribuindo milho às galinhas, com o avental levantado (mas sem nada dentro). Todas essas cenas são já bastante apuradas no desenvolvimento de pormenores, mas sem nenhum objeto simbólico, sendo as palavras somente acompanhadas de gestos. O jogo do bebê imaginário retorna aos 2;7 (1), acompanhado de novos detalhes de vestuário, mas J. cala-se quando nos aproximamos. Ouvimo-la dizer de longe: "*Agora vá passear*" etc. No mesmo dia, carrega nos braços uma moça vista recentemente.

Aos 2;7 (1), ela acrescenta ao motivo do carteiro o de uma carta a ler.

É entre 2;7 e 2;8 que as combinações complexas se dissociam nitidamente dos jogos dos tipos II A e II B, entre os quais e os seguintes as observações que acabamos de citar asseguraram a transição. Aos 2;8 assiste-se, com efeito, ao aparecimento de comportamentos como este:

Quinze dias antes, J. em viagem encontrou uma prima de que não mais voltou a falar. Mas, subitamente, tudo se converteu em "prima Andrée": o gato, uma tampa, ela própria, sua mãe, as bonecas etc. Dela fala o dia inteiro e fá-la fazer de tudo: passeios, refeições etc., até os detalhes mais íntimos, sem nenhuma preocupação de semelhança.

Aos 2;9, desenrolam-se os mesmos ciclos a propósito de "Marceline", uma outra prima que ela nunca viu e de quem simplesmente se falou na sua presença; depois, a propósito da "Senhorita Jerli", que ela faz semblante de imitar e que associa a tudo; ora, trata-se da vendedora de frutas de quem sua avó é freguesa, e J. também nunca viu essa moça. Somente a sua irmã L., quando intervém a título de ficção nos jogos de J., é imitada (ela chora e não fala). Marceline e a Senhorita Jerli são, pelo contrário, evocadas em imaginação ou representadas por folhas, pauzinhos etc. A notar ainda o caráter particular desses ciclos: certo dia em que a vejo deitada e me aproximo, J. grita de longe: "*Retire-se. Eu sou Marceline.*" Outras vezes, deseja ser ouvida, como nos momentos em que joga de conversa entre seus pais: "*Sim, minha mulherzinha... Não, Jean.*"

Aos 2;11 (15), algumas páginas de levantamento integral das conversas mantidas por J. durante seus jogos com bonecas apresentam uma barafunda inextricável de cenas inspiradas na vida real, misturadas com episódios imaginários, tudo combinado sem sequência nenhuma nem intenção dominante.

Aos 3;6 (9), ela acumula, em pequenos punhados de cada vez, uma porção de agulhas de pinheiro para preparar um ninho de formigas: há travesseiro, dossel, cobertor, lençóis, um buraco para o bebê, uma mesa, uma cadeira, depois chegam a mãe, uma prima; no sótão está guardado o macarronete. "*As formigas* (inexistentes) *sentam-se ali* (ela própria senta-se). "*A vovó chegou.*" Depois intervém um personagem imaginário. No dia seguinte, o jogo recomeça, mas tudo se converteu em casa para gatos.

Aos 4;5 (16), ainda uma história de barco (uma prancha com duas pás como remos) que apresenta as mesmas características: após o arranjo do lago, das ondas e dos patos, o barco chega à terra dos pretos, onde se encontram seus amiguinhos valaisianos; daí a imaginação de cenas de aldeia, escola etc.

Obs. 82. – Também L., desde finais do segundo ano, reproduz cenas inteiras com suas bonecas: veste-as, fá-las caminhar e dirige-lhes longos discursos; dá-lhes de comer e beber, associa-se às suas refeições e depois arruma tudo no armário. Esses jogos desenvolvem-se rapidamente nos meses seguintes, inspirando-se nos de J., o que explica a sua maior precocidade.

Aos 2;7 (22), ela inventa sozinha uma longa cena de lavar roupa, secar e passar a ferro os vestidos de suas bonecas, depois o banho geral destas, sendo os pormenores bem imitados.

Aos 3;0 (17), longa cena valaisiana, na qual L. descobre e reproduz os episódios vividos dois meses antes na companhia de meninos da aldeia. Aos 3;0 (22), as mesmas cenas interferem com uma cena do lago, ondas, patos e o barco em que os valaisianos se reencontram todos a bordo.

Aos 3;1 (0), seu papai morreu, sua mamãe e J. foram esmagadas por um automóvel, e é uma tia que se ocupa de tudo. Aos 3;1 (17), todo mundo é ruim, nos jogos, donde uma deformação das cenas habituais.

Aos 3;3 (29), uma bengala torna-se personagem múltipla, sucessivamente um cavalo que ela cavalga, uma senhora cuja *toalete* ela faz e com quem passeia, contando-lhe histórias. Em seguida, uma pá torna-se uma senhora menor a quem ela lava os cabelos etc., depois, ela transforma-se em preta.

A partir de 3;7, o personagem essencial a que tudo se refere (como a "prima Andrée" de J.) passa a ser o seu travesseiro: "Ali." *"Ali é extremamente brusco* (como um amigo valaisiano real). *Tem todos os seus defeitos, bem sabes. Conservarei o meu Ali até eu casar."* Certos dias, o próprio "Ali" é o marido que a ajuda a cuidar de seus dois ou três filhos: *"O seu marido me ajuda, mas ele é um pouco desajeitado, bem sabes* (alusão ao seu próprio pai). " Aos 4;2 (22), ainda encontramos "Ali", que virou *"Ali-Baudi, pastor em Pive"* (aldeia imaginária de L.). Mas ingressamos agora nos jogos de uma fase superior.

Obs. 83. – Uma forma de combinações simbólicas, um pouco superiores às precedentes, mas a elas vinculadas por todas as intermediárias, é composta pelos ciclos de episódios atribuídos a um personagem imaginário desde o começo (contrariamente a Ali, que é um travesseiro, ou a Marceline etc., que nunca foram vistos, mas de quem se falou à criança). Somente J. apresentou esse tipo de maneira sistemática. Aos 3;11 (20), ela inventa um animal a que dá o nome de *"o pumbo"*(por diferenciação intencional de "pombo", que ela já pronuncia corretamente nessa idade). J. imita-o e encarna-o: corre pelo quarto batendo as asas (os braços estendidos) para imitar o voo. Mas corre igualmente de gatinhas, grunhindo: "*É uma espécie de cão"* e, ao mesmo tempo, é *"como um grande pássaro"*. A sua morfologia varia de um dia para outro: tem asas, patas, um tamanho *"imenso"*, longos cabelos (J. diz à mãe: *"Tu tens cabelos como os pumbos"*). Possui autoridade moral: *"Não se deve fazer isso* (rasgar um papel). *Pumbo vai zangar."* A dois dias de distância, J. esforça-se por comer bem, para que Pumbo não se zangue.

Aos 3;11 (22), J. observa um pato depenado: *"Está morto, porque já não tem penas. –* Sim. *– Acho que foram os pumbos que as comeram."* Aos 3;11 (24), depois de ter visto um par de botas de montanha: *"Os pumbos têm pregos nos pés. Batem os pés assim, na cavalariça."*

Aos 3;11 (6), J. vê bater uma veia após um corte: *"De que é que brinca o suquinho vermelho que está na minha pele?... Deve estar fazendo de pumbo, olha, assim* (saltos periódicos a cada dois ou três passos)."

Aos 4;0 (7), o seu pumbo morreu. Aos 4;0 (17) *"virou cachorrinho e, depois, voltou outra vez a ser pumbo"*. À medida das descobertas zoológicas de J., Pumbo adquire em seguida todos os atributos possíveis: inseto etc.

De modo geral, esse estranho ser que a preocupou durante cerca de dois meses serviu-lhe de suporte para tudo o que ela aprendia ou desejava, de encorajamento moral na execução de ordens e de consolador nos momentos de mágoa. Depois desapareceu.

Subsequentemente, aos 4;1 (15), Pumbo foi substituído por uma anã (ver a obs. 84), depois por uma preta chamada, um belo dia, "Cadile". Cadile transformou-se em "Marécage", companheira simbólica associada também a tudo o que é novo, divertido ou penoso.[8] Marécage, embora sendo preta, é originariamente representada por uma bengala, uma pá etc.

Tais jogos são, sem dúvida, os mais interessantes que a observação fornece no domínio da construção simbólica intencional da criança. Situam-se, gradativamente, entre a simples transposição da vida real, no plano inferior, e a invenção de seres imaginários sem modelo atributivo, no plano superior; contudo, todos eles reúnem, embora de acordo com dosagens variáveis, elementos de imitação e elementos de assimilação deformante. Na reprodução de cenas reais, mediante os jogos com bonecas, a imitação está no seu *máximo*, mas existe, não obstante, uma transposição com intuitos subjetivos e não cópia num padrão de acomodação. Na história do "pumbo", a transposição é máxima; entretanto, cada um dos traços característicos do "pumbo" é imitado do real, somente a montagem sendo imaginária. As séries paralelas – imitativa e assimiladora – constatadas até aqui fundem-se, pois, completamente, nesse nível, que constitui como que o apogeu das construções simbólicas isoladas que analisamos precedentemente.

Quanto à função de tais jogos, seria necessária uma robusta convicção teórica para neles ver uma tendência contínua para o pré-exercício: a criança exercita muito mais a sua vida atual do que pré-exercita atividades ulteriores. Seria o caso de ela pré-exercitar a sua "imaginação", concebida esta como uma faculdade a desenvolver à maneira da própria inteligência (a qual, aliás, não é mais faculdade do que a "fantasia")? Mas a evolução ulterior da imaginação simbólica consistirá, precisamente, no seu decrescimento, em proveito de meios de representação mais adaptados ao real. O que impressiona, além disso, nessas combinações simbólicas, é como o sujeito nelas reproduz e prolonga o real, nada mais sendo o símbolo imaginativo que um meio de expressão e de ampliação, nunca um fim em si. No fundo, a criança não tem imaginação, e aquela que o senso comum lhe atribui reduz-se à incoerência e, sobretudo, à assimilação subjetiva de que suas transposições são testemunho. O elemento imitativo de seu jogo (portanto, o aspecto simbolizante dos seus símbolos) é comparável aos desenhos dessa idade: cópia do real, mas por justaposição de alusões sem representação adequada. Quanto ao conteúdo (ao simbolizado), é a própria vida da criança: assim como o jogo de exercício reproduz por assimilação funcional cada uma das novas aquisições do sujeito, também o jogo de "imaginação" reproduz todo o vivido, mas por representações simbólicas;

---

[8] Ver o "Judas" citado por H. DELACROIX, no capítulo sobre jogos da sua *Psychologie de l'art*.

e, nos dois casos, essa reprodução é, sobretudo, afirmação do eu por prazer de exercer seus poderes e de reviver a experiência fugitiva.

Em particular, os personagens fictícios que o jogo permite à criança dar-se por seus companheiros só adquirem existência na medida em que servem de ouvintes benévolos ou de espelhos para o eu. A sua invenção supre aquilo que no adulto será o pensamento interior em suas formas residuais egocêntricas (divagação), assim como o monólogo dos sujeitos dessa idade equivale ao que, mais tarde, será a linguagem interior. Sem dúvida, esses companheiros míticos herdam também algo da atividade moralizadora dos pais, mas na medida em que se trata, precisamente, de incorporá-la mais agradavelmente do que na realidade. O personagem "pumbo" (obs. 83), que chega mesmo a rosnar, é especialmente interessante a tal respeito e recorda os fatos publicados por Wulf, Ferenczi e Freud a propósito do que eles chamam o "totemismo infantil" ou imaginação de animais justiceiros.

A assimilação do real por meio da ficção simbólica, de que os jogos precedentes são testemunho, prolonga-se naturalmente, em *combinações compensatórias* (tipo III B), sempre que o real é mais a corrigir do que a reproduzir por prazer. A compensação lúdica principia muito antes desse tipo III, logo que, por exemplo, um ato proibido é executado ficticiamente; mas é evidente que as combinações simbólicas precedentes reforçam o seu desenvolvimento.

Obs. 84. – J. aos 2;4 (8), não podendo brincar com a água de que se servem para lavar, apanha uma bacia (vazia), põe-se ao lado do tanque interdito e faz os gestos desejados: "*Eu despejo a água.*" Aos 2;6 (28), ela quer segurar ao colo Nonette (= L., nascida pouco antes). Sua mãe adia a experiência para mais tarde. J. cruza os braços e diz: "*Nonette está aqui dentro. Há duas Nonette.*" Depois fala com a Nonette imaginária, embala-a etc. O jogo é retomado no mesmo dia, mas cada vez mais secreto: J. cala-se quando me aproximo e fala com Nonette em voz muito baixa. Aos 2;7 (28), J. tem uma birra: grita de raiva e, como não se lhe fez a vontade, declara então que é Nonette e continua chorando, mas imitando, por assim dizer, o choro da sua irmã pequena, o que a consola.

Aos 2;8 (6), J. fica colérica com seu pai, quer bater-lhe etc. e, como a coisa corria o risco de acabar mal para ela, grita bruscamente: "*Era muito mais bonito quando Caroline* (uma amiga de seu padrinho) *se zangava com o Padrinho.*" Então, ela conta, o que é pura imaginação, que Caroline deu socos no Padrinho e desloca todo o caso para essa cena, que passa a imitar em detalhe. Em seguida, sua mãe fala-lhe da birra inicial, mas J. não quer saber disso: "*Não, é Caroline.*" – Aos 2;8 (7), estando em regime de dieta, J. inventa toda uma cena de refeição.

Aos 3;11 (15), proíbe-se-lhe ir à cozinha, por causa dos baldes de água quente preparados para um banho. "*Então eu vou numa cozinha de mentirinha. Uma vez, vi um menino que ia na cozinha, e, quando Odette passou com a água quente, ele arredou-se para um lado.*" A história continua com esse tema, por compensação. Depois, termina por uma aceitação simbólica: "*Em seguida, ele não foi mais à cozinha.*"

Aos 4;1 (16), é todo um ciclo de combinações simbólicas que se desencadeia por necessidade de compensação. Esperando rever uma anã que ela observara diversas vezes numa aldeia, J. fica sabendo que ela morreu. Então, conta imediatamente a história de uma anã que encontrou um anãozinho: "*Depois ele morreu, mas ela tratou-o tão bem, tão bem, que ele ficou curado e voltou para sua casa.*" Nos dias seguintes, a anã mistura-se com toda a sua vida. Aos 4;3 (0), a pá de neve "é" a sua anã e acompanha-a no passeio etc.

O ciclo de "Marécage" (obs. 83), que em si mesmo nada tem de compensatório, serve frequentemente de compensação quando a ocasião o exige:

Aos 4;7 (20), J., que está com ciúmes de seu papai, inventa que "*Marécage tem um papai muito ruim*", que a "*repreende quando ela brinca*", que "*a mãe de Marécage escolheu mal*" etc. Aos 4;8 (1), tendo que ir para a cama fazer o repouso, ela descobre que "*Marécage nunca se deita depois do almoço. Fica brincando o tempo todo.*" Aos 4;8 (3), tendo procurado em vão "domesticar um gafanhoto", J. consola-se: "*Marécage domesticou um gafanhoto. Tinha um que a seguia para todo lado, que passeava com ela e que voltava para casa com ela*" etc.

Uma forma vizinha das precedentes consiste em reagir pelo jogo contra um medo ou em realizar pelo jogo o que não se atreveria a fazer na realidade. Nesse caso, a compensação torna-se catarse:

Obs. 85. – L. aos 2;9 (14) tem medo de um trator num campo vizinho do jardim. Conta então à sua boneca que "*Poupa me disse que gostaria de ir numa máquina como aquela*". Aos 3;0 (0), ocorreu a mesma cena a propósito de aviões. As 3;4 (0): "*Tu sabes, Christian* (uma boneca), *quando era pequeno, deram-me um rolo compressor e um trator pequenino...*" etc. Aos 4;2 (10), não se atreveu a ir sozinha, como J., a uma granja vizinha onde as crianças fazem um teatro. Ela dispõe então as suas bonecas e organiza com elas um vasto jogo teatral, tanto para compensar como para "purgar" o seu medo.

Pode-se distinguir, além disso, um tipo III C, que se reveste de um certo interesse para a teoria do jogo simbólico e que é caracterizado pelas *combinações liquidantes*. Na presença de situações penosas ou desagradáveis, a criança pode compensá-las, como precedentemente, ou então aceitá-las; mas, nesse último caso, procura revivê-las mediante uma transposição simbólica. Desligada, então, do que o seu contexto podia comportar de irritante, a situação é progressivamente assimilada por incorporação a outras condutas. Eis alguns exemplos, que também se situam, gradativamente, entre as formas elementares do simbolismo e as do presente nível:

Obs. 86. – J., aos 2;1 (7), teve medo de sentar-se numa nova cadeira, à mesa. Depois do almoço, coloca suas bonecas em posições incômodas e diz: "*Não é nada. Não é nada. Tudo irá bem*" etc., repetindo o que a ela própria fora dito. Aos 2;3 (0), a mesma cena com um remédio, que ela dá em seguida a um carneiro.

Aos 2;7 (2), J. caiu e feriu-se num lábio. Após a cena do costume, ela consola-se projetando tudo na "prima Andrée", encarnada numa boneca: "*Oh! É a prima Andrée. Tem de se lavar a prima Andrée, é claro, porque ela caiu com o lábio. Fez um buraquinho. Ela chorou*" etc. No dia seguinte, ela volta a jogar de cair, pretensamente com seu "primo François", e o "xarope do seu lábio" fez uma nódoa junto à parede.

Aos 2;7 (15), uma amiga de sua mãe acompanha-as no passeio. J., que não gosta de terceiros, não controla suas apreciações: "*Ela é má... Ela não sabe falar... Não gosto quando ela ri*" e, sobretudo,"*Não entendo o que dizem*". Depois, assim que o passeio terminou, J. aceita-a, coloca-a ao lado dela no seu banho, depois na sua cama, fala-lhe e refaz com ela o passeio (tudo isso em imaginação).

Aos 3;11 (21), ela está impressionada com a vista de um pato morto e depenado sobre a mesa da cozinha. No dia seguinte, encontro J. sozinha, estendida e imóvel no sofá do meu escritório, os braços colados ao longo do corpo e as pernas dobradas. "*Mas... que está você fazendo, J.? – ... – Não se sente bem? –... – Está doente? – Não, eu sou o pato morto.*"

Aos 4;6, o ciclo de "Marécage" ajuda-a a suportar uma partida que lhe pregaram e o medo que J. sentiu julgando-se perdida. As duas cenas foram reproduzidas com todos os pormenores no personagem de Marécage.

Na mesma data, bati nas mãos de J. com um ancinho e faço-a chorar. Peço-lhe muitas desculpas, dizendo que fui um desastrado. No princípio, ela não acredita e continua furiosa, como se eu tivesse feito de propósito. Depois, bruscamente, diz-me, já mais calma: "*Tu és Jacqueline e eu sou papai. Toma* (bate-me nos dedos). *Diz agora para mim: Mas você me machucou!* – (Eu digo.) – *Perdão, minha querida. Não fiz de propósito. Tu sabes que eu sou muito desajeitado...*" etc. Em suma, ela limitou-se a inverter os papéis, repetindo exatamente as minhas palavras.

Essas formas de jogo, que consistem, pois, em liquidar uma situação desagradável revivendo-a ficticiamente, mostram com particular clareza a função do jogo simbólico, que é a de assimilar o real ao eu, libertando este das necessidades da acomodação. Nos casos ordinários, trata-se apenas de reforçar a conscientização dos poderes recentemente adquiridos ou de ampliá-los ficticiamente. No caso do tipo III B, trata-se de permitir ao eu que se desforre da realidade, ou seja, que compense esta última. No caso, enfim, desse tipo III C, basta que o jogo, para preencher a sua função própria, reproduza tal e qual as cenas em que o eu correu o risco de derrota para permitir-lhe assimilá-las e vencer ulteriormente. Do ponto de vista da estrutura há, portanto, imitação exata, mas no propósito de se subordinar o modelo imitado e não no de submissão a ele.

No exemplo do pato morto, é mesmo o incômodo, simplesmente, de um espetáculo inquietante que assim fica liquidado. Desse caso particular é fácil passar, por transição insensível, a um tipo IV D, que marca uma das formas externas do simbolismo lúdico, quando ele inflete na direção do pensamento adaptado: é o que se pode chamar as *combinações simbólicas antecipatórias*. As três formas precedentes de combinações simbólicas consistem em reconstituições puras (III C), ou reconstituições misturadas a combinações imaginárias (III A), ou ainda reconstituições com transposições compensatórias (III B). Pelo contrário, nas formas de jogo seguintes, trata-se de aceitar uma ordem ou um conselho (o que é ainda uma espécie de liquidação no sentido III C), mas antecipando-se simbolicamente as consequências da desobediência ou da imprudência que se seguiriam, no caso de recusa em acatá-los. Portanto, há de novo uma assimilação lúdica, mas com uma antecipação que funciona à maneira de uma representação adaptada:

Obs. 87. – J., aos 4;6 (23), passeia na montanha, percorrendo um caminho escarpado. "Presta atenção a essa pedra escorregadia. – *Tu sabes, Marécage* (ver a obs. 83) *pôs uma vez o pé num pedregulho destes, não prestou atenção e escorregou, e ficou bastante machucada*." Aos 4;6 (26), num outro caminho à beira de um precipício vertiginoso, eu advirto J., apontando para a torrente ao fundo do declive. "*Tu sabes o que ela fez, a minha amiguinha preta* (ver obs. 84)? *Ela rolou até o fundo da montanha, indo mesmo cair no lago. Rolou e rolou quatro noites a fio. Arranhou terrivelmente o joelho e a tíbia. Nem sequer chorou. Apanharam-na depois. Ela estava no lago, não sabia nadar e quase se afogou. Ao princípio não a viram, mas depois acharam-na.* – Como soubeste tudo isso? – *Mas ela contou-me tudo no barco!* (O barco onde J. viu pela primeira vez uma mulher preta, que está na origem deste ciclo.)"

Aos 4;7 (2), roçamos com urtigas, e eu digo-lhe que tenha cuidado. Ela faz então de uma menina que se picou. No mesmo dia, ela brinca de ceifar com uma vara fina e pontiaguda. J. diz-me então, espontaneamente: "*Papai, diz para mim: – Tu não te cortas, Jacqueline?*" Depois, conta uma história análoga às precedentes.

Obs. 87 bis. – No caso de L., esse gênero de jogos apareceu um ano mais cedo, o que mostra bem pertencerem já aos tipos III (talvez, aliás, não tivéssemos sabido assinalá-los em J. antes de 4;6). Aos 3;4 (16), L. brinca no jardim, e eu proponho-lhe um passeio. Ela recusa energicamente. J., para encorajá-la, diz-lhe que também começava sempre por recusar, mas depois acabava gostando. L. responde à altura: " *O meu pequeno Christian* (a sua boneca) *foi uma vez passear e depois encontrou um bicho enorme que lhe deu muito medo. Tive de consolá-lo. E, de mais a mais fazia tanto sol* (= esta é a verdadeira razão, aquela que L. sabe que me impressionará) *que o pobre Christian voltou muito quente e eu nem podia tocá-lo!*"

Aos 3;5 (3), L. hesita em fazer um giro pelo jardim à noite, porque os mochos estão piando nas árvores: "*Tu sabes, papai, tinha um mocho no jardim e Ali* (= o seu travesseiro) *saiu com suas botas ferradas. Ele* (= o mocho) *teve medo e foi embora.*" Combinamos então pisar com força o cascalho para desimpedir o caminho.

Esses jogos, como os precedentes, recorrem a uma simples reprodução do real, mas, além disso, com uma antecipação exata, ou simplesmente exagerada, das consequências do ato reproduzido. Entretanto, é claro que essa antecipação continua sendo lúdica, não obstante a sua adequação à experiência e o trabalho quase dedutivo que revela, visto que não se apresenta, precisamente, sob a forma de uma antecipação e sim de uma reconstituição atribuída a um companheiro imaginário. Dessa maneira, o símbolo do jogo preenche a sua função de assimilação ao eu: pouco importa a J. pensar que escorregará se pisar uma pedra, pois trata-se de um futuro irreal e dificilmente representável, mas converte-se, para ela, numa realidade tangível e viva saber "Marécage" caída no fundo do precipício e arrastada pela torrente até o lago.

Fase II. – Dos quatro aos sete anos, em média, os jogos simbólicos, cujas principais formas acabamos de descrever no seu período de apogeu, começam declinando. Não significa isso, sem dúvida, que diminuam em número nem, sobretudo, em intensidade afetiva; mas, ao aproximar-se ainda mais do real, o símbolo acaba perdendo o seu caráter de deformação lúdica para se avizinhar de uma simples representação imitativa da realidade.

Três novas características diferenciam, assim, os jogos simbólicos dessa fase, dos quatro aos sete anos, dos jogos da fase anterior. A primeira é a *ordem* relativa das construções lúdicas, oposta à incoerência das combinações simbólicas do tipo III (por exemplo, as obs. 82 e 83). É difícil, naturalmente, avaliar o progresso da coerência e da ordem no próprio jogo, que é a atividade livre por excelência, tanto mais que essa característica permanece relativa, se a compararmos às sistematizações que ocorrem depois dos sete a oito anos. Entretanto, existem boas razões para pensar que não se cede a uma impressão simplesmente subjetiva ao supor a existência de tal progresso. De modo geral, sabemos, graças à experiência das pesquisas realizadas segundo o método de livre conversação (método clínico), que é quase impossível interrogar sujeitos de três anos, por falta de continuidade nas ideias durante o diálogo; a partir dos quatro anos, pelo contrário, é possível manter um interrogatório, o que não significa, naturalmente, que tenha o mesmo valor dos que se fazem depois dos sete aos oito anos. Ora, é evidente que essa sequência de ideias no decurso do diálogo implica uma conduta afim, simultaneamente, do relato espontâneo que um jogo constitui e dos jogos de representação de um papel, de que falaremos daqui a instantes. Por outra parte, as pesquisas sobre a noção de ordem mostram que, se a criança de quatro a seis anos mal sabe ordenar um relato simplesmente verbal ou reconstituir à vontade uma sequência de acontecimentos, ela sabe, em compensação, ordenar intuitivamente uma série de contas coloridas[9] etc., em contraste com as crianças de três anos. Portanto, é natural que, no jogo simbólico, que é imitado e vivido por oposição à ordem intelectual ou operatória, se assista a um progresso da coerência dos quatro a cinco anos. É o que se pode notar a partir das narrativas da obs. 87, que constitui a transição com os jogos da presente fase. Eis um exemplo de jogo de *combinação simbólica ordenada*, escolhido entre todos os que poderíamos citar:

Obs. 88. – J., aos 4;7 (3), carrega uma comprida pedra representando a vasilha de leite de Honorine (moça valaisiana que no-lo traz pela manhã): *"Eu sou a irmã de Honorine, porque Honorine está doente. Tem coqueluche. Ela tosse e também escarra um pouco. Então seria uma pena se a menina* (= a própria Jacqueline) *a pegasse* (tudo isso é dito com acento valaisiano e rolando os *rrr*, e é inteiramente imaginário). *A senhora quer leite?* – Obrigado. – *Ah, eu cheguei muito tarde. Olha, aí vem Honorine* (J. muda de papel e tosse). *Eu ficarei longe da menina, para não lhe pegar a coqueluche.* (Gesto de despejar o leite.) *Não creio que passe a coqueluche a este leite.* (J. passa então a ser ela própria, recebendo o leite.) *Preciso de muito, entende? Marécage* (obs. 83) *me disse que traria de Arolla* (onde a mãe de J. se encontra nesse dia) *Julie, Claudine, Augustine e Philomène. Preciso de muito leite para todas essas meninas* (todas imaginárias) *ao jantar"* etc. etc.

Percebe-se claramente o progresso dessas cenas ordenadas sobre as do "pumbo" etc. (obs. 83 e precedentes).

Um segundo progresso essencial dos jogos dos quatro a sete anos é a crescente preocupação de verossimilhança e de *imitação exata do real*. A obs. 88 é um bom exemplo disso, do ponto de vista do papel imitado pela criança. Mas, sobretudo, é preciso destacar a preocupação crescente da exatidão nas próprias construções materiais que acompanham o jogo: casas, berços, mesas e cozinhas, desenhos e modelagens etc. A esse respeito, estabelecem-se nesse nível duas espécies de conexões interessantes. Por uma parte, essas construções coordenam cada vez mais o exercício lúdico sensório-motor e intelectual (§3) com o próprio símbolo: por exemplo, uma casa de bonecas construída de tábuas, cartão, com telhado de palha, postigos pintados etc., que a criança construirá durante dias a fio, é exercício sensório-motor e, simultaneamente, combinação simbólica. Mas, por

---

[9] As pesquisas sobre o desenvolvimento do espaço na criança serão publicadas ulteriormente.

isso mesmo, a assimilação simbólica é cada vez menos deformante e aproxima-se, pois, cada vez mais, da simples reprodução imitativa. Por outras palavras, o símbolo lúdico evolui no sentido de uma simples cópia do real, ficando os temas gerais meramente simbólicos e propendendo os detalhes das cenas e das construções para a acomodação precisa e mesmo, com frequência, para a adaptação propriamente inteligente.

Obs. 89. – J., a partir dos 5;6, aproximadamente, passa o tempo organizando cenas de família, educação, casamento etc., com as suas bonecas, mas construindo casas, jardins e, frequentemente, móveis. Aos 6;5 (12), ela edifica, por meio de cubos e varetas, uma grande casa, uma estrebaria e um cercado para lenha, tudo rodeado de jardins e provido de caminhos e alamedas. As bonecas circulam e dialogam sem parar, mas a atenção é atraída também para a exatidão e a verossimilhança das construções materiais.

Em seguida, é uma aldeia completa, *"Ventichon"*, que é pouco a pouco montada. Toda a vida de J. é relacionada com esse lugar e seus habitantes. O essencial é a reprodução do real, mas observam-se também compensações (*"Em Ventichon é costume beber um copo de água inteiro"* e não apenas um pouco no fundo!) e transposições protetoras: os habitantes têm um hábito especial (tapam o rosto para protegê-lo das indiscrições adultas) e pronunciam certas palavras de passe: *"Ye tenn"* para entrar nas casas (no caso de má pronúncia, o intruso é repelido), *"to-to-to"* para passar por certas escadas etc.

Aos 6;7 (4), J. constrói uma fossa para ursos (em Ventichon), mas com uma grande preocupação de exatidão: o fundo é coberto de grandes pedras chatas e as paredes são forradas de tábuas. A abertura recebe uma grade feita de varetas entrecruzadas. L., que imita (4;2), permanece dominada por um simbolismo mais imaginativo: uma muralha de pedras impede que os cães venham assustar os ursos etc.

Ao 6;7 (5), ela faz uma estrebaria com lajes sobrepostas, vigamento de madeira, portas etc. e coloca um tanque ao lado. As vacas são pedras de cores, e as cabras, as pedras menores. O todo resulta num quadro muito coerente. Aos 6;7 (17), ela imita detalhadamente os trabalhos do campo: ceifa, junta etc., com a ajuda de suas bonecas e distribuindo as tarefas tal como se vê fazer no Valais. Imagina para isso um sistema de pequenas varas delgadas, representando as foices, e de paus recurvos para os ancinhos etc.

Aos 7;0 (7), ela constrói para a sua aldeia um cemitério com uma cruz de palha, muros de pedra e ciprestes com raminhos de pinheiro, o todo resultando numa reprodução muito satisfatória. Nos dias seguintes é uma cena médica: operar uma borbulha etc.

Quanto às cenas faladas que acompanham essas diversas construções, trata-se de quadros calcados sobre a vida real (à maneira da obs. 88), mas com transposições imaginárias (cf. a coqueluche da obs. 88) e, sobretudo, com continuação de um dia para o outro. J. e depois L., no seu rastro, acabaram assim por desempenhar papéis permanentes de mães de família, com filhos numerosos, avós, primos, visitas etc. passando os maridos um pouco para o segundo plano. *"Senhora Odar"*, *"Senhora Anonze"* etc. são assim os centros de proliferação de novos ciclos, análogos aos das fases precedentes mas muito mais próximos do real, sempre verossímeis e fazendo-se acompanhar de uma organização material, e, notadamente, de construções cada vez mais pormenorizadas.

Uma terceira característica dos jogos de quatro aos sete anos é o início do *simbolismo coletivo* propriamente dito, isto é, com diferenciação e ajustamento de papéis. É evidente que, desde as fases precedentes, a criança gosta muitas vezes de jogar a dois ou vários; mas, se os jogadores trocam assim de ideias e, algumas vezes, se imitam nos detalhes, nem por isso se registram transformações notórias na própria estrutura dos símbolos: no começo, o jogo não é mais socializado que a linguagem entre as crianças, no caso dos "monólogos coletivos". Depois dos quatro anos, pelo contrário, acontece que os papéis se diferenciam cada vez mais e tornam-se complementares:

Obs. 90. – J., aos 2;7 (2), brinca com um menino mais velho (cinco anos) que faz de "Senhor Durand" e organiza um jantar para dois. J. ora o copia servilmente e ri muito, no caso de ser bem-sucedida, ora descobre um papel independente (*"Eu lavo a escada"*) e prossegue nele, sem se ocupar mais do outro, embora ele lhe proponha serem "marido e mulher". O parceiro, impaciente, pergunta-lhe depois de um bom momento se ela já acabou de lavar a escada; J. responde-lhe que está lavando *"a prima Andrée"*, após o que o jovem marido já não entende mais nada, por falta de iniciação nos ciclos da obs. 81.

Ao 3;3 (27), J., que passa horas seguidas com três meninos de 3;6, 4;6 e seis anos, ainda executa docilmente os papéis que lhe dão (fazem-na ser "locomotiva", empurrando-a pelos ombros), mas esquematicamente e sem que realmente coopere.

Aos 3;11 (26), J. parece organizar com L. um jogo de loja: *"Minha senhora, o que é que deseja? Vá, estende a mão* (L., que apenas tem 1;7, nada entende e enerva-se). *Quer um saco de farinha? Eu vendo a farinha à prima Sazoulet"* etc. Quando L. se retirava, J. diz: *"É a senhora que vai ao celeiro."* Não há, pois, na realidade, papéis complementares, e J. incorpora simplesmente L. ao seu jogo, como o faria com uma boneca. Aos 4;3, J. ainda desempenha esse papel passivo com um menino que é quase da sua idade.

Pelo contrário, quando se trata de fazer o mesmo papel com imitação mútua, a colaboração é possível mais cedo. Aos 3;9 (2), J. diz a L.: *"Duas irmãs que leem um livro, queres?"*, e as duas (L. tem 1;4) sentam-se, olhando cada uma para o seu livro. Aos 4;2 (13), o mesmo acordo para fazer andar os aviões etc. (L. tem 1;7) mas os papéis idênticos não conduzem a nenhum desenvolvimento seguido.

Somente aos 4;5 (13) se pode dizer que J. organiza papéis sem utilizar L. como o faria com uma boneca. J. decide ser "Joseph" e que L. será "Thérèse" (dois amigos valaisianos); e L. parece aceitar o seu papel (ela imita Th. sem encarná-la), de modo que J. se adapte a algumas iniciativas da irmã mais nova. Um momento depois, J. inverte os papéis, e a coisa ainda corre mais ou menos bem (cenas de comer, de fazer compras etc.). Aos 4;7 (12), J. faz todo o possível por montar uma cena de passeio em automóvel. L., que aos 2;2 (18) está entregue à construção de uma cama, faz *brrrr* para manifestar a sua participação no movimento do automóvel, mas de maneira nenhuma abandona o seu próprio jogo. A sequência é, de início, uma mistura inextricável dos dois jogos para L., ao passo que J. organiza os papéis com perseverança. J. acaba levando a melhor e faz de L. a esposa de uma boneca (J.: *"Tu és a mulher deste marido.* – L.: *Sim."*), sendo ela própria uma outra senhora: (J.) *"São duas senhoras de automóvel.* – (L.) *A senhora vai passear de automóvel?* – (J.) *Sim, e eu atiro o seu marido e o seu filho pela janela* (joga fora a boneca)." Mas L. vai buscá-los e esquece o jogo.

Aos 4;7 (23), J. brinca com uma menina mais velha (dez anos) e adapta-se perfeitamente a todos os seus jogos de jantarezinhos, família etc., e mostra, assim, que teria sido muito capaz de desenvolver os papéis complementares dos jogos precedentes se a sua parceira tivesse a mesma idade dela. Quanto a L., educada pelos exemplos de J., adquire essa capacidade entre 3;8 e 3;9.

É óbvio que essa organização do simbolismo coletivo supõe os progressos no sentido da ordem e da coerência que assinalamos há pouco, como primeira característica dessa fase II. Mas poder-se-ia também dizer que a sequência nas ideias deriva dos progressos da socialização: aí estão, uma vez mais, os dois aspectos de um mesmo desenvolvimento, e é interessante notar esse círculo de aquisições sociais e mentais no domínio do simbolismo lúdico, tal como se pode assinalá-lo incessantemente no da representação adaptada. Nos dois casos, há passagem do egocentrismo inicial para a reciprocidade, graças a uma dupla coordenação nas relações interindividuais e nas representações correlativas. Mas, no que diz respeito ao simbolismo lúdico, convirá notar que todo o progresso da socialização culmina, não num reforço do simbolismo, mas na sua transformação, mais ou menos rápida, no sentido da imitação objetiva do real. Na presente fase II, em que a socialização ainda é muito frágil (tanto nos jogos coletivos em relação aos símbolos individuais como na linguagem socializada em relação à linguagem egocêntrica), esse começo já converge, como vimos (obs. 89), com uma tendência nítida, para a objetivação dos símbolos, no sentido da imitação exata do real, mas, na fase III, cujo estudo vamos agora abordar, o período culminante e decisivo dos sete aos oito anos acarreta uma modificação muito clara do simbolismo lúdico, assim como a socialização geral cujos efeitos notamos tão frequentemente sobre o pensamento.

Fase III. – Esse último período, que devemos situar entre sete a oito anos e onze a doze anos, é caracterizado pelo declínio evidente do simbolismo, em proveito quer dos jogos de regras, quer das construções simbólicas cada vez menos deformantes e cada vez mais próximos do trabalho seguido e adaptado.

Recordaremos, em primeiro lugar, como uma investigação anterior sobre as regras do jogo de bolas de gude (*O Julgamento Moral na Criança*, capítulo I) nos revelou que a criança de sete anos abandona o jogo egocêntrico das crianças menores, em proveito de uma aplicação efetiva de regras e do espírito de cooperação entre os jogadores. O mesmo se aplica, naturalmente, aos jogos simbólicos coletivos, nos quais se observa, dos sete aos dez e onze anos, uma coordenação cada vez mais estreita dos papéis e um total florescimento da socialização que desabrochara no nível precedente. Foi o que pudemos observar, com J., L. e T., nos jogos de "família", de bonecas ou cenas de teatro de que falaremos a seguir (obs. 91).

Mas, em correlação com essa progressiva adaptação social, é necessário assinalar também o desenvolvimento das construções, trabalhos manuais, desenhos, cada vez mais bem adaptados ao real e que marcam o coroamento final do simbolismo lúdico. É T., sobretudo (obs. 92), quem nos vai dar o exemplo desses últimos destinos do jogo simbólico, que assim parece chegar ao fim com o próprio final da infância, ao passo que o jogo de regras, ignorado das crianças menores, durará até a idade adulta.

Obs. 91. – No que diz respeito ao simbolismo coletivo, limitemo-nos a notar o modo como J. e L., prosseguindo depois dos sete a oito anos em sua colaboração agora sistemática (e não mais episódica, como no nível precedente) nos jogos de bonecas e de família, acabaram organizando incessantemente, para elas próprias e para T. (depois com T.), uma espécie de "comédias" ou representações teatrais. No começo, tudo era improvisado e a comédia consistia apenas num jogo simbólico coletivo com espectadores. Depois, o tema era proposto antecipadamente e discutido em suas linhas gerais (por vezes, até com uma preparação detalhada do princípio), mas, uma vez desempenhada a parte de antemão preparada, restava sempre uma ampla margem de desenvolvimentos improvisados. O final, em particular, jamais era previsto de uma forma concludente.

Essas condutas nos proporcionam um primeiro exemplo da passagem dos jogos simbólicos para uma espécie de criações espontâneas ou trabalhos livres, que caracterizam o segundo período da infância e que a pedagogia ativa tem utilizado tão amplamente.

Obs. 92. – Em seguida aos jogos simbólicos com J. e L., nos quais cada uma tinha a sua aldeia e, depois, o seu país (chamados "Duas-Balas", "Três-Balas" etc.), T. constituiu um país próprio chamado "Seis-Vinte-Balas" e que começou à maneira dos ciclos de combinações da fase II (obs. 82-83 e 89). Mas, a partir dos sete anos, T., após ter desenhado os diversos aspectos de Seis-Vinte-Balas, passou

A Classificação dos Jogos

a elaborar mapas desse país. O seu nome tornou-se Siwimbal, e povoa-se de cidades chamadas Bergai, Mir, Blanker, Sogar etc. Numerosas aventuras aí se passam (viagens, histórias de animais), e T. situa em Bargai um certo número de escolares como ele, com os quais imagina suas relações.

Depois dos oito anos, os personagens imaginários são eliminados, mas T. redobra de cuidado e de engenho na feitura de seus mapas e na extensão de Siwimbal. Constrói seus modelos cartográficos com a mesma precisão dos mapas de países reais, pelos quais começou se interessando. Aos 8;2 e 8;3, divide o seu tempo, durante uma enfermidade, entre a confecção de planisférios muito completos e o desenho de regiões detalhadas de Siwimbal. Além disso, diverte-se distribuindo às suas irmãs e aos seus amigos determinadas regiões do país, de climas variados (uma estada balnear em clima africano para um, uma parcela de terras árticas para outro etc.), e aprofundando as descrições por transposição das regiões do globo que, na realidade, ele estuda com paixão.

Subsequentemente, por volta dos nove anos, os mapas reais levam a melhor (com retorno ocasional aos imaginários). Porém, surgiu um curioso termo de transição, representado pelos desenhos muito exatos, do ponto de vista da geografia física, mas com alterações de fronteiras: por exemplo, a Suíça abrange uma parte do norte da Itália, assim como um corredor que bordeja o Ródano e atinge o Mediterrâneo. A Alemanha é reduzida à sua expressão mais simples etc.

Enfim, por volta dos dez anos, os mapas tornam-se inteiramente objetivos. Mas o jogo simbólico reaparece ainda num outro plano. T., que começa a se apaixonar pela História, diverte-se reconstituindo o vestuário, os móveis, as casas etc. das épocas mais diversas: desenha e constrói, ele próprio, com a maior habilidade, todo o material e veste com trajes romanos, medievais, renascentistas, Luís XIV, do século XVIII, Império etc. os ursos e macacos minúsculos que ele aloja em quartos e dependências adequadas! Com uma paciência incansável, examina minuciosamente os seus manuais e toda uma literatura para chegar, com um colega de classe, a passear seus personagens de século em século. Portanto, o simbolismo está aqui reduzido à sua expressão mais simples: puro pretexto lúdico para um trabalho a dois, confere uma nota divertida a um labor contínuo, simultaneamente intelectual e artístico. É preciso ter visto um macaquinho de peruca, de tricórnio, de colete de seda e gola de rendas, num mobiliário do século XVIII de cartolina brilhante, para compreender o prazer que dois colegiais de onze anos podem sentir dedicando suas horas de lazer a uma evocação espiritual do passado.

Comparando essa derradeira forma de jogo simbólico com as fases iniciais, avalia-se toda a distância percorrida. No ponto de partida, a construção simbólica (o objeto dado e os gestos imitativos a que ele é assimilado) apenas representa situações e objetos sem relação direta com aquela, e mesmo esses últimos também são assimilados a um sistema de combinações subjetivas: por exemplo, uma cesta é assimilada a um automóvel, e este é evocado para imaginar uma viagem fictícia etc. No ponto de chegada, a construção simbólica (por exemplo, as casas, móveis e trajos do século XVIII) já nada mais constitui que uma reprodução imitativa direta da realidade correspondente, e esta só é evocada para servir de objeto ao esforço de compreensão inteligente: portanto, o símbolo tornou-se imagem, e esta já não serve para a assimilação ao eu, mas, outrossim, para a adaptação ao real, somente os macaquinhos (colocados no lugar de personagens humanos) conservando o contato entre essa adaptação objetiva e a assimilação lúdica do real à fantasia subjetiva.

§5. *OS JOGOS DE REGRAS E A EVOLUÇÃO DOS JOGOS INFANTIS.* – Ao passo que o jogo de exercício simples começa nos primeiros meses da existência e o jogo simbólico, durante o segundo ano de vida, o jogo de regras só se constitui no decorrer da fase II que distinguimos no § precedente (quatro a sete anos) e, sobretudo, no período III (dos sete aos onze anos). Em compensação, se no adulto se conservam apenas alguns resíduos dos jogos de exercício simples (por exemplo, brincar com o seu aparelho de rádio) e dos jogos simbólicos (por exemplo, contar uma história), o jogo de regras subsiste e desenvolve-se mesmo durante toda a vida (esportes, xadrez, jogos de cartas etc.). A razão dessa dupla situação, aparecimento tardio e sobrevivência além da infância, é muito simples: o jogo de regras é a atividade lúdica do ser socializado. Com efeito, tal como o símbolo substitui o exercício simples logo que surge o pensamento, do mesmo modo a regra substitui o símbolo e enquadra o exercício quando certas relações sociais se constituem; portanto, o problema apenas consiste em determinar quais são elas.

Notemos, em primeiro lugar, que o indivíduo só se impõe regras por analogia com as que recebeu. De fato, nunca comprovamos a existência de regras espontâneas numa criança isolada. J., aos três anos,[10] na posse de bolas de gude, ou faz simbolismo (ovos num ninho etc.) ou então brinca a atirá-las etc. (exercício simples), assim contraindo hábitos, ou seja, chegando à prática de regularidades espontâneas (atirar do mesmo lugar, à mesma distância etc.). Mas, além da regularidade, há na regra uma ideia de obrigação que supõe, pelo menos, dois indivíduos.[11] A situação mais próxima das regras, observada na criança em estado individual, é a dos jogos sensório-motores ritualizados, dos quais já demos exemplo (obs. 63 e 68), mas tampouco poderia ser confundida com o jogo de regras, dado que não existem nessa situação obrigações nem defesas. Quando J. diz: "Eu faço um jogo, trato de não ser tocada pelas avencas" (obs. 68), ela po-

---

[10] *O Julgamento Moral na Criança*, pág. 27.
[11] *A Regelbewusstsein* de K. BÜHLER não é, pois, necessariamente, uma "consciência da regra" nesse sentido definido.

deria, é certo, caminhar pelo atalho dando-se uma regra: "Não tocar nas avencas." Assim acontece muitas vezes às crianças (e mesmo aos adultos!) caminharem por uma calçada impondo-se a interdição de colocarem os pés sobre as linhas que dividem as lajes ou a obrigação de só pisarem as pedras pretas. Mas de duas uma: ou é um simples jogo de exercício com ritualização, ou o sujeito dá-se uma regra porque conhece as regras por outras vias e interioriza, assim, uma conduta social (sem falar das condutas mágicas e supersticiosas que se podem enxertar nesse exemplo, como, aliás, em todos os rituais).

Quanto às regras propriamente ditas, convém distinguir dois casos: as regras transmitidas e as regras espontâneas; por outras palavras, os jogos de regras que se tornaram "institucionais", no sentido de realidades sociais que se impõem por pressão de sucessivas gerações, e os jogos de regras de natureza contratual e momentânea. Os jogos de regras institucionais, como o jogo de bolas de gude (que na Suíça deixa de ser praticado no final da infância e se conserva, pois, por mera pressão social infantil), supõem a ação dos mais velhos sobre os mais novos: imitação dos mais velhos por causa de seu prestígio etc. Estudamo-los noutra parte, e não reverteremos agora a eles. Os jogos de regras espontâneos são mais interessantes do ponto de vista em que nos situamos no presente volume. Promanam da socialização quer dos jogos de exercícios simples, quer mesmo, por vezes, dos jogos simbólicos, e de uma socialização que, embora possa comportar as relações entre mais novos e mais velhos, permanece quase sempre uma questão de relações entre iguais e contemporâneos:

Obs. 93. – Subsequentemente aos fatos descritos na obs. 70, o jogo do banco generalizou-se na classe por imitação. Os jogadores saltam dois a dois para cima de um banco, cada um numa extremidade, e correm sobre o banco ao encontro um do outro, fazendo o choque cair um deles e deixando assim passagem livre ao vencedor. Ora, ao passo que os menores (que estão na origem do jogo) jogam quase sem regras, os grandes de sete a oito anos observam rapidamente certas normas de reciprocidade: partir ao mesmo tempo dos dois lados e, por vezes, a uma igual distância do banco; além disso, as meninas jogam entre elas, os garotos, entre eles, mas isso pode resultar de uma escolha espontânea, sem que tenha sido regulamentada.

Por outro lado, três garotos de cinco anos, que se divertem saltando um, dois, três etc. degraus da escada da escola, chegaram a um princípio de regras. Trata-se de saltar o mais longe possível; ora, o que cai perde, e o salto só é válido a partir do mesmo degrau para todos os concorrentes. Vê-se que essas regras nada têm de complexas, mas, de qualquer modo, assinalam um começo suscetível de ampliação.

Obs. 94. – Uma transição interessante do jogo simbólico para o jogo de regras foi-nos fornecida por pequenos pastores valaisianos que se entretêm talhando ramos de aveleira em Y para representar as vacas; as duas pernas do Y são as hastes, e a porção inferior representa o corpo (sem patas). Além disso, a casca é retirada por baixo, para figurar o ventre, e mosqueada por cima, para figurar os costados e suas manchas. Até aqui, trata-se meramente de simbolismo do tipo da fase II (construção imitativa). Mas as vacas assim talhadas entregam-se a combates, e é aí que aparece a regra: as vacas devem chocar-se hastes contra hastes, e os jogadores empurram-nas pela base do Y; aquela que cair de costas perdeu. Trata-se, pois, de respeitar essas condições, de empurrar sem repelões etc., e a vaca perdedora torna-se propriedade do vencedor.

Foi, sem dúvida, dessa maneira que os jogos de polícia e bandido etc., primeiro simbólicos (e assim permanecendo nos menores), acabaram por esvaziar-se de seu conteúdo representativo para converterem-se em jogos de perseguição regulamentada.

Em resumo, os jogos de regras são jogos de combinações sensório-motoras (corridas, jogos de bola de gude ou com bolas etc.) ou intelectuais (cartas, xadrez etc.), com competição dos indivíduos (sem o que a regra seria inútil) e regulamentados quer por um código transmitido de gerações em gerações, quer por acordos momentâneos. Os jogos de regras podem ter origem quer em costumes adultos que caíram em desuso (de origem mágico-religiosa etc.), quer em jogos de exercício sensório-motores que se tornaram coletivos (obs. 39), quer, enfim, em jogos simbólicos que passaram igualmente a coletivos, mas esvaziando-se, então, de todo ou de parte do seu conteúdo imaginativo, isto é, de seu próprio simbolismo (obs. 94).

Essas indicações bastam-nos para que se possa concluir este extenso capítulo procurando definir as grandes linhas da evolução do jogo infantil. Do exercício simples ao símbolo e à regra, vê-se que existem três sistemas definidos cujo aparecimento é sucessivo, mas cujas interferências, assim como suas relações diversas com os jogos de construção ou de criação, exigem que se faça um breve apanhado final, a título de esclarecimento.

Se os jogos de exercício são os primeiros a aparecer, também são os menos estáveis, porque vicariantes: surgem a cada nova aquisição e desaparecem após saturação. Ora, como as aquisições verdadeiramente novas são cada vez menos numerosas com o desenvolvimento da criança, os jogos de exercício simples, após um período de apogeu durante os primeiros anos, diminuem (absoluta e relativamente) de importância com a idade. Algumas delas são um pouco mais duráveis porque ligadas a situações que se renovam por mais tempo: tal é o caso dos jogos combativos que surgem em todas as situações sociais que implicam competição e que se reencontram, pois, em diferentes idades,[12] ou os jogos de saltos, escala-

---

[12] P. BOVET, *L'instinct combatif*, Delachaux & Niestlé, 1937.

das etc., que ressurgem em cada ocasião propícia. Mas, em geral, há uma extinção gradual dos jogos de simples exercício, e isso em virtude das três espécies de transformações seguintes:

Em primeiro lugar, a criança passa, insensivelmente, do exercício simples às combinações sem finalidade, depois com finalidade. Ora, assim que um conjunto de movimentos e manipulações é coordenado em função de uma finalidade, mesmo lúdica, como reunir cubos de armas segundo suas dimensões crescentes ou decrescentes etc. (obs. 71), o sujeito passa rapidamente a atribuir-se tarefas precisas, e o jogo de exercício volta-se para a construção. Ora, entre a construção lúdica e o trabalho propriamente dito existem as transições mais insensíveis,[13] constituindo assim essa reintegração do jogo na atividade adaptada uma causa primeira da gradual extinção dos jogos de exercício.

Em segundo lugar, o exercício simples pode-se transformar em simbolismo ou desdobrar-se em jogo simbólico, quer porque o próprio esquema sensório-motor se converte em esquema simbólico (obs. 64-65), quer porque as construções resultantes de combinações lúdicas, em vez de passarem diretamente à ação adaptada e ao trabalho, engendram imitações simbólicas (torres, casas etc.: ver obs. 71 e 89).

Em terceiro lugar, o exercício que se torna coletivo pode ser regulado e evoluir, assim, para os jogos de regras (obs. 70 e 93), o que constitui um último motivo para o desaparecimento dos jogos de exercício com a idade, sem contar com a sua extinção espontânea por saturação.

Quanto ao jogo simbólico, se o seu apogeu deve ser situado entre os dois e quatro anos, também declina subsequentemente, e isso por razões que é importante apurar, visto que elas fazem compreender os móbeis inversos de seu anterior incremento. De modo geral, pode-se dizer, com efeito, que quanto mais a criança se adapta às realidades físicas e sociais, menos se entrega às deformações e transposições simbólicas, visto que, em vez de assimilar o mundo ao seu eu, submete progressivamente, pelo contrário, o eu ao real. Daí resultam as três razões essenciais de enfraquecimento do simbolismo lúdico com a idade.

A primeira diz respeito ao conteúdo do simbolismo: nos casos em que esse conteúdo testemunha as necessidades de expansão do eu, de compensação, de liquidação ou mesmo, simplesmente, de continuação da vida real (bonecas etc.), a criança encontra sempre e cada vez mais na verdadeira existência – se esta for normal – os alimentos que tornam inútil a assimilação simbólica e fictícia. Crescendo, a criança presta atenção ao

---

[13] Ver CLAPARÈDE, *Psychologie de l'enfant*, 8ª ed., págs. 498-509.

seu círculo social e, sobretudo, torna-se igual (ou superior) a um número relativamente crescente de personagens reais: a vida oferece-lhe, então, os meios de compensar, liquidar etc., em muitos casos em que, até então, o jogo era indispensável.

A segunda razão é que o simbolismo compartilhado por vários pode engendrar a regra, daí a transformação possível dos jogos de ficção em jogos de regras (ver obs. 94).

Enfim, uma terceira razão sobrepuja as outras duas e explica a diminuição gradual do jogo em geral, e não só do jogo simbólico: na medida em que a criança procura submetê-lo ao real, mais do que assimilá-lo, o símbolo deformante transforma-se em imagem imitativa, e a própria imitação incorpora-se à adaptação inteligente ou efetiva. Acentuamos que a criança se torna, primeiramente, cada vez mais exigente nos casos de simbolismo: dos quatro aos sete anos, ela quer reproduzir exatamente, e os seus símbolos tornam-se, desse modo, cada vez mais imitativos (obs. 89).[14] Por isso mesmo, o jogo simbólico integra o exercício sensório-motor ou intelectual e transforma-se, em parte, em jogos de construção. Em segundo lugar, por outro lado, encontra-se toda a sorte de intermediários entre a construção e o trabalho, graças, em especial, às mesmas relações entre o símbolo imaginativo e a imitação adaptada (obs. 91 e 92): daí o declínio, entre os oito e os doze anos, do jogo simbólico e do jogo todo.

Somente os jogos de regras escapam a essa lei de involução e desenvolvem-se (em número relativo e mesmo absoluto) com a idade. São quase os únicos que subsistem no adulto. Ora, estando esses jogos socializados e disciplinados, precisamente em virtude da regra, poder-se-á indagar se não serão as mesmas causas que explicam, simultaneamente, tanto o declínio do jogo infantil nas suas formas específicas de exercício e, depois, principalmente, de símbolo fictício, como o desenvolvimento dos jogos de regras, na medida em que são essencialmente sociais. Se, verdadeiramente, o exercício é devido ao prazer decorrente de novos poderes e capacidades adquiridas pela atividade própria do sujeito; se, realmente, o simbolismo lúdico é, sobretudo, assimilação do real ao eu e reforço dos mesmos prazeres por submissão fictícia de todo o universo físico e social, então esse duplo processo de extinção dos jogos iniciais em proveito da construção adaptada e da evolução dos jogos de regras, únicos resíduos da imensa variedade e abundância do jogo infantil, tornar-se-ia facilmente explicável. É o que vamos tentar, justamente, demonstrar agora.

---

[14] Por outra parte, a antecipação simbólica (obs. 87) torna-se dedução.

CAPÍTULO VI

A Explicação do Jogo

Após havermos tentado classificar e descrever os jogos, vamos agora nos esforçar por encontrar-lhes uma interpretação situando-os no conjunto de contexto do pensamento da criança. A tarefa não é absolutamente fácil: o grande número das teorias explicativas do jogo desenvolvidas até aqui mostra suficientemente que esse fenômeno resiste à compreensão causal. Mas a razão dessa resistência é talvez que se tende a fazer do jogo uma função isolada (como, aliás, da própria "imaginação"), o que falseia o problema, levando à procura de soluções particulares, ao passo que o jogo tende sem dúvida simplesmente para um dos aspectos de toda atividade (como a imaginação em relação ao pensamento): sua predominância na criança explicar-se-ia, portanto, não por causas específicas, especiais ao domínio lúdico, mas pelo fato de que as tendências características de toda conduta e de todo pensamento são menos equilibradas entre si no começo do desenvolvimento mental que no adulto, o que, naturalmente, é evidente.

§1. *OS CRITÉRIOS DO JOGO.* – Do exame dos principais critérios habitualmente utilizados para dissociar o jogo das atividades não lúdicas, ressalta à evidência que o jogo não constitui uma conduta à parte ou um tipo particular de atividades dentre outras: ele se define somente por uma certa orientação da conduta ou por um "polo" geral de toda atividade, caracterizando-se assim cada ação particular por sua situação mais ou menos vizinha desse polo e pelo modo de equilíbrio entre as tendências polarizadas.

Por exemplo, o jogo, segundo uma fórmula célebre, encontra sua finalidade em si mesmo, enquanto o trabalho e as outras condutas não lúdicas comportam um objetivo não compreendido na ação como tal. O jogo seria portanto, como se diz, "desinteressado", ou, como se exprime J. M. Baldwin, "autotélico". Mas se observa de imediato a imprecisão desse primeiro critério. Por um lado, como já insistiu nisso P. Souriau (*Esthétique du mouvement*), todo jogo é, num certo sentido, altamente "interessado", pois o jogador se preocupa certamente com o resultado de sua atividade. No caso dos jogos de exercícios, esse resultado é mesmo idêntico, em sua materialidade objetiva, ao da ação "séria" correspondente. Se se quiser opor "autotelismo" a "heterotelismo", não pode haver senão dúvida quanto a uma diferença relativa à forma do equilíbrio dado entre a conduta particular e o conjunto dos outros. Nas ações "heterotélicas", a orientação da conduta é centrífuga, na medida em que existe subordinação dos esquemas ao real, ao passo que as ações "autotélicas" testemunham uma orientação centrípeta na medida em que o sujeito, utilizando os mesmos esquemas, experimenta prazer em exercer seus poderes e em sentir-se causa. Mas, por outro lado, quase todas as ações do primeiro ano parecem autotélicas, sem por isso serem sempre lúdicas. Eis por que o verdadeiro sentido desse primeiro critério é procurar na oposição entre a assimilação das coisas à atividade propriamente dita e a acomodação desta àquela: quando a assimilação e a acomodação são indiferenciadas, como nas condutas do começo do primeiro ano, parece haver ali autotelismo sem que se tenha propriamente de falar em jogo, mas, na medida em que a assimilação leva vantagem sobre a acomodação, o jogo se dissocia das atividades não lúdicas correspondentes. A distinção, muitíssimo nítida teoricamente, entre o autotelismo e o heterotelismo resume-se assim à diferença de grau, com todas as transições contínuas que ela implica entre as condutas nas quais as tendências polarizadas segundo a assimilação e a acomodação permanecem em equilíbrio e as condutas nas quais as tendências do primeiro tipo levam vantagem em graus diversos sobre as segundas, da assimilação sensório-motora, própria ao exercício lúdico, à assimilação simbólica em si.

Um segundo critério frequentemente invocado é o da espontaneidade do jogo, oposta às obrigações do trabalho e da adaptação real. Mas as pesquisas intelectuais primitivas da criança, e aliás as da própria ciência pura, não são inteiramente também "espontâneas"? Se se procura precisar, e distinguir, por consequência, os "jogos superiores", que são a ciência e a arte, dos jogos não "superiores", que são os jogos puros e simples, não resta novamente senão distinguir dois polos: um polo de atividade verdadeiramente espontânea, porque não controlada, e um polo de atividade controlada pela sociedade ou pela realidade. Mas, apresentado assim, o critério retorna ao precedente: o jogo é uma assimilação do real ao eu, por oposição ao pensamento "sério", que equilibra o processo assimilador com uma acomodação aos outros e às coisas.

Um terceiro critério amiúde utilizado é o do prazer: o jogo é uma atividade "pelo prazer", ao passo que a atividade séria tende a um resultado útil e independe de seu caráter agradável. É, se assim se quiser, o auto e o heterotelismo traduzidos em termos afetivos. Mas o equívoco quanto a isso não é senão maior, porquanto numerosos "trabalhos" propriamente ditos não têm outro alvo subjetivo que a satisfação ou o prazer, sem serem por isso jogos. Dir-se-á com Claparède que o jogo é uma realização imediata dos desejos ou das necessidades, e o trabalho, uma realização mediata? Mas o grau de complexidade não basta: a ação de agarrar por agarrar pode constituir uma aprendizagem não lúdica, embora a satisfação seja próxima, enquanto um jogo pode supor todas as espécies de intermediários complicados. A nuança justa é sem dúvida a que Freud, em termos semelhantes, exprimiu pela oposição do *"Lustprinzip"* e do *"Realitätprinzip"*: de um lado, a satisfação imediata, mas enquanto despreza as leis do real, e, do outro, a adaptação ao real que comporta um elemento de satisfação, mas subordinado a uma espécie de renúncia ou de respeito aos dados objetivos. Perdura, contudo, uma dificuldade. Certos jogos (que denominamos jogos simbólicos de liquidação) consistem em reproduzir simbolicamente acontecimentos manifestamente penosos (obs. 86), com o único fim de digeri-los ou assimilá-los. Estamos aqui em presença de situações análogas àquelas que o próprio Freud descreveu, num outro lado, como anteriores ao princípio do prazer: *"Jenseits des Lustprinzips"*. Tais casos nos mostram – e isso é precioso por convergir com as observações precedentes – que a assimilação simples, sob a forma da repetição de um acontecimento vivido, mesmo penoso, constitui o fator primário do jogo e leva vantagem, em geral, sobre a busca do prazer como tal. Isso exposto, a dificuldade aliás desaparece, pois é claro que, se o jogo tende por vezes à repetição de estados de consciência penosos, não é para conservá-los na qualidade de dolorosos, mas sim para torná-los suportáveis e mesmo quase agradáveis, assimilando-os à atividade de conjunto do eu. Em suma, pode-se reduzir o jogo a uma busca de prazer, mas com a condição de conceber essa busca como subordinada, ela mesma, à assimilação do real ao eu: o prazer lúdico seria assim a expressão afetiva dessa assimilação.

Um quarto critério às vezes formulado (em particular pelos autores norte-americanos) é a relativa falta de organização no jogo: o jogo seria desprovido de estrutura organizada, em contraposição ao pensamento sério, que é sempre regulado. Aqui ainda é possível aproximar esse critério de uma observação de Freud, segundo a qual o pensamento simbólico (no sentido do simbolismo inconsciente freudiano, do qual veremos justamente o parentesco com o jogo) não é "dirigido", por oposição ao pensamento lógico, que obedece a uma direção sistemática. Mas tal critério, que sugere aliás a existência de todas as transições entre os termos extremos, se reduz mais uma vez ao da assimilação: por que um devaneio ou um jogo simbólico não são "dirigidos" senão porque o real ali está assimilado aos caprichos do eu em lugar de ser pensado de conformidade com as regras?

Um quinto critério, interessante para nós, é a libertação dos conflitos: o jogo ignora os conflitos ou, se os encontra, é para libertar o eu por uma solução de compensação ou de liquidação, ao passo que a atividade séria se vê a braços com conflitos que ela não saberia desviar. É inegável que esse critério é, em suas linhas gerais, exato. O conflito da obediência e da liberdade individuais é, por exemplo, o tormento da infância. Ora, na vida real esse conflito só comporta como soluções a submissão, a revolta ou uma cooperação que comporta, também ela, certa parcela de sacrifícios. No jogo, ao contrário, os conflitos mais precisos são transpostos de maneira que o eu tira sua desforra, seja pela supressão do problema, seja porque a solução se torna aceitável. Somente, vê-se por isso mesmo, tal critério cinge-se a ressaltar um aspecto, especialmente importante mas não obstante parcial, da assimilação lúdica em geral: é porque o eu se submete ao universo inteiro, nas condutas do jogo, que ele se liberta dos conflitos, e não pelo inverso, a menos, precisamente, que se chame conflito toda limitação do eu pelo real.

Notemos enfim o interessante critério proposto por Curti:[1] a supramotivação. Por exemplo, varrer um soalho não é um jogo, mas varrer descrevendo uma figura assume um caráter lúdico (cf. comer espinafre recortando pequenos quadrados ou tirando "uma colher para mamãe", uma "para papai" etc.). O jogo começaria assim com a intervenção de motivos não contidos na ação inicial, e todo jogo poderia ser caracterizado pelo papel de motivos acrescidos. Mas o problema vem a ser o de determinar o que são esses supramotivos lúdicos, pois não se poderia afirmar que toda

---

[1] M. W. CURTI, *Child Psychology*, Longmans-Green, 1930.

conduta de motivos polivalentes e sucessivos seja por isso mesmo lúdica. No caso particular, os motivos acrescentados são relativos ao prazer da combinação gratuita, como podem sê-lo ao da imaginação simbólica etc. Mas então não é, novamente, que aquilo que torna lúdica uma ação se reduz simplesmente a um processo empregado pelo eu para ligar de uma maneira ou de outra à sua atividade uma realidade que ali permaneceria independente e que a obrigaria mesmo por vezes a uma acomodação fatigante? A motivação afim do "interesse extrínseco" não é portanto, mais uma vez, a expressão de um primado da assimilação?

Em suma, verificamos assim que todos os critérios propostos para definir o jogo em relação à atividade não lúdica terminam, não por dissociar nitidamente o primeiro da segunda, mas por ressaltar simplesmente a existência de uma orientação cujo caráter mais ou menos acentuado corresponde à tonalidade mais ou menos lúdica da ação. Isso significa dizer que o jogo distingue uma modificação, de grau variável, das relações de equilíbrio entre o real e o eu. Pode-se portanto sustentar que, se a atividade e o pensamento adaptados constituem um equilíbrio entre a assimilação e a acomodação, o jogo começa desde que a primeira leva vantagem sobre a segunda. Da assimilação puramente funcional que caracteriza o jogo de exercício até as diversas formas de assimilação do real ao pensamento que se manifestam no jogo simbólico, o critério parece bem geral. Ora, pelo fato mesmo de que a assimilação intervém em todo pensamento e que a assimilação lúdica tem por único signo distintivo o fato de que ela subordina a acomodação em vez de equilibrar-se com ela, o jogo é de conceber-se como ligado ao pensamento adaptado pelos intermediários mais contínuos, e como solidário do pensamento inteiro, do qual não constitui senão um polo mais ou menos diferenciado. É o que nos vai mostrar agora o exame das teorias explicativas do jogo, cujas três principais passaremos a examinar.

§2. *A TEORIA DO PRÉ-EXERCÍCIO.* – Não se poderia exagerar a importância que têm tido as profundas noções opostas por K. Groos, desde 1896, às ideias comuns sobre o jogo. Apesar dos conceitos proféticos dos grandes educadores, a pedagogia tradicional sempre considerou o jogo uma espécie de alteração mental ou, pelo menos, uma pseudoatividade, sem significação funcional e mesmo nociva às crianças, que ele desvia de seus deveres. Por seu lado, o senso comum psicológico, dominado por essa espécie de adultocentrismo que foi o grande obstáculo das pesquisas genéticas, só via no jogo uma distração ou a manifestação de um desperdício de energia, sem se perguntar por que as crianças antes jogam de tal maneira que de outra. O grande mérito de Groos é haver compreendido que um fenômeno assim geral, comum aos animais superiores e ao homem, não poderia ser explicado fora das leis da maturação psicofisiológica. Em outras palavras, K. Groos viu no jogo um fenômeno de crescimento – crescimento tanto do pensamento quanto da atividade – e formulou a si próprio a questão do porquê das diversas formas de jogo. Mais ainda, esteta tanto quanto psicólogo, Groos interessou-se pelo jogo como parente da arte, e é o mecanismo da ficção que ele sobretudo tentou explicar. A doutrina de K. Groos apresenta-se assim sob dois aspectos bem distintos: uma teoria geral do jogo como pré-exercício e uma teoria especial da ficção simbólica. É verdade que a originalidade da doutrina consiste precisamente em querer interpretar o "como se" pelo pré-exercício. Somente, convém ainda mais dissociar as duas partes da tese, pois, se pudermos sem dificuldades conservar o essencial da primeira, no tocante ao jogo de exercício, não poderíamos nos satisfazer com a segunda, no que diz respeito ao jogo simbólico.

O jogo é "pré-exercício", diz Groos, e não apenas exercício, porque contribui para o desenvolvimento de funções cujo estado de maturidade só é atingido no fim da infância: funções gerais, tais como a inteligência etc., às quais correspondem os jogos de experimentação, e funções especiais ou instintos particulares. O impulso das atividades é, com efeito, para Groos, de ordem definitiva. Ora, o instinto entra em ação na sua devida hora e exige, até aí, ser preparado. O exercício preparatório necessário à sua maturação, a intervir, portanto, muito antes que esteja terminada, é a ocupação específica da infância, e tal é o jogo. "Os animais têm uma juventude para que possam jogar" – já dizia Groos ao estudar *Les jeux des animaux* (pág. 68 da trad.).

Quanto aos concomitantes psíquicos desse pré-exercício, o primeiro deles é o prazer, que acompanha a ativação de toda tendência instintiva; depois a alegria inerente a toda ação bem-sucedida: a famosa "alegria de ser causa". Daí vai derivar a consciência do "como se". A alegria de ser causa implica, em primeiro lugar, a consciência de um objetivo. Longe de ser uma atividade sem objetivo, só se concebe o jogo como uma busca de fins particulares. Mas o objetivo mais simples permanece imanente ao pré-exercício: o cão jovem que agarra um outro pela nuca não faz senão ativar seu instinto de luta, e a alegria do êxito basta para animá-lo, sem que seja ainda necessário conceder-lhe uma consciência do como se. Mas, desde o dia em que saiba morder e quando, sem suas batalhas fictícias, impuser ao seu instinto uma certa limitação, então, segundo Groos, haverá consciência da ficção: desse pré-exercício nascerá o simbolismo (*ibid.*, págs. 304-305). Em suma, se todo jogo, objetivamente falando, é uma pseudoatividade, o sentimento da ficção constitui a consciência dessa pseudoatividade e dela decorre cedo ou tarde.

O sentimento do "como se", do qual se vê a origem que lhe atribui K. Groos, prolonga-se ele próprio em "imaginação", isto é, em "faculdade de presumir como reais simples representações" (*ibid.*, pág. 313). No sonho e no delírio, a imaginação nos logra porque se trata então "de uma ilusão não penetrada pelo eu; no jogo e na arte, em compensação, trata-se de uma ilusão voluntária consciente" (pág. 313). A ideia da ilusão voluntária, devida a Konrad Lange, é assim retomada por Groos para designar o que ele chama de uma espécie de "desdobramento da consciência": a imaginação representa o objetivo lúdico como verdadeiro, enquanto o prazer de ser causa nos relembra que somos nós mesmos que criamos a ilusão. É nisso que o jogo se faz acompanhar de um sentimento de liberdade e anuncia a arte, desabrochar dessa criação espontânea.

Contudo, sem retornar sobre as reservas que impõe a aproximação do jogo e da arte, sobre as quais já insistiu H. Delacroix,[2] gostaríamos de mostrar sucintamente que, apesar dos engenhosos esforços de K. Groos, não se poderia considerar sem mais a imaginação simbólica a tradução interior dos comportamentos do pré-exercício, nem, consequentemente, reduzir a uma unidade simples o sentimento da ficção e o exercício preparatório. É verdade que a imaginação simbólica, desde o início do segundo, vem coroar os jogos iniciais de exercício sensório-motor (ver obs. 65), mas é à maneira pela qual a representação conceptual prolonga os esquemas da inteligência sensório-motora, e isso não implica nada que a primeira seja a simples tomada de consciência dos segundos; ao contrário, tão logo constituído, o símbolo lúdico orienta o jogo em novas direções que se afastam cada vez mais do simples exercício.

Examinemos primeiramente a noção do pré-exercício e perguntemo-nos se ela é indispensável, em relação à do exercício puro e simples. Observemos primeiramente que ela é de ordem descritiva, mais que explicativa: Wundt já censurou vigorosamente a Groos o finalismo que neste algumas vezes substitui a explicação causal. É verdade que Groos se refere aos instintos e que, se eles existem, é natural que apresentem uma ativação anterior à sua maturidade, podendo então chamar-se esse exercício inicial de "pré-exercício", com referência às atividades terminais. Somente, sem querer discutir aqui o papel da educação nos "instintos" dos animais (ver os trabalhos de Kuo sobre o instinto predador dos gatos etc.), não acreditamos absolutamente resolvido o problema da existência dos instintos

---

[2] H. DELACROIX, *La psychologie de l'art*, Alcan.

do homem, exceção feita dos dois únicos casos seguros em que a tendência instintiva corresponde a órgãos diferenciados e, consequentemente, a técnicas inatas, consistentes em montagens reflexas específicas (instinto sexual e nutrição). Quanto aos jogos das crianças, e pondo de lado mesmo a questão muito mais complexa dos jogos simbólicos e dos jogos de regras, podem-se considerar todos os jogos de exercício "pré-exercícios" de instintos particulares ou de funções gerais? Seria bem exagerado afirmá-lo, e não vemos o que a noção de "pré-exercícios" acrescenta à de "exercício" puro e simples. Com efeito, é qualquer uma aquisição nova ou em curso que é exercida pelo jogo, e se esse exercício, desenvolvendo o mecanismo em causa, contribui com toda a certeza para a sua consolidação, seria cair num finalismo inexplicável ver no exercício lúdico uma preparação de estados ulteriores nos quais o mecanismo exercido será integrado. Por exemplo, quando, por volta de um ano de idade, descobre a queda dos corpos, o bebê se diverte em lançar tudo por terra: exerce assim seu novo poder, e este será integrado um dia em seu conhecimento das leis do mundo exterior, mas não existe certamente aí um pré-exercício dessa inteligência física ulterior. O mesmo raciocínio conduz a ver nos jogos análogos um exercício da inteligência atual, se assim se deseja, mas não um pré-exercício da inteligência futura, salvo tomando o termo pré-exercício num sentido puramente temporal e não teleológico.

Em resumo, separada de seu finalismo, a noção de pré-exercício reduz-se à de assimilação funcional:[3] da mesma maneira que todo órgão, funcionando, assimila (e, portanto, se desenvolve), assim também toda conduta ou mecanismo mental se consolida pela repetição ativa. A "reação circular" de Baldwin não possui outra significação, e toda atividade inicial da criança obedece a esse mesmo princípio. Mas, se a assimilação sensório-motora, isto é, a repetição ativa das condutas e a incorporação dos objetos exteriores a essa atividade, constitui assim um dos polos necessários do desenvolvimento psíquico, existe, em toda adaptação em curso, um segundo polo, definido pela acomodação dos esquemas aos caracteres específicos desses mesmos objetos. O jogo começa quando essa acomodação passa para o segundo plano, porque a assimilação se lhe subordina mais ou menos completamente: ao esforço acomodador sucede então a ação por si mesma, o "prazer de ser causa", tão bem descrito por K. Groos. Mas, repetimos, essa assimilação vitoriosa ou lúdica não poderia desempenhar mais que um papel de exercício, não de pré-exercício.

---

[3] Foi nesse sentido que Carr considerou o jogo um estímulo de crescimento.

A aparição da ficção e do jogo simbólico levanta, em oposição, uma questão muito mais complexa. Concedemos certamente a Groos a existência de um parentesco entre o jogo simbólico e o jogo de exercício, pois veremos no simbolismo um produto desse mesmo processo que explica já o exercício como tal. Nas duas teses há, portanto, correspondência entre o símbolo e o exercício, mas, para Groos, a ficção simbólica não é mais que a tradução interna do fato objetivo que é o pré-exercício, enquanto, para nós, o jogo simbólico é uma assimilação mental, como o jogo de exercício é uma assimilação sensório-motora, sem que todo jogo simbólico seja necessariamente, em seu próprio conteúdo, um jogo de exercício.

A questão central, portanto, é a seguinte: o fato de o exercício como tal (concedendo-lhe mesmo, ainda por um instante, a categoria de pré-exercício) conduz *ipso facto* à ficção simbólica? Ora, a negativa parece-se-nos impor, e em virtude de dois tipos de considerações. Em primeiro lugar, a criancinha, durante todo o seu primeiro ano, assim como todas as espécies animais que conhecem o jogo (salvo a exceção dos esquemas simbólicos citada no chimpanzé), parecem ignorar a ficção representativa (o "como se"), ao mesmo tempo em que são capazes de jogos de exercício: é por um abuso manifestamente antropomórfico que Groos empresta ao cãozinho que mordisca um outro sem verdadeiramente mordê-lo a consciência do "como se", enquanto o mecanismo das tendências contrárias (a simpatia e o prazer que inibem a combatividade) basta para explicar essa "autolimitação", sem a intervenção de nenhuma representação. Em segundo lugar, é impossível fornecer a prova de que todos os jogos simbólicos das crianças tendem a prepará-las para uma atividade especial ou mesmo geral: o símbolo, assim que constituído, ultrapassa largamente o exercício, e, se nos limitarmos a dizer que ele exerce o pensamento interno, é preciso em seguida perguntar por que é necessário que haja então símbolo e ficção e não simples exercício do pensamento conceptual como tal. Com efeito, por que a criança brinca de vendeiro, de motorista, de médico? Se se ficasse tentado a enxergar nisso pré-exercícios, por analogia com os jogos do cabrito que saltita ou do gatinho que acompanha o batalhão, perguntar-nos-íamos então: por que L. (obs. 80) brinca de "ser uma igreja", imitando a rigidez do campanário e o som dos sinos, e por que J. (obs. 86) se deita imóvel, encarnando o "pato morto" que ela viu depenado sobre uma mesa? Longe de constituir exercícios preparatórios ou mesmo atuais, a maior parte dos jogos que citamos tende, ao contrário, a reproduzir o que impressionou, a evocar o que agradou ou a participar de mais perto no ambiente, ou seja, em resumo, a construir uma vasta rede de dispositivos que permitam ao eu assimilar a realidade integral, isto é, incorporá-la para revivê-la, dominá-la ou compensá-la. Mesmo o jogo das bonecas, que poderia se prestar a uma interpretação privilegiada, apresenta-se muito menos como um pré-exercício do instinto maternal que como um sistema simbólico indefinidamente matizado, a fornecer à criança todos os meios de assimilação que lhe são necessários para reconsiderar a realidade vivida.

Em seu comentário de K. Groos, Claparède, que evidentemente sentiu essa dificuldade essencial, atenua as fórmulas demasiadamente precisas do psicólogo alemão: "Dizendo que a criança exerce atividades que lhe serão úteis mais tarde, entende-se um exercício das atividades mentais, das funções psíquicas como observar, manipular, associar-se a companheiros etc."[4] Isso é claro, mas, então, por que recorrer ao simbolismo? Para pensar num campanário de igreja ou num pato morto, e para reviver uma cena de família sobrevinda a propósito de uma sopa difícil de engolir, não bastaria recorrer à linguagem interior, isto é, ao pensamento verbal e conceptual? Por que imitar o campanário, por que deitar-se imóvel para fingir ser o pato e fazer sua boneca tomar uma sopa fictícia, censurando – ou dando razão – a esse rebento recalcitrante? A resposta é evidente: a criança não possui ainda um pensamento interior suficientemente preciso e móvel, seu pensamento lógico-verbal é demasiadamente curto e vago, enquanto o símbolo concretiza e anima todas as coisas. Mas, então, não é mais o pré-exercício que explica o símbolo, mas a própria estrutura do pensamento da criança.

Ademais, embora o pensamento verbal e conceptual seja o pensamento de todos e permanece, consequentemente, inapto a fornecer o que foi vivido individualmente, o simbolismo lúdico, ao contrário, é construído pelo sujeito para seu próprio uso, e esse egocentrismo do significante convém então exatamente ao caráter das significações. Longe de servir ao pré-exercício, o símbolo exprime pois, essencialmente, a realidade infantil atual. O verdadeiro pré-exercício, no domínio da iniciação à vida adulta, deve ser procurado, ao contrário, não no jogo da imaginação, mas sim nas questões, nas reflexões espontâneas, nos desenhos de observação, ou seja, em resumo, em toda atividade "séria" em via de constituição e que dá ocasião a exercícios comparáveis aos exercícios sensório-motores.

Dir-se-á enfim, de acordo com certos aspectos da doutrina do próprio Groos, que os jogos simbólicos exercitam pelo menos a imaginação, como tal? Não contribuindo para o exercício de todo pensamento, pois que se acha, ao contrário, orientado em sentido inverso ao do pensamento con-

---

[4] CLAPARÈDE, *Psychologie de l'enfant*, 8ª ed., pág. 436.

ceptual e lógico, o simbolismo prepararia então as próprias aptidões imaginativas? Sem dúvida alguma, mas com a condição de introduzir certas distinções. Apesar de Groos, a imaginação não é uma faculdade: é um dos dois polos de todo pensamento, o da combinação livre e o da assimilação recíproca dos esquemas. Nesse sentido, a assimilação simbólica é fonte de imaginação criadora, isto é, de atividade construtora espontânea, por oposição à acomodação ao real e à verificação, tanto lógica (coerência regulada) quanto experimental. É nesse sentido que Baldwin já via no jogo o início da dedução, isto é, da livre construção do pensamento. Mas é preciso insistir ainda sobre o fato de que o jogo simbólico não chegará à sua forma final de imaginação criadora senão à condição de reintegrar-se, por assim dizer, no pensamento integral: saído da assimilação, que é um dos aspectos da inteligência inicial, o simbolismo desabrocha primeiro essa assimilação num sentido egocêntrico; depois, com o progresso duplo de uma interiorização do símbolo na direção da construção representativa e de um alargamento do pensamento na direção conceptual, a assimilação simbólica se reintegra no pensamento sob a forma de imaginação criadora.

Em resumo, após haver descoberto o caráter de exercício dos jogos elementares, K. Groos não pôde dar a explicação da ficção simbólica porque quis prestar contas desse aspecto fictício do jogo pelo próprio conteúdo das tendências exercidas: não podendo bater-se verdadeiramente ou cuidar de bebês verdadeiros, a criança se contentaria com combates "como se" ou com personagens imaginários. Observemos a propósito disso que Groos, sob esse ponto de vista, aparenta-se a Freud, que, ele também, deixou escapar a causalidade dos símbolos inconscientes que, contudo, ele mesmo havia descoberto e, por essa mesma razão, quis explicá-los pelo seu próprio conteúdo. Para Freud, há simbolismo porque o conteúdo dos símbolos é recalcado, enquanto, para Groos, há ficção simbólica porque o conteúdo dos símbolos lúdicos acha-se ainda inacessível ao sujeito. Ora, nos dois casos, não é o conteúdo que explica a formação do símbolo, mas sim a própria estrutura do pensamento do sujeito; trata-se de sonhos, de semivigília ou do jogo das crianças, há símbolo porque o pensamento, em seus estados de baixa tensão psicológica ou em seus estágios elementares, procede por assimilação egocêntrica e não por conceitos lógicos.

§3. *A TEORIA DA RECAPITULAÇÃO*. – Se, sob certos aspectos, a interpretação que Groos nos fornece da ficção no jogo relembra a apresentada por Freud sobre o simbolismo onírico, ambos explicando o símbolo pelo caráter proibido de seu conteúdo, a famosa teoria de Stanley Hall evoca, ao contrário, a de C. G. Jung, pelo socorro que esses dois autores pedem à hereditariedade. Esse curioso paralelismo nos obriga a dizer algumas palavras da tese da recapitulação, tão desusada que parece hoje essa concepção da função lúdica. Mas, assim como a hipótese junguiana da hereditariedade dos "arquétipos" inconscientes impulsionou-o a vastas pesquisas sobre a generalidade dos símbolos elementares da humanidade, do mesmo modo as ideias um pouco estranhas de Stanley Hall conduziram seus discípulos e contraditores a memoráveis estatísticas sobre a dispersão e a evolução dos jogos infantis. Acontece frequentemente assim que uma teoria falsa preste à ciência preciosos serviços, pelas verificações a que obriga.

São conhecidos os três aspectos essenciais da tese de Stanley Hall: os jogos se sucedem segundo estágios ou fases de idade relativamente constantes e definidos pelo conteúdo das atividades lúdicas; esses conteúdos correspondem a atividades ancestrais, cuja ordem de sucessão foi a mesma no curso da história humana; o jogo das crianças tem por função liberar a espécie desses resíduos ao mesmo tempo em que apressa o desenvolvimento dos estágios superiores (donde a comparação célebre do jogo com a cauda do girino).

Não perderemos tempo em perguntar-nos se verdadeiramente o jogo "purga" o indivíduo de suas tendências desagradáveis ou inúteis. Os soldadinhos de chumbo desembaraçam a criança de sua combatividade belicosa ou o "pré-exercitam" a tornar-se um bom militar? Outros autores sustentaram que esse jogo compensa, ou libera o eu etc. Tememos que esse gênero de questões não tenha significação, ou, então, que todas as soluções possam ser justas, segundo o caso: se o jogo simbólico é uma forma de pensamento que assimila o real ao eu, ele pode preencher todas as funções particulares possíveis, do mesmo modo que o pensamento interior do adulto pode servir tanto para purgar, liquidar, compensar quanto para preparar, desabrochar ou o que se queira.

A questão interessante levantada por Stanley Hall é, ao contrário, a das fases de idades regulares relativas ao conteúdo mesmo dos jogos. Ora, nesse ponto, os fatos desmentiram a teoria da maneira mais nítida. Não é que não exista nenhuma sucessão regular na evolução dos jogos com a idade, pois que nós mesmos reconhecemos a existência de fases no curso dos capítulos IV e V. Mas é preciso distinguir o conteúdo do jogo e a sua estrutura. O conteúdo são os interesses lúdicos particulares ligados a tal ou qual objeto (bonecas, animais, construções, máquinas etc.). A estrutura é a forma de organização mental: exercícios, símbolos, regras e suas variedades. Ora, segundo a doutrina de Stanley Hall, é o conteúdo mesmo que seria herdado e ocasionaria leis de sucessão análogas às leis

A Explicação do Jogo

embriológicas. Infelizmente, das estatísticas de Hall nada subsiste sobre esse ponto. Todos admitem hoje, em particular após os trabalhos de Lehmann e Witty,[5] que o conteúdo dos jogos varia segundo o meio físico e social da criança. O automóvel, por exemplo, transtornou as fases, e hoje até mesmo as crianças mais jovens, quando deles têm a experiência, brincam de imitar as mudanças de velocidade e os dramas do arranque, que não correspondem a nenhuma hereditariedade biogenética! Miss Whitley retomou em 1929[6] a famosa pesquisa de Burk sobre as coleções (1900), e isso nos mesmos ambientes americanos e nas mesmas idades: a diferença é sensível. Em resumo, no que concerne ao conteúdo, tudo parece indicar que o jogo tem mais a ver com a participação na vida ambiente que com a ressurreição hereditária!

Quanto à estrutura, não seria impossível encontrar no desenvolvimento dos jogos infantis uma sucessão análoga à das condutas filogenéticas, mas não foi justamente nesse aspecto da questão que a escola de Hall pensou. O jogo de exercício aparece bem antes do jogo simbólico, do mesmo modo que no animal a inteligência sensório-motora precede em muito a representação, esta última permanecendo sem dúvida o apanágio (e num grau muito rudimentar) dos símios superiores. Quanto aos jogos de regras, eles sucedem ao jogo simbólico, como a linguagem articulada (necessária à transmissão dos códigos e, consequentemente, à sua construção) sucedeu ao nível da representação de imagens.

Mas colocam-se então os problemas de interpretação, e é aí que surgem novas dificuldades para a doutrina de Stanley Hall. Na medida em que se pode admitir um certo paralelismo entre condutas infantis e condutas dadas no desenvolvimento filogenético ou nos comportamentos "primitivos", ou bem há hereditariedade, mas então ela se limita às funções muito gerais, ou então a semelhança interessa ao pormenor e, então, não pode mais tratar-se de hereditariedade, mas somente de convergências devidas ao fato de que as mesmas causas produzem os mesmos resultados. Por exemplo, se a capacidade de construir símbolos é sem dúvida o produto de mecanismos hereditários, não se poderia deduzir disso que certos símbolos se tenham transmitido dos "primitivos" até nossos dias. Quando se constata que nenhuma linguagem se tornou nunca hereditária (enquanto a capacidade de adquirir uma linguagem articulada o é sem dúvida, pelo contrário), é inteiramente necessário encontrar nas convergências

---

[5] LEHMANN e WITTY, *The Psychology of Play Activities*, Barnes, 1927.
[6] *Journ. Educ. Psychology*, t. 20, pág. 249 (1929).

possíveis entre o primitivo e a criança uma explicação mais simples que a dos caracteres adquiridos. Ora, não há necessidade de procurar muito longe, pois que os chamados "primitivos" e mesmo os verdadeiros primitivos paleolíticos ou terciários foram eles também crianças antes de serem adultos. Permaneçamos pois no terreno da psicologia da criança para explicar o simbolismo e teremos mais possibilidades de atingir fenômenos gerais do que recorrendo a uma hereditariedade dos conteúdos e mesmo das estruturas como tais.

Naturalmente, não é menos verdade que certos jogos de regras podem possuir uma origem longínqua. Tentou-se assim derivar os jogos de varetas ou mesmo de bolinhas de práticas mágicas e divinatórias. Mas trata-se aí de transmissão social e não de hereditariedade. Por outro lado, nada, nas fontes adultas das instituições tornadas infantis e lúdicas, explica a função atual desses jogos, não mais que a origem de uma palavra não explica, na linguística, sua posição ulterior no sistema sincrônico da língua num momento considerado.

§4. *A TEORIA DA "DINÂMICA INFANTIL", DE F. J. J. BUYTENDIJK.* – Além das explicações clássicas de K. Groos e Stanley Hall, existem numerosas interpretações do jogo, mas parece-nos inútil discuti-las pormenorizadamente porque se trata bem menos de explicações causais que de descrições funcionais. Ora, nesse terreno todos os autores têm razão, pois, como já vimos incessantemente, o jogo pode servir a todos os fins. É assim que Carr vê no jogo uma "catarse" que elimina não somente as tendências nocivas, mas que as torna aceitáveis, canalizando-as ou sublimando-as. A função de compensação foi sublinhada pelo mesmo autor e, mais recentemente, por Reaney (1916) e Robinson (1920-23). O jogo, segundo K. Lange, visa antes de tudo a completar o eu (*Ergänzungstheorie*, 1901). Ele é, dizem hoje W. S. Taylor e Curti (1930), "livre satisfação". Delacroix, em sua *Psychologie de l'art*, sustenta um ponto de vista análogo e opõe ao jogo de exercício primitivo, anterior à distinção do jogo e do trabalho, um jogo de livre criação em que "a personalidade da criança se realiza segundo sua conveniência" (pág. 7). Claparède propõe uma fórmula eclética e flexível, a da "derivação por ficção": "O jogo tem por função permitir ao indivíduo realizar seu eu, desdobrar sua personalidade, seguir momentaneamente a linha de seu maior interesse, nos casos em que não pode fazê-lo recorrendo às atividades sérias" (*Psychologie de l'enfant*, 8ª edição, pág. 451).

Em resumo, esses autores convergem na afirmação, repetida sob todas as formas, que o jogo é, essencialmente, assimilação da realidade ao eu. "No jogo", diz ainda Claparède, "o eu aspira ao seu desabrochar e o real

A Explicação do Jogo

só é tomado em consideração naquilo em que lhe serve de pretexto. Na atividade não lúdica, o real é considerado por si próprio" (*Arch. Psychol.*, t. XXIV, pág. 363). Mas o problema causal permanece sendo compreender a razão dessa estrutura do jogo e, principalmente, da ficção simbólica.

Ora, um dos únicos autores que procurou resolver o próprio problema estrutural foi F. J. J. Buytendijk,[7] num livro recente, no qual tende a reduzir o jogo não à sua única função, mas aos caracteres gerais da "dinâmica infantil". Ao finalismo da fórmula de Groos, ou seja, de que os animais superiores têm uma infância para poder jogar, Buytendijk responde que uma criança brinca porque é criança, isto é, porque os caracteres próprios de sua "dinâmica" impedem-na de fazer outra coisa a não ser brincar. À hipótese do pré-exercício pode-se, com efeito, objetar que os animais que ignoram o jogo (aves etc.) têm instintos tão perfeitos quanto os outros, que o exercício representa no desenvolvimento um papel bem inferior ao da maturação interna e, enfim, que os verdadeiros pré-exercícios não são jogos, mas sim aprendizagens "sérias" (este último ponto concorda inteiramente com o que dizíamos anteriormente). Em que consiste, pois, a dinâmica infantil? Buytendijk lhe atribui quatro caracteres principais, suscetíveis de explicar o jogo: a incoerência sensório-motora ou mental, a impulsividade, uma atitude "pática" por oposição à "gnóstica" (isto é, uma necessidade de compreensão simpática mais que de conhecimento objetivo) e uma certa "timidez em relação às coisas" que afasta o sujeito de sua utilização, em benefício de uma atitude ambivalente de atração e retração. Ora, dessa dinâmica que governa as relações da criança com o seu meio nasce diretamente o jogo, a título de interação privilegiada entre o sujeito, ou jogador, e esse parceiro ativo que é o objeto externo considerado brinquedo. Desse ponto de vista, o jogo é essencialmente ambivalente: é liberação em virtude da incoerência, da impulsividade e de um dos dois aspectos da timidez em relação ao real, mas é, ao mesmo tempo, comunhão com o ambiente, em virtude da atividade pática e do outro aspecto da atitude "tímida". Quanto à sua organização, o jogo é essencialmente rítmico, desde as manifestações da motricidade primitiva e até aquele dualismo da tensão, relaxamento que Buytendijk considera a estrutura essencial do jogo, ao mesmo tempo que a manifestação de sua ambivalência. Por fim, e acima de tudo, há o papel da imagem, que Buytendijk toma num sentido muito grande, uma vez que, para ele, tanto o animal quanto o homem jogam apenas com imagens: a imagem é a expressão mesma do caráter

---

[7] F. J. J. BUYTENDIJK, *Wesen und Sinn des Spiels*, Berlim (K. Wolff), 1934.

"pático" que o sujeito projeta sobre a realidade; ela é essencialmente ficção, combinação espontânea e símbolo.

No que concerne à "dinâmica infantil", parece-nos difícil não nos aliarmos ao essencial dessas teses, sobretudo que, numa linguagem inteiramente diferente e insistindo mais sobre o aspecto motor e afetivo da mentalidade infantil, Buytendijk parece-nos encontrar-se mais do que poderia parecer com a análise que tentamos do pensamento da criança. A incoerência e a impulsividade não oferecem nenhuma dificuldade. Quanto à atitude "pática", que cria uma comunhão intuitiva com o ambiente físico e social e é tanto fonte de imagens a animar o real quanto imitação e sugestibilidade, parece-nos ela convergir com bastante exatidão – apesar das palavras – com aquilo que chamamos de egocentrismo da criança, ou seja, a confusão do ponto de vista próprio com o dos adultos. Em particular, a conexão suposta entre a atividade pática e a "imagem" parece-nos muito característica do pensamento intuitivo e pré-operatório, próprio precisamente à mentalidade egocêntrica, a qual é refratária a qualquer disciplina objetiva (ou "gnóstica").

Mas, admitindo-se isso em relação à mentalidade infantil em geral, a passagem dessa "dinâmica" ao jogo propriamente dito não nos parece elucidada por Buytendijk no pormenor dos mecanismos lúdicos. O grande mérito de sua tese é afirmar que o jogo deriva necessariamente da estrutura mental da criança e não pode mesmo explicar-se a não ser por ela. Que, por outro lado, cada um dos traços dessa "dinâmica" é reencontrado no jogo, continuamos de acordo. Mas a grande dificuldade é saber onde parar: explicando demais, Buytendijk arrisca a não se dar conta da gênese do jogo como tal, a título de caso particular da dinâmica infantil. Esta ultrapassa, com efeito, aquele, e, se se compreende bem que aquele deriva desta, deseja-se saber em que condições e por que não é esse sempre o caso. Foi o que muito justamente exprimiu Claparède no estudo crítico que consagrou Buytendijk: nem toda manifestação dinâmica infantil constitui um jogo. No plano do pensamento, em particular, aquilo que chamamos de animismo infantil ou magia da criança, o artificialismo etc. (ver adiante os capítulos IX e X) representam produtos típicos daquela mentalidade egocêntrica ou "pática"; portanto, não são jogos. Todo pensamento intuitivo, do qual a criancinha dá prova, resulta também, em sua incoerência lógica e em seu caráter feito de imagens, da mesma estrutura mental, sem ser tampouco um jogo. Como é que o jogo se dissocia dessa estrutura de conjunto, a título de função particular? Por que a "imagem", que ultrapassa grandemente o jogo, na criança, assume em certos casos o aspecto de um símbolo fictício e lúdico? O nó do problema parece-nos per-

A Explicação do Jogo

manecer ainda na sombra, e isso talvez porque Buytendijk não percebeu suficientemente que uma mentalidade "pática", por oposição à "gnóstica", é necessariamente egocêntrica ao mesmo tempo que comunga com o ambiente e que o egocentrismo supõe uma assimilação do real ao eu que se pode desligar em graus diversos da própria adaptação, para se orientar em direção à ficção e à imagem propriamente simbólica.

§5. *ENSAIO DE INTERPRETAÇÃO DO JOGO PELA ESTRUTURA DO PENSAMENTO DA CRIANÇA.* – Um bebê suga o polegar às vezes desde o segundo mês de idade, agarra os objetos por volta dos quatro a cinco meses, depois os sacode, balança-os, esfrega-os e finalmente aprende a lançá-los e a apanhá-los de volta. Tais condutas supõem dois polos: um polo de acomodação, pois que é preciso ajustar bem os movimentos e as percepções aos próprios objetivos, mas também um polo de assimilação das coisas à atividade propriamente dita, uma vez que a criança não se interessa pela coisa como tal, mas naquilo em que ela pode servir de alimento a uma conduta anterior ou em vias de aquisição. Essa assimilação do real aos esquemas sensório-motores apresenta-se, ela própria, sob dois aspectos complementares. Por um lado, é repetição ativa e consolidação (donde a "reação circular", descrita por Baldwin), e, nesse sentido, ela é essencialmente assimilação funcional ou reprodutiva, ou seja, desenvolvimento pelo funcionamento. Por outro lado, porém, é digestão mental, ou seja, percepção ou concepção do objeto em função de sua incorporação a uma ação real ou possível: cada objeto é assimilado na qualidade de coisas "de sugar", "de segurar", "de sacudir" etc., e não é, primitivamente, mais que isso (e se é "de olhar", é ainda assimilado às diversas centrações e movimentos ativos do olhar, donde as "formas" que lhe atribui a assimilação perceptiva). Ora, é evidente que essa função dupla da assimilação não é mais que uma na atividade concreta, porque é na medida em que o sujeito repete suas condutas por assimilação reprodutiva que ele assemelha as coisas às ações e estas se tornam, por isso mesmo, esquemas. Esses esquemas constituem o equivalente funcional[8] dos conceitos e das relações lógicas ulteriores. Efetivamente, reencontram-se em todas as fases do desenvolvimento da inteligência a acomodação e a assimilação, mas sempre mais bem diferenciadas e tornando-se, em consequência, sempre mais complementares em seu equilíbrio crescente. No pensamento científico,

---

[8] Dizemos funcional e não estrutural porque Wallon nos empresta a ideia estranha de conceder a lógica à criança de peito, enquanto recusamo-la ainda à criança de dois a sete anos!

por exemplo, a acomodação ao real não é outra coisa que a experiência, enquanto a assimilação é a dedução ou incorporação dos objetos aos esquemas lógicos e matemáticos. Mas duas grandes diferenças opõem essa assimilação racional à assimilação sensório-motora inicial. Em primeiro lugar, a assimilação racional é descentrada em relação ao indivíduo, a atividade do sujeito não consistindo em mais que assemelhar as coisas entre elas (mas existe aí, bem entendido, uma atividade verdadeira, e assemelhar as coisas entre elas torna-se, consequentemente, ainda assemelhá-las a "operações", isto é, a esquemas de ação construídos pelo sujeito), enquanto a assemelhação primitiva acha-se centrada sobre o sujeito individual e, em consequência, não operatório, ou seja, egocêntrico ou reformante. Em segundo lugar – e essa segunda diferença fornece a razão da primeira – a assemelhação racional é complementar da acomodação às coisas e, consequentemente, em equilíbrio quase permanente com a experiência, enquanto a assemelhação sensório-motora não é mais que indiferenciada com a acomodação e ocasiona um novo "deslocamento de equilíbrio" quando de cada nova diferenciação: fenomenismo e egocentrismo, tais como são os dois aspectos indissociados da consciência elementar, por oposição à objetividade experimental e à dedução racional ulteriores.

Assentado isso, o jogo infantil é simplesmente a expressão de uma das fases dessa diferenciação progressiva: é o produto da assimilação dissociando-se da acomodação antes de se reintegrar nas formas de equilíbrio permanente que dele farão seu complemento, ao nível do pensamento operatório ou racional. É nesse sentido que o jogo constitui o polo extremo da assimilação do real ao eu, tanto como participante quanto como assimilador, daquela imaginação criadora que permanecerá sendo o motor de todo pensamento ulterior e mesmo da razão.

O jogo começa, com efeito, desde os primórdios de dissociação entre a assimilação e a acomodação. Após haver aprendido a agarrar, a balançar, a lançar etc., o que comportava, ao mesmo tempo, um esforço de acomodação a situações novas e um esforço de repetição, reconhecimento e generalização, que constituem os elementos da assimilação, produz-se mais cedo ou mais tarde (e, muitas vezes, mesmo durante o período de aprendizagem) o fato de a criança agarrar pelo prazer de agarrar, balançar pelo prazer de conseguir balançar etc., ou seja, em resumo, repete suas condutas sem novo esforço de aprendizagem ou de descoberta, mas pela simples alegria de dominá-las, de dar em espetáculo sua própria potência e de a ela submeter o universo. A assimilação dissocia-se assim da acomodação subordinando-a e tendendo a funcionar por si própria: o jogo de exercício constitui-se desde então. Não supondo o pensamento nem a vida social, o

A Explicação do Jogo

jogo de exercício se explica, pois, diretamente, pelo primado da assimilação. O "prazer funcional" e o prazer de ser causa, que o acompanha, não levantam nenhum problema particular, pois derivam, um do caráter *sui generis* dessa assimilação, que não exige nenhuma acomodação nova, e o outro do fato de que a assimilação é tão mais centrada sobre a atividade propriamente dita que o sujeito se sente vitorioso sobre as dificuldades inerentes à ação "séria" correspondente.

A aparição do simbolismo constitui, ao contrário, o ponto difícil de todas as interpretações da função lúdica: por que o jogo se torna simbólico em vez de permanecer, sem mais, exercício sensório-motor ou tateio intelectual e como acontece que a ficção imaginativa deva, num momento determinado, completar essa semificção prática que é já a diversão pelo movimento ou a ação pelo prazer? Ora, faz parte precisamente dos atributos da assimilação pela assimilação ser deformante e, consequentemente, fonte de ficção simbólica, na medida em que se desliga da acomodação atual, e é isso que explica o simbolismo desde que, do plano sensório-motor, se passa ao plano do pensamento representativo.

Com efeito, embora o jogo de exercício e o jogo simbólico devam ser distinguidos mais do que se o faz geralmente (o próprio Buytendijk mantém, nesse ponto, a tradição de Groos), uma vez que suas formações respectivas devem ser situadas em dois planos bem diferentes da conduta, existe apesar disso, entre eles, um parentesco inegável: *o jogo simbólico está para o jogo de exercício como a inteligência representativa está para a inteligência sensório-motora*. Entretanto, se existe assim filiação no sentido diacrônico, é preciso acrescentar, do ponto de vista sincrônico, que o *jogo simbólico é, para a inteligência representativa, aquilo que o jogo de exercício é para a inteligência sensório-motora*, isto é, um desvio ou uma dissociação no sentido da assimilação pura.

O pensamento representativo, por oposição à atividade sensório-motora, inicia-se desde que, no sistema de significações que constitui toda inteligência e, sem dúvida, toda consciência, o "significante" se diferencia do "significado". Na adaptação por esquemas sensório-motores intervêm já "significantes": são "os indícios" (ver capítulo II, §1) que permitem ao sujeito reconhecer os objetos e as relações, assimilar com conhecimento de causa e mesmo imitar. Mas o indício não é mais que um aspecto do objeto ou da situação e não constitui, portanto, um "significante" diferenciado do "significado". A linguagem, ao contrário, fornece o protótipo de um sistema de significantes distintos, uma vez que na conduta verbal o significante é constituído pelos "signos" coletivos que são as palavras, enquanto o significado é fornecido pela significação das palavras, ou seja, pelos conceitos, herdeiros, nesse novo plano, dos esquemas sensório-motores pré-verbais. Mas se a inteligência verbal e propriamente conceptual ocupa assim uma posição privilegiada no pensamento representativo, é que os signos verbais são sociais, e, através deles, o sistema de conceitos atinge cedo ou tarde (mais tarde, aliás do que se acredita, como o veremos de novo nos capítulos IX e X) um alto grau de socialização. Ora, entre o indício e o signo, ou entre o esquema sensório-motor e o conceito lógico, vêm-se intercalar a imagem simbólica e a representação por imagens ou pré-conceptual. A imagem, como vimos (capítulo III, §§1 e 2), é uma imitação interiorizada, ou seja, o positivo da acomodação, que é, ela própria, o negativo do objeto imitado. A imagem é, portanto, um esquema anteriormente acomodado e que vem se pôr a serviço de assimilações atuais, igualmente interiorizadas, a título de "significante" em relação a esses significados ou significações. A imagem é, pois, um significante diferenciado, mais que o indício, pois este é desligado do objeto percebido, mas menos que o signo, porque este permanece sendo imitação do objeto e, portanto, signo "motivado" (por oposição ao signo verbal "arbitrário"). Além disso, a imagem é um significante acessível ao pensamento individual, enquanto o "signo" puro é sempre social. É por isso que em todo ato de pensamento verbal e conceptual subsiste um estrato de representação por imagens, a qual permite ao indivíduo assimilar por sua própria conta a ideia geral comum a todos, e é também por isso que quanto mais se remonta em direção à primeira infância, maior é o papel da representação por imagens e do pensamento intuitivo. Com efeito, a cada imagem corresponde um objeto (isto é, o conceito desse objeto), que serve, mesmo no adulto, de representante ou de exemplo para pensar a classe geral da qual ele faz parte, enquanto na criança esse objeto exemplar (ou melhor, seu conceito) substitui parcialmente a classe geral não construída ainda.

Ora, se tal é o mecanismo do pensamento adaptado, que é equilíbrio entre a assimilação e a acomodação, compreende-se o papel do símbolo no jogo, que é assimilação a anteceder a acomodação. O símbolo lúdico é, ele também, imagem e, consequentemente, também imitação e, portanto, acomodação. Mas a relação entre a assimilação e a acomodação apresenta-se aí de outra maneira que na representação propriamente adaptada ou cognitiva, uma vez que, precisamente, o jogo é um primado da assimilação e não mais um equilíbrio entre essas duas funções. 1º) No caso da imagem adaptada, há, com efeito, imitação exata ou que pelo menos tende à exatidão, ou seja, uma correspondência termo a termo com o objeto significado. Por exemplo, a representação de um triângulo pode ser obtida por uma imitação real (desenho ou simples movimentos de um dedo a

A Explicação do Jogo

descrever a figura) ou puramente mental (imagem interior ou "intuição" do triângulo), mas há então correspondência entre as partes do desenho, as da imagem e as do objeto representado. Quando, ao contrário, o jogo simboliza qualquer coisa através de qualquer meio, como, por exemplo, um gato caminhando sobre um muro representado por meio de uma concha deslocada à mão sobre uma caixa de papelão, intervém uma série de significantes que se referem uns aos outros, mas sempre mais afastados da adequação real: para começar pelos termos extremos, há primeiro a concha que representa o gato e o papelão que representa o muro; depois há a imitação pelo gesto, isto é, o movimento (imprimido pela mão) que representa o andar do gato (sem contar a evocação pelo som "miau", mas que já é, em parte, signo verbal); por fim, há sem dúvida a imagem mental do gato sobre o muro, mas uma imagem que pode permanecer vaga e global, uma vez que é apoiada pela imitação motora e pelo objeto-símbolo. 2º) Por outro lado, e aí se encontra evidentemente a razão da diferença precedente, a representação do triângulo é adequada e precisa na medida em que o triângulo coloca um problema, isto é, suscita uma necessidade de adaptação real, com acomodação ao objeto e assimilação do objeto a um sistema de relações descentradas em relação ao eu, enquanto a evocação do fato sobre o muro não possui outro objetivo que a satisfação momentânea do eu; atitude "pática" e não "gnóstica", como diz Buytendijk, mas que é ao mesmo tempo egocêntrica, por oposição à objetiva. 3º) Por fim, na representação cognitiva, a imagem (material ou mental) representa um objeto particular cujo conceito (a classe singular) faz função de simples representante ou de exemplo em relação à classe geral da qual faz parte; por exemplo, o triângulo desenhado que representa todos os triângulos (ou, pelo menos, os de sua classe); ao contrário, o objeto-símbolo, no jogo, não é somente o representante, mas o substituto do significado (a concha torna-se, por um momento, um gato), seja o último geral (um gato qualquer) ou singular (o gato desejado). No caso da representação cognitiva, há pois adaptação ao significado (isto é, equilíbrio entre a acomodação e a assimilação), enquanto o significante consiste em imagens, reais ou mentais, acomodadas ou imitadas exatamente, e das quais o objeto não é mais que um representante da classe geral; ao contrário, na representação simbólica de ordem lúdica, o significado é simplesmente assimilado ao eu, isto é, evocado por interesse momentâneo ou satisfação imediata, e o significante consiste então menos numa imitação mental precisa que numa imitação por meio de quadros materiais nos quais os objetos são, eles próprios, assimilados a título de substitutos ao significado, segundo as semelhanças mais vagas e mais objetivas. Em resumo, se na representação cognitiva a assimilação acha-se em equilíbrio constante com a acomodação, no símbolo lúdico a assimilação vem primeiro nas relações do sujeito com o significado e até na construção do próprio significante.

Se assim é, vê-se então desde logo a filiação que existe entre a assimilação simbólica, fonte do jogo de ficção, e a assimilação funcional, fonte do jogo de exercício. O símbolo, como o conceito, preexiste, com efeito, em certo sentido, na própria assimilação sensório-motora. Logo que, havendo aprendido a balançar um objeto, a criança de peito balança outros, esse esquema generalizado é o equivalente funcional do conceito, porque cada um desses casos particulares entra no caso geral das coisas "de balançar", do qual não é mais que o representante ou o exemplo. O mesmo vale para as coisas "de sugar" etc. Mas quando, desejando continuar a mamar após o fim da refeição, o nenê encontra uma compensação chupando o polegar, esse é mais que um exemplo representativo: torna-se um sucedâneo, e poder-se-ia falar de símbolo se houvesse ao mesmo tempo a evocação possível do seio. Ao contrário, apesar dos freudianos, que veem símbolos assim já aos dois meses de idade, e a despeito de K. Groos, que acredita na ficção em todo jogo de exercício, parece-nos difícil falar de simbolismo, de consciência do "como se", antes que haja representação. Ora, pode-se seguir passo a passo a gênese desta no início do segundo ano, quando a assimilação sensório-motora se transforma em assimilação mental por dissociação do significante e do significado. Quando J. finge dormir, segurando uma ponta do lençol e curvando a cabeça, então, com efeito, o esquema sensório-motor assim ativado ocasiona mais que um simples "exercício", pois serve para evocar uma situação não atual, e a ponta do lençol torna-se um sucedâneo consciente, e não mais simples prático ou motor, do travesseiro ausente. Com a projeção de tais "esquemas simbólicos" sobre outros objetos, o caminho acha-se então aberto à assimilação de tudo a tudo, com qualquer coisa podendo servir de sucedâneo fictício de qualquer outra.

Compreende-se desde então a causalidade do jogo simbólico, pois que ele decorre necessariamente da estrutura do pensamento da criança. Assim como o jogo de exercício é uma assimilação pela assimilação, que se manifesta na medida em que a assimilação de atividade própria se dissocia da acomodação às coisas e em que, por consequência, o eu toma consciência e tira prazer dos poderes que adquire, assim também o jogo simbólico representa o polo da assimilação, no pensamento, e assimila assim, livremente, o real ao eu. É, portanto, para o jogo de exercício, aquilo que o pensamento adaptado é para a inteligência sensório-motora, do mesmo modo que é, para o pensamento adaptado, aquilo que o jogo de exercício é para a inteligência sensório-motora, isto é, o polo assimilador. Mas, por que existe uma assimilação do real ao eu, em vez de ser o universo, desde o início, assimilado ao pensamento lógico e experimental? Muito simplesmente porque esse pensamento não se acha ainda construído durante a primeira infância e que, na medida em que se elabora, permanece longe de bastar às necessidades suscitadas pela vida cotidiana. Ademais, o pensamento mais adaptado e mais lógico de que a criancinha seja capaz é ainda, ele próprio, pré-lógico e egocêntrico, e de uma estrutura precisamente intermediária entre aquele pensamento simbólico, que desabrocha no jogo, e o pensamento adulto.[9]

Dito de outra forma, e essa fórmula resume todo o precedente, o jogo simbólico não é mais que o pensamento egocêntrico em estado puro. A condição necessária à objetividade do pensamento é que a assimilação do real ao sistema das noções adaptadas se encontre em equilíbrio permanente com a acomodação dessas mesmas noções às coisas e ao pensamento dos outros sujeitos. Ora, é evidente que a constituição dos sistemas de operações lógicas (reversibilidade das transformações do pensamento), morais (conservação dos valores) e espaçotemporais (organização reversível das noções físicas elementares) só chega a tal equilíbrio porque somente a reversibilidade operatória permite ao pensamento conservar suas noções através das flutuações do real e apesar do embate incessante das novidades imprevistas; com efeito, a operação reversível exprime simultaneamente as modificações do real e as transformações reguladas do pensamento, e é por isso que ela é, ao mesmo tempo, acomodação e assimilação. Ora, as operações elementares só começam a se "agrupar" por volta do fim da primeira infância, e é natural que antes disso o pensamento da criança oscile sem cessar entre três tipos de estados: os equilíbrios momentâneos (e sujeitos a contínuos "deslocamentos") entre a assimilação e a acomodação; as acomodações incessantemente renovadas mas intermitentes e deslocando cada vez o equilíbrio anterior; a assimilação do real ao eu, ou seja, precisamente aquela parte do pensamento que permanece centrada sobre si mesma, na falta de uma acomodação correlativa. Desde então, a assimilação do real ao eu é para a criança uma condição vital de continuidade e desenvolvimento, precisamente por causa do desequilíbrio de seu pensamento. Ora, o jogo simbólico preenche essa condição dos dois pontos de vista ao mesmo tempo, das significações (do significado) e do significante. Do ponto de vista do significado, o jogo permite ao sujei-

---

[9] Ver nosso artigo de 1923, "La pensée symbolique et la pensée de l'enfant", *Arch. de psychol.*, t. XVIII, pág. 273.

to reviver suas experiências vividas e tende mais à satisfação do eu que à sua submissão ao real. Do ponto de vista do significante, o simbolismo oferece à criança a linguagem pessoal viva e dinâmica, indispensável para exprimir sua subjetividade intraduzível somente na linguagem coletiva. O objeto-símbolo, enquanto sucedâneo verdadeiro do significado, torna-o presente e atual a um grau que o signo verbal não atingirá jamais. Se o pensamento inteiro da criança permanece egocêntrico e intuitivo ou por imagens até em seus estados de adaptação *máximos* e se todos os intermediários o ligam assim ao jogo simbólico, como veremos no decurso dos capítulos IX e X, pode-se então considerar esta forma de jogo um dos polos desse pensamento inteiro: o polo da assimilação dissociando-se da acomodação ou do pensamento egocêntrico em estado puro.

Somente, se o jogo simbólico não é assim mais que uma forma do pensamento, ligada a todas as outras por seu mecanismo, mas tendendo simplesmente à satisfação do eu, isto é, a uma verdade individual, em oposição à verdade impessoal e coletiva, resta compreender por que o emprego do símbolo, por oposição ao conceito verbal, chega à ficção e não à crença. A atitude natural do pensamento é a crença e a dúvida ou a simples hipótese constituem condutas complexas e derivadas, das quais se pode acompanhar a formação entre os sete e onze anos até o nível das operações formais que, somente elas, afastam verdadeiramente o pensamento da crença espontânea. Ora, no jogo das crianças, sem que nenhuma das condições desse pensamento hipotético-dedutivo seja realizada, acontece que o sujeito afirme por afirmar, sem acreditar no que joga. Todos já notaram, com efeito, a precocidade da distinção que as crianças fazem entre a fantasia e o real. Como então explicar a ficção e por que o simbolismo lúdico permanece estranho à crença, por oposição ao simbolismo do sonho, do delírio ou do simbolismo sagrado das tribos primitivas? Na realidade, a questão é menos simples do que parece, porque, como já bem demonstrou P. Janet, existem diversos tipos de crença. Seria um erro, parece-nos, inspirado pelo "adultocentrismo", emprestar cedo demais à criança que brinca uma consciência da ficção e recusar-lhe qualquer espécie de crença. Sem falar na "crença refletida", que aparece mais tarde e se acha ligada ao mecanismo das operações intelectuais (conclusão de uma dedução) e efetivas (decisão voluntária após deliberação), é preciso distinguir, no nível da primeira infância, dois tipos opostos de crenças, ligado o primeiro às condutas sociais e especialmente relativas ao adulto e o segundo, às condutas individuais espontâneas e egocêntricas. O primeiro é a crença-promessa de Janet, isto é, um compromisso em relação aos outros e aos adultos e, portanto, uma adesão à realidade comum e sancionada coleti-

A Explicação do Jogo

vamente. O segundo é a "crença assertiva" de Janet ou crença imediata, anterior à distinção do certo e do duvidoso, ligada à simples apresentação de uma realidade qualquer ao pensamento. Ora, a criança que brinca não acredita certamente, do ponto de vista da crença socializada, no conteúdo do seu simbolismo, mas nada impede admitir, e isso precisamente porque o simbolismo é um pensamento egocêntrico, que ela acredita, *para ela*, no que quer. Desse ponto de vista, a "ilusão voluntária" de Lange e Groos não é mais que a recusa de deixar interferir com o jogo o mundo dos adultos ou da realidade comum para se comprazer numa realidade sua, mas esta é acreditada sem nenhum esforço e nenhuma vontade: ela é acreditada simplesmente porque é o universo do eu e o jogo tem por função proteger esse universo contra as acomodações obrigadas à realidade comum. Não poderia tratar-se, no início do jogo simbólico, de uma consciência da ficção no sentido das assunções dramáticas ou poéticas.[10] A criança de dois a quatro anos não se pergunta se seus símbolos lúdicos são verdadeiros ou não. Ela sabe bem, num determinado sentido, que eles não são verdadeiros para os outros e não procura seriamente convencer o seu ambiente adulto. Mas não se coloca a questão da verdade e não tem necessidade de colocá-la, porque, sendo uma satisfação direta do eu, o jogo simbólico comporta sua crença própria, que é uma verdade subjetiva. Ademais, como o objeto-símbolo é um sucedâneo da realidade significada, estabelece-se durante as primeiras fases uma espécie de participação entre os dois, análoga à da imagem e da coisa representada e da qual encontraremos no capítulo IX o análogo até nos "pré-conceitos" da criança.

Mas então os jogos simbólicos coletivos têm por resultado reforçar ou debilitar a crença? Um e outro, segundo a idade. Nos pequenos, o jogo de muitos é comparável ao "monólogo coletivo" das palavras trocadas entre crianças e deixa intato o simbolismo egocêntrico ou o reforça em caso de imitação. Nos grandes, nos quais a regra elimina o símbolo, é evidente que a vida social enfraquece a crença lúdica, pelo menos sob sua forma especificamente simbólica.

Restaria considerar o jogo de regras sob a perspectiva das interpretações precedentes. Já se viu que o jogo de regras marca o enfraquecimento do jogo infantil e a passagem ao jogo propriamente adulto, que não é mais uma função vital do pensamento, na medida em que o indivíduo se socializa. Ora, o jogo de regras apresenta precisamente um equilíbrio sutil entre a assimilação ao eu – princípio de todo jogo – e a vida social. Ele é

---

[10] Somente após sete anos é que o jogo será realmente ficção, por oposição a "crença refletida".

ainda satisfação sensório-motora ou intelectual e, ademais, tende à vitória do indivíduo sobre os outros. Mas essas satisfações são, por assim dizer, tornadas "legítimas" pelo próprio código do jogo, que insere a competição numa disciplina coletiva e numa moral de honra e do *fair-play*. Terceira e última forma do jogo, ele não contradiz, pois, a noção da assimilação do real ao eu, ao mesmo tempo em que concilia essa assimilação lúdica às exigências da reciprocidade social.

CAPÍTULO VII

O Simbolismo Secundário do Jogo, o Sonho e o Simbolismo Inconsciente

Se o jogo de ficção é a manifestação mais importante na criança do "pensamento simbólico" no sentido estrito do termo, ele não o exaure de modo algum, e, para completar nossa pesquisa sobre a gênese do símbolo e da imagem mental, convém naturalmente examinar ainda as questões do símbolo dito "inconsciente", isto é, do sonho infantil, assim como de uma certa forma de simbolismo lúdico, menos consciente que o das ficções comuns, ao qual chamaremos de "simbolismo secundário". Sendo consideráveis esses problemas, pois levantam toda a discussão da "psicanálise", seria preciso um volume separado para tratá-los de modo bastante amplo. Contentar-nos-emos, portanto, com algumas indicações, apenas suficientes para atingir o objetivo teórico que é o nosso nesta obra, e começaremos pela questão dos símbolos secundários do jogo, a título de transição entre o que precede e o problema dos símbolos "inconscientes".

O jogo simbólico, com efeito, levanta a questão do "pensamento simbólico" em geral por oposição ao pensamento racional, do qual o instrumento é o signo. Um signo, tal como o concebem os linguistas da escola saussuriana, é um significante "arbitrário", ligado a seu significado por uma convenção social e não por um elo de semelhança. Assim são a palavra, ou signo verbal, e o símbolo matemático (que, portanto, nada tem de símbolo na terminologia que fazemos nossa aqui). Social e, consequentemente, suscetível tanto de generalização quanto de abstração em relação à experiência individual, o sistema dos signos permite a formação do pensamento racional. O símbolo, segundo a mesma escola linguística, é, pelo contrário, um significante "motivado", ou seja, que testemunha uma semelhança qualquer com o seu significado. Uma metáfora, por exemplo, é um símbolo, porque entre a imagem empregada e o objeto ao qual ela se refere existe uma conexão, não imposta por convenção social, mas sentida diretamente pelo pensamento individual. Também o símbolo servirá menos à expressão dos pensamentos impessoais, da "linguagem intelectual", que à dos sentimentos e experiências vividas e concretas, que à "linguagem afetiva".

Ora, por um reencontro interessante, o sentido da palavra "símbolo", cujo alcance a linguística saussuriana definiu, acontece coincidir com aquele do qual se serviram as diferentes escolas ditas "psicanalíticas": uma imagem que comporta uma significação ao mesmo tempo distinta de seu conteúdo imediato e tal que existe uma semelhança mais ou menos direta entre o significante e o significado. Mas ao símbolo consciente, isto é, do qual a significação é transparente para o próprio sujeito (por exemplo, o desenho simbólico do qual se servirá um jornal, para enganar a censura governamental), Freud acrescentou o símbolo inconsciente, isto é, de significação oculta para o próprio sujeito. Como disseram os psicanalistas ingleses, existem então duas espécies de símbolos: as "metáforas" e as "criptóforas". Sob o nome de "pensamento simbólico", Freud, Jung e muitos outros descreveram então uma forma de pensamento independente dos signos verbais e oposta mesmo, por sua estrutura e funcionamento, ao pensamento racional que utiliza os signos. Ademais, é um pensamento do qual se sublimou a natureza individual e mesmo íntima, por oposição ao pensamento socializado, porque ele se manifesta sobretudo no sonho e no devaneio, donde a noção de "autismo". Suas raízes, por fim, seriam essencialmente "inconscientes".

Mas a própria existência do jogo de imaginação ou de ficção, que tem um papel capital no pensamento da criança, mostra que o pensamento simbólico ultrapassa o "inconsciente" e é por isso que chamamos de "jogo simbólico" essa forma de atividade lúdica. Sem dúvida existem no domínio do jogo infantil manifestações de um simbolismo mais oculto, revelando no sujeito preocupações que, às vezes, ele próprio ignora. Toda uma técnica de psicanálise do jogo foi mesmo elaborada pelos especialistas da pedanálise (Klein, Anna Freud, Löwenfeld etc.), a qual se funda no estudo

O Simbolismo Secundário do Jogo

desses símbolos lúdicos "inconscientes". Mas o problema é saber se existe uma linha de demarcação nítida entre o simbolismo consciente da criança e esse simbolismo oculto. É essencialmente para demonstrar que não existe nada e que o pensamento simbólico forma um todo só que iremos começar este capítulo por algumas observações sobre o simbolismo secundário do jogo e do sonho na criança.

Mas, admitido isso, o problema do pensamento simbólico "inconsciente" só se torna mais interessante para o nosso propósito. Há longo tempo já apresentamos, ao Congresso Internacional de Psicanálise de Berlim (1922), um pequeno estudo, no qual Freud se mostrou interessado, sobre "O pensamento simbólico e o pensamento da criança",[1] no qual procuramos demonstrar que o pensamento inteiro da criança, enquanto sincrético e pré-lógico, apresenta analogias com o pensamento simbólico "inconsciente" e surge mesmo como intermediário entre esse último e o pensamento nacional. Unicamente, de tal parentesco, pode-se tirar dois tipos de filiação. Ao começo, poderia ser o sonho ou o grande "caos do inconsciente", donde emergiriam o pensamento da criança e, depois, por intermediação desse, o pensamento lógico. Ou então, ao contrário, o pensamento consciente da criança seria o fato primeiro, de início sob as espécies da atividade e da inteligência sensório-motoras, depois, de uma forma de pensamento semissocializada mas ainda pré-conceptual e por imagens (ver capítulos VIII e IX), da qual as atividades intuitivas superiores engendrariam por fim, com a ajuda da vida social, as operações da razão; à margem desse desenvolvimento (e na medida em que a acomodação leva vantagem sobre a assimilação ou o inverso) esboçar-se-iam então a imitação, a imagem simples etc., ou então, em sentido inverso, o jogo e o sonho, cujo polo extremo seria o simbolismo "inconsciente" (e este seria inconsciente precisamente na medida em que o egocentrismo, levado ao *máximo* no sonho, chegaria à supressão da consciência do eu). É por isso que nos parece necessário discutir neste capítulo os problemas do simbolismo inconsciente e as principais interpretações da psicanálise. Longe de achar-se fora de nosso tema, essas questões, ao contrário, pertencem-lhe essencialmente, e sua discussão pode fornecer-nos a melhor das contraprovas quanto às relações entre a formação da imagem e do símbolo lúdico na criança e os mecanismos do simbolismo em geral.

§1. *O SIMBOLISMO SECUNDÁRIO DO JOGO E DO SONHO NA CRIANÇA*. – Quando a criança assimila em seu jogo um objeto qualquer a um

---

[1] Publicado nos *Arch. de Psychol.*, t. XVIII, pág. 273.

outro, pode-se sustentar que, na maior parte dos casos, essa assimilação é consciente. É assim que J., a 1;10 já, fazendo de uma concha sobre uma caixa um gato sobre um muro, acha-se perfeitamente consciente do sentido desse símbolo, uma vez que diz: "gato sobre o muro" (obs. 77). Diremos então que há símbolo consciente ou primário (dizemos símbolo primário e não assimilação primária, porque existem assimilações muito mais primitivas, tais como as do polegar ao seio materno, mas que não são simbólicas, por falta de representação). Ora, observa-se muitas vezes, no jogo, a existência de símbolos cuja significação não é compreendida pelo próprio sujeito. Por exemplo, uma criança tornada ciumenta pelo nascimento de um irmãozinho e brincando por acaso com duas bonecas de tamanho desigual fará partir a primeira para bem longe, em viagem, enquanto a maior ficará com sua mãe; supondo que o sujeito não compreende que se trata de seu irmão mais novo e dele mesmo, diremos então que há símbolo inconsciente ou secundário.

Mas se essa distinção se impõe no que concerne aos casos extremos, é preciso, de saída, notar quanto ela é relativa. É mesmo duplamente relativa, primeiro porque existem todos os intermediários entre as assimilações simbólicas conscientes e inconscientes e, em seguida, porque todo símbolo é sempre, ao mesmo tempo, consciente sob um ângulo e inconsciente sob outro, dado que todo pensamento, mesmo o mais racional, é também sempre, ao mesmo tempo, consciente e inconsciente.

Notemos de início que existem todos os intermediários entre as assimilações simbólicas conscientes e inconscientes. É esse o caso, em particular, no domínio dos jogos de liquidação ou de compensação, isto é, daqueles que preenchem uma função afetiva precisa e não somente a de satisfazer o eu em geral. Por exemplo, quando J. (obs. 86), para liquidar uma machucadura que lhe fiz involuntariamente, reproduz a cena invertendo os papéis, sabe bem o que faz, e o simbolismo é primário. Quando, ao contrário, a criança que tem medo de cães ou aviões diverte-se simbolicamente com "cães bonzinhos" ou aviões dos quais as bonecas não têm medo, nada prova que ela tenha lembrança das cenas reais assim simbolizadas: o símbolo, portanto, é talvez secundário. Dessa maneira, é entre os símbolos especialmente afetivos que se encontrarão as assimilações secundárias, e isso tanto mais que a afetividade em jogo será profunda, mas é evidente que se trata de questões de grau e não de compartimento estanques, pois todo simbolismo supõe um interesse e um valor afetivos, aliás como todo pensamento.

Em segundo lugar, a distinção é relativa, porque todo símbolo é, ao mesmo tempo, consciente e inconsciente. É evidente que é sempre consciente em seu resultado. Quanto à própria assimilação que o formou, ela sem dúvida não ocasiona nunca uma tomada de consciência completa nem afetiva, mesmo do ponto de vista de sua significação intelectual. Retomemos o caso da concha assemelhada a um gato. Por que a criança tira prazer em evocar um gato, em vez de qualquer outra coisa? Certamente, ela não sabe nada sobre isso. E a concha não simboliza mais que o gato visto anteriormente sobre o muro ou outros gatos, outros animais, outros móveis, em resumo, todo um encaixe possível de esquemas, cujo mecanismo obscuro explicaria ao mesmo tempo o interesse pelo gato particular que aqui se acha em questão e a estrutura do simbolismo em geral? É essencial notar desde agora, se não desejamos perder-nos numa mitologia do inconsciente, que essas observações valem para todo pensamento, tanto racional quanto simbólico, e que, se o resultado de todo trabalho mental é consciente, o mecanismo mesmo dele permanece oculto. O inconsciente, portanto, não é uma região isolada do espírito, porque todo processo psíquico marca uma passagem contínua e ininterrupta do inconsciente à consciência e vice-versa. De suas pesquisas sobre o ato de inteligência, Binet concluía com profundeza que "o pensamento é um processo inconsciente do espírito", e Claparède, buscando o lugar donde surgem as hipóteses na descoberta intelectual, chegava a uma fórmula semelhante. Se a acomodação do pensamento é em geral consciente, porque a consciência surge por ocasião de obstáculos exteriores ou interiores, a assimilação, mesmo racional, é com mais frequência inconsciente. Na generalização intencional (cf. a atração aplicada pelos newtonianos à afinidade molecular), ela é consciente por causa das necessidades da acomodação, mas na preparação subjacente das noções de partida ela não o é de modo algum (cf. a física de Aristóteles, assimilando sem o saber os fatos físicos da força, do movimento, da posição etc. a esquemas de origem orgânica). Desse ponto de vista, o encaixe dos dois sistemas de que pode dar testemunho o pensamento simbólico não tem nada de mais misterioso que aquele de que dá prova todo trabalho da inteligência. O inconsciente encontra-se em toda parte e, portanto, existem tanto um inconsciente intelectual quanto um inconsciente efetivo. Mas isso é dizer que ele não se encontra em parte alguma, a título de "região", e que a diferença entre a consciência e o inconsciente não é mais que um caso de gradação ou de grau de reflexão.

É preciso, pois, compreender bem que não se pode classificar de uma vez por todas os símbolos em primários ou secundários. Todo símbolo é ou pode ser, ao mesmo tempo, primário e secundário, o que quer dizer que ele pode comportar, além de sua significação imediata e compreendida pelo sujeito, significações mais profundas, exatamente como uma ideia, além do que ela implica conscientemente o raciocínio que a utiliza no momento considerado, pode conter uma série de implicações que escapam momentaneamente ou desde longo tempo ou mesmo que escaparam sempre à consciência do sujeito. Dito isso, cada um dos símbolos primários analisados no capítulo V poderia ser, por acréscimo, secundário. Contrariamente, existem outros dos quais se pode considerar com quase certeza que contêm mais do que lhes coloca conscientemente a criança e que, por consequência, são secundários.

Esses últimos comportam em particular três grupos de símbolos lúdicos: os que conduzem aos interesses ligados ao corpo propriamente dito (sucção e excreção), os que se referem aos sentimentos familiares elementares (amor, ciúme e agressividade) e os referentes às preocupações centradas sobre o nascimento dos bebês. Com efeito, sabe-se não somente quanto esses motivos retornam com regularidade nas perturbações do caráter das crianças que frequentam as consultas médico-pedagógicas, mas ainda o quanto restam deles traços nas fantasias e nos sonhos de adultos submetidos a um tratamento psicanalítico. Por outro lado, a observação direta mostra que, quando esses interesses intervêm nos símbolos lúdicos, a criança apresenta ordinariamente uma ligeira excitação (risos particulares etc.) ou, às vezes, uma dificuldade de ser compreendida que mostram, por si sós, a existência de um conteúdo mais matizado que o do símbolo primário.

Primeiramente, eis alguns fatos relativos a essas três categorias:

Obs. 95. – X., aos 2;6 (3) e nos dias seguintes, finge tomar o seio, por haver visto um bebê mamar. O jogo se repete ainda por volta dos 2;9.

Já ao 1;4 (15), X. simulava às vezes certas necessidades, para rir em seguida às gargalhadas, o que constitui um início de jogo simbólico análogo ao de J., que ao 1;3 (12) finge dormir. Ao 1;9 (29), X. coloca uma caixa aberta sobre uma outra e diz: *"Sentada no penico."* Aos 2;1 (9), suas bonecas se sujam: *"Ora, ora, ora, é preciso pedir o penico"* etc. As cenas de toalete se reproduzem com frequência nas semanas seguintes. Aos 2;7 (9), ela ri de um adulto que tem um biscoito saindo da boca e se entrega a gracejos difíceis de citar. Inversamente, aos 3;6 (10) e nos dias seguintes, são as matérias que são comparadas a um dedo, a um camundongo, a um coelho etc., ou que são mesmo personificadas, recebendo nomes de mulheres.

Por volta dos 2;6 a 3;6, esses jogos se associam a todos os tipos de fantasias simbólicas e construções lúdicas propriamente ditas, consistentes em encontrar órgãos de execução em objetos quaisquer, não somente em brinquedos de animais, mas em pequenos automóveis, avião, xícaras, bastões etc. Por volta dos 3;6, seguem-se perguntas sobre as diferenças morfológicas dos sexos e palavras ora sérias ora lúdicas sobre a uniformização possível dos caracteres anatômicos: *"Acho que a montanha que cai aqui, isso puxa, e depois se torna uma coisinha comprida com um furo na ponta para fazer pipi, como nos meninos."* E aos 5;8 (0): *"Por que os meninos precisam de uma coisa comprida para fazer pipi? Poderiam fazer pipi pelo umbigo. Zoubab (personagem lúdico) faz pipi com o umbigo."* E aos 5;8 (1), após haver dito que os meninos podem fazê-lo através de uma grade, X. brinca de cuidar de Zoubab, que está doente: *"Faço ele fazer pipi, através das barras."*

Y., aos 3;3 (12), diante de duas estátuas de homens: *"Felizmente eles têm dois pipis, senão brigariam."*

Obs. 96. – É preciso citar em seguida todos os jogos que se relacionam com as relações de família e cujas tendências afetivas que os animam ultrapassam, em parte, a consciência do sujeito. Assim, aos 2;0 (4), X. reproduz cenas de refeição com suas bonecas, no curso das quais submete os filhos à autoridade materna, mais do que ela própria se acha submetida na realidade. Aos 2;7 (27), brinca de ser ela própria a mamãe de um irmão mais novo nascido pouco antes. Aos 2;8 (0), ao contrário, identifica-se com esse irmão mais novo e imita as posições e a voz do bebê. A seguir, dos 3;6 aos 5;0, reproduz cenas inteiras da vida familiar, desempenhando alternativamente todos os papéis. Aos 5;9 (14), brinca de recolher-se ao leito por motivo de parto e depois declara que determinada boneca é dela *"porque saiu da minha barriga"*.

Aos 5;8 (5), achando-se momentaneamente de relações esfriadas com seu pai, X. encarrega seus personagens lúdicos de vingá-la: *"Zoubab cortou a cabeça de seu papai. A cola dela é muito dura e ela a recolocou um pouco. Mas não se aguenta muito bem."*

Y., desde os 3;3, brinca frequentemente de ser um menino. Aos 4;2 (11), ela inventa a história de um *menininho "que ria quando seu papai morreu. Mas, depois que o enterraram, ele chorou e tiveram de consolá-lo. Eu sou uma menina grande e não precisarei que me consolem. Depois, ele tornou-se um papai. Tornou-se um papai de repente, sem que o visse. Nem desconfiou. Dormia numa cama, pequenininha assim, ao lado de sua mamãe, e depois, de manhã, a mamãe lhe disse: "Mas tu tens uma cama muito pequena." Suas pernas estavam muito mais compridas e muito grossas. Ele estava todo grande. Tornou-se um papai, de repente, durante a noite, porque sua mamãe lhe dera uma colherada de batata. E, depois, ele tinha uma irmãzinha que se tornou uma mamãe também, de repente, sem que ela visse!"*

Obs. 97. – Os jogos de nascimento desempenham um papel que deve ser especialmente notado. Vimos o de X., aos 5;9 (14). Y., aos 3;3 (28), declara que seu boneco Nicolau, *"quando nasceu, ficou muito tempo na minha barriga; tinha dentes muito pontudos e depois eles ficaram chatos"*. Aos 3;6 (2), imagina que a cabeça de seu filho N. se acha dentro de sua cabeça etc. Aos 3;9 (13), ela o contesta: *"Mas não, não faz assim. Você sabe que eu tenho um nenezinho na barriga; isso lhe faz mal."* Depois, após a partida da pessoa: *"Você sabe, o meu nenezinho, quando ele nascer, vai dar-lhe pontapés e o fará cair no chão."* Aos 3;10 (17), ela explica à sua boneca que gostaria de entrar de novo em sua barriga: *"Mas, não, você é agora um menino grande demais, não pode."* Aos 3;10 (24), ao contrário, Y., que gostaria de tornar-se um menino, diz a seu pai: *"Eu quero entrar de novo na sua barriga e depois, quando sair, serei de novo um bebezinho. Vou me chamar Y.* (seu nome ao masculino), *porque serei um menino."* Aos 4;2 (11), a mesma fantasia em relação a um menino crescido.

Perguntemo-nos agora o que esses símbolos contêm de particular e por que se pode conceder-lhes significações mais ricas e mais ocultas que as dos símbolos lúdicos comuns, achando-se bem entendido, repitamo-lo, que existem todos os intermediários entre os dois. Numa palavra, a razão geral é que o conteúdo desses símbolos se liga mais diretamente ao eu do sujeito, e isso num sentido habitualmente regressivo ou que, pelo menos, atinge esquemas afetivos relativamente permanentes. Quando a criança brinca de fazer de uma concha um gato ou um carro ou a ser ela própria um campanário ou um pato morto, exprime por aí o que interessa, no sentido mais amplo do termo, e existe, nesse sentido, assimilação do real ao eu. Mas trata-se de interesses momentâneos e situados na periferia do eu. No símbolo secundário, ao contrário, são as preocupações íntimas e continuadas que entram em jogo, os desejos secretos e frequentemente inconfessáveis.

Por que, por exemplo, a criança que não mama há muito tempo encontra prazer em imitar a mamada e em tornar-se de novo bebê? Os freudianos, que emprestam frequentemente uma memória de adulto à criança de peito (quando não ao feto), respondem que ela permanece fixada à lembrança do seio materno, sobretudo se dele foi separada brutalmente por desmame inábil. Pondo-se de lado a memória, há sem dúvida qualquer coisa de certo nessa ideia, dada a importância por longo tempo central do esquema da sucção. A ela se acrescenta o fato de que, facilmente ciumenta dos cuidados concedidos ao recém-vindo, a criança pode desejar brincar de bebê para ser objeto da mesma ternura.

Que as funções da excreção ocasionam um interesse, censurado pelo meio ambiente, é um fato demasiadamente banal para que nele se insista, e que se formulam perguntas sobre o assunto da diferença dos órgãos, com desejo de igualdade na menininha (o complexo do *"männliche Protest"*), é também bem conhecido. Portanto, é normal que essas tendências sejam encontradas no jogo e se elas apresentam, no momento da construção do símbolo lúdico, um aspecto consciente para o próprio sujeito, não é menos claro que elas ultrapassam essa consciência relativa.

Quanto às preocupações relativas aos pais e aos irmãos e irmãs, basta colecionar e comparar entre eles todos os jogos que simbolizam esses personagens para constatar quanto o pormenor desse simbolismo é revelador de tendências e de sentimentos, dos quais uma boa parte escapa à consciência clara da criança pela razão muito simples de que eles não são quase nunca postos em questão. São primeiramente as identificações com a mãe (ter um marido, filho, criá-los etc.) ou o pai, os irmãos mais velhos ou os mais novos. Ora, se não existe aí, aparentemente, mais que uma pura reprodução da realidade ambiente, observa-se na realidade uma multidão de sentimentos contraditórios, de ligação ou de resistência, de submissão ou de independência, de desejo de atrair para si um dos pais ou de ciúme, de necessidade de igualar os grandes, de mudar de ambiente etc. Cuidemo-nos de interpretar demais, porque a exegese, infelizmente, é mais fácil do que controlável quando se entra no pormenor, e limitemo-nos à bela história de Zoubab, que corta a cabeça de seu pai e depois a cola novamente "um pouco". Aqui a situação é clara, porque se acontece à criança, num período de revolta, brincar de órfão, só se encontrará muito mais raramente uma fantasia semelhante de degolamento com a pessoa da mãe. O pai, ao contrário, é objeto de sentimentos ambivalentes: é amado, mas é frequentemente aborrecido, e desembaraçar-se dele não acarreta consequências, enquanto uma revolta contra a mãe mexe com muito mais coisas. Deve-se notar, em relação a isso, a sábia dosagem que o simbolismo realiza entre a agressividade e o seu oposto. É sobretudo interessante observar quanto a atitude para com o pai varia quando os pais se acham reunidos ou quando ele se acha sozinho e também isso se nota a todo instante no jogo. Em resumo, cada um dos personagens do meio ambiente da criança ocasiona, em suas relações com ela, uma espécie de "esquemas afetivos", isto é, de resumos ou moldes dos diversos sentimentos sucessivos que esse personagem provoca, e são esses esquemas que determinam os principais símbolos secundários, como determinarão muitas vezes, no futuro, certas simpatias ou antipatias difíceis de explicar de outro modo, a não ser por uma assimilação inconsciente com modos de comportamento passado.

É interessante notar uma terceira fonte de símbolos secundários. É evidente que o problema do nascimento dos bebês perturbará as crianças, às quais uma educação absurda recusa a verdade. Essa perturbação ultrapassará então inconscientemente aquilo que dela conhece o próprio sujeito. Mas, mesmo em sujeitos que, como aqueles cujas observações citamos aqui, não tiveram jamais a menor ocasião de considerar a questão como tabu, constata-se que o interesse pelo nascimento ocasiona todo um simbolismo lúdico. Antes de haver encontrado a solução, a criança simboliza diversas possibilidades fantasiosas e, após a descoberta, brinca de gravidez, mas acrescenta frequentemente a isso novas fantasias ou as antigas readaptadas, as quais mostram, umas e outras, o quanto esse domínio ultrapassa em interesse a moldura de um simples problema de inteligência causal.

Dito isso, vamos agora examinar os diversos sonhos observados nas mesmas crianças, durante os mesmos períodos, e constataremos quando o sonho infantil prolonga, num certo sentido, o jogo simbólico, sob suas formas tanto primárias quanto secundárias. Aliás, a analogia entre os dois fenômenos foi muitas vezes observada. Relembremos somente, de momento, que a técnica da psicanálise das crianças acha-se precisamente fundada sobre ela. As Sr.ᵃˢ Klein, Searl, Isaacs e muitas outras não se limitam a analisar os sonhos de seus jovens clientes. Elas lhes oferecem um material de brinquedos variados, constituído de bonecas grandes e pequenas (pais e filhos, irmãos mais velhos e mais novos, bebês etc.), casas grandes e pequenas, trens grandes e pequenos etc., e o simbolismo que o sujeito constrói espontaneamente por meio desses objetos mostra ser tão revelador quanto o do sonho e, frequentemente, muito mais matizado. Reciprocamente, os sonhos que podemos recolher assemelham-se singularmente a jogos simbólicos. É verdade que, contando-os, o sujeito os ajeita à sua moda e os aproxima mais ainda de um relato de caráter lúdico. Mas ele não inventa tudo e, nos casos dos pesadelos em particular, sobra bastante conteúdo espontâneo para que a tentativa de comparação continue legítima.

É muito difícil dizer quando o sonho faz sua aparição no curso do desenvolvimento, pois, antes da linguagem, fica-se reduzido à análise do comportamento. Concede-se frequentemente o sonho aos mamíferos, mas um cão que rosna ao dormir não evoca, só por isso, imagens, e, se se quer falar de sonhos, pode-se interpretá-los então em termos de puros automatismos sensório-motores. Os chimpanzés igualmente sonham, e pode-se, em seu caso, perguntar-se se eles não veem quadros de imagens, dado o seu poder simbólico nascente (ver capítulo III, §1). Quanto à criança, não podemos decifrar sonhos autênticos antes da palavra. J., por volta dos dez meses, sorria regularmente em seu sono, quando me aproximava de seu rosto, e simulava meu próprio rir, soprando pelas narinas. Mas é tão menos provável que ela tenha evocado uma imagem que o fenômeno, em vez de aumentar de consistência, pouco a pouco se dissipou. Os primeiros sonhos incontestáveis apareceram em nossos sujeitos em 1;9 e 2 anos, com a criança falando então ao dormir e contando o sonho ao despertar.

Mas o problema que nos colocamos levantando esses sonhos permanece, independentemente de sua primeira data de aparição: o sonho infantil apresenta um simbolismo comparável ao dos jogos de idades correspondentes ou manifesta ele, de saída, uma trama inextricável, análoga à da maior parte dos sonhos de adultos? Sabe-se, com efeito, que Freud, que vê em todo sonho uma realidade de desejos, emitiu a hipótese (atenuando-a, de resto, a seguir) de que os primeiros sonhos de crianças constituem realizações diretas de desejos, por simples evocação não disfarçada da realidade (por exemplo, sonhos com cremes e mingaus durante uma dieta etc.) Podemos, portanto, perguntar-nos se o simbolismo se complica com o desenvolvimento, tal como acontece no jogo, ou se não existem ligações entre as duas manifestações do pensamento simbólico.

Em primeiro lugar, os fatos recolhidos (sonhos de X., antes dos seis anos, e primeiros sonhos de Y.):

Obs. 98. – Aos 2;2 (23), X. desperta gritando: *"Poupette voltou."* Ora, Poupette é uma meninazinha com quem ela travou conhecimento na véspera e em relação quem achava-se visivelmente inquieta, por vê-la apoderar-se sem cerimônia de todos os seus brinquedos. Aos 2;8 (4), é despertada pelo canto de um galo e diz, semiadormecida: *"Tenho medo da mulher que canta. Ela canta muito alto. Está-me passando um carão."* Aos 2;8 (11), X. desperta emitindo um grito: *"Ficou tudo escuro e eu vi uma mulher lá em cima* (mostra a parte de cima de seu leito). *Foi por isso que gritei."* Depois, relata que era uma mulher velha, que abria as pernas e se divertia com as suas excreções. Aos 3;7 (1), sonha falando alto e se a ouve dizer dormindo: *"Mamagato e Bebegato* (a mamãe-gata e o bebê-gato, que são os gatos da casa) *são vovó e mamãe."* Aos 3;7 (21), enquanto procura lutar contra uma tendência a roer as unhas, diz ao despertar, ainda semiadormecida: *"Quando eu era pequena, um cachorro me mordeu os dedos."* Ela mostra justamente o dedo que mais coloca na boca, o que sem dúvida acaba de fazer dormindo. Aos 4;9 (2), sonha com limpa-chaminés e, aos 5;1 (19), com um pequeno verme. Aos 5;4 (19): *"Sonhei que os bebês-cobaias estavam sendo comidos por um gato"*, e, do mesmo modo, aos 5;8 (1): *"Todas as cobaias estavam mortas e uma quantidade de gatos se encontrava no galinheiro* (onde ficam as cobaias). *Eles saltavam quando a gente chegava, como as cobaias quando se lhes dá dentes-de-leão. Um dos gatos era amarelo: era o meu gato."* Na realidade, X. há muito tempo reclama gatos em lugar de cobaias.

Aos 5;8 (6): *"Sonhei que mamãe punha muitos ovos e deles saía um bebezinho."* Aos 5;8 (22): *"Sonhei que havia um homenzinho assim* (10 cm), *com uma cabeça muito grande. Ele corria atrás de mim, para me judiar."* Ora, ela, na véspera, havia-se interessado por uma imagem inglesa do pequeno Humpty-Dumpty.* Aos 5;9 (21): *"Sonhei que despejava um regador d'água no jardim, e acabei fazendo xixi na cama."*

Aos 5;9 (23), ela sonha *"que havia uma grande coruja no jardim. Fiquei com medo e fui-me esconder nas saias de vovó".* Aos 5;9 (24): *"Sonhei que ia para a escola sozinha*

---

* Célebre personagem do livro *Alice no País do Espelho*, do escritor inglês Lewis Carroll. Seu corpo tinha a forma de um ovo, do qual saíam pequenos braços e pernas. (N.T.)

no bonde (ri de prazer ante essa ideia). *Mas perdi o bonde e fui sozinha a pé (idem). Cheguei atrasada, e então a professora me botou para fora e voltei sozinha para casa a pé.*"

Aos 5;9 (26): *"Sonhei que o Dr. M. atirava com um fuzil num senhor que se encontrava muito alto no ar. Esse senhor estava muito doente, ia morrer, e então ele o matou. Ele era muito pequeno e depois ficou grande quando caiu; ficou cada vez mais grande, tinha uma barriga grande como a tua, ele era como você! (ri)."*

Aos 5;9 (27): *"Sonhei que comia uma pedra grande. Então vovó me disse: Não come isso, vai-te fazer mal ao estômago. Então eu parei, e foi Y. quem continuou."* Ora, X. está com o estômago cheio naquela manhã, ao despertar. Aos 5;10 (7): *"Sonhei que N. e M. me emprestavam todos os seus brinquedos."* Aos 5;10 (11), sonha comer dois ovos. Ora, ela os pede sem cessar, e eles lhe foram proibidos momentaneamente. Aos 5;10 (13), sonha que sua mãe (doente) se curou e admira um de seus jogos etc.

Aos 5;9 (28): *"Mamãe construiu uma grande estátua verde, com folhas. Uma raposa chegou e a derrubou, metendo a cabeça nas folhas. Fiquei com medo da raposa e então entrei para dentro da barriga de mamãe, a fim de me esconder. Assim, ela não podia mais me agarrar."* Aos 5;10 (10), sonha que um primo que acabara de se casar *"ficava cada vez mais gordo, e a prima B., cada vez mais magra"*. Ora, X., na véspera, colocara uns dentro dos outros bonecos destinados a esse fim e, nessa ocasião, perguntara se os papais podiam ter crianças em sua barriga.

Obs. 99. – Y. aos 1;9 (28), grita no meio da noite: *"Malar"* (seu amigo Bernardo). Aos 1;11 (5) e nas noites seguintes, diz diversas vezes: *"Cucu baú"* (gato se esconde), *"Ropa"* (seu amigo R.) e *"Malar"*. Aos 2;6 (2), sonha com uma senhora de quem gosta muito. Aos 3;2 (19), sonha que sua mãe dorme em sua caminha (o que é um desejo constante seu).

Os sonhos precedentes são todos agradáveis. Aos 3;5 (6), ao contrário, o primeiro pesadelo (por ocasião de uma indigestão): Y. sonha com tratores (que a assustam na realidade, nos campos que orlam o jardim). Aos 3;8 (3), retorna um sonho agradável: *"Sonhei que havia madeira debaixo das camas e que o gatinho aí se metia."* Aos 3;10 (2): *"Sonhei que tínhamos uma nova empregada. Éramos suas sobrinhas, e ela se achava penteada um pouco como eu."* Mas, aos 3;8 (4): *"A. (sua boneca) chorava porque uma moça feia lhe estava dizendo que ela era um nenezinho."* A moça feia é um ser imaginário, causa de todos os males. No mesmo dia: *"Laocoon (outra boneca) se molhou. É culpa da moça feia."* Aos 3;8 (5), ela sonha com penicos colocados uns dentro dos outros (como os bonecos de madeira já mencionados).

Aos 3;9 (9), sonha que a casa inteira desaparecia dentro da terra. Aos 3;10 (13), sonha que ficou sozinha na casa, com a irmã; os pais haviam ido embora.

Aos 3;10 (17): *"A moça feia não fez as camas, não arrumou o quarto e quebrou uma cadeira."* Ora, num jogo simbólico, num dos dias seguintes, Y. brinca de comer a moça feia, *"exceto a boca, que é ruim"*. Por outro lado, a "moça feia" é causa de todas as faltas e de todas as malvadezas, desde o fato de se molhar até as injúrias: *"Sonhei que N. chorava porque lhe diziam que era um nenezinho. Era a moça feia que lhe dizia isso."*

Obs. 100. – Assinalaram-nos o caso de um menino que, desde os seis anos e alguns meses, sonhava seguidamente que em seu quarto de dormir se encontrava uma bacia colocada sobre um suporte: *"Nessa bacia eu via uma vagem tão grossa que enchia toda a bacia. Ela crescia, crescia sempre. Eu estava de pé, perto da porta. Estava com medo. Queria gritar e fugir, mas não podia. Ficava cada vez com mais medo, e isso durava até eu acordar."*

Parece-nos ser difícil não reconhecer a analogia entre esses sonhos e os jogos dos mesmos sujeitos, com a única diferença de que existem pesadelos no simbolismo onírico, enquanto o medo permanece sendo um prazer no simbolismo lúdico, ou, dizendo-o de outro modo, as coisas se ajeitam mais facilmente nesse que no primeiro. Mas, como é mais simples dirigir os jogos que os sonhos, essa diferença é assaz natural e não torna senão mais notável constatar as semelhanças.

É claro, de saída, que existem sonhos que realizam desejos, e isso por simples evocação do resultado desejado, sem aparência de simbolismo secundário: assim, X. sonha que um gato comeu as cobaias e que se encontram, no lugar delas, gatos no galinheiro, porque esse é um desejo que ela sente realmente. Do mesmo modo, Y. deseja que a mãe durma em sua cama, o que é o desejo de todos os pequenos. Ou, ainda, X. sonha que come os ovos dos quais se acha privada há dois meses.

Em segundo lugar, encontram-se sonhos que, exatamente como no simbolismo primário do jogo, representam conscientemente certos objetos por outros. Por exemplo, vovó e mamãe são "Mamagato" e "Bebegato", ou seja, mamãe-gata e bebê-gato. É preciso ver nisso uma realização de desejo, segundo a fórmula que Freud considera geral? Se assim o quisermos, mas com a condição de conceder ao desejo um sentido muito amplo, o de assimilação do real ao eu, tal como se a encontra no jogo. Vovó e mamãe são, com efeito, seres amados, do mesmo modo que "Mamagato" e "Bebegato", e a criança tira prazer, no sonho, como o faria em seu jogo, em fundir num só todo esses dois pares de personagens. É verdade que o sonho talvez não seja completo.

Existem, em terceiro lugar, sonhos que relembram um acontecimento penoso, mas dando-lhe uma solução favorável, à maneira pela qual procede o jogo. Por exemplo, X. sonha com corujas no jardim (que, efetivamente, lá existem e a assustam na realidade), mas esconde-se em sua avó para se tranquilizar. Pode-se ver aqui em ação aquela função de "guardião do sono" que Freud atribui ao sonho, tanto mais que a criança talvez tenha percebido, dormindo, os gritos reais das corujas.

Contrariamente, em quarto lugar, como interpretar os pesadelos verdadeiros, tais como ser perseguida pelo pequeno Humpty-Dumpty, ter medo dos limpa-chaminés, ver retornar Poupette (que agarra todos os brinquedos) etc.? Sabe-se que a psicanálise concebe o pesadelo como um desejo disfarçado e tanto mais assustador quanto mais oculto se acha. Poderia ser assim que ser seguida por homenzinhos malignos ou pelo limpa-chaminés represente um desejo real para uma meninazinha, apesar do caráter inquietante desses personagens e, consequentemente, por causa mesmo desse caráter. Quanto à volta de Poupette, não se sabe que simpatia se esconde por baixo das antipatias. Mas, para falar a verdade, não se percebe bem como não se encontrariam desejos no fundo de todas as coisas, e, mesmo que o pesadelo resultasse da reaparição não desejada de preocupações angustiosas, é evidente que essas acompanhariam igualmente desejos de soluções. O único ponto que nos interessa aqui é a diferença com o jogo. Também no jogo se pode encontrar, seja temores desejados e dos quais se tira prazer proporcional à inquietude, seja tristezas involuntárias com desejo de liquidação, mas há sempre um controle mais ou menos consciente, enquanto no sonho o controle é menos fácil, porque os acontecimentos são assimilados a esquemas mais profundos, ou seja, a um passado mais longínquo.

Uma quinta categoria apresenta um certo interesse: são sonhos de punição ou autopunição. Dessa maneira, X., que acaba de roer uma unha ao dormir, relata ao despertar que, quando era pequena, um cão lhe mordeu os dedos. Freud e seus discípulos frequentemente assinalaram casos de fobias de animais em crianças, as quais lhes emprestavam um poder de sanção. Ora, pode-se às vezes perguntar se as ameaças ou os boatos dos pais não se encontram no ponto de partida de tais símbolos. No caso em espécie, esse fator acha-se excluído.

Por fim, pode-se distinguir os sonhos que constituem a simples tradução simbólica de um estímulo orgânico atual, como, por exemplo, o sonho do regador, ligado à micção, ou o outro, de comer uma pedra, que exprime um peso no estômago. Encontram-se frequentemente nos meninos sonhos de ereção: assim é o sonho de U., que vê uma longa vagem crescer desmensuradamente numa bacia.

Os sonhos dessa sexta categoria nos conduzem aos símbolos secundários, dos quais falamos a propósito do jogo. Constata-se primeiramente que, da primeira à sexta série de sonhos, o simbolismo, inicialmente primário, complica-se em seguida com ressonâncias secundárias mais ou menos exageradas, segundo o caso. Ora, é interessante observar agora que as três espécies de símbolos secundários que notamos em nossos sujeitos são encontradas de maneira notável em seus próprios sonhos, mas frequentemente cercados de um halo de ligeira angústia ou de inquietude, que marca precisamente a diferença dos planos onírico e lúdico.

Isso se vê claramente, por exemplo, no sonho da mulher inconveniente. Esse personagem não faz nada mais no sonho, com efeito, do que aquilo que X. brinca de fazer executar por suas bonecas ou por seres fictícios: entretanto, essa espécie de interesse, que se transforma em brincadeira fácil no jogo, é acompanhada no sonho por uma ansiedade fora do comum.

Quanto aos dois sonhos do médico que mata um homem no ar e da estátua de folhas com retorno ao seio materno, acontecidos a três dias de distância, fornecem eles um belo exemplo daqueles símbolos "edipianos", dos quais os freudianos mostraram a generalidade. Ora, eles datam de um período em que X. apresentava uma preferência muito acentuada por sua mãe e uma espécie de hostilidade periódica para com o pai, alternando-se essa com a ternura (ver o jogo de Zoubab a cortar a cabeça de seu papai para recolá-la em parte, jogo que precede de pouco tempo tais sonhos). Com efeito, o médico que vem aplicar injeções em X. (injeções das quais ela tem medo de morrer) é assimilado aos caçadores que atiram nas aves, perto da casa dela. Ora, ele mata um homenzinho que, segundo diz ela a seu pai, "tinha uma barriga grande como a tua, era como você". Vê-se que entre o simbolismo lúdico de Zoubab e o desse sonho, não há necessidade de interpretações muito aventurosas para sentir a analogia. Quanto ao sonho da estátua, X. havia perguntado pouco antes como se tinha fabricado uma estátua de bronze esverdeado, e ela teme as raposas das vizinhanças, por causa dos animais que cria. Entretanto, sejam quais forem as assemelhações possíveis que poderiam dar um sentido a essas imagens, resta que, assustada pela raposa que vem desfazer a estátua, ela não encontra, em sonho, meio seguro de se proteger que entrar de novo no ventre de sua mãe!

Isso nos conduz aos sonhos do nascimento, dos quais o sonho da mãe que põe ovos é um exemplo quase lúdico. Ora, o sonho do primo que engordou e da prima que emagreceu parece-nos pertencer à mesma categoria, mais ou menos consciente, porque X., nos dias anteriores, preocupara-se em saber se os papais podiam ter filhos. Além disso, à sua mãe, que lhe assinalava a semelhança dela com seu pai, respondeu X.: "Então eu estava na barriga de papai e não na tua?"

Em resumo, tanto em sua estrutura simbólica quanto em seu conteúdo, o sonho infantil aparece como muito vizinho do jogo de ficção. É inútil insistir sobre as diferenças, que são evidentes. Aquele que dorme acredita no que sonha, enquanto a crença na ficção permanece muito relativa. A elaboração do jogo é controlada muito mais intencionalmente, enquanto a do sonho arrasta o sujeito bem além do que agrada à sua consciência. E, acima de tudo, o jogo emprega como símbolos todas as espécies de substitutos materiais do objeto, que facilitam a imaginação desse, enquanto o sonho fica reduzido a representar-se o objeto por uma imagem mental ou a escolher como sucedâneo uma outra imagem que simbolize o mesmo objeto. É assim que a micção é simbolizada num dos sonhos precedentes pela imagem de um regador, enquanto o jogo correspondente teria disposto de um regador verdadeiro. Como explicar a formação desses símbolos oníricos? É o que vamos discutir agora. Simplesmente pareceu-nos útil, de antemão, insistir sobre a continuidade dupla que liga os símbolos lúdicos primários e secundários e que liga ambos aos símbolos igualmente primários e secundários do sonho infantil. É o sonho unicamente simbólico, ou é preciso conceder uma parte maior ou menor ao automatismo e ao azar? É bem difícil decidi-lo, pois quanto mais se levar adiante a análise, mais se favorecerão as assimilações retrospectivas do sujeito. O essencial é que o simbolismo onírico existe e sobretudo que entre os símbolos primários simples, tais como os de X., a sonhar com os ovos dos quais se acha privada, e os símbolos cada vez mais secundários ou inconscientes, intervém toda uma gama de intermediários. É esse fato fundamental, do qual se deve o conhecimento aos trabalhos da psicanálise, que nos obriga a completar o estudo do jogo simbólico pelo das assimilações próprias ao pensamento simbólico inconsciente.

§2. *A EXPLICAÇÃO FREUDIANA DO PENSAMENTO SIMBÓLICO.* – A doutrina de Freud é conhecida demais para que seja necessário relembrá-la longamente, antes de procurar o que dela podemos reter para a explicação do simbolismo inconsciente. Insistamos principalmente sobre o fato de que Freud apresentou essencialmente uma técnica nova e que, mesmo se suas concepções teóricas exijam hoje uma atualização geral, aquela técnica continuará e constitui verdadeiramente o único método sistemático que até aqui possuímos para exploração dos esquemas "inconscientes". Enquanto na criança, para discernir a existência e a importância desses últimos, basta olhar o sujeito jogar e escutar suas palavras espontâneas, procurando apreender as aproximações que ela própria efetua, a técnica de análise do adulto, em princípio, consiste em levar o paciente a um estado de pensamento "não dirigido" e segui-lo então sem intervir. Confortavelmente estendido, com os olhos fechados, pede-se ao sujeito, durante uma hora por dia, que diga exatamente tudo o que lhe vem ao espírito, sem nada procurar nem nada excluir. Nos primeiros oito ou quinze dias, em geral, não se passa nada de muito interessante: o sujeito aprende simplesmente a não esconder os pensamentos íntimos que

O Simbolismo Secundário do Jogo

podem surgir, a não mais temer parecer completamente desprovido de inteligência, a dizer francamente ao analista todo o mal que dele pensa, assim como dessa situação absurda. Depois, encorajado, havendo vencido seu pudor e seu amor-próprio, pegando confiança no analista, cujo papel de simples registrador começa a compreender, bem como a discrição, o sujeito acaba por experimentar prazer em falar uma hora sem constrangimento e em seguir curiosamente o fio de suas ideias espontâneas. É então que se produzem reações das quais é difícil fazer-se uma ideia precisa sem tê-las experimentado. Há primeiro um relaxamento gradual da "direção" do pensamento, isto é, salta-se sem hesitar de uma evocação para outra, como no devaneio. Produz-se ao mesmo tempo uma acentuada tendência a "ver", mais do que a raciocinar: uma série de quadros surge, os quais se olha e se descreve, que interessam, emocionam ou repugnam, pois são lembranças, mas a cujo desenrolar se assiste como se se estivesse diante de um tipo de filme. Então se produzem dois fatos capitais. Em primeiro lugar, o pensamento regride pouco a pouco, ou seja, entre as recordações recentes ou quase atuais que se evoca infiltram-se com frequência cada vez maior lembranças antigas, cada vez mais longínquas; fica-se então surpreendido de haver-se passado a maior parte da hora a reviver cenas de infância e a rever os pais como outrora. Em segundo lugar, lembranças de sonhos se insinuam no contexto: sonhos esquecidos, que retornam e se encontram mesclados à memória dos acontecimentos reais. E, como se solicita ao sujeito anotar cada manhã seus sonhos atuais e relatá-los sem retoque, esses interferem igualmente com as associações livres.

Tal é o essencial da técnica. A ela se acrescenta, porque isso é útil, a análise dos próprios sonhos. Ela é frequentemente supérflua, tanto certos sonhos assumem significação imediata pelas aproximações que o sujeito faz espontaneamente (e muitas vezes sem desconfiar disso) com as suas lembranças e as suas evocações. Entretanto, quando isso é útil, o analista relê frase após frase do relato escrito do sonho e, a propósito de cada uma delas, o sujeito conta (sempre sem procurar ou dirigir) aquilo que lhe vem ao espírito.

Foi dessa técnica dupla que Freud tirou suas hipóteses sobre o simbolismo em geral. O sonho é sempre a realização de um desejo, mas o conteúdo aparente dos sonhos oculta um "conteúdo latente", do qual não é mais que a "transposição" simbólica. Essa transposição é devida a uma censura que provém, ela própria, da consciência do sujeito, assim como seu "superego", ou interiorização da ação dos pais. O conteúdo latente é efetivamente censurado porque é formado de tendências "reprimidas": ao fim, portanto, o sonho é a realização simbólica de um desejo reprimido. Ademais, cada situação atual, vivida pelo sujeito, vem-se encaixar nas situações anteriores, de maneira tal que um desejo reprimido recente se junta necessariamente ao conjunto das tendências reprimidas antigas. Somos assim determinados por todo o nosso passado e, em particular, pela hierarquia das tendências infantis, seriadas segundo as fases do desenvolvimento "sexual": fase oral, depois a anal, narcisismo, depois escolha do objeto (por volta do fim do primeiro ano) e tendências edipianas; por fim, transferência da afetividade para um número cada vez maior de novos personagens. Um símbolo, portanto, nunca é simples, e há sempre "polissimbolismo", pelo fato das significações múltiplas que resultam desse encaixe de tendências e de conflitos. Os símbolos mais elementares são o produto de uma "condensação" de imagem, a qual pode ser independente da censura e devida a simples fatores de economia do pensamento. Mas há, além disso, "deslocamento" do acento afetivo de uma imagem para outra, e esse desenvolvimento resulta da censura. O simbolismo procede por identificações, projeções, oposições, duplos sentidos etc., e se encontra no antípoda da lógica, pois não obedece mais que ao "*Lustprinzip*" e tem por função enganar a consciência. O caráter imagístico do sonho explica-se, por fim, do seguinte modo: no ato normal, a percepção se associa a uma série de lembranças depositadas no inconsciente (a consciência, em si própria, não possui memória e não é mais que uma espécie de "órgão dos sentidos" interno, que ilumina as lembranças quando isso é útil, ou lhes recusa tal iluminação, isto é, as censuras, quando elas lhe são contrárias), e o todo se traduz em movimentos. Se a tendência, pelo contrário, é reprimida, ela não se pode desdobrar em ações externas e reflui então na direção dos órgãos sensoriais, donde o caráter quase alucinatório do sonho; além disso, ela retorna igualmente associada a lembranças-imagens, mas selecionadas até poderem ser toleradas pela consciência, donde o simbolismo, do qual se apreende assim a conexão com a censura.

É bem difícil julgar essa interpretação de maneira imparcial. Na presença dessa mistura de observações incisivas, mas traduzidas numa linguagem muito afastada da usada pela psicologia experimental contemporânea, desejar-se-ia poder dissociar os fatos da teoria e reinterpretá-los de modo adequado aos conhecimentos atuais. Entretanto, havendo Freud e os psicanalistas sido muito tempo desprezados e sua doutrina deformada pelos psicólogos de laboratório, constituíram eles uma organização sua própria, da qual os serviços práticos são evidentes num domínio em que a aplicação supõe a regulamentação, mas que apresenta o perigo de cristalizar e manter intangível uma verdade de escola. Chegou, porém, o momento de esquecer ao mesmo tempo as prevenções oficiais e o espírito

O Simbolismo Secundário do Jogo

de capela para integrar a parte viva do freudismo na psicologia. Ora, essa realidade integrável é constituída pelo método e pelos fatos. Esses são incontestáveis, e, para conhecê-los, basta que nos submetamos a uma "psicanálise didática". Mas é preciso passar por ela, e, negligenciando-se essa condição *sine qua non* do contato com os fatos, colocamo-nos na situação dos filósofos que falam da percepção sem nunca haverem passado por uma porta de laboratório!

Dito isso, não resta nenhuma dúvida de que a dificuldade do freudismo, para o psicólogo que se curvou à experiência sobre si mesmo e praticou um pouco o método com outros, a título de verificação, não se prende absolutamente aos fatos afetivos como tais, mas aos quadros gerais com que a doutrina se contenta no domínio da psicologia geral: a natureza da memória, o papel da associação, a concepção de uma consciência-iluminação da qual a inteligência não é o núcleo ativo, as relações da consciência e do inconsciente, a conservação dos sentimentos, para não citar mais que os pontos principais, são outras tantas questões sobre as quais um reajustamento se impõe, antes que se possa esperar uma teoria adequada do simbolismo.

Os dois fatos fundamentais descobertos pelo freudismo são, o primeiro, que a afetividade infantil passa por fases bem caracterizadas, e o outro, que existe uma continuidade subjacente, ou seja, que em cada nível o sujeito assimila inconscientemente as situações afetivas atuais às situações anteriores e mesmo às mais antigas. Ora, esses fatos são tanto mais interessantes para nós por se encontrarem inteiramente paralelos aos do desenvolvimento intelectual. A inteligência passa também for fases, e elas correspondem mesmo, em suas grandes linhas, às do desenvolvimento afetivo. Por exemplo, a sucção desempenha um papel tão grande na organização dos esquemas sensório-motores primitivos (espaço bucal etc.) quanto na afetividade da criança de peito. O "narcisismo" (com a condição, bem entendido, de aí ver um narcisismo sem Narciso, isto é, sem a consciência do eu) corresponde àquele egocentrismo radical do primeiro ano, durante o qual o universo e o eu se confundem, na falta de objetos permanentes exteriores. Ao nível da "escolha do objeto" afetivo correspondem à construção do objeto substancial e à organização do espaço externo. Ao plano da transferência da afetividade para outras pessoas corresponde, enfim, o início da socialização do pensamento. Por outro lado, toda a análise genética do pensamento mostra a assimilação permanente dos dados atuais aos esquemas anteriores e aos da atividade propriamente dita, consistindo o progresso da inteligência numa descentralização progressiva dessa assimilação e os erros se reduzindo, ao contrário, a uma fixação inconsciente àquilo que se poderia chamar de "complexos" intelectuais reprimidos.

Somente para explicar simultaneamente essa elaboração afetiva gradual (que se acha, portanto, em conexão estreita com as construções intelectuais) e a continuidade das assimilações inconscientes do presente ao passado, tem-se de se manter um equilíbrio entre as noções de construção e a identidade. Ora, malgrado as aparências, Freud é muito menos genético do que se diz, e sacrifica com muita frequência a construção à permanência, a ponto de emprestar à criança de peito os atributos essenciais da consciência completa: uma memória, uma consciência do eu etc. O que quereríamos, portanto, é uma tradução genética do freudismo, eliminando dele tudo o que o faz, ainda muito, uma ciência do idêntico.

A primeira dificuldade a esse respeito prende-se à noção freudiana do instinto, que não é nem a noção biológica de um mecanismo estável nem a noção psicossociológica. Segundo essa última, pode-se falar da "transformação social dos sentimentos" para dizer que novos sentimentos, realmente construídos em função das interações novas que surgem no caminho, vêm-se unir aos instintos, se lhes integrando. Para Freud, ao contrário, o instinto é uma espécie de energia permanente, que se conserva através de todo o desenvolvimento e se desloca simplesmente de um objeto a outro (o próprio corpo, os pais etc.); são essas "cargas" afetivas que determinam então os diversos sentimentos particulares, enquanto a continuidade da corrente geral explica as "identificações" e as transferências. Ora, pode-se perguntar se essa linguagem substancialista não é mais atrapalhante que fecunda e se uma meditação sobre as "intermitências do coração" não conduziria a um relativismo mais próximo da realidade. Não sabemos nada, com efeito, sobre a conservação da energia afetiva total, e só constatamos a existência de ritmos e regulações. Quando o sentimento se transfere de um objeto a outro, devemos reconhecer que, além da continuidade, constrói-se um sentimento novo, devido ao fato de que o antigo se acha integrado num esquema diferenciado em relação ao precedente e de que a continuidade afetiva resulta simplesmente da assimilação mútua desses esquemas. As "cargas", portanto, são relativas à organização de conjunto dos esquemas e dela exprimem a regulação (sempre correlativa de uma estrutura intelectual correspondente). É por isso que é perigoso postular a conservação de um sentimento no "inconsciente", durante esses períodos das intermitências.

Imaginemos, por exemplo, uma tendência agressiva, tal como a que se manifesta contra o pai, nos jogos e nos sonhos do §1: é evidente que, ao mesmo tempo em que pode reaparecer periodicamente, uma tal "pulsão" (que alterna na consciência com os sentimentos inversos de ternura e ligação) não se conserva necessariamente entre dois no inconsciente. O que se conserva – pelo menos, pode-se disso fazer a hipótese tão legitimamente como a da conservação dos sentimentos como tais – são os modos de ação e reação, os esquemas de condutas, e, consequentemente, certas relações permanentes entre as relações do pai e as da criança: são essas relações que podem então engendrar de novo, periodicamente, a agressividade ou o amor. Notemos, aliás, que as duas soluções vêm a dar talvez no mesmo, porque não se pode experimentar conscientemente um sentimento que reaparecerá mais tarde, isto é, ser sede de um simples sentimento virtual; ora, um sentimento virtual não é mais que um esquema de ação ou de reação. Ao menos, porém, essa segunda linguagem evita atribuir ao "inconsciente" o poder de experimentar sentimentos por sua própria conta, como se fosse uma segunda consciência. Se ele os conserva, diremos, não é mais justamente a título de sentimentos: o inconsciente é essencialmente motor (ou, como diriam os próprios freudianos, "dinâmico"), e é em termos de reações que convém então descrevê-lo, se se deseja evitar as ciladas do vocabulário substancialista. Aliás, nesse caso, compreende-se muito melhor por que o sujeito pode ignorar algumas de suas tendências ocultas; com efeito, é muito mais difícil tomar consciência de um esquema de reação e de suas implicações misturadas do que seria fazê-lo em relação a sentimentos já inteiramente formados e prontos a surgir como tais.

Isso nos conduz ao problema central da memória, que levanta exatamente as mesmas dificuldades, mas no plano da representação. Para Freud, o passado se conserva inteiro no inconsciente, não possuindo a consciência, como tal, nenhuma memória e limitando-se a iluminar as recordações-imagens depositadas nas camadas subliminares. Observemos que essa é uma teoria que se une à de muitos outros autores e que (associacionismo à parte) a memória freudiana não se acha muito afastada da memória bergsoniana. Mas tem-se oposto periodicamente a essa maneira de ver uma outra concepção da memória, que é a da recordação-reconstrução.[2] Com efeito, permanece impossível saber o que acontece com uma recordação durante os intervalos situados entre sua desaparição e seu retorno: só se experimenta sobre recordações conscientes, e, quando se evoca uma lembrança olvidada, essa evocação pode ser tanto uma reconstituição quanto uma dragagem. Ademais, todos os trabalhos atu-

---

[2] Num interessante artigo sobre "A conservação das imagens e as teorias da memória" (*Arch. de Psychol.*, XVI, pág. 349), J. Larguier des Bancels opõe à teoria da "conservação" das imagens a dos "vestígios" anatômicos, implicando essa última, naturalmente, uma reconstrução mental.

ais sobre a memória colocam em evidência a intervenção de fatores que implicam uma organização ativa das recordações: julgamentos, conexões lógicas etc. De Janet, para quem a memória é uma conduta de "relato", até os gestaltistas, que encontram estruturas de conjunto na reconstituição das lembranças, sem esquecer os trabalhos sobre o testemunho, foi recolhido um número considerável de fatos que falam em favor da tese da reconstituição, parcial ou total. Se me perguntam o que fiz esta manhã, às sete horas, sou obrigado a deduzi-lo, e é duvidoso que meu inconsciente o tenha inscrito, sem mais nada, sobre um quadro mantido em perpétua atualização.

Ademais, consequentes com sua hipótese, os freudianos recuam os começos da memória até os da própria vida mental. Por que não temos lembranças dos primeiros anos e, em particular, dos primeiros meses, tão férteis em experiências afetivas? É que houve recalcamento, repressão, respondem eles. Mas, sobre esse ponto, descobre-se que a teoria da memória-reconstituição dispõe de uma solução muito mais simples: não há lembranças da primeira infância pela boa razão de que não havia ainda memória de evocação capaz de organizá-las. A memória de recognição, com efeito, não implica, de modo algum, a capacidade de evocar lembranças, porque esta supõe a imagem mental, a linguagem interior e os primórdios da inteligência conceptual. A memória da criança de dois a três anos é ainda uma mistura de relatos fabulados e de reconstituições exatas mas caóticas,[3] e a memória organizada só se desenvolve com o progresso da inteligência integral.

---

[3] Há ainda, além disso, a questão das lembranças que se apoiam em outras. Por exemplo, uma de minhas mais antigas recordações dataria, se fosse verdadeira, de meu segundo ano de idade. Vejo ainda, com efeito, com grande precisão visual, a cena seguinte, na qual acreditei até por volta dos quinze anos. Achava-me sentado num carrinho de bebê, empurrado por uma babá, nos Champs-Elyséss (perto do Grand-Palais), quando um indivíduo quis-me arrebatar. A correia de couro fechada na altura de meus quadris me reteve, enquanto a babá procurava corajosamente opor-se ao homem (chegando a sofrer algumas escoriações, e vejo ainda vagamente sua testa arranhada). Seguiu-se um ajuntamento, e um guarda-civil de capinha e bastão branco se aproximou, o que pôs em fuga o indivíduo. Vejo ainda toda a cena e chego a localizá-la perto da estação do metrô. Ora, quando tinha cerca de quinze anos, meus pais receberam de minha antiga babá uma carta anunciando-lhe sua conversão ao Exército da Salvação, seu desejo de confessar os erros antigos e, em particular, restituir o relógio por ela recebido como recompensa dessa história, inteiramente inventada por ela (com escoriações forjadas). Portanto, devo ter ouvido em criança a narrativa dos fatos em que meus pais acreditavam e a projetei no passado sob a forma de uma lembrança visual, que é portanto uma lembrança de lembrança, mas falsa! Sem dúvida, muitas lembranças verdadeiras são da mesma ordem.

Mas então, o que acontece à continuidade inconsciente que liga o presente ao passado e assegura a conservação das experiências tanto afetivas quanto intelectuais? De maneira geral, em que consistem os traços que permitem a memória de recognição, assim como as assimilações sobre as quais se fundam as reconstituições da memória evocadora? Ainda aqui, só se pode tratar de esquemas de ação e não de imagens representativas depositadas a título de imagens no próprio inconsciente (o que corresponderia a dele fazer de novo uma segunda consciência). O bebê reconhece um objeto ou um personagem na medida em que pode reagir em relação a ele como o fez anteriormente, e são esses esquemas sensório-motores que se prolongarão em lembranças-imagens, da mesma maneira que já vimos (capítulo III) a imagem mental se formar por combinação de esquemas significados. Mas essa transposição da recognição ativa em evocação representativa supõe toda a organização própria à inteligência interiorizada e, portanto, só dá nascimento a uma memória organizada com a linguagem, o relato e o sistema dos conceitos.

Se confrontarmos agora essa crítica da memória com a dos sentimentos inconscientes, parece evidente que é necessário um reajustamento teórico para poder compreender o papel das experiências afetivas infantis sobre a vida inteira do indivíduo. Em realidade, porém, os fatos são assim claros se se renunciar às lembranças inconscientes para falar a linguagem dos esquemas e da sua assimilação recíproca. Os freudianos se exprimem, por exemplo, como se a imagem da mãe e do pai, formada no nível da escolha dos primeiros objetos afetivos, subsistisse durante toda a existência e como se um número indefinido de personagens fosse em seguida "identificado" inconscientemente a essas imagens primitivas. Mas, se é evidente que o indivíduo generaliza assim, frequentemente, suas primeiras maneiras de amar ou defender-se, ligar-se ou revoltar-se, e se existe por vezes uma continuidade impressionante entre as primeiras reações familiares ulteriores sociais, religiosas, estéticas (por exemplo, o motivo da resistência aos tiranos em Schiller etc.), nem a recordação inconsciente nem a conservação dos sentimentos, como tais, são indispensáveis para explicar os fatos. A "imago" pode não ser mais que um esquema. É preciso falar de esquemas afetivos da mesma maneira que dos esquemas motores ou esquemas intelectuais (e são, aliás, os mesmos esquemas ou, pelo menos, aspectos indissociáveis das mesmas realidades), e é o conjunto organizado desses esquemas que constitui o "caráter" de cada um, isto é, seus modos permanentes de comportamento. Quando um indivíduo se revolta interiormente contra uma autoridade paterna demasiadamente coercitiva e faz o mesmo, em seguida, em relação a seus mestres, assim como contra toda coerção, não é necessário dizer que ele identifica inconscientemente cada pessoa em causa à imagem de seu pai; adquiriu simplesmente, em contato com esse, um modo de reagir e de sentir (um esquema afetivo) que generaliza no caso de situações subjetivamente análogas, da mesma maneira que talvez tenha adquirido o esquema da queda dos corpos deixando cair uma bola de seu berço, sem que haja necessidade de sustentar que ele identifica, mais tarde, todos os corpos que caem a essa mesma bola. É verdade que em sonho lhe acontecerá, sem dúvida, quando de uma disputa com uma pessoa qualquer, situá-la nas cenas infantis e simbolizá-la por meio de traços tomados de empréstimo a seu pai. Por outro lado, perceberá facilmente, em caso de análise, o encaixe dessas situações atuais nas situações passadas. Mas isso levanta o problema do pensamento simbólico, ao qual iremos retornar, e demonstra no máximo a menor generalização e a menor abstração dos esquemas afetivos, por oposição aos esquemas intelectuais, sem que por isso seja preciso ligar o fato incontestável da assimilação das situações entre elas a uma teoria contestável da memória ou da conservação dos sentimentos.

Entretanto, antes de chegar ao simbolismo, levantemos ainda uma terceira questão geral, a respeito da qual é hoje necessária uma revisão, se se deseja ajustar a psicanálise às noções essenciais da psicologia contemporânea. Sem dele fazer, propriamente falando, profissão de fé, Freud foi criado no ambiente do associacionismo clássico. Ora, se bem que a técnica por ele inventada houvesse exatamente permitido uma renovação da noção de associação, Freud permaneceu-lhe demasiadamente tributário. Encontram-se mesmo nele os traços da famosa teoria de Taine sobre a percepção concebida como uma alucinação verdadeira (cf. a explicação do caráter quase alucinatório do sonho). De maneira geral, concebe ele a consciência como uma simples iluminação (um "órgão dos sentidos interno"), cujo papel é unicamente projetar sua luz sobre as associações já prontas, resultantes de semelhanças e contiguidades entre recordações inconscientes. Recusa, portanto, à atividade consciente o que dela constitui o caráter para os autores atuais: constituir o pensamento, isto é, uma atividade construtora real. O problema da inteligência acha-se, na verdade, ausente do freudismo, e isso é de lamentar porque a meditação sobre a tomada de consciência no ato de compreensão, assim como sobre as relações entre os esquemas intelectuais inconscientes e a "reflexão" consciente, teria certamente simplificado a teoria do inconsciente afetivo (ver início do §1 deste capítulo VII).

Seja como for, vendo na associação a atividade mental por excelência, Freud, para penetrar nos arcanos do inconsciente, se esforça por atingir as associações mais espontâneas possíveis. Daí a sua técnica dupla de análise em geral, por retorno ao pensamento não dirigido, e de análise dos sonhos, por associações livres.

Ora, sabe-se hoje que a associação, longe de constituir um fato primitivo, resulta sempre de um julgamento ou, pelo menos, de uma assimilação ativa.[4] Existe, portanto, uma continuidade completa entre a associação inconsciente e a atividade inteligente, o que nos conduz naturalmente à revisão da teoria das relações entre a consciência e o inconsciente, num sentido mais funcional e menos topográfico. Quanto ao pensamento espontâneo e não dirigido que se liberta pela própria técnica da psicanálise, é evidente que aquilo que aí se chama de "associações" consiste em assimilações, afetivas mais que lógicas, mas ativas mesmo assim, ou seja, que existe construção apesar de tudo. Isso, aliás, não diminui de modo algum o seu interesse; pelo contrário. Na prática, não altera mesmo nada, pois essa construção emana sempre do sujeito e revela, consequentemente, ainda o seu esquematismo inconsciente. Unicamente, do ponto de vista teórico, isso conduz àquela conclusão essencial de que, na análise de um sonho, as "associações livres", fornecidas pelo sujeito não restituem, sem mais nada, aquelas que provocaram o próprio sonho; elas necessariamente o ultrapassam e constroem um novo sistema de assimilações que se integram simplesmente às precedentes. Esse novo sistema, repetimos, permanece sendo revelador das tendências ocultas do sujeito, mas não se limita mais, inteiramente, ao domínio do sonho como tal. Isso é tão verdade que se poderia, em lugar do sonho, tomar como ponto de partida das associações uma notícia qualquer retirada de um jornal; as assimilações espontâneas do sujeito permitiriam então dar a todos os pormenores um sentido simbólico, como se se tratasse de um de seus próprios sonhos... e isso mesmo continuaria a ser instrutivo quanto aos "complexos" do paciente, mas essa experiência provaria à evidência que se trata de assimilações ativas e não de um mecanismo associativo automático que se junta àquele que teria engendrado o próprio sonho.

Isso nos traz, por fim, ao problema do simbolismo inconsciente. Pode-se aceitar sem mais nada, após tudo o que acabamos de ver quanto às questões gerais, a explicação freudiana do símbolo, ou seja, uma imagem ligada a uma ou mais significações por associações inconscientes que escapam à censura? Dito de outra forma, o objeto (ou o significado) do símbolo acha-se associado, no inconsciente, a todos os tipos de imagem, mas, sendo esse

---

[4] A teoria da forma vai mesmo até a negação da existência de qualquer associação, parecendo-lhe essa sempre implicar uma estruturação de conjunto.

objeto censurado, somente são toleradas pela consciência as associações com imagens que não o relembram de maneira demasiado evidente: essas imagens são, portanto, simbólicas na medida em que elas enganam a censura – e o papel das associações livres, então, é precisamente encontrar aquelas associações inconscientes que foram censuradas no momento da formação do símbolo.

Ora, essa interpretação nos parece levantar duas dificuldades essenciais, que decorrem da que precede: a primeira é que se compreende mal tanto o mecanismo quanto a própria existência da censura, e a segunda é que o simbolismo, e singularmente o simbolismo inconsciente, ultrapassa largamente o domínio daquilo que é "censurável" ou reprimido e parece constituir, bem mais que um disfarce ou uma camuflagem, a forma elementar da tomada de consciência, no sentido de uma assimilação ativa.

Com efeito, quanto mais a noção freudiana da repressão é clara e importante (e, aliás, conquistou de saída todos os espíritos), tanto mais a noção de censura é obscura e ligada à concepção da passividade da consciência de que falávamos anteriormente. É-nos dito que a censura é um produto da consciência, quando ela deseja ignorar um conteúdo reprimido. Mas como a consciência pode ser causa de ignorância, isto é, de inconsciência? Isso só é compreensível se compararmos a consciência a um projetor, que ilumina certos pontos e se afasta de outros, pela vontade daquele que o aciona. Se a consciência é atividade e inteligência, não se compreende, tanto mais que o sucesso de uma repressão difícil se acha ordinariamente ligado a uma certa colaboração da consciência (sem o que repressão "falha" e é preciso psicanalisá-la, ou seja, justamente torná-la consciente). É certo que frequentemente acontece que a consciência deseje ignorar o que a desagrada, mas, então, ela não é enganada, e quando, na tentação moral, "fecha-se os olhos" até o último momento sobre a natureza da tendência que acaba por vencer, sabe-se muito bem no fundo aonde se quer chegar, e a consciência, na realidade, é cúmplice desde o ponto de partida. São portanto esses mecanismos que explicam o símbolo? Seria bem insuficiente, na presença da generalidade do simbolismo. Na realidade, a "censura" do sonho não é mais que uma expressão tautológica para significar sua inconsciência, e ou ela não exprime nada mais que a noção da própria repressão ou então traduz o fato bem mais geral da incapacidade daquele que sonha em tomar uma consciência clara de todas as tendências que o agitam.

Com efeito, e é esse o ponto capital, o simbolismo inconsciente ultrapassa geralmente o domínio do reprimido e, consequentemente, do censurável, e pode-se então perguntar se seu caráter inconsciente, isto é,

O Simbolismo Secundário do Jogo

a ignorância na qual o sujeito permanece de sua significação, não traduz simplesmente uma tomada de consciência difícil e incompleta. Para Freud, a censura resulta da consciência e o simbolismo é o produto de associações inconscientes que enganam a censura. Convém procurar se não se poderia inverter esses dois termos, com a "censura" não sendo mais que a própria expressão do caráter inconsciente – ou seja, incompreendido – do símbolo, resultando esse, sem mais nada, de um início de assimilação consciente – isto é, de uma tentativa de compreensão.

Para falar a verdade, Freud forneceu duas explicações sucessivas do simbolismo, e o fato é tanto mais interessante para nós por prender-se justamente ao papel da censura. A explicação primitiva consiste em subordinar à censura o conjunto dos mecanismos simbólicos, reduzindo-se assim todo o símbolo à noção de disfarce. Depois, pelo contrário, e sem dúvida sob a influência de Silberer, Adler e principalmente Jung, Freud admitiu que o simbolismo constituía igualmente uma linguagem primitiva, mas é então, ao mesmo tempo, linguagem e disfarce: o mecanismo da "condensação" é nesse caso explicável por simples fatores de economia do pensamento, mas o "descolamento" permanece sendo concebido como sempre resultante da própria censura.

Ora, na realidade, o "deslocamento" é inseparável da "condensação", porque é impossível reunir numa só imagem traços tomados de empréstimo a diversos objetos sem deslocar o acento afetivo, e o conjunto dos mecanismos constitutivos do símbolo inconsciente pode muito bem funcionar nos casos em que o conteúdo do símbolo nada tem de reprimido ou censurado, pois corresponde então a pensamentos ou desejos perfeitamente conscientes e conhecidos pelo próprio sujeito no estado de vigília. Pode-se, com referência a isso, citar duas ordens de fatos: os sonhos transparentes, isto é, simbólicos, mas de simbolismo perfeitamente compreensível ao despertar, e principalmente as imagens de semivigília, outrora batizada com os nomes solenes de alucinações hipnogógicas e hipnopômpicas.

Eis alguns exemplos de sonhos transparentes. Um jovem deseja a separação de seus pais, pois a mãe um pouco tirânica arruína a existência do pai. Ela é parisiense, e ele possui um nome meridional. Ora, em seu sonho, o filho sai da estação de Avignon e fica espantado com a ordem e a limpeza fora do comum das ruas; é-lhe dito então: "Depois que o sul da França se constituiu em república independente, tudo anda melhor que antes." Constata-se pois nesse sonho a existência de um simbolismo, quase comparável ao de um jogo de imaginação, e, contudo, é difícil fazer intervir a censura, pois as significações são evidentes. Dir-se-á talvez que a separação dos pais é sempre, para alguém, uma coisa delicada e que, portanto, não se sabe que complexos escondidos e que sentido profundo podem ocultar esses símbolos. Mas eis um outro exemplo. Um estudante de Filosofia tem de entregar a seu professor, no dia seguinte ao do sonho, uma crítica do *Tratado de Lógica*, de Goblot, que acaba de ser publicado. Ele conta ser severo com relação a essa obra, mas conhece a opinião bem diferente do professor e espera encontrar-se, ele próprio, numa situação difícil. Eis o sonho: o curso de Lógica vai começar, mas o professor entra acompanhado de um velho senhor que toma a palavra, enquanto aquele permanece apoiado à parede, cruzando os braços com um ar enigmático; o senhor de idade inicia muito bem, mas, a seguir, afasta-se cada vez mais de seu assunto; o estudante sai enervado, mas, apenas fora da sala, escuta os assobios e o esfregar de pés do auditório e volta a entrar encantado; o pobre velho para de falar e se afasta lentamente, enquanto o professor permanece imóvel, segue-o com os olhos, depois encara longamente o público e, por fim, diz, quase convencido: "No fundo, vocês fizeram bem em fazê-lo ir embora. Era bem ruim aquilo que estava contando." Ora, ao despertar, o estudante reconhece imediatamente o velho senhor como sendo o vizinho de mesa, na Biblioteca Nacional, de um leitor em quem havia reparado a existência de uma certa semelhança física com o Sr. Goblot. Além disso, lembra-se em seguida de uma conferência desse último, a qual o havia desagradado por suas incursões num domínio estranho ao assunto. O sentido do desejo exposto pelo sonho é, pois, evidente: convencer o professor, colocando de seu lado o auditório. Mas, então, por que um simbolismo tão infantil, em vez de sonhar simplesmente o resultado desejado, inteiramente fácil de imaginar tal como seria? Por que o Sr. Goblot não é representado em carne e osso, e por que o símbolo o substitui não por seu sósia, mas sim por um amigo desse último, como se houvesse uma censura rigorosa?

Os freudianos dirão talvez ainda que um certo complexo paterno subsiste aí, escondido na sombra, o qual explicaria, apesar de tudo, a camuflagem. Assim, para convencê-los, não é o sonho transparente que constitui o domínio de escolha, no estudo da formação dos símbolos. É a imagem da semivigília, em particular quando ela traduz, simbolicamente, os últimos pensamentos do sujeito, antes de adormecer. É o que iremos ver agora, com os trabalhos de H. Silberer.

§3. *O SIMBOLISMO SEGUNDO SILBERER, ADLER E JUNG.* – H. Silberer é um discípulo de Freud que estudou especialmente o simbolismo no pensamento místico. Entretanto, dotado de espírito crítico e experimental, procurou desenvolver a teoria do símbolo analisando as imagens de semivigília por meio de um método original e frutífero. O silêncio com que os freudianos cercaram seus trabalhos (contrariamente a Adler ·e Jung, Silberer não criou uma escola dissidente) é dificilmente explicável, porque eles são de um interesse certo e teriam contribuído, se houvessem sido desenvolvidos, para aproximar a psicanálise da psicologia corrente. Em seu estudo sobre a formação dos símbolos,[5] Silberer procura atingir o ponto preciso em que, no estado de semivigília, o pensamento abandona sua estrutura coerente e lógica para tomar a direção do simbolismo imagístico. Observando então que as primeiras imagens surgidas prolongam frequentemente a última ideia consciente e a traduzem simbolicamente, o autor tentou realizar experimentalmente o fenômeno, adstringindo-se ele próprio a fixar o pensamento sobre um problema antecipadamente escolhido e a despertar para anotar as imagens surgidas após o sono havê-lo vencido, em sua meditação. É assim que antes de dormir Silberer decide comparar as noções de tempo desenvolvidas por Kant e Schopenhauer em suas filosofias: chega um instante em que o seu pensamento não consegue mais evocar simultaneamente os dois sistemas e então, quase vencido pelo sono, vê-se a si próprio numa repartição pública, procurando entrar em contato com dois funcionários em seus guichês e não encontrando a nenhum dos dois, alternativamente. Ora, não apenas Silberer atinge, por esse método, um simbolismo verdadeiramente independente da repressão e da censura, mas ainda é levado a descobrir uma distinção nos símbolos inconscientes: ao lado dos símbolos "materiais", que representam um objeto ou um acontecimento particular (por exemplo, um rei como símbolo do pai), ele propõe a noção de símbolos "funcionais" para caracterizar aqueles que figuram o próprio funcionamento do pensamento. No exemplo de Kant e Schopenhauer, com efeito, é a impossibilidade em que se encontra o pensamento em semivigília de manter o contato com os dois termos da relação que é simbolizada pelos dois guichês entre os quais vai e vem o administrado. Mas ainda, uma vez entrado por esse caminho, Silberer, inspirando-se aliás em noções freudianas do polissimbolismo e do encaixe das situações, assim como em sua própria distinção dos símbolos materiais e funcionais, descobre que um mesmo sonho simboliza às vezes, simultaneamente, desejos infantis e pensamentos sérios atuais; além da interpretação retrospectiva que se fará no sentido dos encaixes cada vez mais profundos, sugere ele então a possibilidade de uma análise "anagógica", orientada no sentido inverso.

---

[5] H. SILBERER, *Ueber Symbolbildung*, Jahrb. Psychoan. Ges.

Freud contestou tanto a existência dos símbolos funcionais quanto a legitimidade da análise anagógica. Não obstante, coloca-se a questão de saber se os postulados metodológicos do analista não prejulgam essa orientação unicamente retrospectiva. Silberer parece mais prudente, admitindo o fundamento dos dois pontos de vista ao mesmo tempo: o simbolismo demonstra simplesmente a continuidade do passado e do presente, mas isso pode significar tanto uma evocação do passado, em vista da adaptação atual, quanto uma assimilação do atual ao passado. Quanto aos símbolos funcionais, pode-se classificá-los como quiser, mas os fatos reunidos por Silberer demonstram sozinhos – e é isso o que nos interessa aqui – a independência do simbolismo em relação à repressão e à "censura".

Sabe-se, por outro lado, como e por que razões a noção da análise anagógica é encontrada em Adler. Contrariamente à importância que Freud atribui à sexualidade, Adler encontra em toda parte o instinto de conservação e a vontade de potência ou de expansão. O próprio amor é sobretudo, para o indivíduo, um meio de desempenhar um papel e afirmar seu eu. Quanto às reminiscências, o neuropata as cria e sempre com o mesmo objetivo, ainda mais que delas não sofre realmente os efeitos. O verdadeiro problema do desenvolvimento afetivo, para esse autor, é, pois, a compensação gradual dos sentimentos de inferioridade próprios à infância: é a realização, pelo indivíduo, do programa de vida surgido dessa necessidade de compensação, é o ajustamento das "supercompensações", fontes tanto de perturbações quanto de aptidões supranormais, e é a eliminação dos resíduos de insegurança e inferioridade. Desse ponto de vista, o simbolismo de modo algum aparece a Adler como um disfarce, mas sim como um simples reflexo, direto ou "alegórico", dos desejos de expansão ou dos sentimentos de insegurança do sujeito. O jogo das crianças é um exemplo típico disso. A ficção simbólica é encontrada nos neuropatas, que, por compensação, inventam histórias justificativas e, por supracompensação, constroem para si mesmos ideais inacessíveis. O sonho, por fim, é um reflexo sumário e alegórico das atitudes atuais do sujeito, no qual Adler buscou encontrar símbolos característicos das tendências à expansão ou à inferioridade; por exemplo, as imagens que implicam o "alto" e o "baixo".

Não temos de discutir aqui o papel respectivo dos instintos, sexual ou de conservação, no inconsciente humano; depois que os pré-socráticos deciram, em primeiro lugar, que a "natureza das coisas" era a água, o ar e o fogo (ou ainda aquela substância infinita e indeterminada que lembra a "energia psíquica" de Jung), o progresso dos conhecimentos demonstrou que não tratava de elementos simples nem únicos. Quanto ao problema que nos interessa, Adler, voluntariamente, não elaborou uma doutrina da

O Simbolismo Secundário do Jogo

gênese dos símbolos e centralizou suas preocupações sobre as aplicações práticas, das quais se conhecem, aliás, o interesse e a diversidade.[6] Portanto, é inútil que prossigamos aqui a discussão da interpretação adleriana do símbolo.

Com C. G. Jung, ao contrário, encontramo-nos em presença de uma nova teoria de conjunto do pensamento simbólico, ligada a uma nova concepção do inconsciente. Jung censura a Freud haver estreitado demasiadamente o inconsciente, limitando-o ao domínio das experiências anteriores vividas conscientemente e depois reprimidas. Ao lado desse "inconsciente individual" existe um número considerável de elementos que não foram nunca conscientes e que não podem sê-lo porque não se acham ainda adaptados à realidade. Ora, por oposição ao inconsciente individual, feito de lembranças que diferem de um indivíduo para outro, aqueles elementos anteriores a toda consciência são comuns ao conjunto de indivíduos e definem consequentemente um "inconsciente coletivo" (coletivo tomado no sentido de geral e não do social). Eles se caracterizam pelas grandes tendências ancestrais e inatas que dirigem os comportamentos essenciais da humanidade, de seus instintos vitais mais elementares a suas tendências místicas mais permanentes e mais elevadas. Quanto ao pensamento simbólico, ele surge então como a tomada de consciência primitiva dessas realidades interiores. Abaixo do simbolismo individual, variável e superficial, existiria ainda um simbolismo coletivo (sempre no sentido de geral), que seria provavelmente a linguagem da alma humana. Inspirado por essas grandes hipóteses, C. G. Jung se entregou a uma pesquisa muito ampla sobre a generalidade dos símbolos, colecionando os sonhos normais, os devaneios patológicos (são conhecidos os seus trabalhos sobre a esquizofrenia), os símbolos místicos, as representações sagradas das sociedades primitivas e orientais, em resumo perseguindo com uma paciência e uma erudição incansáveis o sonho da reconstituição dos símbolos originais da humanidade. O pensamento simbólico coletivo corresponde assim, para Jung, a uma fase inicial do pensamento humano, a uma época em que a civilização, ainda não ocupada na conquista do mundo exterior, se voltava para o interior, procurando formular pelo mito as descobertas psíquicas devidas a essa introversão. Os grandes símbolos gerais são, pois, hereditários: "formas preexistentes ou tipos arcaicos da apercepção", "condições congenitais da intuição", "determinantes *a priori* de toda experiência", dizia ele outrora. Expressão dos "arquétipos", diz

---

[6] Ver MADELEINE GANZ, *La psychologie d'Alfred Adler et le développement de l'enfant*, Delachaux et Niestlé.

hoje, isto é, sistemas ao mesmo tempo afetivos e representativos, constituindo a "paleopsique". Observemos enfim que essa concepção fornece uma nova solução do problema da generalidade e da natureza dos mitos: em vez de ver neles, com Max Müller, uma "doença da linguagem", com um centro indo-germânico único de difusão, ou, com Andrew Lang, um resíduo de instituições sociais primitivas, comuns a todas as sociedades, Jung considera-os, portanto, gerais, por constituírem a tomada de consciência convergente dos mesmos arquétipos, inerentes a um único inconsciente coletivo inato da humanidade.[7]

Jung é um construtor espantoso, mas um certo desprezo da lógica e da atividade racional, que contraiu no contato cotidiano com o pensamento mitológico e simbólico, tornou-o talvez pouco exigente com relação às verificações. Para melhor simpatizar com as realidades de que fala, ele adota uma atitude antirracionalista, e as aproximações surpreendentes de que possui o segredo não deixam de por vezes inquietar o leitor crítico.

O que permanecerá de Jung é a generalidade, pelo menos relativa, dos símbolos, assim como a concepção essencial do simbolismo como pensamento e linguagem primitivos. Mas importa distinguir cuidadosamente, se se deseja permanecer nos limites do verdadeiro, o fato da generalidade e a hipótese da hereditariedade ou da qualidade de inato do pensamento simbólico. Em consequência, o caráter geral e "primitivo" desse último pode apresentar duas significações bem distintas: a de congênita ou a de simplesmente infantil. O próprio Jung já atenuou bastante a tese da hereditariedade dos símbolos quando, respondendo a críticas, declarou: "Não pretendo de nenhuma maneira que essas representações sejam herdadas, mas penso que se herda a possibilidade dessas representações, o que não é a mesma coisa."[8] Com efeito, se se tomasse essa resposta ao pé da letra, não somente isso equivaleria a dizer que somente a possibilidade do pensamento é inata (sobre o que todos se acham de acordo), mas ainda enviaria, por esse fato, a explicação dos mecanismos particulares desse pensamento às leis de seu desenvolvimento, isto é, à sua gênese infantil.

Na realidade, que se encontra nos símbolos gerais descobertos ou identificados por Jung? É preciso primeiro colocar de parte uma série de símbolos místicos (a cruz, o mandalá* etc.), cujo conteúdo bem poderia

---

[7] Ver C. G. JUNG, *L'Homme à la decouverte de son âme*, trad. Cahen-Salabelle, Genebra (Col. *Action e Pensée*), 1944, e YOLAN JACOBI, *Die Psychologie von C. G. Jung*, Rascher, Zurique, 1940, pág. 57.

[8] Citado por RAYMOND DE SAUSSURE, *La méthode psychanalytique*, pág. 28.

* *Mandalá*, palavra sânscrita que significa *círculo*. No budismo e no tantrismo, esquema linear ornado de cores simbólicas, reproduzindo o universo pela cosmogonia indiana. (N.T.)

O Simbolismo Secundário do Jogo

ser coletivo mais no sentido de social que de geral. Haveria, para um sociólogo, muitas reservas a fazer no domínio dos mitos, e ver-se-ia talvez a "consciência coletiva" de Durkheim recuperar uma parte do "inconsciente coletivo" de Jung. Mas poder-se-ia responder que o social é refletido pela pessoa humana e que o simbolismo, como estrutura geral do pensamento, pode ser inerente àquela antes de se socializar, sobre o que estaríamos em parte de acordo, mas então isso nos levaria ao infantil, porque somente a criança é anterior às diferentes formas da vida social.

Desse ponto de vista, uma segunda categoria de símbolos "gerais" deve chamar a atenção; trata-se daquelas comuns ao pensamento da criança, ao sonho e às diversas formas simbólicas do pensamento adulto. Um bom exemplo é o da água, que se acha ligado à ideia de "meio original" e, portanto, de nascimento ou novo nascimento num grande número de representações. O fato é conhecido nos símbolos oníricos. Numerosos mitos fazem sair das águas os homens ou os deuses. Diversos ritos de batismo unem, na utilização da água, as ideias de novo nascimento às de purificações. Ora, acontece igualmente, nesses tipos de mitos individuais intermediários entre a fabulação lúdica e o pensamento sério, construído pelas crianças para se explicar a origem das coisas, que a água represente um papel cujo caráter, mesmo que seja influenciado pelo adulto, permanece original. Já citamos antes (*Représentation du monde*, 2.ª ed., pág. 390) o caso de um menino que fazia remontar os humanos a pequenos vermes saídos de bolas formadas no fundo do grande lago que enchia tudo: esses vermezinhos, jogados sobre as margens, deixavam crescer deles braços, pernas, dentes, e tornavam-se os bebês que foram os primeiros homens e que se dividiram em suíços, franceses e alemães.

Mas, imaginando que tais símbolos gerais não sejam devidos a aproximações forçadas, poder-se-ia concluir disso a intervenção de fatores hereditários? Há duas soluções possíveis: ou uma tendência inconsciente inata e comum a todos os homens, que inspiraria as crianças de hoje tal como determinou as representações ancestrais, ou então uma simples representação por imagens devida à assimilação simbólica que caracteriza o pensamento da criança, podendo ser geral na medida em que os produtos do pensamento infantil influenciam todas as formas "primitivas" de pensamento.

Ora, para escolher entre essas duas soluções, há um método cujo emprego parece se impor se não se deseja isolar por princípio a questão do pensamento simbólico. É comparar essas convergências possíveis com aquelas que se apresentam entre o pensamento propriamente conceptual da criança e o das sociedades primitivas ou antigas. Ora, essas convergências são mais numerosas do que parece. Não falaremos da magia infantil, das "participações" no sentido de Lévy-Bruhl ou dos mitos de origem, pois eles se encontram numa situação precisamente intermediária entre o pensamento simbólico e o pensamento conceptual e colocam portanto, novamente, o mesmo problema. Mas pode-se invocar as semelhanças notáveis existentes entre os primórdios do pensamento racional na criança de sete a dez anos e nos gregos: a explicação por identificação de substâncias (os astros que nascem do ar ou das nuvens, o ar e a terra que provêm da água etc.), por um atomismo saído dessa identificação graças aos esquemas da condensação e da rarefação, e até a explicação precisa de certos movimentos pelo choque de volta do ar (ἀντιπερίωσις), de que se servia) Aristóteles. É preciso então admitir que os "arquétipos" que inspiraram os primórdios da física grega são encontrados hereditariamente na criança? Parece-nos infinitamente mais simples limitar-nos a supor que os mesmos mecanismos genéticos que explicam o desenvolvimento do pensamento da criança atual já foram aplicados aos de espíritos que, como os primeiros pré-socráticos, apenas se libertavam do pensamento mitológico e pré-lógico. Quanto ao esquema da "reação ambiental", Aristóteles não parece tê-lo construído, mas sim o teria tomado de empréstimo às representações correntes, que podiam ser tão disseminadas numa civilização anterior ao maquinismo quanto o são nas crianças de hoje em dia.

Em resumo, ali onde há convergência entre o pensamento da criança e representações históricas, é muito mais fácil explicar essas últimas pelas leis gerais da mentalidade infantil que invocar uma hereditariedade misteriosa. Por mais que se remonte na história ou na pré-história, a criança sempre precedeu o adulto, e se pode, além disso, supor que, quanto mais uma sociedade é primitiva, mais é durável a influência do pensamento da criança sobre o desenvolvimento do indivíduo, pois a sociedade então não se encontra em estado de transmitir ou de constituir uma cultura científica.

Se o que precede é verdadeiro quanto ao pensamento em geral, não há razão para que assim não o seja também em relação ao pensamento simbólico em particular. Reteríamos então de Jung sua ideia central de um pensamento simbólico primitivo, independente dos mecanismos de repressão ou de censura. Mas, para explicá-lo, é preciso retornar à criança ou ao desenvolvimento psicogenético visível e analisável. Foi mérito de Freud haver colocado o problema do simbolismo inconsciente apenas sobre o terreno da evolução individual. Uma vez dissociado da interpretação pelo disfarce, o simbolismo pode adquirir, graças ao caráter realmente primitivo dos mecanismos do pensamento da criança, o mesmo grau de generalidade que Jung busca na hipótese do inconsciente "coletivo".

§4. ENSAIO DE EXPLICAÇÃO DO SIMBOLISMO INCONSCIENTE. – O simbolismo inconsciente, ou seja, aquele cuja significação não é imediatamente conhecida pelo próprio sujeito, não é mais que um caso particular do simbolismo em geral, e deve ser considerado como tal. Com efeito, se subsiste uma distância muito grande entre o simbolismo consciente do adulto (imagem, comparações concretas etc.) e seu simbolismo inconsciente (sonho etc.) na criancinha, ao contrário, existem todos os intermediários entre esses dois extremos, pois o jogo de imaginação ou jogo simbólico apresenta toda a gama de matizes entre os símbolos análogos aos do sonho e os símbolos intencionalmente construídos e inteiramente compreensíveis pelo sujeito. Pode-se mesmo dizer que entre dois e quatro anos são os símbolos situados a meio-caminho entre os extremos, isto é, em parte conscientes e em parte inconscientes, que são os mais frequentes.

Se assim é, é claro que uma explicação válida do jogo simbólico deve *ipso facto* explicar igualmente o símbolo inconsciente, com a condição, bem entendido, de comportar ela própria uma generalização possível segundo essa nova dimensão que é justamente o inconsciente, isto é, poder fornecer as razões da incompreensão de que dá testemunho o sujeito em relação ao seu próprio simbolismo. Ora, se o jogo simbólico não é mais que a expressão de uma assimilação do real ao eu, isto é, de uma assimilação dissociada da acomodação atual correspondente, o símbolo inconsciente o é a *fortiori*: o egocentrismo radical de que dão prova, seja o sonho em si mesmo (enquanto perda de contato com a realidade), sejam as tendências reprimidas (enquanto contrárias à realidade aceita), basta então para explicar a inconsciência do símbolo, porque um estado radicalmente egocêntrico é um estado de indiferenciação completa entre o eu e o mundo exterior e, consequentemente, um estado de não consciência do eu ou, o que vem a dar no mesmo, de projeção das impressões internas nas formas fornecidas pelo mundo exterior. Supressão da consciência do eu por absorção imaginária total do mundo exterior e, portanto, por confusão com esse, tal é o princípio do símbolo inconsciente, e vê-se desde logo que ele constitui um simples caso-limite dessa assimilação do real ao eu que é o simbolismo lúdico.

Na tentativa de demonstração que se seguirá, distinguiremos três questões: a dos símbolos ditos anatômicos, que representam uma parte do corpo propriamente dito por meio de um objeto exterior, a dos símbolos não anatômicos independentes da repressão e a das relações entre o simbolismo e a repressão. Os símbolos anatômicos podem ser, eles próprios, acompanhados de repressões ou independentes delas. Podem, por outro lado, formar-se em qualquer idade e não são, necessariamente, os mais primitivos. Mas são especialmente instrutivos por seu caráter paradoxal e se encontram frequentemente entre os mais inconscientes; é por isso que nos parece útil começar por eles.

Já vimos, no §1, dois exemplos desses símbolos anatômicos: um sonho que acompanha a micção, representando um regador que se esvazia, assim como um sonho de ereção figurando uma vagem que crescia. Conhecendo-se os inumeráveis exemplos reunidos pelos freudianos no que concerne aos órgãos masculinos e femininos; em todos esses casos, é evidente que pode haver repressão, pelo menos durante o sonho. Mas é importante notar que os símbolos anatômicos se produzem igualmente nas imagens de semivigília, e isso em relação a partes do corpo que não ocasionam qualquer repressão:

Um sujeito adulto adormece frequentemente com a mão colocada contra o ângulo do maxilar inferior, sentindo assim pulsar o sangue na artéria carótida. Essa situação provocou, em ocasiões espaçadas, as seguintes imagens: 1.°) um riacho que ferve no ângulo de um rochedo, com um ritmo do qual a passagem da água corresponde exatamente à da pulsação sanguínea (como o sujeito pode verificar ao despertar); 2.°) um cavalo a galope, reproduzindo o mesmo ritmo; 3.°) as sinusoides descritas na água pelo *Gordius aquaticus*, verme de um metro de comprimento e delgado como um barbante; aqui, ainda, os períodos da sinusoide correspondiam à pulsação do sangue; 4.°) a cabeça que se apoia sobre a mão aberta pode provocar um entorpecimento dos dedos, que por vezes parecem crescer desmesuradamente durante a semivigília; o sujeito vê então um certo número de longos sacos de cimento, dispostos em leque (símbolo que retorna diversas vezes); 5.°) meio acordado por uma cãibra na perna dobrada, o sujeito a distende e, no momento preciso em que se ajeita, vê uma rã cujas pernas passam do estado de flexão para a posição reta. Sentimento de sonhar ainda e de ser ele próprio a rã; 6.°) um pequeno chumaço de algodão deixado pelo dentista entre dois molares: o sujeito vê um maço de musgo úmido apertado entre dois rochedos, no momento em que, na semivigília, apalpava com a língua aquele corpo estranho.

Sem dúvida poder-se-ia admitir que nos casos 1 a 5 outras sensações internas interferem com a causa principal de produção de imagem. Mas esses fatores eventuais nos parecem excluídos no n.° 6, e, mesmo que intervenham nos n°s 1 a 5, o que constitui uma suposição gratuita, aliás, o conteúdo essencial do símbolo permanece evidentemente provocado pelas sensações descritas.

Ora, nada mais simples que explicar esse simbolismo anatômico se se o refere aos mecanismos da formação da imagem na criancinha. Com efeito, a semiconsciência daquele que dorme é comparável ao estado de egocentrismo radical que caracteriza a consciência do bebê, ou seja, há, ao mesmo tempo, indiferenciação completa entre o eu e o mundo exterior e assimilação das coisas à atividade propriamente dita. Esses dois aspectos da consciência elementar são interdependentes, e é essencial apreender a razão disso: é na medida em que o eu se incorpora à realidade externa que ele é inconsciente de si próprio, pois a consciência do eu é relativa às resistências dos objetos e das outras pessoas.[9] Admitido isso, uma das tarefas essenciais da assimilação elementar consiste em coordenar entre eles os universos heterogêneos, dos quais um é visual e outros táteis, cinestésicos etc. A aquisição da preensão no bebê marca uma primeira etapa dessa assimilação mútua dos esquemas visuais e tátil-cinestésicos, mas a mão podendo constituir simultaneamente um objeto visual e uma fonte de impressões tátil-cinestésicas, essa coordenação se opera relativamente cedo. Ao contrário, todo o problema da imitação dos movimentos relativos ao rosto é caracterizado, como já vimos no capítulo II desta obra, por novas dificuldades de coordenação, as quais são precisamente muito instrutivas para a compreensão do simbolismo anatômico ulterior. Não conhecendo senão muito parcialmente seu eu físico e não possuindo de seu rosto humano nenhuma imagem visual mas somente um conjunto de impressões táteis, gustativas ou cinestésicas, o bebê é obrigado a aprender a traduzir os esquemas relativos a esses últimos domínios em esquemas visuais, auxiliando-se com a percepção do corpo dos outros. Acontece-lhe principalmente cometer erros muito significativos: por exemplo, vendo os olhos dos outros fecharem-se e abrirem-se, ele abre e feche a boca, assimilando assim falsamente o esquema visual dos olhos do modelo ao esquema tátil-cinestético da boca propriamente dita. Ora, vê-se desde logo que, privado da consciência de ser eu, aquele que dorme se encontra, por sua própria situação e independentemente de qualquer repressão, na situação do bebê, isto é, ser-lhe-á preciso também traduzir (mas no sentido do inverso) suas impressões corporais em imagens visuais, e ficará exposto aos mesmos procedimentos.

Existem, entretanto, duas diferenças essenciais entre aquele que dorme e sonha e o bebê que aprende a coordenar o tátil-cinestético e o visual. É que, inicialmente, o primeiro é capaz de formar imagens mentais, pois, sabendo já imitar e utilizar suas acomodações anteriores, consegue construir imagens mesmo em sonho. Depois, se o bebê tende a se adaptar

---

[9] Freud já comparou o "narcisismo do sonho" ao que ele chama de "narcisismo" do bebê. Mas repitamos que o caráter essencial desse narcisismo é a ausência da consciência do eu: é o caráter que, somente ele, explica os poderes que se atribuem então à atividade propriamente dita.

ao real, por uma troca de assimilação das coisas suas e de acomodação às coisas (essa última antecedendo mesmo a primeira às vezes, como na imitação atual), aquele que dorme interrompe toda permuta com o real e se limita a assimilá-lo em imaginação, ou, à maneira pela qual procede o jogo simbólico, as únicas acomodações que intervêm ainda sendo as acomodações anteriores, sobre as quais se fundam as imagens. Mas precisamente porque não existe mais nenhuma acomodação atual, há indissociação completa entre a atividade interna e o mundo exterior; este, representado somente pelas imagens, é então assimilado sem resistência alguma a esse eu inconsciente, em que o simbolismo onírico prolonga o simbolismo lúdico.

Consequentemente, em primeiro lugar, toda impressão interna ou relativa ao corpo, trate-se de micção e de excitação dos órgãos ou de sensações provocadas simplesmente pelos movimentos do sangue, por pernas ou dedos entorpecidos, por um corpo estranho num dente etc., é ao mesmo tempo sentida em si mesma, mas não ligada ao corpo propriamente dito, por falta de consciência do eu; assim, ela não se traduz em imagens exteriores. Com efeito, aquele que dorme tem sempre consciência de alguma coisa, pois sonha, e, entretanto, não é uma consciência do eu, pois não sabe que dorme nem que sonha. Mesmo quando se situa a si próprio em seu sonho, é por uma espécie de projeção análoga à das crianças que falam de si na terceira pessoa: trata-se de um relato com imagens relativo à sua personalidade e não de uma consciência de sua atividade subjetiva atual. Certamente é difícil colocar-se na atitude de uma consciência que é suscetível de perceber uma impressão corporal sem para tanto ligá-la a um eu. Basta entretanto observar um bebê de 0;3 ou de 0;4, cuja mão se retém fora do campo visual, para ver o que é um sujeito muito consciente de experimentar uma impressão tátil e cinestética (pois ele se debate), mas procurando com os olhos em torno dele — e não em si próprio — a que espetáculo visual pode corresponder aquela primeira impressão não compreendida. O mesmo acontece com aquele que dorme: a impressão sentida se põe, por assim dizer, em busca de uma tradução visual, e então, não podendo ver nada e não sabendo mesmo sua causa, mas dispondo da capacidade de construir imagens, ele recorre a qualquer quadro exterior, desde que possua uma semelhança qualquer.

Daí o segundo ponto: essa semelhança implica uma assimilação da realidade imaginada à impressão corporal internal. Ora, essa assimilação, em si própria, não coloca problemas: é ela que vemos em ação no jogo simbólico, ou seja, justamente na situação em que a assimilação atual é dominada pela assimilação à atividade propriamente dita. É aqui que o simbolismo inconsciente prolonga o simbolismo lúdico, mas prolonga-o levando as coisas até o ponto limite, isto é, até o ponto em que, na falta de qualquer acomodação presente, a assimilação egocêntrica torna-se absorção imaginária do mundo exterior e supressão da consciência do eu. O sonho é, portanto, comparável ao jogo simbólico, mas a um jogo cuja ausência de consciência do eu tornaria o contexto análogo, ele próprio, ao das incoordenações entre o visual e o tátil-cinestético característicos do primeiro ano.

Se assim é com os símbolos anatômicos, nada será mais simples do que explicar agora o simbolismo comum, quando não existe uma repressão visível em ação. De modo geral, basta considerar o sonho um prolongamento do jogo simbólico, mas um prolongamento tal que, mais os desejos em causa implicam uma conexão estreita com o eu, mais são eles projetados em imagens exteriores. É evidente, além disso, que a ausência de consciência do eu acarreta, no sonho, aquela espécie de crença imediata que é anterior à própria possibilidade da dúvida, enquanto no jogo essa crença perde pouco a pouco terreno para o sentimento fictício, pelas razões que já se viram.

É sem dúvida esse fator do grau de subjetividade dos desejos que explica a presença, nas criancinhas, desses sonhos que Freud chama de não simbólicos, porque traduzem a realização dos desejos em imagens diretas e de significação consciente. Quando, por exemplo, X. sonha que come ovos ou que gatinhos substituem as cobaias, tais desejos não supõem uma tomada de consciência muito refinada: diretamente exprimíveis em imagens,[10] são portanto, realizados simbolicamente na medida em que toda imagem é um significante, mas esse simbolismo não ultrapassa o nível dos símbolos conscientes próprios ao jogo, dado o caráter superficial do desejo. Ao contrário, no caso dos sonhos adultos relativos à separação dos pais ou à crítica de Goblot (ver §2), a subjetividade mais dedicada do desejo explica que, na falta de uma consciência suficiente do eu, o sonho dele projete a realização em imagens exteriores. É evidente que o mesmo acontecerá *a fortiori* nos pesadelos, independentemente da questão das repressões possíveis. De maneira geral, na medida em que o simbolismo se complica no decurso do desenvolvimento mental (o que é sem dúvida verdadeiro, mas em linhas muito gerais), o fato se explicaria então facilmente pela complexidade e a individualização crescentes dos desejos, fontes ao mesmo tem-

---

[10] É claro que o eu que intervém aqui, como na imagem de comer ovos, não implica a tradução visual de impressões corporais atuais: trata-se de lembrança-imagem global da "personagem".

po das complicações graduais do jogo e da inconsciência progressiva das assimilações oníricas.

Se chegarmos enfim aos efeitos da própria repressão, torna-se possível integrá-los naquilo que precede, mas a título de caso particular e não de fator geral. O fato geral que explica a incompreensão de um símbolo pelo próprio sujeito e, portanto, o caráter "inconsciente" desse símbolo é a assimilação egocêntrica levada até a supressão de toda acomodação atual (= de todo contato com a realidade presente) e, assim, igualmente, até a supressão da consciência do eu. Ora, uma tendência reprimida é uma tendência que o sujeito não deseja aceitar e à qual recusa assim toda acomodação ao real. Consequentemente, é uma tendência expulsa da consciência, e é inútil invocar uma "censura" que a manteria ignorada, pois a repressão, recusando-lhe a possibilidade de acomodação, torna-a por isso mesmo inapta à tomada de consciência. Mas, nesse caso, o fato de uma tendência reprimida satisfazer-se simbolicamente (por exemplo, o sonho do médico que mata um senhor gordo, obs. 98) explica-se exatamente da mesma maneira que o fato da tradução simbólica de um desejo qualquer ou mesmo de uma impressão corporal, quando não se acham ligados à consciência do eu. Uma tendência reprimida, com efeito, pela sua própria situação acha-se privada de acomodação e, em consequência, dissociada do eu consciente: se mesmo assim ela procura um alimento, isso só pode ser por uma assimilação pura, ao mesmo tempo egocêntrica e inconsciente (sendo os dois caracteres correlativos), isto é, seu alimento será necessariamente um sucedâneo simbólico. É, portanto, falsear as coisas falar, mesmo nesse caso, de "disfarce": há sucedâneo simbólico na medida em que não pode haver realização direta do desejo, pois esse é reprimido, e essa assimilação simbólica permanece inconsciente muito simplesmente porque ela é puramente assimiladora, ou seja, falta-lhe precisamente a acomodação ao real.

É tão verdade que esse simbolismo relativo às tendências reprimidas nada tem de um disfarce que ele permanece inconsciente mesmo nos casos em que a própria repressão é simbolizada, como nos símbolos de autopunição. Acontece, com efeito, que o sonho, em vez de exprimir a realização do desejo através de um sucedâneo simbólico, simboliza ao contrário o resultado da repressão como tal, principalmente os meios punitivos que sancionam a sua coerção. Ora, coisa muito curiosa, esse simbolismo é em si mesmo inconsciente, enquanto, se houvesse censura, esta teria evidentemente interesse em fazer conhecer a punição ou mesmo conceder-lhe toda a publicidade da consciência plena! Viu-se, por exemplo, o sonho do cão que morde os dedos (obs. 98), e pode-se principalmente citar os so-

O Simbolismo Secundário do Jogo

nhos bem conhecidos de "castração", tão frequentes nos adolescentes. Eis alguns casos:

Um jovem que cede às vezes a maus hábitos pune-se regularmente a si mesmo durante a noite seguinte, em sonhos de que apresentamos três amostras: 1.º) Vê uma Torre Eiffel, de dimensões reduzidas e secionada à altura do segundo andar (havendo desaparecido os andares superiores). 2.º) Vê-se a si mesmo batendo com todas as forças, com um enorme machado, sobre uma jiboia erguida num quarto de dormir. A cabeça da serpente já se acha secionada de três quartos e pende ensanguentada. A mãe do sujeito acha-se oculta na penumbra do cômodo. 3.º) Vê-se com a perna quebrada e rodeada de um pano branco, mas manchas de sangue o assustam e impedem-no de desenrolá-lo etc.

Não se poderia encontrar sonhos mais eloquentes, e, contudo, seu simbolismo é incompreensível mesmo para aquele que dorme, o primeiro desses símbolos chegando até a construir uma espécie de jogo infantil, enquanto os outros dois conservam um caráter de pesadelo. Ora, não se compreenderia, no caso particular, a razão de um disfarce, uma vez que esses sonhos não têm precisamente por objeto fornecer uma satisfação simbólica ao desejo reprimido, mas sim à própria repressão ou ao desejo de autopunição. Em consequência, é preciso descobrir uma razão mais simples da inconsciência dos símbolos desse gênero (os quais, eles próprios, não traduzem mais que tendências particulares de uma classe muito mais vasta e que ultrapassa largamente o domínio do sonho). Ora, não há necessidade de procurar muito longe: esses símbolos não são compreendidos pelo sujeito porque a repressão é, ela própria, uma regulação automática ou espontânea resultante da intervenção de esquemas afetivos cujas raízes escapam à tomada de consciência. As coisas não se passam de outro modo, com efeito, no domínio da inteligência intuitiva, ou anterior à reflexão operatória: havendo adotado um certo sistema de ideias, o sujeito tomará posição, sem saber exatamente por quê, contra tal solução ou qual hipótese, num domínio de ordem que no entanto é estranho à afetividade interindividual, e ser-lhe-á preciso muito esforço e reflexão para descobrir as razões dessa incompatibilidade, porque os esquemas intelectuais de que se serve só são conscientes em seus resultados (acomodação e assimilação reunidas) e não em suas assimilações iniciais. Ora, não existe razão para que os esquemas afetivos sejam mais conscientes que os esquemas intelectuais, mas bem ao contrário; tampouco há razão para que a repressão — expressão do bloqueio ou da inibição de uma tendência incompatível com outras, mais fortes que ela porque organizadas em esquemas assimiladores estáveis — seja mais consciente que as relações elementares de incompatibilidade que determinam a inteligência intuitiva, não ainda refletida.

Nos casos mais frequentes de autopunição, o esquema inibidor ou repressivo é o do "superego"; ora, suas raízes assimiladoras escapam à reflexão do sujeito tão naturalmente quanto as raízes, antigas ou esquecidas, das noções de causa, de lei física etc., se bem que nos dois casos o resultado (certas leis morais e certas leis naturais) seja conhecido da consciência.

Ademais, no nível do sonho, o próprio eu não sendo mais consciente, não se conceberia que as tendências reprimidas ou as próprias regulações da repressão o fossem ainda. Com relação a isso, é de notar que as próprias satisfações simbólicas de tendências reprimidas são às vezes mais transparentes no jogo que no sonho. Por exemplo, na história de Zoubab, que corta a cabeça de seu pai (obs. 95), X. se diverte com o que inventa porque sabe bem que sua agressividade não é muito séria e conhece os sentimentos contrários que a contrabalançam, enquanto no sonho do médico que mata um homem no ar tudo permanece menos consciente, pela dupla razão da repressão e da ausência de qualquer controle do eu. No caso do jogo, há, portanto, uma assimilação que precede a acomodação, donde a consciência relativa do simbolismo, mesmo com repressão, enquanto no caso do sonho a assimilação afetiva pura elimina a consciência do eu, e os mecanismos assimiladores dos esquemas, dos quais a repressão é a expressão, resistem a toda tomada de consciência; daí duas razões da mesma natureza, mas distintas e cumulativas, para explicar a inconsciência do símbolo sem apelar para o disfarce.

Em resumo, o símbolo inconsciente é uma imagem cujo conteúdo é assimilado aos desejos ou às impressões do sujeito e cuja significação permanece sem ser compreendida por ele. Ora, a imagem se explica pelas acomodações anteriores do sujeito; a assimilação do real ao eu, precedendo a acomodação atual, é comum aos simbolismos onírico e lúdico, e o caráter inconsciente do símbolo provém inteiramente desse primado da assimilação, que, indo até o afastamento de qualquer acomodação atual, exclui por isso mesmo a consciência do eu e a tomada de consciência dos mecanismos assimiladores. A repressão, constituindo por outro lado um efeito da inter-regulação dos esquemas de assimilação afetiva, não levanta, do ponto de vista do simbolismo, um problema especial e reforça simplesmente essas razões gerais de inconsciência nos casos particulares em que intervém.

§5. *O SIMBOLISMO INCONSCIENTE E OS ESQUEMAS AFETIVOS.*
— Se essas são as conclusões a que nos conduz a comparação do sim-

O Simbolismo Secundário do Jogo

bolismo inconsciente com os processos de pensamento da criança, resta situar agora o pensamento simbólico inconsciente no conjunto do equilíbrio mental. Uma vez que ele não é um disfarce, tem-se de determinar seu papel positivo e colocá-lo em relação com o do jogo simbólico e do simbolismo consciente.

Já vimos que o jogo simbólico é uma assimilação livre do real ao eu, tornada necessária pelo fato de que quanto mais a criança é jovem menos seu pensamento é adaptado ao real, no sentido preciso de um equilíbrio entre a assimilação e a acomodação. Quanto, ao contrário, mais progride essa adaptação, mais o jogo se reintegra na inteligência em geral, com o símbolo consciente tornando-se construção e imaginação criadora.

Ora, cada uma dessas relações corresponde exatamente àquelas que condicionam o simbolismo inconsciente. A vida afetiva, como a vida intelectual, é uma adaptação contínua, e as duas adaptações são não somente paralelas mas interdependentes, pois os sentimentos exprimem os interesses e os valores das ações, das quais a inteligência constitui a estrutura. Por ser adaptação, a vida afetiva supõe igualmente uma assimilação contínua das situações presentes às situações anteriores — assimilação que engendra a existência de esquemas afetivos ou maneiras relativamente estáveis de sentir e reagir — e uma acomodação contínua desses esquemas ao presente. Na medida em que esse equilíbrio entre a assimilação e a acomodação afetiva é atingido, a regulação consciente dos sentimentos é possível, do mesmo modo que aqueles sistemas normativos que têm como alvo os valores que são os sentimentos morais, dos quais a operação ativa é a vontade. Mas, na medida em que o equilíbrio permanece inacessível, a assimilação do presente ao passado continua a ser uma necessidade, muitas vezes mesmo vital. É essa assimilação a preceder a acomodação que exprime o simbolismo inconsciente, em continuidade completa com o simbolismo consciente.

A função do simbolismo inconsciente acha-se, portanto, estreitamente ligada à dos esquemas afetivos. A relação, aliás, não é exclusiva, porque, se a afetividade intervém quase constantemente no jogo, além da inteligência, acontece também que os esquemas intelectuais interfiram com os esquemas afetivos no próprio sonho. Conhecem-se as soluções simbólicas de problemas por meio de imagens que, a seguir, auxiliam às vezes em descobertas reais: o sonho de Agassiz sobre os peixes fósseis e o de Kekulé sobre a cadeia do benzeno. Mas os esquemas afetivos guardam, naturalmente, uma preponderância essencial.

Para compreender o que é um sistema de esquemas afetivos, convém compará-los aos esquemas da inteligência sensório-motora e da inteligência intuitiva (por oposição à inteligência operatória, que corresponde aos sentimentos morais e normativos). Havendo, por exemplo, ao manipular um brinquedo qualquer, descoberto a possibilidade de reencontrá-lo atrás de um outro ou sob esse, a criança, por volta do fim do primeiro ano, aplicará a todos os tipos de outros objetos móveis essa capacidade de se conservar fora dos limites do campo visual: o esquema do objeto permanente e independente da atividade propriamente dita se constrói assim por generalização sensório-motora, em parte consciente, mas, em boa parte, também inconsciente e espontânea. Do mesmo modo, um pouco mais tarde, havendo descoberto intuitivamente a proporcionalidade habitual do peso e do volume dos objetos, a criança a generalizará em um esquema parcialmente exato, mas que se oporá muito tempo à ideia mais precisa da densidade variável dos corpos e que engendrará mesmo ilusões perceptivas, como a famosa ilusão de peso. Esses esquemas sensório-motores ou intuitivos comportam naturalmente uma parte essencial de atividade intelectual, mas a afetividade está longe de achar-se ausente dele: interesses, prazeres e tristezas, alegria do êxito e tristeza do fracasso, todos os "sentimentos fundamentais" de Janet intervêm aqui, a título de regulações da ação, da qual a inteligência determina a estrutura. Como o bem demonstraram Claparède (a propósito do interesse) e Janet, a afetividade regula assim a energética da ação, da qual a inteligência assegura a técnica.

Ora, as pessoas sobre as quais a criança age e que agem sobre ela engendram do mesmo modo certos "esquemas" globais. Ao início, isto é, antes da "escolha de objeto" afetiva, os esquemas são mesmo muito pouco diferentes daqueles que se acaba de tratar. As pessoas são simplesmente móveis de ação especialmente imprevisíveis e interessantes e, além disso, dispensadoras de prazeres particulares, como no momento da refeição, ou de trocas sensório-motoras excepcionalmente divertidas. Desde que o esquema do objeto substancial e permanente é adquirido e, depois, sobretudo no nível da inteligência intuitiva, as pessoas transformam-se em outros "eus", ao mesmo tempo que o próprio "eu" se constitui reciprocamente e torna-se uma pessoa. Então os esquemas relativos às pessoas se enriquecem com sentimentos novos, interindividuais, e não mais impessoais, que resultam em parte da projeção e da transferência dos sentimentos até então ligados à atividade e ao corpo propriamente ditos ("narcisismo"), mas constituem também, por uma parte essencial, construções novas.

Ora, a experiência, já a cotidiana e sobretudo a psicanalítica, demonstra que os primeiros esquemas pessoais são a seguir generalizados e aplicados a muitos outros personagens. Segundo as primeiras experiências interindividuais do pequeno que começa a falar achem-se ligadas a um pai compreensivo ou autoritário, amoroso ou brutal etc., a criança será a seguir levada (e mesmo durante a sua vida, se essas relações marcaram toda a sua juventude) a assimilar todos os tipos de outros indivíduos a esse esquema paterno. Segundo o tipo de sentimento que tiver experimentado em relação à mãe, será por outro lado conduzida, às vezes durante toda a vida, a amar de uma certa maneira, porque, aqui ainda, assimila em parte seus amores sucessivos a esse primeiro amor que modela os sentimentos profundos e os comportamentos.

Notemos inicialmente que essa espécie de aplicação generalizada dos esquemas afetivos iniciais não coloca problemas particulares quanto ao mecanismo da assimilação que intervém necessariamente nesse caso: ele é o mesmo que o da assimilação sensório-motora ou intuitiva. As ações voltadas para os outros são como as outras ações: elas tendem a se reproduzir (assimilação reprodutora), a encontrar os alimentos que os sustentam (assimilação recognitiva) e a descobrir outros deles (assimilação generalizadora), trate-se de alimentar um amor, uma tendência agressiva ou todas as outras possíveis. E, se assimilação é a mesma, é naturalmente porque os esquemas pessoais são esquemas como os outros, ao mesmo tempo inteligentes e afetivos: não se ama sem procurar compreender, e nem mesmo se odeia sem um jogo sutil de julgamentos. Quando dizemos "esquemas afetivos", é preciso, portanto, compreender bem que isso significa simplesmente o aspecto afetivo de esquemas que são, por outro lado, igualmente intelectuais. A linha essencial de demarcação é a que separa os "esquemas pessoais" (sentimentos interindividuais e inteligência intuitiva socializada pela linguagem) dos esquemas relativos aos objetos (interesses e inteligência misturados), mas os esquemas afetivos ultrapassam em parte a esfera das pessoas (esquemas bucais primitivos etc.), e todos, sejam quais forem, são, portanto, ao mesmo tempo afetivos e cognitivos.

Observemos a seguir que, normalmente, a assimilação pela qual aos esquemas, tanto os pessoais como os impessoais, tanto sob seu aspecto afetivo quanto intelectual, se incorporam incessantemente novos objetos se faz acompanhar de acomodações cada vez mais diferenciadas. Um indivíduo normal pode encontrar em seus amores todos os tipos de traços dos comportamentos infantis que o ligavam à sua mãe: ele nisso colocará, entretanto, outra coisa ainda, e o personagem que se casa permanecendo "fixado" ao seu amor filial arrisca a complicar passavelmente sua vida conjugal. Do mesmo modo o indivíduo que, durante toda a sua vida, permanece submisso à imagem idealizada do pai ou que, ao contrário, persegue um sonho de libertação que jamais pôde realizar durante a sua formação vê necessariamente os seus recursos diminuídos, enquanto o equilíbrio consiste em conservar os aspectos vivos do passado acomodando-os incessantemente ao presente múltiplo e irredutível.

Ora, se essa concepção dos esquemas é exata, as teorias do inconsciente e do pensamento simbólico se encontram notavelmente simplificadas ou, pelo menos, essas realidades deixam de formar um mundo à parte para se integrar no dinamismo comum ao desenvolvimento do pensamento em geral e ao da afetividade.

Por que, com efeito, os esquemas afetivos, pelo menos em sua parte essencial, permanecem inconscientes? Simplesmente porque toda assimilação, na medida em que não procura seu equilíbrio com uma acomodação atual, isto é, onde ela não ocasiona uma generalização intencional, efetua-se inconscientemente, e isso tanto no domínio intelectual quanto no afetivo. Uma transferência sensório-motora, que permite ao sujeito aplicar a um problema novo os esquemas adquiridos em circunstâncias anteriores, é quase inteiramente inconsciente. Quando, no domínio do pensamento refletido e mesmo científico, aborda-se uma questão nova transpondo sem crítica os hábitos do espírito e as noções empregadas em outros terrenos, a assimilação continua em grande parte inconsciente. É somente na generalização nova e criadora que as aproximações novas saem, não se sabe de onde. "O pensamento é uma atividade inconsciente do espírito", dizia já Binet, como o lembrávamos anteriormente; é suficiente dizer que, mesmo ali onde a inteligência é mais lúcida, o mecanismo íntimo das assimilações ultrapassa a tomada de consciência, não se voltando essa senão para os resultados e remontando em seguida, por uma reflexão recorrente e sempre incompleta, da periferia para um centro que não atinge jamais. É portanto evidente que o inconsciente afetivo, ou seja, o aspecto afetivo da atividade dos esquemas assimiladores, nada possui de privilegiado do ponto de vista de sua inconsciência: apenas o halo místico que rodeia a intimidade da pessoa pôde enganar os psicólogos sobre esse tema.

Dito isso, não há necessidade de emprestar a esse inconsciente uma memória representativa para explicar a continuidade do passado ao presente, pois os esquemas asseguram a existência desse sob seu aspecto motor ou dinâmico. É ainda menos necessário imaginar uma censura para explicar a incompreensão de que dá testemunho o sujeito em relação aos seus mecanismos ocultos, tanto quanto invocar uma censura da inteligência sobre todos os pontos em que o pensamento permanece na ignorância de seu próprio funcionamento. Pelo contrário, a repressão e seus efeitos permanecem, como já vimos, um elemento essencial do funcionamento dos esquemas: os esquemas tendem a se assimilar reciprocamente no todo ou em parte, donde as transferências totais ou parciais que constituem o equivalente das implicações no domínio da inteligência, e, em caso de impossibilidade, eles tendem a se excluir reciprocamente, o que é o equivalente das incompatibilidades no domínio intelectual: a repressão de um esquema afetivo por outro é, portanto, a própria condição da organização de conjunto dos esquemas.

Mas, se todas as transições se dão assim entre a assimilação inconsciente e a adaptação consciente, segundo o mecanismo assimilador se encontre em equilíbrio mais ou menos completo e móvel com a acomodação às realidades novas, segue-se uma série de consequências no que concerne ao pensamento afetivo, ou seja, a maneira pela qual o indivíduo compreende suas relações com os outros, assim como seus próprios sentimentos. Na medida em que há adaptação, ou seja, portanto, em que o equilíbrio é atingido, o pensamento conceptual comum basta para iluminar, seja sob sua forma intuitiva, seja mesmo sob sua forma operatória ou normativa (lógica e moral). Esse pensamento não atinge nunca a assimilação em seu mecanismo completo, compreende-se, mas acontece o mesmo no domínio intelectual. Ao contrário, na exata medida (e todas as transições são possíveis) em que a assimilação leva vantagem sobre a acomodação ou se dissocia dela, então o sujeito não tem mais, por esse próprio fato, à sua disposição, para compreender suas próprias reações, que um modo de pensamento calcado precisamente sobre a assimilação como tal: é o pensamento simbólico.

Na criança, esse primado da assimilação se produz constantemente, como já o vimos a propósito do jogo, e isso é verdadeiro nele tanto do ponto de vista da inteligência quanto dos sentimentos. No adulto, porém, mesmo quando sua inteligência é normalmente adaptada, existe ao menos um tipo de situação em que esse primado subsiste do ponto de vista afetivo, sem falar naturalmente nos estados patológicos, em que existe regressão geral: é ela precisamente o sonho, durante o qual a vida afetiva subsiste, mas sem acomodação possível à realidade. É por isso que o sonho vê florir e reflorir sem cessar um pensamento simbólico análogo ao do jogo das crianças, e é por isso que ele fornece indicações interessantes sobre o jogo de assimilações inconscientes e sobre a organização dos esquemas afetivos do sujeito. Convém, aliás, lembrarmo-nos de que, precisamente por causa de sua falta total de acomodação, o sonho só revela parcialmente essa organização, ou sob uma forma abrandada que aliás é dominada em todo estado de adaptação real. Do mesmo modo, o estado de semidevaneio e de assimilação livre, em que desabrocha o pensamento não dirigido, durante a cura psicanalítica, rompe o equilíbrio (se bem que em menor grau) em favor da assimilação pura e constitui por isso, às vezes, um retorno parcial ao pensamento simbólico, mas aqui ainda esse estado não é mais que parcialmente revelador de uma organização que se distende de novo em toda adaptação.

O pensamento simbólico é, portanto, a única tomada de consciência possível da assimilação propriamente dita aos esquemas afetivos. É uma tomada de consciência incompleta e, consequentemente, deformante, por falta precisamente daquela acomodação que, pela própria natureza das relações em jogo, falta aos mecanismos cujo pensamento simbólico fornece a expressão. Mas trata-se exclusivamente de uma tomada de consciência e não de um disfarce. É por isso que, ao mesmo tempo em que traduz os esquemas por imagens e não mais por conceitos e relações, como no estado em que se adaptam por equilíbrio com a acomodação, o pensamento simbólico se molda bastante e exatamente sobre a organização ou assimilação recíproca desses esquemas. É o que nos falta demonstrar.

Um sistema de esquemas afetivos é comparável a um sistema de esquemas intelectuais, tão verdadeiramente os dois constituem os aspectos complementares de uma mesma e única realidade total, ou seja, o sistema dos esquemas de ações reais ou virtuais. Ora, foi muito pouco acentuado quanto o pensamento simbólico contém, malgrado toda a sua incoerência aparente, um esboço de lógica, uma pré-lógica intuitiva, salvo que precisamente a adaptação faz falta e a assimilação permanece livre. É assim que dois processos fundamentais constitutivos do símbolo inconsciente, segundo Freud, a "condensação" e o "deslocamento", representam neste plano o equivalente funcional da generalização e da abstração constitutiva de conceitos. É certo que falta-lhe toda regulamentação operatória, pois o pensamento simbólico permanece sendo pré-lógico e se contenta, como o pensamento intuitivo, com regulações análogas às regulações perceptivas, por falta de reversibilidade operatória. Mas a condensação, como a generalização, consiste em construir uma significação comum para um certo número de objetos distintos, o que lhe permite precisamente exprimir o encaixe de diversos esquemas afetivos, a assimilar umas às outras situações diversas e frequentemente afastadas no tempo. É o caso, por exemplo, de um estudante de ciências naturais que sonha com dois pássaros e se pergunta se são duas espécies bem distintas ou duas simples variedades da mesma espécie. Ora, essa inquietude se encontra encaixada, pela presença de um contraditor em jogo no sonho, numa situação anterior em que um companheiro de colégio lhe afirmava que o amor físico e o amor ideal são dois simples matizes, enquanto ele defendia o ponto de vista contrário. A "condensação" do símbolo traduz, pois, a assimilação das situações e constitui assim a expressão de uma espécie de generalização. Ora, do mesmo modo que não existe generalização sem abstração, o símbolo não poderia condensar sem deslocar, o deslocamento sendo já o equivalente, no concreto das imagens e das assimilações afetivas, daquilo que será a abstração na reflexão desligada do concreto. O simbolismo consciente do jogo fornece precisamente todos os intermediários entre as condensações e deslocamentos iniciais e os processos lógicos funcionalmente equivalentes que se esboçam na medida em que o símbolo tende a se conceptualizar.

Do mesmo modo, as "projeções" e "identificações" de que dá testemunho o simbolismo não são mais que assimilações pré-conceptuais, tipos de participações que implicam um trabalho elementar de pensamento.[11] As imagens que figuram a parte pelo todo ou o contrário por seu contrário testemunham igualmente uma atividade pré-lógica, da qual Freud aliás notou o parentesco com os fatos linguísticos. Quanto aos "duplos" (duas imagens distintas para o mesmo significado), às contradições lógicas e às "lacunas", esses aspectos do simbolismo mostram certamente sua insuficiência formal, comparada com a coerência e a síntese do pensamento conceptual, mas isso é também verdade quanto ao pensamento intuitivo e pré-lógico da criança.

Em resumo, forma pré-lógica e não antilógica de pensamento, o pensamento simbólico constitui uma expressão elementar das assimilações propriamente ditas aos esquemas afetivos. É essa representação adequada? É preciso notar inicialmente que os esquemas afetivos não atingem precisamente o grau de generalização e de abstração dos esquemas lógicos, salvo no caso exclusivo em que se encontram regulados por operações reversíveis de reciprocidade etc., isto é, em que eles se tornam, por isso mesmo, esquemas morais. E, ainda aí, não se trata então daquela simples submissão inconsciente ao "superego", mas antes de um sistema normativo autônomo, paralelo aos sistemas racionais. No nível dos sentimentos espontâneos e não regulados, pelo contrário, os esquemas afetivos só poderiam corresponder aos esquemas intelectuais de ordem intuitiva, ou seja, eles não atingem, portanto, a generalização e a abstração lógicas (ou morais). Ora, o pensamento intuitivo é justamente ainda intermediário entre a imagem e o conceito: ele só representa imaginando, por oposição à lógica que representa pela dedução das relações, e o que imagina substitui sempre o geral por um caso particular, que ele lhe substitui a título não somente de exemplo mas também de participação ou, no sentido estrito,

---

[11] Ver o capítulo seguinte, §2.

de "substituto". É por isso que o esquema das reações afetivas assimiladas, por exemplo, aos sentimentos em relação ao pai participa mais do esquema particular desse pai que um conceito lógico participa, ele próprio, do objeto situado no ponto de partida de sua formação. A "identificação" com o pai, segundo a expressão do psicanalista, acha-se portanto mais próxima de uma espécie de participação pré-lógica que de uma assimilação conceptual abstrata, se bem que, insistamos mais uma vez, haja aí sempre "esquema" e não simples redução a recordações inconscientes. Mas o pensamento simbólico "inconsciente" é de um nível ainda bem inferior ao desses esquemas intuitivos, pois, em vez de imaginar diretamente os exemplos representativos, ele os assimila ademais a significantes de imagens quaisquer, cuja significação escapa à compreensão do sujeito. Unicamente, é aqui que convém nos lembrarmos de que o pensamento simbólico inconsciente não é, de modo algum, uma expressão permanente da organização dos esquemas afetivos. Ele só os representa em certas situações excepcionais, como no jogo infantil, no sonho infantil e adulto, bem como, às vezes, nos estados de relaxamento completo do pensamento. Trata-se, portanto, sempre de situações nas quais a assimilação precede a acomodação atual ou mesmo a suplanta inteiramente; somente então o simbolismo secundário intervém, porque o egocentrismo radical torna impossível a consciência do eu, de maneira tal que o único modo pelo qual as assimilações afetivas podem ainda tomar uma débil consciência de si mesma consiste em incorporar-se suportes de imagens. A assimilação desses sucedâneos prolonga então a assimilação dos esquemas, com os primeiros servindo de significantes e os segundos constituindo sua significação inconsciente.

No total, o pensamento simbólico inconsciente obedece às leis do pensamento integral, do qual ele constitui uma simples forma extrema, prolongando a do jogo simbólico na direção da assimilação pura. Essa coerência funcional do pensamento em suas diversas manifestações é ainda mais notável quando, após ter-se visto o simbolismo em ação em seus sistemas diferenciados, encontramo-lo implicado nos primórdios de todo o próprio pensamento conceptual da criança. É isso o que iremos examinar agora.

TERCEIRA PARTE

A Representação Cognitiva

onstatamos, no curso da Primeira Parte desta obra como a imitação, de início simples réplica "positiva" da acomodação, se prolonga em imagens representativas que servem de significantes ao jogo e ao próprio pensamento adaptado, ao passo que as formas superiores e refletidas de imitação propriamente ditas se integram na inteligência. Já vimos, por outro lado, no decorrer da Segunda Parte, como o jogo, inicialmente simples especialização de assimilação sensório-motora funcional, torna-se em seguida simbólica e se prolonga sob essa nova forma em simbolismo inconsciente, enquanto o próprio símbolo lúdico se integra por seu lado na atividade inteligente à medida que o simbolismo prepara a construção representativa e a assimilação livre se reduz à imaginação criadora.

Em linhas gerais, pode-se portanto dizer que, com o desenvolvimento mental, a acomodação imitativa e a assimilação lúdica, após serem diferenciadas, se coordenam sempre estreitamente. Ao nível sensório-motor, elas se dissociam; no jogo simbólico, as imagens imitativas anteriores fornecem os "significantes" e a assimilação lúdica, as significações; integradas no pensamento adaptado, enfim, as imagens e a assimilação têm por alvo os mesmos objetos, a acomodação imitativa atual determinando os significantes cuja assimilação livre, deixando de ser lúdica por essa mesma coordenação, combina as significações. Mas, bem entendido, essa integração progressiva na inteligência da acomodação imitativa e da assimilação construtiva não resulta senão de uma ampliação gradual dessa inteligência, causa única do estreitamento gradual da imitação e do jogo, e desde o início existe um núcleo essencial de coordenação entre a assimilação e a acomodação, constituindo a adaptação sensório-motora em geral e a própria inteligência. No plano da inteligência sensório-motora em geral, trata-se de uma coordenação simples: ou bem as duas tendências se equilibram e há inteligência, ou bem a acomodação se subordina à assimilação, e há imitação, ou ainda é o inverso e há jogo. É a partir do nível da representação que as coisas se matizam, por causa do maior número de combinações possíveis entre a assimilação e as acomodações não mais somente atuais, como sobre o plano sensório-motor, mas atuais (acomodação propriamente dita) e passadas (imagens).

O problema que se nos apresenta nesta última parte é, portanto, procurar determinar as relações entre a imagem imitativa, o simbolismo lúdico e a própria inteligência representativa, ou seja, a representação cognitiva por oposição às representações da imitação e do jogo. Ora esse problema, já complexo em si mesmo, é naturalmente ainda complicado devido à intervenção da linguagem, os signos verbais coletivos que vêm interferir com os símbolos analisados até agora para tornar possível a construção dos conceitos. Será preciso então tentar dissociar os fatores, e é o que iremos tentar, a propósito dos primeiros esquemas conceptuais e dos primeiros raciocínios, inicialmente (capítulo VIII), e, após, da formação das categorias representativas (capítulo IX).

CAPÍTULO VIII

A Passagem dos Esquemas Sensório-motores para os Esquemas Conceptuais

ara certos autores, a passagem da inteligência sensório-motora para a inteligência conceptual explica-se, sem nada mais, pela intervenção da vida social e dos quadros lógicos e representativos já prontos no sistema dos signos e das representações coletivas. Para Wallon, existe assim oposição radical entre a "inteligência das situações", que atua sobre o real, sem recurso ao pensamento, e a representação que se explica pela influência do verbo, do mito, do rito e da vida coletiva em geral. Nada mais justo que tal tese se nos colocarmos sobre o terreno global e falarmos a linguagem totalitarista que são, um e outra, necessários ao sociólogo. Mas a Psicologia não poderia se contentar com um salto da Neurologia para a Sociologia. O que se tem de encontrar não é apenas a explicação da "representação" em geral, mas uma explicação suscetível de penetrar no próprio pormenor dos mecanismos representativos, tais, por exemplo, as múltiplas formas de intuições espaciais (ordem, posição, deslocamento, distância etc.), até as operações geométricas elementares. Ou, para nos limitarmos a esse exemplo de espaço, é certamente impossível interpretar psicologicamente as estruturas representativas mais evoluídas sem reconhecer uma certa continuidade com espaço sensório-motor inicial ou o da percepção em geral, que prolonga o precedente. Quanto ao elemento social que intervém manifestamente cedo ou tarde em todos os domínios representativos, trata-se de saber ainda segundo quais processos. Para o psicólogo, a "vida social" não passa de um termo estatístico, e ela só adquire uma causalidade de significação aceitável com a condição de precisar quais as espécies de relações sociais de que se trata: o espaço comum ou socializado, para tomar esse exemplo, comporta as relações mais diversas, da coordenação racional das perspectivas até o espaço mítico mais tradicional. Também nossa tarefa é seguir passo a passo a transformação do esquema sensório-motor em conceito e considerar a socialização e a verbalização dos esquemas como constituindo somente uma das dimensões dessa transformação geral: dessa maneira, as etapas observadas segundo a dimensão social serão elas mesmas esclarecidas pelas fases do processo evolutivo interno que conduz da inteligência sensório-motora à inteligência conceptual, sem que as diversas relações desse quadro multidimensional possam pretender ser outra coisa senão os aspectos interdependentes de uma mesma realidade.

§1. *OS PRIMEIROS ESQUEMAS VERBAIS.* – Para constatar como é lenta a formação de conceitos verdadeiros a partir dos esquemas sensório-motores, basta notar-se o emprego dos primeiros signos verbais que servem de expressão à criança e analisar os tipos de assimilação aos quais eles correspondem.

Eis aqui alguns exemplos desses esquemas ligados a signos semiverbais, contemporâneos da fase VI da inteligência sensório-motora:

Obs. 101. – Ao 1;1 (0), J. emprega a onomatopeia clássica *"tch, tch"* para designar um trem que passa diante de sua janela e a repete a cada trem, depois, sem dúvida, que ela lhe foi sugerida uma primeira vez. Mas diz, a seguir, *"tch, tch"* em duas espécies de situações distintas. Por um lado, generaliza seu uso na presença de veículos vistos de uma outra janela: automóveis, carros puxados por cavalos e mesmo um homem a pé, ao 1;1 (4). Perto de 1;1 (6) e nos dias seguintes, qualquer que seja o ruído da rua, ele desencadeia *"tch, tch"*, do mesmo modo, sempre, que os próprios trens. Mas, por outro lado, quando eu faço o jogo de esconde-esconde (apareço e desapareço sem nada dizer), J., ao 1;1 (4), também diz *"tch, tch"* por analogia, sem dúvida, com os aparecimentos e desaparecimentos súbitos dos trens.

Ao 1;1 (20), mais ou menos, ela designa os cães por *"au-au"*. Ao 1;1 (29), mostra de seu alpendre o cão do proprietário, no jardim, e diz ainda *"au-au"*. Algumas horas depois, no mesmo dia, designa com esse nome os desenhos geométricos de um tapete, apontando-os com o dedo (uma linha horizontal barrada por três linhas verticais). Ao 1;2 (1), ela vê da sua sacada um cavalo, contempla-o com grande atenção e enfim diz *"au-au"*. Uma hora depois, a mesma reação em presença de dois cavalos. Ao 1;2 (3), é um carrinho de criança descoberto, com o bebê bem visível e empurrado por uma senhora, que desencadeia *"au-au"* (tudo visto da sacada). Ao 1;2 (4), são galinhas. Ao 1;2 (8), diz *"au-au"* aos automóveis e aos trens. Ao 1;2 (12), *"au-au"* é dito de tudo que é visto de sua sacada: animais, automóveis, o próprio proprietário (do cão inicial) e as pessoas em geral. Ao 1;2 (15), o termo se aplica a charretes puxadas por empregados da garagem, longe da casa. Ao 1;3 (7), são novamente os desenhos do tapete que são designados assim. Após 1;4, enfim, *"au-au"* parece definitivamente reservado para os cães.

Ao 1;2 (4), J. está nos braços da mãe e diz *"papai"* a um senhor, depois, um momento após, *"mamãe"* a uma senhora qualquer. *"Papai"* é generalizado durante algumas semanas para todas as espécies de homens, ao passo que *"mamãe"* é um emprego mais exclusivo, embora ainda aplicado duas ou três vezes a senhoras não acompanhadas de crianças.

Perto de 1;6, J. sabe cada vez mais tirar partido do adulto para obter o que deseja e resmunga sistematicamente quando se recusa ou finge não entender. É um de seus avós que é, nesse sentido, o instrumento mais dócil. Igualmente, desde 1;6 (13), o termo *"panana"* é empregado, não somente para chamar seu avô, como também para exprimir, mesmo em sua ausência, o fato de que ela reclama alguma coisa: designa o objeto de seus desejos, p. ex., *bolos, menino* (boneca), *banho-banho* (água) etc., e emite um resmungo significativo acrescentando-lhes *"panana"*. Ao 1;6, (9), ela chega a dizer *"panene"* enquanto lhe dão banho e ela se aborrece: *"panene"* significa simplesmente um desejo de divertimento.

Perto de 1;6, também a palavra *"papeu"* significa *"partido"* e se aplica a alguém que sai do quarto, a um veículo que se afasta, a um fósforo que se apaga e mesmo, ao 1;6 (11), ao fato de pôr para dentro sua própria língua depois de tê-la estirado.

Obs. 101 bis. – L., ao 1;3 (4), diz *"ha"* a um gato verdadeiro, depois a um elefante de pelúcia, mas não a uma galinha nem a um cavalo. Em contraposição, ao 1;3 (19), *"ha"* se aplica tanto a um cavalo como também aos seus brinquedos. Ao 1;6 (25), *"ha"* transformou-se em *"hehe"* e se aplica a todos os animais, salvo o gato e o coelho, a todas as espécies de pessoas e a sua própria irmã. Em compensação, o coelho é *"hin"* e assimilou-se ao gato, que é portanto designado pelo mesmo termo.

Ao 1;3 (14), L. diz *"não"* não somente para recusar qualquer coisa, mas quando, procurando um objeto com a mão, ela não o encontra. A transição entre o primeiro sentido e esse último é o *"não"* aplicado a um objeto proibido. – Do mesmo modo, a palavra *"auaua"* (originária de *au revoir*) aplica-se às pessoas que partem, a ela mesma quando sai de um quarto, como também ao fato de tocar uma porta ou de erguer-se para mudar de lugar.

Obs. 102. – T., ao 1;0 (0), diz *"tátá"* para designar todas as ações bem-sucedidas (apanhar um objeto com um barbante, ou encontrar uma resposta adequada numa experiência de imitação).

Ao 1;2 (22), ele exclama *"mamãe"* enquanto a mãe, que esteve com ele desde mais de uma hora, põe-se a se mexer de um lado para outro; trata-se portanto de um julgamento exclamativo sublinhando um poder imprevisto de sua mãe. Ao 1;2

(23), ele diz *"papai"* a J. que lhe estende os braços como seu pai. No mesmo dia *"papai"* é atribuído a um senhor em visita e a um camponês que acende seu cachimbo (ele, de hábito, não o chama assim, de modo algum). Desde 1;3 (2), durante várias semanas, *"mamãe"* é um termo de desejo análogo ao *"panene"* de J. Ao 1;4 (4), ele diz, p. ex., *"mamãe"*, mostrando a seu pai uma lamparina de acender e apagar (jogo que é, portanto, uma especialidade exclusivamente paterna). Ao 1;4 (10), em contraposição, *"mamãe"* é pronunciado quando ele oferece à sua mãe um papel, e, no mesmo dia, vendo seus vestidos num armário. Igualmente, ele diz *"papai"*, ao 1;4 (23), vendo seu pai barbear-se, alguns dias após, ao ser balançado por ele e, depois, ao ver o seu alforje de montanha. Ao 1;4 (29), vendo um dos meus amigos a quem pergunto "Quem é?", ele responde *"papai"* (apontando-o). Ao 1;5 (19), *"papai"* é dito com referência a todos os homens que caminham de 15 a 10 m dele e, ao 1;5 (25), aos homens em geral.

Ao 1;2 (24), ele diz *"vuvu"* a um cão (o que faz desde há alguns dias), mas também a uma galinha, a uma sineta de vaca, às próprias vacas, a cobaias e a um gato. Ao 1;3 (5), diz ainda *"vuvu"* a tudo que se move, desde uma formiga até um trator em movimento num campo. Ao 1;3 (13), em compensação, existe diferenciação: as vacas, bem como uma cabeça de corça e chifres de cervo, se tornam *"mu"* (estes últimos são ainda, de tempos em tempos, *"vuvu"*), o gato se torna *"minet"* e os porcos em liberdade, ora *"mu"* ora *"minet"*.

Ao 1;4 (22), *ali* (= o travesseiro) torna-se palavra de êxito (como *tátá* ao 1;0). Ao 1;4 (23), ele diz *"nonô"* fechando os olhos para mexer numa lamparina (apagá-la e acendê-la), mas ao 1;5 (30) *"nonô"* designa todos os seus bonecos (que dormem quando ele não brinca).

Ao 1;5 (19), *"a plus"* significa uma partida, depois o fato de lançar um objeto por terra, e se aplica em seguida a um objeto que se vira (sem desaparecer). Ele diz assim *"a plus"* às suas bolas de madeira. A seguir, *"a plus"* designa simplesmente o afastamento (fora do campo de preensão), depois o jogo de estender um objeto para que o lancem para ele. Ao 1;6 (23), diz ainda *"a plus"* quando se tem um objeto nas mãos e ele o pede. Enfim, ao 1;7, *"a plus"* tornou-se sinônimo de *"recomeçar"*.

Apesar de seu caráter banal, esses fatos merecem exame atento: nessa fase VI da inteligência sensório-motora, eles são, com efeito, para os esquemas puramente sensório-motores o que os primeiros "esquemas simbólicos" representam para o jogo de exercício e o que as primeiras formas de imitação diferida são para a imitação imediata. Em outras palavras, esses primeiros esquemas verbais são intermediários entre os esquemas de inteligência sensório-motora e os esquemas conceptuais, tal como os esquemas simbólicos são intermediários entre os jogos de exercício e os símbolos lúdicos desligados da própria ação e como a imitação diferida é intermediária entre a imitação sensório-motora e a imitação representativa. Aliás, as palavras utilizadas pela criança para designar esses esquemas são, elas próprias, intermediárias entre significantes simbólicos ou imitativos e verdadeiros signos.

Pode-se, com efeito, assimilar já esses primeiros esquemas verbais a verdadeiros conceitos? No nível das operações lógicas concretas (isto é, já desde os sete aos oito anos), os conceitos são ora sistemas de classes e, portanto, conjuntos de objetos agrupados segundo relações de encaixes hierárquicos (parte e todo), ora sistemas de relações particulares agrupadas segundo sua natureza assimétrica ou simétrica. Somente, em todos os casos, as relações em jogo são definidas segundo as qualidades dos objetos assim reunidos: esses objetos podem, é verdade, englobar o próprio eu, e essas relações podem por outro lado englobar as ações do eu ou as relações entre o eu e as coisas, mas isso com a condição de respeitar, na construção das classes e das relações, os encaixes hierárquicos, as assimetrias e as reciprocidades. Ora, ao passo que veremos se esboçar a elaboração de tais conceitos nas observações dos níveis ulteriores, é claro que os esquemas descritos nas obs. 101 e 102 não respondem absolutamente a essa estrutura. Apresentam, pelo contrário, aquele caráter notável de que o princípio de reunião dos objetos sob uma mesma denominação não se prende senão em parte a uma assimilação direta desses objetos entre eles, que seria fundamentada somente sobre suas qualidades objetivas, fazendo intervir além disso (e amiúde em estado preponderante) uma assimilação das coisas do próprio ponto de vista do sujeito: situação espacial na qual se encontra a título de observador ou repercussão dos objetos sobre suas ações. Por exemplo, para J., o signo semiverbal *"tch-tch"* aplica-se ao que aparece e desaparece visto de uma janela (trens, veículos etc.) bem como a seu pai quando este brinca de esconder com ela. O sinal *"au-au"* designa não somente cães e o que se lhes assemelha, como tudo aquilo que se vê da sacada, como o cão inicial. O vocábulo *"panana"* (oriundo de "vovô") designa seu avô, mas é ao mesmo tempo um termo de desejo empregado para obter o que seu avô lhe daria se estivesse lá. Quanto às expressões *"mamãe"* e *"papai"*, que são muitas vezes consideradas as primeiras palavras empregadas pela criança, vê-se-lhes a complexidade. Todos já observaram a generalização do termo *"papai"* para todos os homens. Quanto a J., o termo *"mamãe"* também se aplica, porém mais raramente, a quaisquer mulheres. Mas sobretudo, todavia, esses termos designam ações particulares, que interessam à criança ou relativas a elas: para T., *"papai"* são os personagens que acendem o cachimbo ou estendem os braços como papai (sua própria irmã J., nessa situação precisa), e *"mamãe"* torna-se para ele um termo de desejo e um imperativo para levar seu pai a agir. A generalização pode também processar-se do ponto de vista do próprio sujeito: assim, T. designa um dia por *"papai"* todos os homens afastados de 15 a 20 m e andando (por oposição aos personagens imóveis) antes de englobar em seguida qualquer um nessa classe de homens semelhantes ao pai. Igualmente, *"mamãe"* e *"papai"* podem sublinhar uma ação executada de maneira imprevista pelos pais. Vê-se assim que essas palavras, longe de designarem simplesmente classes singulares, de serem "nomes de pessoas" como exprimem as estatísticas da Sr.ª Bühler (*Kindheit u. Jugend,* págs. 149-150), têm na realidade a conotação dos esquemas de ações complexas, quer relativas ao sujeito, quer em partes objetivas. Da mesma maneira, as classificações zoológicas de L. (*"ha"* e *"hin"*), ou de T. (*"vuvu"*, *"mu"* e *"minet"*), mostram, por suas próprias flutuações, que se trata muito mais de designar sistemas de ações possíveis do que objetos. Enfim, os esquemas *"papeu"* de J. (= partida), *"a plus"* de T., *"avuá"* e *"não"* de L., *"tátá"*, *"ali"* e *"nonô"* não passam, evidentemente, de esquemas de ação, igualmente subjetivos enquanto objetivamente classificados.

Assim, esses primeiros esquemas verbais não passam de esquemas sensório-motores em vias de conceptualização e não esquemas sensório-motores puros nem conceitos francos. Do esquema sensório-motor conservam o essencial, a saber, serem modos de ação generalizáveis, que se aplicam a objetos cada vez mais numerosos. Do conceito, porém, apresentam já um semidesligamento em relação à própria atividade e uma situação que, da ação pura, tende no sentido da constatação; além disso, do conceito anunciam o elemento característico de comunicação, porquanto são designados por fonemas verbais que os colocam em relação com a ação de outrem.

Mas se esses esquemas verbais assinalam um desenvolvimento na direção do conceito, é preciso contudo observar, mesmo desse ponto de vista e fazendo-se abstração de seus caracteres de esquemas de ação, duas particularidades que limitam ainda notavelmente sua evolução nesse sentido e lembram, mais uma vez, mas no novo plano conceptual em vias de formação, o esquematismo sensório-motor da fase VI. Em primeiro lugar, o conceito supõe uma definição fixa, a qual corresponde, ela própria, a uma convenção estável que atribui sua significação ao signo verbal: não se modifica todos os dias o sentido das palavras porque as classes ou as relações designadas por elas comportam uma definição conceptual imobilizada definitivamente pelo grupo social. A significação de um termo, tal como o *"au-au"* de J., salta ao contrário em alguns dias dos cães para os automóveis e para os próprios homens. Ora, isso corresponde a dizer que o processo de ligação de um objeto a outro é diferente no conceito verdadeiro e no esquema intermediário desse nível: no caso do conceito há inclusão (ou pertença) de um objeto numa classe e de uma classe numa outra (por exemplo, um cão específico é um cão, portanto um animal etc.), ao passo que, num esquema tal como *"au-au"* ou todos os outros casos citados, existe simplesmente uma espécie de parentesco sentido subjetivamente entre todos os objetos ligados uns aos outros, um parentesco que anuncia as "participações", das quais faremos a característica dos pré-conceitos do nível ulterior. Em segundo lugar, as primeiras palavras empregadas, *"vuvu"*, *"papai"*, são, elas próprias, anteriores aos "signos" propriamente ditos, isto é, aos elementos articulados entre si de uma linguagem já organizada. Eles permanecem intermediários entre o símbolo individual ou imagem imitativa e o signo propriamente social. Retêm, com efeito, do símbolo seu caráter imitativo, quer se trate de onomatopeias (imitação do objeto designado), quer se trate de uma imitação das palavras empregadas na linguagem adulta, mais precisamente extraídas dessa linguagem e imitadas em estado isolado. E sobretudo, como acabamos de ver sob outro ângulo, retêm do símbolo sua mobilidade desconcertante, por oposição à fixidez do signo.

Do mesmo modo encontram-se todos os intermediários entre esses semiconceitos designados por semissignos e os próprios símbolos lúdicos. Por exemplo, quando a criança designa um desenho de tapete pelo termo *"au-au"* (J., obs. 101), faz ele a classificação conceptual por meio de um signo ou constrói um símbolo lúdico simplesmente acompanhado de linguagem? Eis aqui alguns casos de transições entre os símbolos propriamente ditos e os semiconceitos das obs. 101 e 102:

Obs. 103. – J., ao 1;6 (10), acredita ver um peixe (cf. seu peixe vermelho de celuloide) nas manchas do teto de madeira. Da mesma forma, ela diz *"anine"* (= rã) contemplando uma mancha numa parede. Ao 1;8 (29), indica, entre as mesmas manchas no madeirame do chalé, uma mula, um rapaz, um cão e um gato etc., após o que acrescenta toda vez *"parti"*, seja enquanto brinca, seja quando deixa de vê-los, seja mesmo talvez quando quer indicar que não são verdadeiros. Ao 1;9 (0), igualmente, vê um *"miau"* num desenho de vestido (sem significação) e depois acrescenta: *"parti"*. Ao 1;10 (1), ao ver a lua, diz espontaneamente *"mulher"* sem rir e sem que alguém jamais a tenha impelido por essas palavras ou imagens a tal comparação; ela acrescenta, aliás, *"relógio"*, por alusão àquilo que se acha suspenso sobre a porta do chalé.

Aos 2;0 (26), em compensação, olhando a farinha láctea que alguém dissolve num prato: *"Tu vês cão, pássaro"* etc.; ri, então, francamente.

Não é absolutamente possível, como se constata, decidir se essas identificações constituem puros símbolos lúdicos, ao que tendem no caso de

2;0, simples julgamentos de comparação à base de imagens imitativas ou julgamentos de assimilação conceptual. Provavelmente é porque são inclassificáveis, exatamente por serem intermediários entre esses três termos: ao mesmo tempo simbólicos, imitativos e conceptuais, elas nos fazem assim compreender retrospectivamente a natureza das identificações das obs. 101 e 102, também elas intermediárias, mas segundo dosagens diferentes, entre o símbolo e o conceito.

§2. *OS "PRÉ-CONCEITOS".* – Se tal é a situação perto do fim do desenvolvimento da inteligência sensório-motora, como os primeiros esquemas verbais, que ficam pois a meio caminho entre os esquemas verbais, que ficam pois a meio caminho entre os esquemas sensório-motores (mais ou menos adaptativos, imitativos ou simbólicos segundo os casos) e os esquemas conceptuais, vão evoluir na direção destes últimos? Bem entendido, estando estes ligados ao sistema dos signos verbais organizados, esse progresso da representação conceptual será solidário do da própria linguagem: logo que de posse dos semissignos descritos nas obs. 101-102, a criança, segundo o desenrolar bem conhecido desde Stern, aprenderá rapidamente a falar palavras-frases, frases de duas palavras e frases completas, rapidamente justapostas uma às outras. Entramos então no segundo período do desenvolvimento da representação, que corresponde às fases I e II do capítulo V. Mas é claro que perdura o problema de compreender como a linguagem permite a construção dos conceitos, pois a relação é naturalmente recíproca e a possibilidade de construir representações conceptuais é uma das condições necessárias para a aquisição da linguagem.

A linguagem inicial é feita, antes de tudo, de ordens e de expressões de desejo. A denominação, como já se verificou pelas introduções precedentes, não é a simples atribuição de um nome, mas o enunciado de uma ação possível: a palavra se limita quase a traduzir, nesse nível, a organização de esquemas sensório-motores que poderia passar sem ela. A primeira questão consiste em saber como, dessa linguagem ligada ao ato imediato e presente, a criança passa à construção de representações verbais propriamente ditas, isto é, de juízos de constatação e não mais apenas de juízos de ação. A narrativa, fonte da memória segundo P. Janet, constitui aqui intermediário indispensável como meio de evocação e de reconstituição. Ora, é interessante notar que as narrativas se iniciam precisamente no limite da fase precedente e do período cuja análise abordamos, e que são dirigidas pelo sujeito tanto a si próprio como aos outros:

Obs. 104. – As primeiras evocações verbais que observamos a respeito de J. se dirigiam, com efeito, a ela própria. Ao 1;7 (13), ela está de noite na cama, numa obscuridão total, e fala sozinha sentada sem desconfiar que eu a escuto: *"Tu vês, tu vês, tio G., Amémainé* (= uma tia), *tio G."* Depois ela se interrompe e se deita, dizendo a si mesma: *"Nonô."* Depois do que ela se senta novamente e recomeça: *"Tu vês: mamãe, papai, vovó, tio G."* etc. e se repete durante uns dez bons minutos. Ao 1;7 (14), durante a sesta (e julgando-se sempre sozinha), enumera os alimentos que acaba de ingerir: *"Ostatine* (= fostatina), *orage* (= laranja), etc.*"*, depois afasta o dedo indicador direito alguns centímetros do polegar e diz: *"Pequena, pequena Istine"*, alusão a uma prima que acaba de nascer.

Ao 1;7 (28), uma narrativa é feita à mãe a propósito de um gafanhoto que J. acaba de ver no jardim: *"Fanhoto, fanhoto saltar* (como me mandou fazer) *rapaz"*, isto é, um primo que efetivamente a fez saltar na antevéspera. Na idade de 1;11 (11), ela me conta após uma visita: *"Robert chorou, pato nadou no lago, parti mun longe"* (muito).

L., em compensação, começou no mesmo dia com a narrativa a terceiros e a si mesma. Ao 1;11 (28), conta, alguns minutos após o acontecimento: *"Ti* (= tia) *Madena no automove, parti no automove."* A seguir, uma hora depois, sozinha no jardim, ela diz a si mesma: *"Mamãe saiu, Jacqueline saiu com mamãe."*

Esses comportamentos nos fazem assistir a esse momento decisivo em que a linguagem em formação deixa de acompanhar simplesmente o ato em curso para reconstruir a ação passada e fornecer-lhe assim um começo de representação. A palavra começa então a funcionar como signo, isto é, não mais como simples parte do ato, mas como evocação deste. É então, mas somente então, que o esquema verbal vem a destacar-se do esquema sensório-motor para adquirir, como já é o caso dos esquemas imitativos desse mesmo nível, a função de reapresentação, isto é, de nova apresentação. Além disso, ao passo que a imitação não pode senão reproduzir o ato tal qual, imitando-o exteriormente pelo gesto ou interiormente pela imagem, a narrativa acrescenta a isso uma espécie particular de objetivação que lhe é própria e que está ligada à comunicação, ou socialização do próprio pensamento. Mas a narrativa não é ainda senão a reconstituição de uma ação. Para passar da expressão dos atos à constatação propriamente dita, um passo a mais é dado quando a narrativa se prolonga até atualizar-se, por assim dizer: acompanha então novamente a ação em curso, como a linguagem inicial, mas descrevendo-a em vez de fazer parte integrante dela. A descrição torna-se assim representação atual, duplicando a apresentação perceptiva no presente como também no tocante ao passado. O melhor indício dos progressos dessa conceptualização é, por conseguinte, o aparecimento da pergunta "o que é?", que se relaciona ao mesmo tempo com o nome e com o conceito ou a classe do objeto designado:

Obs. 105. – Mais ou menos com 1;9 e 2;0, J. experimenta a necessidade, quando do alguém entra no quarto, de apresentar-lhe de algum modo os objetos e as pessoas pelo nome: *"Papai, mamãe, nariz* (da boneca), *boca* etc." Leva muitas vezes a seus pais uma boneca dizendo *"boneco"*, ou um objeto designando-o pelo nome *"pedra"*, como se quisesse partilhar seu saber. Depois faz com que o grupo que a cerca participe de tudo aquilo que ela faz, mostrando os objetos e narrando suas ações enquanto as executa na realidade. Mas ela procede exatamente do mesmo modo quando está sozinha e é até, coisa curiosa, no curso de seus monólogos que observamos seu primeiro "o que é". Ao 1;9 (24), por exemplo, eu a ouço dizer a si mesma: *"O que é, Jacqueline, o que é?... Pronto!* (ela deixa cair uma bola de madeira). *O que é que cai? Uma bola.* (Depois ela pega num colar.) *Não está frio"* etc.

Vê-se desde logo quanto essa espécie de narrativa continuada e atual, com as denominações e descrições que comporta, desdobra necessariamente o esquema sensório-motor, isto é, forra o esquema inerente à própria ação com um esquema representativo, que o traduz em uma espécie de conceito. Não nos esqueçamos porém de que a imitação diferida e representativa, assim como o jogo simbólico, já apresentam, cada uma em seu domínio, um desdobramento do mesmo gênero, sem que por isso as representações por eles engendradas constituam conceitos. Em que é, pois, que se reconhecerá já designarem os nomes utilizados, pelo que consta da obs. 105, verdadeiramente conceitos e não mais simples imagens interiores, mais particulares do que uma classe e mais carregadas de simbolismos individual que uma noção objetiva? O conceito é geral e comunicável; a imagem, singular e egocêntrica. Ora, notemos que a própria linguagem da criança desse nível permanece precisamente a meio caminho entre a comunicação com outrem e o monólogo egocêntrico: as narrativas, descrições, e até as perguntas, se dirigem a si mesmo tanto quanto a outrem.[1] Por conseguinte, a socialização ainda mais não é do que indiferenciação entre o eu e os outros, em vez de troca fundada em diferenciação nítida. Esse egocentrismo da linguagem não corre então o risco de acarretar, quanto à conceptualização que lhe é correlativa, uma situação igualmente intermediária e indiferenciada, dado que os primeiros conceitos aparentes, ou "pré-conceitos", participam ainda, ao mesmo tempo, tanto dos esquemas sensório-motores de que procedem, a título de esquemas de ação, quanto das imagens imitativas ou dos símbolos lúdicos, com os quais continuam aparentados a título de representações insuficientemente socializadas?

---

[1] A Sr.ª Bühler (*Kindkeit und Jugend*, pág. 163) opõe-se a esse modo de ver, mas, como muitos outros autores que se distanciaram de nós nesse ponto, toma o termo "egocentrismo" em sentido absolutamente diverso daquele de que nos temos servido.

Examinemos, desse ponto de vista, não mais o nascimento da representação conceptual na narração ou na descrição atual, mas o emprego entre dois e quatro anos dos esquemas verbais que parecem aproximar-se daquilo que virão a ser mais tarde os conceitos propriamente ditos (isto é, operatórios). Ora, um caráter constante dos "pré-conceitos" dessa idade parece decisivo a esse respeito: a criança desse nível (correspondente, pois, à fase I dos símbolos lúdicos e combinações simbólicas do capítulo V) não atinge nem a generalidade nem a individualidade verdadeiras, porque as noções que emprega sem cessar oscilam entre esses dois extremos e ainda lembram, nesse particular, a estrutura dos esquemas sensório-motores, bem como a das imagens imitativas ou lúdicas daí derivadas:

Obs. 106. – Aos 2;2 (12), J. está no jardim e caminha em cima dos canteiros do proprietário; a mãe a impede de fazer isso, e J. logo responde: *"Tu vais* (= eu vou) *estragar o jardim de tio Alfredo"*; isto é, J. assimila essa situação a outra, muito parecida, porém vivida em outra cidade e no jardim de um tio sem relação alguma com o proprietário de que aqui se trata.

Ao 1;11 (0), voltando de um passeio, J. dissera que ia ver: *"Papai, Odette, Jacqueline no espelho"*, como se "J. no espelho" fosse outra pessoa que não ela própria (embora sabendo muito bem reconhecer-se num espelho).

Aos 2;7 (12), ainda, vendo L. com roupa de banho nova e boné, J. pergunta: *"Como se chama o nenezinho?"* A mãe responde que é uma roupa de banho, mas J. aponta para a própria L. e pergunta: *"Mas como é que isso chama?"* (mostrando o rosto de L.), repetindo várias vezes seguidas a pergunta. Ora, assim que L. torna a pôr o vestido, J. exclama, muito séria: *"É Lucienne outra vez"*, como se a irmã tivesse mudado de identidade ao mudar de roupa.

Aos 2;11 (13), J. se vê, numa fotografia, dormindo nas minhas costas e apoiada no meu ombro (durante um passeio na montanha). Pergunta inquieta: *"Oh, que é isso?* (mostrando a si mesma). *Estou com medo disso* (ela própria). – Mas quem é? Não está reconhecendo? – Estou. Sou eu. Ela faz assim, Jacqueline* (imita o gesto). *Então ela não está com medo.* (Projeção sobre a fotografia)." Daí a uma hora, torna a ver a fotografia: *"Ainda estou com um pouquinho de medo. – Mas quem é? – Sou eu. E "Jacqueline faz assim"* (imita). No dia seguinte, ao despertar, J. pergunta se *"Nonette* (= L.) *sabe fechar os olhos? – Claro. – Então quando Nonette for a "Jacqueline faz assim" grande* (designa a fotografia), *vai saber fechar os olhos?"* Em outras palavras, "J. que faz assim" é uma espécie de personagem pelo qual se passa a título de estado momentâneo e que L. virá a ser. Do mesmo modo, apresentam a J. uma fotografia qualquer dela: *"É Jacqueline. – És tu ou não? – Sou, sou eu, mas que é que ela tem na cabeça, a Jacqueline da fotografia?"*

Obs. 106 bis. – Reciprocamente, L., aos 2;4 (28), olha para uma fotografia de J. com menos idade: *"Quem é?"* – É J. quando era pequena. – *Não, não é.* – Não é J. quando era pequena? – *É, quando era Lucienne."*

A propósito da realidade própria das figuras, L., aos 2;8 (14), diz espontaneamente: *"É muito pesado* (um livro de figuras), *porque há uma menina dentro."*

Aos 3;2 (20), cruzamos com um homem: *"Este senhor é um papai? –* Que é que é um papai? *– É um senhor. Ele tem muitas Luciennes e muitas Jacquelines. –* Que é que são Luciennes? *– São meninas pequenas, e as Jacquelines são meninas grandes."*

Aos 4;2 (20), L. contempla as nuvens que se formam no céu, num vale dos Alpes, como se fossem de um lugar inteiramente diverso onde esteve há seis meses. Aos 4;3 (0), igualmente, vendo uma torrente numa aldeia: *"É a mesma que aquela onde a gente toma banho* (em outra aldeia). *– Mas donde vem, olha* (vê-se a torrente descer da montanha)? *– Da torrente onde a gente toma banho. –* E a torrente onde a gente toma banho? *– Lá daquela."*

Obs. 107. – J. aos 2;6 (3): *"Isto não é uma abelha, é um besouro. É um bicho?"* Entretanto, também mais ou menos aos 2;6, designa pelo termo *"a lesma"* as lesmas que vamos ver, todos os dias de manhã, ao longo de certo caminho. Aos 2;7 (2), exclama: *"Olhe ela ali!"*, quando vê uma; dez metros adiante, vemos outra, e J. diz: *"Outra vez a lesma."* Respondo: "Mas não é outra?" J. volta então para ver a primeira: "Então é a mesma? *– É. –* Outra lesma? *– É. –* Outra ou a mesma? *– ..."* É claro que a pergunta não tem sentido para J.

Aos 3;3 (0), J. está brincando com um inseto vermelho, que desaparece. Daí a um quarto de hora (e mais adiante, a passeio), procuramos ver um lagarto, que foge. Daí a dez minutos, encontramos outro inseto vermelho: *"É outra vez o* (!) *bicho vermelho. –* Tu achas? *– Onde é que está então o lagarto?"*

Aos 3;3 (27): *"São bichos as minhoquinhas?"*

Obs. 108. – J., aos 3;2 (23), não consegue compreender que Lausanne sejam "todas estas casas juntas", porque reserva à casa da avó, "Le Crêt", a expressão *"a casa de Lausanne".* Por exemplo, diz de um lagarto que sobe pela parede: *"Está subindo na casa de Lausanne."* No dia seguinte, quero ver se minha explicação foi compreendida: "Que é que é Lausanne? *– São todas estas casas* (mostra todo o quarteirão). *Todas estas casas são Le Crêt. –* Que é Le Crêt? *– É a casa de vovó, é Lausanne."* "Todas as casas" constitui pois um objeto complexo, que depende de um só deles, concebido como representativo do conjunto.

Do mesmo modo, aos 4;2 (8), L. não tem a noção de que alguns vinténs tirados a um todo constituem parte desse todo.

Esses poucos fatos são muito característicos das estruturas pré-conceptuais de dois a quatro anos e se ajustam a várias das observações que já pudéramos fazer antigamente com crianças de quatro anos e meio ainda.[2]

Por um lado, os indivíduos particulares aos quais o pensamento visa têm menos individualidade, isto é, permanecem menos idênticos a si mes-

---

[2] Ver em *A Representação do Mundo na Criança* as explicações da sombra e do ar; em *O Juízo e o Raciocínio na Criança* e *A Gênese do Número na Criança* o desenvolvimento da noção de parte.

mos do que serão nas fases ulteriores. Por exemplo (obs. 106), certo jardim é identificado com outro; J. não acredita mais na identidade da irmã L. com roupa de banho; depois declara que *"é outra vez Lucienne"*, quando torna a pôr o vestido; J. dissocia-se a si própria conforme as imagens que vê de sua pessoa, em "J. no espelho", "J. faz assim" e "J. da fotografia". Enfim, um mesmo indivíduo pode ser composto de personagens distintos, conforme as roupas que veste ou as imagens que dele fazem o espelho ou a fotografia. Do mesmo modo, L. (obs. 106 *bis*) julga que a irmã mais velha J. foi uma Lucienne e que as meninas são "Luciennes" antes de serem "Jacquelines", pois o caráter essencial desses entes não é a identidade através do tempo, e sim os estados sucessivos e distintos pelos quais passam, mudando de personagem.[3]

Mas, inversamente, as classes são menos genéricas do que serão a seguir, e uma classe é uma espécie de indivíduo-tipo repetido em vários exemplares. As lesmas (obs. 107) são todas "a lesma" que reaparecem sob novas formas. Ocorre o mesmo com "o bicho vermelho", com o fato interessante de que, referindo-se ao "lagarto", deveria recordar este quando de novo se apresenta.

Ora, esses dois caracteres de ausência de identidade individual e de ausência de classe geral na realidade são um só: é à falta de classe de generalidade estável que os elementos individuais, não estando reunidos num todo real que os enquadre, participam diretamente uns dos outros sem individualidade permanente, e é à falta dessa individualidade das partes que o conjunto não pode ser construído como classe imbricante. Ficando assim a meio caminho do indivíduo e do geral, o pré-conceito infantil constitui uma espécie de "participação" no sentido de Lévy-Bruhl, se houver acordo em atribuir-se a esse gênero de relação o critério seguinte: ausência de inclusão num todo e identificação direta dos elementos parciais entre si, sem mediação desse todo (por exemplo, em nossas antigas observações, uma sombra projetada sobre a mesa emana diretamente da das árvores ou da noite, sem passar pela classe geral das sombras definida por sua lei de formação).

Donde o interesse das questões que se relacionam com o todo e as partes, isto é, precisamente com a inclusão geratriz dos verdadeiros conceitos (obs. 107): um besouro e pequenas minhocas são "bichos"? Ora, seria preciso, para que a criança pudesse tomar uma decisão sobre isso, que ela soubesse reunir as partes num todo segundo um modo de composição re-

---

[3] Tornamos a ver aqui o que podemos constatar nas crianças quanto à incompreensão sistemática da noção do tempo (ver *A Gênese da Noção de Tempo na Criança*).

versível, mas os fatos da obs. 108 mostram justamente as dificuldades que ela ainda experimenta, mesmo no terreno de um conjunto de figuração espacial, para construir esse gênero de relações.

Notemos agora quando essas estruturas pré-conceptuais, sem classes gerais nem identidades individuais, são aparentadas, no plano da representação cognitiva ou da adaptação inteligente que lhes é própria, com a estrutura dos símbolos no plano lúdico. Qual é, com efeito, a diferença entre o fato de tomar um jardim por outro, de desdobrar seu eu em vários personagens ou de reduzir várias lesmas numa única, e o fato de assimilar por jogo um objeto a outro e a si próprio a outrem, senão que num caso há crença e esforço de adaptação ao objeto, ao passo que no outro só existem ficção e assimilação do eu? À parte essa oposição funcional, o pré-conceito e o símbolo lúdico procedem ambos por assimilação direta, sem identidades nem generalidades verdadeiras, por "participação" pré-lógica e não por operações.

Entre o símbolo lúdico, a imagem imitativa e o pré-conceito encontram-se, aliás, todas as espécies de intermediários, que prolongam durante essa fase os fatos da obs. 103 e que oscilam entre a "analogia atuante" e a simples comparação concreta:

Obs. 109. – J., aos 3;6, vendo pequenas ondas numa praia do lago, que fazem avançar e recuar alternativamente pequenos cordões de areia, exclama: *"Parece os cabelos de uma menina que estão penteando."*
Aos 4;7 (26), ainda, ela pergunta se o xarope que se pode fazer com as bagas de uma certa espécie de espinheiro é *"o xarope que arde"*, o que é analogia atuante. No mesmo dia, diante de um pôr de sol: *"Gostaria de viajar nos raios e me deitar nos lençóis que seriam as nuvens"*, o que constitui uma simples imagem. Aos 4;7 (22), uma erva fina enrolada numa haste maior dá lugar a imagens imitativas meio lúdicas meio analógicas: *"Tu vês são óculos numa caixa de óculos";* depois: *"É um inseto em sua caixa"* (alusão a uma larva de certo inseto vista num regato) etc. Uma haste de madeira curva: *"É como uma máquina para colocar a gasolina"* (torneira recurva). Alguns dias depois, no curso de uma discussão: *"Então a gente se separa. Aqui está uma muralha* (gesto da mão assinalando um limite imaginário) *que nos separa."* Depois: *"Então eu entro na concha deste caracol."* Os meandros de um rio: *"É feito uma cobra"* etc. etc.

Essa facilidade de pensar por imagens, juntamente com o parentesco estrutural que acabamos de notar entre as assimilações próprias ao símbolo lúdico e ao pré-conceito, leva-nos a inquirir se este não participa ainda do esquema imagístico mais que o conceito propriamente dito, o qual se destacará dele precisamente quando atingir o nível operatório. No caso do símbolo lúdico, o objeto dado é assimilado a quaisquer realidades, graças às imagens imitativas que servem de significante. No caso do pré-conceito, o objeto dado é também assimilado a outros por uma espécie de participação direta. Ora, se houvesse classe geral, essa assimilação conceptual dos objetos entre si consistiria simplesmente em considerá-los equivalentes, a título de coincluídos na classe que formam, servindo, portanto, a classe geral, por si só, de esquema operatório de assimilação. O "significante" desse esquema não seria outro senão a palavra ou signo verbal, e a imagem imitativa só serviria, por conseguinte, de símbolo individual que duplicasse, a título de adjutório interior, o signo coletivo: a imagem permaneceria assim bem distinta do conceito, porquanto seria reduzida à categoria de puro significante, em oposição ao conteúdo significado. Mas como, nesse nível, ainda não existem classes gerais funcionando a título de esquemas operatórios e como a assimilação dos objetos entre si se efetua diretamente graças a esquemas meio gerais meio individualizados que são os pré-conceitos, a palavra ou signo coletivo permanece inadequado ao conteúdo dessas assimilações egocêntricas; a imagem, embora já desempenhando naturalmente seu papel de significante, conserva, então, uma função herdada de sua origem imitativa e que já observamos a propósito do símbolo lúdico: ela constitui um substituto parcial da coisa significada, por essa espécie de substituto parcial da coisa significada, por essa espécie de "aderência do signo" própria a todos os símbolos primitivos. Com efeito, pelo próprio fato de os objetos estarem diretamente assimilados uns aos outros, o objeto assimilante torna-se uma espécie de exemplo ou de exemplar privilegiado em relação ao objeto assimilado: "a lesma" é assim o protótipo ou o representante de todas as lesmas, enquanto num conceito geral todas as lesmas são equivalentes graças aos seus caracteres comuns e abstratos. Eis por que a imagem particular à qual corresponde "a lesma" conserva um valor bem superior, em relação às outras lesmas, do que a imagem, igualmente particular e que serve de símbolo individual a um sujeito que raciocina sobre a classe geral das lesmas. Essas duas espécies de imagens consistem, uma e outra, num esquema individualizado, isto é, acomodado a um objeto particular, mas, ao passo que esse esquema não pode servir senão de puro significante simbólico à classe geral, está muito mais próximo, ao contrário, do pré-conceito, pois este não passa, ele próprio, de um esquema a meio caminho do individual e do geral, esquema que repousa na existência do protótipo individual. Na medida em que a imagem constitui um significante em relação ao pré-conceito, ela dele representa, portanto, o indivíduo essencial e não um objeto qualquer. Em sua dupla qualidade de representante do indivíduo típico e de esquema individualizado como é, em parte, o próprio pré-conceito, a imagem é, portanto, para este, mais que um simples significante: é o representante do objeto que exerce a função de substituto de todos os outros e constitui por consequência, ela mesma, um substituto no segundo grau.

É nesse sentido que se podem considerar os pré-conceitos desse nível como estando a meio caminho do símbolo e do conceito propriamente dito: como símbolo lúdico, o pré-conceito implica a imagem e é em parte determinado por ela, ao passo que o conceito dela se liberta por sua própria generalidade e não a emprega mais senão a título de ilustração. Mais precisamente, realizando o conceito operatório um equilíbrio permanente entre a assimilação dos objetos entre si e a acomodação a cada um deles, esta última não se prolonga em imagem e a própria imagem, quando intervém, fica num plano inferior (do mesmo modo que é o recurso à percepção direta). Ao contrário, sendo o pré-conceito assimilação a um objeto privilegiado, sem acomodação generalizada a todos, a acomodação a este objeto, quando o pensamento se relaciona com os outros, se prolonga então necessariamente em imagem, intervindo esta a título de suporte necessário da assimilação, portanto de significante privilegiado e em parte de substituto.

No curso da fase II, de quatro a sete e oito anos, em compensação, os diversos caracteres do "pré-conceito" se infletem na direção do conceito operatório, pela construção de imbricações hierárquicas que tornam a assimilação mediata e levam, assim, a uma generalidade progressiva. A generalidade completa só é atingida com a reversibilidade das operações, como já assinalamos alhures. Mas, entre o pré-conceito e o sistema dos conceitos ligados operatoriamente, assiste-se a uma articulação do pensamento intuitivo. Essas instituições articuladas levam a construções parciais, ainda ligadas à configuração perceptiva e à imagem, porém já lógicas no interior do campo assim delimitado. Eis, por exemplo, alguns casos de inclusões espontâneas que contrastam com as estruturas pré-conceptuais, sem que se possa dizer, à falta de um exame preciso, se se trata ainda de intuições articuladas ou já de sistemas operatórios de conjunto:

Obs. 110. – J., aos 6;7 (8): *"Os cogumelos são o nome de tudo, não é assim?* Os licopódios (que procuramos nos prados) *são cogumelos?"*

No mesmo dia: *"Aquilo* (um povoado de quatro a cinco casas) *é uma aldeia?* – Não. É ainda La Sage (aldeia). – *Então é uma parte de La Sage?"* (cf. obs. 108).

Aos 6;7 (9): *"Os corvos têm medo de nós. Estão fugindo.* – É. – *Mas os melros não têm medo.* – Não. – *É a mesma família, os melros e os corvos, então por que têm medo se são da mesma família?* – Mas em nossa família tu também nunca tens medo, e L. muitas vezes tem medo. – *Não falo de J. e de L., mas dos melros e dos corvos."* (Cf. a resistência à simples comparação analógica, em oposição à obs. 109.)

Observa-se nessas perguntas a utilização das relações entre a parte e o todo, seja a propósito de um objeto coletivo como uma aldeia, seja a propósito de inclusões abstratas como as classes zoológicas (observar a esse propósito o emprego característico do termo "tudo" na expressão " é o nome de tudo"). Donde o raciocínio implícito por generalização indutiva, no exemplo do medo dos corvos, que nos leva agora à análise do próprio raciocínio.

§3. *OS PRIMEIROS RACIOCÍNIOS: RACIOCÍNIOS PRÉ-CONCEPTUAIS (TRANSDUÇÕES) E RACIOCÍNIOS SIMBÓLICOS.* – É interessante constatar que todos os caracteres ressaltados até aqui sobre os primeiros conceitos, desde a sua ausência de generalidade até a sua estrutura quase simbólica, se encontram nos próprios primeiros raciocínios. Conforme estes aparecem a propósito de uma busca adaptada, ou numa situação social tal que o objetivo seja atuar, deformando, caso necessário, o real, encontrar-se-ão simples "transduções" desinteressadas, raciocínios interesseiros ou tendenciosos (porém de modo algum destituídos de astúcia) ou mesmo raciocínios simbólicos de forma estranha por suas combinações de imagens conformes aos desejos.

Eis aqui, inicialmente, o conjunto dos fatos, que examinaremos a seguir, categoria por categoria:

Obs. 111. – Os primeiros raciocínios verbais[4] observados em J. foram do seguinte tipo. Aos 2;0 (7), J. não tem nenhuma vontade de dormir, à noite, e chama os pais para ter luz acesa e companhia. Ficam junto dela uma primeira vez para pedir-lhe que se cale, e advertem-na de que não aparecerão mais. Ela chega, contudo, a conseguir uma segunda visita, mas compreende que é a última. Após longo silêncio, ouvem-se então gritos lancinantes, como se tivesse acontecido algo de particular: corre-se, e J. se acusa de haver apanhado um brinquedo na prateleira acima da cama (na qual não se toca na hora do "nonô"). Ela chega mesmo a mostrar um ar contrito. Ora, tudo está em ordem e ela visivelmente não pegou em coisa alguma: prefere então inventar uma má ação e acreditar nela, para ter novamente a companhia e a luz acesa que lhe faltam, a ficar só durante a noite sem ter tolices de que se acusar.

Aos 2;0 (14), J. deseja para a boneca um vestido que está no andar de cima. Ela pede *"vestido"*, depois, como a mãe recusa, *"Papai busca vestido"*. Como eu tam-

---

[4] É muito difícil haver acordo sobre o aparecimento dos primeiros raciocínios. Não se podem denominar de raciocínios as coordenações de juízo que se relacionam com uma mesma situação quando cada um desses juízos corresponde a uma simples leitura perceptiva. Para que haja raciocínio é preciso que intervenham juízos que ultrapassem o campo da percepção atual e ligados a este por um elo de subordinação necessária.

bém declino de fazê-lo, ela quer ir ela própria *"no quarto de mamãe"*. Após várias repetições, responde-se que lá faz muito frio. Segue-se longo silêncio. Depois do que: *"Não faz muito frio. – Onde? – No quarto. – Por que não faz muito frio? – Buscar o vestido."* Portanto o juízo "não faz muito frio", inventado para as necessidades da causa, está subordinado ao objetivo prático em mira: ainda existe aqui o que chamamos, alhures, de raciocínio sensório-motor (coordenação de esquemas em função de um alvo), mas com intervenção de uma representação que transforma a realidade e serve de intermediário para alcançar o alvo.

Ora, deve-se observar que a criança nesse nível não pode ainda contar com as promessas de outrem, e isso simplesmente por não saber coordenar ou mesmo conservar as representações em causa. Por exemplo, aos 2;0 (13), isto é, na véspera, J. está no banho e resmunga; eu lhe digo que vou trazer-lhe o pato e ela aceita com prazer, mas, no momento em que saio para buscá-lo, redobra de protestos como se não pudesse conservar a certeza que lhe dou. No caso do vestido a buscar no andar de cima, as representações se conservam em sentido contrário, porque arranjadas pelo próprio sujeito, em função de seus desejos e sem preocupação com a realidade.

Obs. 111 bis. – Aos 2;10 (8), J. tem febre e pede laranjas, mas as novas remessas não se encontram ainda à venda, e se tenta explicar-lhe que não estão maduras: "ainda estão verdes, não se pode comê-las. Elas ainda não têm bela cor amarela". (J. só conhece essa palavra para designar-lhe a coloração). J. parece resignar-se, mas, um momento depois, bebendo chá de camomila, diz: *"A camomila não está verde, já está amarela... Quero laranjas!"* Vê-se em que consiste aqui o raciocínio: se a camomila já está amarela, as laranjas também podem estar, por analogia atuante ou participação simbólica.

Obs. 112. – Eis agora os primeiros raciocínios de ordem constatativa e não mais teleológica ou prática. Aos 2;1 (13), J. quer ir ver um pequeno vizinho corcunda que ela encontra a passeio. Alguns dias antes, J., depois de minhas explicações sobre o porquê dessa corcunda, que queria saber, disse: *"Pobre rapaz, ele é doente, tem uma corcunda."* Na véspera, J. já tinha desejado revê-lo, mas estava gripado, o que J. chama de estar "doente de cama". Saímos então a passeio, e, a caminho, J. pergunta: *"Ele ainda está doente de cama? – Não, eu o vi hoje de manhã, não está mais de cama. – Tem corcunda muito mais grande!"*

Aos 2;4 (16): me chamam, mas eu não respondo, donde J. conclui: *"Papai não ouve."* Aos 2;4 (27), no banheiro: *"Papai toma água quente, então se barbear."*

Aos 2;6 (24): *"Quando cresceres, compraremos uma bicicleta grande. – Não, uma pequena. – Por que uma pequena? – Como eu... Eu não sou grande. Tu és grande, eu não sou grande."*

Aos 2;6 (26), vamos à procura da "lesma" (ver obs. 107): *"Vamos vê-la hoje? – Vamos. – Por quê? – Porque não faz sol."* No dia seguinte: *"Vamos vê-la? – Não, porque faz sol."*

Aos 2;9 (14): *"Ela não tem nome* (menina de um ano). *– Por quê? – Porque não sabe falar."* Aos 3;2 (26): *"Vovó diz que é o sol que faz os negros pretos. Por que eles não são marrons, então?"* (J. toma banho de sol).

Obs. 112 bis. – L., aos 8;1 (3): *"Tu vais no quarto da mamãe, então não vens de meu quarto."* Aos 3;3 (12): *"Tu deves ter outro nenezinho; assim, eu vou ter um irmãozinho."* Aos 3;10 (24), vendo três cadeiras: *" Aquela* (de tamanho médio) *acho ela bastante grande para J. Então vamos pôr Cl. naquela* (a grande)*."* Aos 8;2 (15), sabe que o traje bernense compreende um corpete brilhante: *"A bernense de Cl. não tem isso. Então, não é bernense."* Aos 3;3 (14): *"Por que é que se põem roupas de borracha quando se anda de motocicleta?"* – Por causa do pé. *Então, se a gente tivesse motocicleta, tu terias roupas de borracha, mas a gente tem automóvel, por isso não precisas de roupas de borracha."* Aos 3;3 (17): *"As meninas que andam num burrico* (como ela) *não têm medo das motocicletas, não têm medo de nada* (para tranquilizá-la). *– Não. Quando as meninas estão em cima dos burricos, como os moços que dirigem as motocicletas, então elas não têm medo das motocicletas. Mas eu não dirigi o burrico. Estava no colo de papai. Por isso é que tive medo das motocicletas."* Aos 4;10 (12), uma tarde sem sesta: *"A gente não fez sesta; então não é de tarde."*

Obs. 113. – Vamos ver agora os raciocínios de J. entre cinco e sete anos: Aos 5;7 (12): *"É um vovô, o Sr. S.? – Por quê? – Porque A. e L.* (filhos dele) *ainda não são grandes."*

Aos 5;8 (24): *"Tenho duas amigas: Marécage e Julie. Marécage tem duas amigas: Julie e Jacqueline. Julie tem duas amigas: Marécage e Jacqueline. São ao todo três amiguinhas."* E aos 5;8 (6): *"Tu vais ser a vovó dos filhos do padrinho, pois és a mamãe do papai deles."* Mas aos 6;7 (13): *"Laurent tem duas irmãs e um irmãozinho* (ele próprio)*."*

Aos 6;5 (11): *"Por que é que Laurent faz assim* (uma espécie de soluço, que eu, por minha vez, imito)? *– É por acaso. – Não, não é por acaso, pois tu fizeste primeiro e ele depois* (a premissa é falsa, mas o raciocínio está certo)*."*

Aos 6;7 (8): *"As borboletas azuis gostam do molhado? – Gostam. – E as escuras? –* Do seco. *– Então por que é que aqui há escuras e azuis?"*

Aos 6;10 (0): *"O anjo se parece com D.; e D. se parece com T.; então T. se parece também com o anjo."* Igualmente, L. aos 5;3 (26): *E. é tão grande quanto tu, eu sou tão grande quanto tu; então, ele é tão grande quanto nós dois"*; mas aqui há influência provável de J. (7;8), que se diverte com esse gênero de raciocínios.

Obs. 114. – Notemos ainda as únicas provas ou demonstrações observadas até sete anos:

J., aos 2;10 (4), mostra-me um cartão-postal: *"É um cachorro. – Eu acho que é um gato. – Não, é um cachorro. – Ah! É? Por quê? – ... – Por que é que dizes que é um cachorro? – ... – Por que é que achas que é um cachorro? – É cinzento."* Cf. esta discussão aos 2;11 (7): *"É novo, o teu vestido de boneca? – Não, é amarelo. – É um vestido velho, que consertaste, ou é novo? – É novo, mas é amarelo."*

Aos 3;11 (25): *"É um cavalo, porque tem crina. – E os burros não têm crina? – Têm. – Então? –..."*

Aos 4;4 (2), vendo uma barra de ferro: *"Que é que é este cacete, é ferro? – É. – Ahn! é, porque é frio, porque* (bate no chão) *faz música."*

Aos 5;7 (24): *"Estás vendo o que ela está puxando, esta formiga, é pesado. – Não é não, não é pesado. – É sim, para ela. – Não é não, é leve. É pequenino, é de madeira."*

Aos 6;5 (12): Ela pensa que o seu patinho empalhado perdeu uma perna apenas porque o colocou no chão. Faz, então, por si mesma, a experiência e vê que o patinho não perdeu a outra perna: *"Então, devem ter pisado nele."*

Os primeiros desses raciocínios são muito instrutivos, ao mesmo tempo, quanto às relações entre os esquemas pré-conceptuais e os esquemas sensório-motores e quanto às relações entre o raciocínio pré-conceptual, ou transdução, e as coordenações simbólicas, ou lúcidas. É claro, com efeito, que os raciocínios das obs. 111 vêm a ser muito próximos da coordenação dos esquemas de ações que caracterizam o esquema sensório-motor. "Se eu fizer uma bobagem, vêm acender outra vez a lâmpada e conversar comigo" e "Se o quarto de cima não estiver frio, poderei buscar o vestido que papai e mamãe não querem me dar": tais são as inferências, as quais, de certo modo, prolongam, apenas complicando-as, as coordenações práticas do bebê de doze a dezesseis meses (por exemplo, enrolar uma corrente de relógio para poder enfiá-la numa caixa etc.); nos dois casos, trata-se, somente, de alcançar um alvo e encontrar os meios adequados. Do outro lado, porém, é evidente que duas diferenças separam esses raciocínios, ao mesmo tempo práticos e verbais, das coordenações puramente práticas. Em primeiro lugar, a criança já não se limita a raciocinar em atos sobre o que vê e manipula, mas evoca, em imagens e em palavras, o fim que busca e os meios a empregar. A seguir, e pelo próprio fato de superar o campo perceptivo, por meio da representação, é possível à criança deformar essa realidade representada ao sabor dos seus desejos e subordiná-los ao fim a que visa. Raciocínio prático ou teleológico, na origem, tal qual se tratasse de simples coordenações sensório-motoras, o primeiro raciocínio da criança atinge, desde logo, essa liberdade de deformação que caracteriza, aliás, o jogo simbólico ou imaginativo. A autoacusação interesseira de J. é, nesse particular, belo exemplo tanto de combinação inteligente quanto do que Stern chamou "pseudomentira" (*Scheinlüge*); ou seja, história inventada, em que o próprio sujeito se engana a si mesmo. P. Janet disse, com frequência, que a descoberta da mentira assinalava um dos grandes progressos intelectuais da humanidade; de fato, aqui se vê que a deformação do real resulta, imediatamente, das primeiras construções dedutivas, caracterizando também o raciocínio originado tanto da fabulação lúdica quanto do próprio jogo simbólico; só um grau de crença é que difere.

Ora, o parentesco desses raciocínios iniciais com o pensamento simbólico que opera na imaginação não se assinala só nessas deduções semipráticas, nas quais a realidade é disposta como se fosse um jogo; esse parentesco se encontra na obs. 111 *bis*, onde a criança refuta uma objeção:

Esquemas Sensório-motores e Esquemas Conceptuais

presume-se que a cor amarela da camomila acarreta o amadurecimento das laranjas desejadas, do mesmo modo que um objeto representa, ficticiamente, outro; salvo que, aqui, não há bem ficção, e sim crença.

Vamos ver, porém, o próprio raciocínio constatativo, isto é, as obs. 112 e 112 *bis*. Com efeito, os raciocínios 111 e 111 *bis* são influenciados pelo desejo; daí serem naturais tanto a continuidade com o raciocínio prático de ordem sensório-motora quanto o parentesco como pensamento simbólico ou lúdico. Que dizer, então, dos raciocínios de ordem constatativa ou reflexiva, que consistem em ligar juízos de constatação uns aos outros, para deles tirar conclusão não antecipadamente almejada; que já não consistem, apenas, em agir pelo pensamento, a imaginação fabulativa inclusive? Ora, se se tiver o cuidado de distinguir a verdade interna ou externa, ou empírica, das conclusões da verdade interna ou lógica das próprias coordenações, constatar-se-á que até esses raciocínios constatativos, os quais hão de resultar, afinal, na conexão racional e operatória, são, de início, meras "experiências mentais", que prolongam as coordenações práticas no plano representativo e, sobretudo, continuam, durante muito tempo, como se fossem intermediários entre o pensamento simbólico e o pensamento lógico, graças ao respectivo caráter pré-conceptual ou "transdutivo".

Sabe-se que Stern descreveu os primeiros raciocínios infantis como sendo inferências que não procedem nem do singular para o geral, nem do geral para o singular, e sim do singular para o singular: a "transdução" precederia, assim, a indução e a dedução. Vimos, é verdade (§2), que, nos primeiros níveis do pensamento, a criança é tão incapaz de atribuir aos elementos singulares individualidade e identidade permanentes quanto de formar classes propriamente gerais. Doutro lado, as definições clássicas da indução e da dedução são insuficientes; e pode haver raciocínios que revelem completa necessidade dedutiva, embora procedendo, apenas, do singular para o singular (por exemplo, na obs. 113, os raciocínios do tipo A = B; B = C; portanto, A = C). Subsiste, porém, o essencial da tese de Stern, se se definir a transdução por inferência não regulada (não necessária), porque se referindo a esquemas que estão a meio caminho do individual e do geral.

Em outras palavras, a transdução é um raciocínio sem imbricações reversíveis de classes hierárquicas, nem de relações. Sendo sistema de coordenações sem imbricações, por conexão direta entre esquemas semissingulares, a transdução será, pois, uma espécie de experiência mental que prolonga as coordenações de esquemas sensório-motores no plano das representações; como não constituem conceitos gerais, e sim meros esquemas de ações evocados mentalmente, essas representações ficarão a meio caminho entre o símbolo-imagem e o próprio conceito.

Compreende-se, assim, por que, em certos casos, a transdução leva a conclusões corretas, ao passo que, em outros, o raciocínio permanece falso e incorreto: quando o raciocínio não supõe imbricação refletida e intencional alguma, mas só esquemas práticos, isto é, generalizados mediante ações anteriores (elas próprias anteriores), referentes a objetivos individuais, a transdução, aí, é correta; ao passo que, quando se exigem imbricações de classe ou composições de relações, a transdução falha, por falta de mecanismo operatório reversível.

Assim é que, nos casos a seguir (obs. 112 e dois casos de 113), são muito claras as razões do erro. O corcunda curado da gripe deixa de ser corcunda, porque a criança assimila as doenças entre si, em vez de distinguir, na classe geral das doenças, aquela que produziu a corcunda e outras possíveis. A bicicleta que J. há de ter mais tarde deve ser pequena, como se os tamanhos futuros fossem condicionados pelo tamanho atual. O nenê que não fala não tem nome, por falta de dissociação entre o ponto de vista do sujeito e o do objeto. O pai cujos filhos são pequenos deve ser avô, como se as idades correspondessem, univocamente, aos tamanhos. T. tem duas irmãs e um irmãozinho que é ele próprio, por falta de dissociação entre o ponto de vista de T. e o da própria J. E, nos raciocínios de L. (112 *bis*), uma tarde sem sesta não é tarde; um nenezinho não pode deixar de ser um irmãozinho. – Em cada um desses casos, por conseguinte, há assimilação indevida, quer da classe geral a um dos seus casos particulares, quer de um ponto de vista (relativo) a outro. Ora, por que é que há, assim, assimilação do particular ao particular e não generalidade ou reciprocidade? É evidente a razão: os elementos menosprezados pelo raciocínio (por exemplo, a gripe, no caso do corcunda, os tamanhos futuros, no caso da bicicleta etc.) são assimilados aos elementos centrados pelo pensamento do sujeito (a doença causa da corcunda, ou o tamanho atual de J. etc.), simplesmente porque estes são o objeto do interesse, da atenção, da atividade da criança; ou porque caracterizam o seu ponto de vista atual; enfim, precisamente, por serem "centrados". A assimilação do especial ao especial, própria à transdução, é, pois, deformante e irreversível na medida em que é centrada; virá a ser lógica, fonte de imbricações hierárquicas ou de reciprocidades, na medida em que a sua descentração a fizer reversível. O elemento B é reduzido, ilegitimamente, ao elemento A porque este é centrado e porque a assimilação é, então, irreversível: tal é a fórmula da transdução. Os elementos A e B são assimilados entre si de modo reversível, e a descentração recíproca deles acarreta a formação de uma classe

(A + B), que os engloba: tal é a fórmula da construção lógica. Assim, os processos constitutivos da transdução são, apenas, caso particular desse mecanismo geral que, da centração e da descentração perceptivas e do egocentrismo à reciprocidade lógica, caracteriza todo o desenvolvimento das funções cognitivas.

Quanto aos casos nos quais a transdução leva à conclusão correta, é fácil ver que se devem ao fato de o raciocínio não supor, então, novas imbricações (refletidas e intencionais); ou porque o pensamento aplica, simplesmente, por experiência mental, um esquema prático já generalizado pela ação anterior, ou porque a descentração se impõe de si mesma pela simplicidade, ou pela natureza das composições em jogo. Assim é que, quando J. concluiu de um silêncio: "Papai não está ouvindo", ou de um jarro de água quente: "Então se barbear"; ou quando L. diz: "Tu vais no quarto da mamãe, então não vens do meu quarto" etc., é claro que não adianta subentender, por baixo desses juízos, proposições gerais que constituiriam as premissas implícitas de uma dedução em forma: tem-se aí simples esquemas práticos, aplicados por experiência mental. Muitas vezes, pois, acontece que o raciocínio apresenta, verbalmente, todas as aparências de dedução lógica com imbricação dos casos singulares nas classes ou proposições gerais, ao passo que as generalizações em jogo nada têm de operatório e se devem, unicamente, às experiências anteriores, reunidas, de modo empírico, pela própria ação; por exemplo, o raciocínio sobre as lesmas, que não saem quando faz sol e saem quando chove, pertence, apesar da sua precisão, à mesma categoria que os precedentes; e o que vimos, no §2, sobre "a lesma" oposta à classe conceptual das lesmas basta para confirmar o que estamos dizendo. Da mesma forma, a seriação das três cadeiras e o relacionamento delas com as três meninas, uma das quais é L. (obs. 112 *bis*), é, com certeza, de ordem prática e intuitiva, já que todos os elementos são visíveis e os canais são apenas dois. Em compensação, os raciocínios da bernense, da motocicleta e, principalmente, do burrico (obs. 112 *bis*) são perfeitamente lógicos, repousando em composições novas no momento considerado. Todavia, em relação às duas primeiras, é difícil perceber que centração deformante poderia alterá-las, tão simples que são; e, quanto ao raciocínio sutil do burrico, as distinções apuradas que L. introduz entre quem leva o animal e não tem medo e quem se deixa levar e tem medo implicam, decerto, descentração entre o seu ponto de vista e o meu; descentração imposta, no entanto, pelo próprio fato de L. me responder e defender o seu próprio ponto de vista contra a minha afirmação, que os confundia!

A melhor confirmação do papel dessas centrações e descentrações do pensamento, fontes de assimilações deformantes ou, ao contrário, de generalizações coerente, bem como o aspecto respectivo duplo, tanto noético (centração ou descentração do interesse e da atenção) quanto social (egocentrismo e reciprocidade), é a inabilidade da criança, quando se trata de encontrar prova ou demonstração do que diz; isto é, quando se trata de justificar em relação a outros o que lhe parece evidente em relação a si mesma (obs. 114). Assim é que J. pensa que um bicho é um cachorro e não um gato porque é cinzento, como se essa cor não se aplicasse também ao gato; ou pensa que crina indica um cavalo, em vez de um burro; que "amarelo" se opõe a "novo"; ou que um pedaço de madeira é leve para a formiga porque é leve para nós etc. No entanto, quando se trata de descobrir, por si mesma, que um bastão é de ferro, J. consegue depreender razões muito melhores.

Em conjunto, estamos vendo que a transdução, como coordenação sem imbricações hierárquicas, fica a meio caminho entre o raciocínio prático, que prolonga as coordenações sensório-motoras, e o raciocínio propriamente lógico. Os esquemas de que usa resultam de assimilação direta e deformante, porque centrada nos elementos individuais que interessam ao sujeito. É o prolongamento dessa assimilação egocêntrica que constitui o símbolo lúdico, ao passo que a experiência mental, constitutiva da acomodação própria aos raciocínios transdutivos, tem por significativas as imagens imitativas que representam os elementos centrados pelo pensamento. A transdução, por conseguinte, constitui o resultado de um equilíbrio incompleto entre uma assimilação deformante e uma acomodação parcial.

Já entre 4;6 e sete anos, contudo (fase II), esse equilíbrio tende a completar-se por uma descentração relativa da assimilação e por uma extensão da acomodação. Assim é que a obs. 113 nos mostra o aparecimento de coordenações, algumas das quais ainda são transdutivas, tendendo, porém, à reciprocidade ou à seriação das relações (ver o raciocínio das três amigas, da avó e das semelhanças entre três indivíduos), bem como à construção de classes e proposições gerais. Do mesmo modo se faz nítida a necessidade de verificação (obs. 114 aos 6;5), pois que esses próprios progressos diversos comandam as transformações do símbolo lúdico e da imitação. Não se pode, todavia, falar em operações propriamente ditas entre cinco e sete anos, por falta de "grupamentos" gerais que estabilizam e generalizam as primeiras conexões, as quais continuam, pois, a relacionar-se com intuições articuladas, que assinalam a passagem da transdução para o pensamento operatório.

§4. *DA INTELIGÊNCIA SENSÓRIO-MOTORA À REPRESENTAÇÃO COGNITIVA.* – Os fatos anteriores fazem bem ver que não basta o aparecimento da linguagem para, desde logo, um pensamento lógico superpor-se à inteligência sensório-motora. Convém, pois, tentar marcar os vínculos entre o pensamento pré-lógico da primeira infância e a inteligência anterior à linguagem, do mesmo modo que buscamos depreender aqueles que unem o jogo simbólico ao jogo de exercício sensório-motor e a imitação representativa à imitação sensório-motora.

Buscamos, alhures, mostrar que os esquemas da inteligência sensório-motora constituíam o equivalente funcional dos conceitos e das relações e que a assimilação sensório-motora consiste numa espécie de juízo de ordem prática; daí, portanto, equivalerem as coordenações de esquemas entre si a um raciocínio sensório-motor. Essas equivalências são, porém, naturalmente, simples equivalências funcionais, não acarretando, em absoluto, identidade estrutural. Com efeito, existem entre a inteligência sensório-motora e a inteligência conceptual as quatro diferenças fundamentais que se seguem, as quais, a um só tempo, assinalam o que à primeira falta para constituir pensamento lógico: 1.º) As conexões estabelecidas pela inteligência sensório-motora só chegam a ligar percepções e movimentos sucessivos, sem representação de conjunto que domine os estados, distintos no tempo, das ações assim organizadas, e que os reflita em quadro total e simultâneo. Por exemplo, é em vão que o sistema dos deslocamentos que intervêm, quando se faz a pesquisa de um objeto desaparecido, se coordena em uma espécie de "grupo" experimental, pois não há relação, a não ser entre movimentos sucessivos, em vez de representação do conjunto do sistema. A inteligência sensório-motora funciona, assim, como um filme em câmara lenta que representasse uma imagem imóvel após outra, sem levar à fusão de imagens. 2.º) Por conseguinte, a inteligência sensório-motora tende ao êxito e não à verdade; satisfaz-se com a chegada ao objetivo prático a que se visa e não com a constatação (classificação ou seriação) ou com a explicação. É inteligência puramente vivida (inteligência das situações, conforme diz Wallon), e não pensamento. 3.º) Sendo o seu domínio delimitado pelo emprego dos instrumentos perceptivos e motores, só trabalha nas próprias realidades, nos seus indícios perceptivos e sinais motores, e não nos signos, símbolos e esquemas que a elas se referem, 4.º) É, pois, essencialmente, individual, em oposição aos enriquecimentos sociais adquiridos com o emprego dos signos.

Se se admitir a continuidade funcional entre a inteligência sensório-motora e o pensamento conceptual, assim como a heterogeneidade estrutural definida por essas quatro diferenças, parecerá que, para passar de uma a outra dessas duas formas de inteligência, quatro condições bastem, possíveis de preencher-se simultaneamente: 1.º) Uma aceleração geral dos movimentos, fundindo-se as ações sucessivas numa abreviação ou encurtamento móvel da ação de conjunto; o desenrolar rápido do filme da conduta constituiria, assim, a representação interior, concebida como bosquejo ou esquema antecipador do ato. 2.º) Uma tomada de consciência que esclarece esse esboço abreviado, isto é, que desenrola o filme nos dois sentidos: a constatação e a explicação, fundadas na classificação hierárquica e na seriação das relações, substituiria, pois, a simples busca do objetivo prático. 3.º) Um sistema de signos, que se acrescesse às ações, permitiria a construção dos conceitos gerais necessários a essas classificações e seriações. 4.º) A socialização que acompanha o emprego dos signos inseriria o pensamento individual em uma realidade objetiva e comum.

Essas condições podem até reduzir-se a duas: A) um sistema de operações que transponha as ações exteriores de sentido único para ações mentais móveis e reversíveis (condições 1 e 2); B) uma coordenação interindividual das operações que assegure, ao mesmo tempo, a reciprocidade geral dos pontos de vista e a correspondência do pormenor das operações e dos resultados respectivos (condições 3 e 4). Quanto a saber se é a construção das operações, isto é, o seu "grupamento", que garante a coordenação social, ou o contrário, é claro que os dois processos são interdependentes: um sistema de operações não pode ser geral, se elas não corresponderem, termo a termo, às operações alheias, mas essa própria socialização das operações supõe o respectivo "agrupamento" possível.

Assim caracterizadas essas relações de continuidade funcional e de oposição estrutural entre o sensório-motor e o conceptual, busquemos saber, agora, por que meios efetivos a criança que fala, imita e brinca conseguirá realizar as quatro ou duas condições definidas há pouco. Consegui-lo-á em bloco, pelo efeito súbito da "representação", que se superpõe à "inteligência de situação", ou, apesar da continuidade funcional que domina todas as fases, lhe será necessário passar por nova e lenta evolução estrutural, a qual reproduzirá, no novo plano das representações, aquela que acaba de terminar no domínio sensório-motor?

Graças à coordenação crescente dos esquemas sensório-motores, e, portanto, à aceleração dos movimentos e à interiorização das ações sob forma de bosquejos antecipadores, a criança já chega, na fase VI desse desenvolvimento, a esboços representativos, quando há equilíbrio atual entre a assimilação e a acomodação; a imitações diferidas, quando é a segunda que domina; e a esquemas lúdicos simbólicos, quando domina a primeira. É nesse momento que a aquisição da linguagem se torna possível e a palavra ou sinal coletivo permite evocar os esquemas até então simplesmente práticos. Basta essa evocação, porém? E por que milagre ela há de acarretar, desde logo, a construção das próprias operações, núcleo motor da inteligência refletida?

Os fatos que precedem fornecem, a esse respeito, resposta decisiva. As primeiras palavras limitam-se a atrair ou facilitar a conceptualização dos esquemas sensório-motores sem, porém, completá-la, de modo nenhum. Realmente, o esquema de ação, o conceito, supõe um jogo complexo de assimilações (sendo a assimilação conceptual o juízo) e de acomodações (isto é, aplicações à experiência). Além, no entanto, da acomodação aos dados perceptivos imediatos, esse esquema supõe, é claro, dupla acomodação suplementar: *a*) a todos os dados a que ele se refere fora do campo perceptivo atual ou do campo das antecipações e reconstituições próximas, que interessam apenas à ação em curso; *b*) ao pensamento dos outros e às experiências particulares deles. De outro lado, além da assimilação dos dados perceptivos e motores (ambos sempre necessários como suporte das operações), o conceito tem de assimilar: *a*) todos os outros conceitos em sistemas de conjunto coerentes (classificações e seriações); *b*) os conceitos correspondentes alheios. O problema é, pois, simplesmente, saber se a assimilação e a acomodação sensório-motoras vão prolongar-se, diretamente, graças à linguagem, numa assimilação e numa acomodação operatórias, as quais, desde logo, constituem sistemas lógicos. Ora, as extensões definidas, no momento da assimilação e da acomodação, e que, note-se bem, são todas necessárias à realização das quatro condições anteriormente indicadas para o desenvolvimento da inteligência conceptual, supõem equilíbrio permanente entre os processos assimiladores e acomodadores. Que é, de fato, a operação que consiste em reunir ou dissociar, colocar ou deslocar, ordenar ou mudar de ordem etc.? É, de um lado, imitação das transformações possíveis do real (é nesse sentido que F. Gonseth pôde chamar a lógica "a física de qualquer objeto") e, portanto, acomodação estável e contínua aos dados experimentais; é, porém, ao mesmo tempo, ação do sujeito e ação que se assimila aos dados a que diz respeito, apresentando essa assimilação o caráter notável da reversibilidade; quer dizer, em vez de deformar os objetos, reduzindo-os à atividade própria, ela os liga entre si mediante conexões suscetíveis de desenrolar-se nos dois sentidos. Ora, essa reversibilidade não é mais que a própria expressão do equilíbrio permanente, assim alcançado, entre uma acomodação generalizada e uma assimilação que se tornou, por isso mesmo, não deformante; a reversibilidade, com efeito, é a possibilidade de encontrar um estado anterior aos dados, não se opondo ao estado atual (assimilação); e um estado tão real ou realizável quanto esse estado atual (acomodação). É esse equilíbrio móvel e reversível que garante a conservação dos conceitos e dos juízos; que regula tanto as correspondências das operações entre indivíduos (intercâmbio social de pensamento) quanto o sistema conceptual interior a cada um. Vê-se, contudo, então, o caminho que resta a percorrer entre a assimilação e a acomodação sensório-motoras e os processos operatórios que, ao mesmo tempo, garantem a reversibilidade do pensamento individual e a reciprocidade intelectual entre indivíduos. De fato, a assimilação e a acomodação, que haviam atingido equilíbrio provisório, na fase VI da inteligência sensório-motora, se dissociam no plano da representação e da linguagem pela intervenção das realidades novas, de ordem extraperceptiva e social, realidades que ainda estão por explorar: para encontrar o equilíbrio no plano representativo, tem-se, pois, de novamente percorrer caminho semelhante ao que elas acabam de completar.

Ora, é justamente o que se observa, durante todo o segundo período (1;6 a 7;8 anos) e, principalmente, até por volta de quatro a 4;6 anos (fase I). Antes de sete anos, em média, não aparece, realmente, nenhum sistema de operações reversíveis e entre si agrupadas; o grupamento, apenas, é que atesta a existência de equilíbrio permanente entre a assimilação e a acomodação. De quatro a sete anos (fase II), só se apresentam algumas intuições articuláveis (números suscetíveis de formar figuras, inclusões simples e coordenações intuitivas de relações familiares), sem generalizações, porém, nem reversibilidade. Quanto ao período de 1;6 a 4;6 anos (fase I), que acabamos de estudar nos parágrafos precedentes, é notável constatar que o pensamento nunca atinge, nesse período, equilíbrio permanente entre a assimilação e a acomodação, mas, pelo contrário, apresenta uma série de equilíbrios parciais ou instáveis cuja gama explica, precisamente, o conjunto dos esquemas que vão do símbolo lúdico e da imagem imitativa ao pré-conceito e à transdução.

O processo fundamental que assinala, realmente, a passagem do equilíbrio sensório-motor para o equilíbrio representativo consiste em que, no primeiro plano, a assimilação e a acomodação são sempre atuais, ao passo que, no segundo, as assimilações e acomodações anteriores interferem com as presentes. O esquema sensório-motor já é, sem dúvida, ação do passado sobre o presente, mas não está localizado no passado, à maneira pela qual, digamos, está uma recordação evocativa, em oposição a um hábito. O próprio da representação, pelo contrário, é que as acomodações anteriores se conservam no presente a título de "significantes", e as assimilações anteriores, a título de significações; assim é que a imagem mental, prolongamento das acomodações anteriores, intervém na ativi-

Esquemas Sensório-motores e Esquemas Conceptuais

dade tanto lúdica quanto conceptual a título de simbolizante; ao passo que, graças a ela, e, naturalmente, aos signos verbais e coletivos que ela duplica no pensamento individual, os dados atuais podem ser assimilados a objetos não percebidos e simplesmente evocados; isto é, podem ser esses dados revestidos de significações fornecidas pelas assimilações anteriores. No plano representativo, as acomodações são, pois, duplas: atuais (acomodações simples) e anteriores (imitações representativas e imagens); as assimilações também: atuais (incorporações dos dados aos esquemas adequados) e anteriores (conexões estabelecidas entre esses esquemas e outros, cujas significações são apenas evocadas, sem serem provocadas pela percepção presente).

Ora, tendo em vista essas diferenciações, é claro que o equilíbrio não pode realizar-se, desde logo, no plano representativo, e o caminho já percorrido no plano sensório-motor se há de refazer nesse novo lanço, até a coordenação completa dos diferentes processos assim diferenciados. Da mesma forma que a assimilação própria às fases sensório-motoras começa sendo centrada na atividade própria, para descentrar-se, gradualmente, até o termo desse primeiro período de desenvolvimento, assim também a assimilação representativa inicia-se por mecanismo de centração, cujos exemplos vimos a propósito do pré-conceito e da transdução, mecanismo este que explica a irreversibilidade inicial do pensamento. Em presença de objetos sucessivos que compara para reuni-los em classes, extrair relações, bem como para combinar estas ou aquelas em raciocínios, a criança que assoma à vida representativa não consegue pôr na mesma escala os objetos atualmente dados e os objetos anteriores a que os assimila. Conforme os seus interesses e o objeto que lhe chamou a atenção, no ponto de partida das duas ações, a criança, com efeito, centra esse elemento ou qualquer dos elementos e lhe assimila, então, os outros, diretamente; é essa assimilação irreversível, conforme já vimos, que explica a participação própria aos pré-conceitos, sem individualização nem generalização verdadeiras; e explica o raciocínio por transdução, ao passo que uma assimilação reversível entre objetos leva à formação de classes reais (isto é, tanto gerais quanto fundadas na individualidade estável dos elementos) e ao raciocínio indutivo ou dedutivo. Além disso, pelo próprio fato de ser um dos elementos assim centrados, a título de protótipo ou de exemplo representativo do conjunto, o esquema desse conjunto, em vez de alcançar o estado abstrato que caracteriza um conceito, vem prender-se à representação desse indivíduo-tipo, isto é, a uma imagem. À assimilação incompleta, porque irreversível, que caracteriza o esquema pré-conceptual, corresponde, pois, acomodação incompleta, porque também centrada num objeto, de que constitui a imagem a título de "significante" do esquema. Segue-se, então, que a assimilação e a acomodação atuais, quer dizer, relativas aos objetos novos e não ao protótipo, são uma deformante e outra inadequada; daí a instabilidade do respectivo equilíbrio. É por isso que o pré-conceito está ligado, por uma série de termos intermediários, aos símbolos lúdicos (e a transdução, aos raciocínios simbólicos ou coordenações fictícias), que subordinam a acomodação atual à assimilação; e, por outra série de termos intermediários, às imitações representativas (e a transdução à experiência mental ou reprodução de um desenrolar empírico pela imagem). Inútil sublinhar, além disso, quanto essa centração irreversível, que caracteriza as primeiras representações conceptuais, se exprime, socialmente, por um egocentrismo do pensamento, visto não poder ser noção comum, nem sequer plenamente comunicável (como também não pode ser a linguagem), um conceito centrado em elementos típicos que correspondem à experiência vivida do indivíduo e se simbolizam por uma imagem.

Ora, se tal é o ponto de partida do pensamento representativo, claro se torna que esses processos iniciais só se equilibrarão no rumo da descentração. Pensamento que se centre em um objeto ao qual assimila os outros não pode estar em equilíbrio, ao passo que, atribuindo-lhes alternativamente igual valor, a assimilação recíproca que nasce dessa descentração leva a equilíbrio estável entre os dados atuais e anteriores; a acomodação a todos os elementos (tanto atuais quanto anteriores) que resultam dessa mesma descentração mantém, então, a respectiva diferenciação, e a assimilação recíproca que os reúne conduz, portanto, à elaboração de esquemas a um só tempo gerais e abstratos, isto é, de conceitos que assumem a forma de classes ou relações. Da descentração, pois, resulta equilíbrio entre a assimilação e a acomodação; por conseguinte, equilíbrio que tende, necessariamente, para uma estrutura reversível.

É fácil de ver, porém, que entre o pensamento pré-conceptual, de um lado – caracterizado por assimilação centrada num objeto típico e, bem assim, por acomodação que simboliza o esquema de conjunto pela imagem desse tipo – e o pensamento operatório, de outro lado – caracterizado pela descentração e pelo equilíbrio permanente entre a assimilação e a acomodação – pode intercalar-se certo número de termos intermediários, conforme o grau de reversibilidade atingido pelo raciocínio. São esses intermediários que descrevemos, entre quatro e sete anos, com o nome de pensamento intuitivo[5] e cujas formas superiores são constituídas de raciocínios aparentemente operatórios, porém ligados a dada configuração

---

[5] *A Gênese do Número na Criança* e *O Desenvolvimento das Quantidades na Criança*.

perceptiva. Viu-se, por exemplo (obs. 112 *bis*), que L. é capaz de antecipar, mentalmente, a correspondência entre três cadeiras de grandeza desigual e três meninas de tamanhos diferentes. De cinco a sete anos, a criança é até capaz de efetuar correspondências, termo a termo, entre conjuntos de seis a dez elementos; no caso desses números, contudo, é preciso que a correspondência se apoie numa figura ou representação imagística; assim que se destrói a figura (por exemplo, duas fileiras opticamente correspondentes), o sujeito nem acredita mais na equivalência das coleções cuja correspondência, elemento a elemento, acaba, no entanto, de constatar visualmente.

Ora, é claro que essas intuições articuladas (formas superiores do pensamento intuitivo) revelam assimilação ainda insuficientemente descentrada. Quanto à acomodação, já não se liga à imagem de um objeto individual, como nos esquemas pré-conceptuais, mas continua a ser fonte de imagens: o esquema geral, não sendo ainda bastante abstrato para alcançar a mobilidade reversível característica da operação, ainda não dá lugar a acomodação igual para todas as situações possíveis; daí ficar preso a uma "configuração". Só que configuração, isto é, por definição, estrutura que não se refere a um só objeto e sim a um conjunto de elementos ligados por forma total simples, ainda é imagem: já não é, pois, a imagem de um objeto, mas é a imagem do esquema e imagem que, no pensamento intuitivo, é necessária à existência do esquema (exatamente como a imagem do objeto individual típico é necessária à existência do pré-conceito). Assim é que, nas seriações intuitivas, nas inclusões intuitivas, nas diversas formas cardinais ou ordinais de correspondência intuitiva etc., a percepção ou a imagem da configuração vêm a ser indispensáveis ao pensamento, então constituindo o que, por último, resta desse caráter simbólico e imagístico que constatamos em todas as formas iniciais do pensamento representativo.[6]

Com o pensamento operatório, enfim (III período), e só com ele, é que a assimilação se torna completamente reversível, porque a acomodação está inteiramente generalizada, cessando, assim, de traduzir-se em imagens. Subsiste, é certo, a imagem, mas a título de puro símbolo do esquema operatório, sem mais fazer dele parte integrante; pode-se, portanto, intuir um esquema de imbricações por meio dos círculos de Euler, ou uma série de números por meio de uma figura especial; é livre, contudo, a opção entre as representações; mais que tudo, a operação independe de cada figura particular do sistema escolhido, porque, essencialmente, já não exprime o estado como tal e sim a transformação de um estado em outro. A

---

[6] Convém destacar a intuição geométrica, à qual voltaremos no capítulo IX, §6.

figura já não é, então, mais que a ilustração capaz de acompanhar ou não o esquema operatório; este já não é exprimível, de modo adequado, senão por meio de sinais coletivos (linguagem ou símbolos matemáticos e logísticos), convenientemente definidos.

Só assim é que se preenchem as quatro condições que descrevíamos, no início deste parágrafo, como necessárias à passagem da inteligência sensório-motora para o pensamento lógico: as operações constituem ações possíveis, reduzidas, porém, a esquema antecipador que lhes acelera as velocidades, embora podendo desenrolá-las nos dois sentidos; são, além disso, ações expressas por signos, e não realmente executadas; enfim, asseguram a correspondência entre os pontos de vista individuais, cuja objetividade só a coordenação garante.

CAPÍTULO IX

Das Categorias Práticas às Categorias Representativas

Após haver examinado a evolução geral, que do esquema sensório-motor, chega ao conceito por intermédio dos pré-conceitos ainda imagísticos e vizinhos do símbolo lúdico, convém analisar enfim o mesmo desenvolvimento no que concerne às categorias essenciais da causalidade, do objeto, do espaço e do tempo.

A partir da conquista da linguagem, essas categorias evolvem segundo dois processos distintos, embora ligados de forma bastante contínua. Por um lado, elas continuam a desenvolver-se no campo das manipulações práticas, em função especialmente das ações dos sólidos e dos líquidos entre si, dando assim lugar às construções espaço-temporais impregnadas inicialmente de todas as espécies de elementos subjetivos (força ativa, papel da perspectiva própria etc.), e, depois, cada vez mais objetivadas. Mas, por outro lado, as diversas conexões causais e espaço-temporais ultrapassam esse domínio da ação (espaço longínquo, efeitos do ar e do vento etc.) e ocasionam, em particular, sob a influência dos "porquês" e das questões de origem que a linguagem permite multiplicar, uma proliferação de representações especiais e temporais, de mitos pseudoexplicativos etc., os quais já estudamos em *A Representação do Mundo na Criança* e *A Causalidade Física na Criança*. Pode ser interessante, a propósito dos fatos espontâneos da mesma ordem observados em nossos filhos, retomar sumariamente o problema para colocá-lo em ligação com a questão do pensamento simbólico.

§1. *OS MITOS DE ORIGEM E O ARTIFICIALISMO*. – É surpreendente, com efeito, constatar, antes da idade em que se pode interrogar utilmente a criança (quatro anos, isto é, a idade mais nova considerada nas obras citadas há pouco), o aparecimento de numerosos mitos espontâneos que se situam a meio caminho entre o simbolismo lúdico ou imaginativo e a pesquisa própria à inteligência:

Obs. 115. – Recorda-se (obs. 101 e 102) como o adulto torna-se instrumento para obter aquilo que o sujeito deseja (ver "panana" em J. e "mamãe" em T.). Em relação com essa tendência, logo se observa que os próprios fenômenos naturais são ligados pela criança à atividade adulta.

Ao 1;8 (11), J., vendo pela janela o nevoeiro que se forma na montanha (a cerca de 200 m), exclama: *"Nevoeiro fumaça papai"* em alusão à fumaça de seu cachimbo. No dia seguinte, na mesma direção, ela diz simplesmente: *"Nevoeiro papai."* Ao 1;8 (14), no banho, mostra o vapor, dizendo: *"Nevoeiro fumaça."* De 1;9 a 1;0 ela diz sem cessar: *"Nuvens papai"* ou *"nevoeiro papai"*, ao rever brumas.

Ao 1;10 (19), a 20 m de um bonde parado, ela me pergunta *"Pil pil quer partir"* para que eu o ponha em marcha e sem querer partir ela mesma. Mesmas reações para os seguintes como se eu houvesse intervindo no movimento dos precedentes.

Aos 2;0 (1), ela se exprime na linguagem que se pode adivinhar ao ver correr a água de uma fonte. A mesma qualificação se reproduz diante de goteiras, cascatas na montanha (2;7) etc.

Aos 2;1 (4), ela desperta na escuridão e pede luz, mas houve uma falha na eletricidade. Uma hora depois, o sol se anuncia por uma bela aurora sobre as montanhas em frente: *"Luz mais quebrada!"* Aos 2;7 (30), sopro em seus pés nus: *"É frio o vento. – Que vento? – O da fumaça. – Que fumaça? – Na boca."* Aos 2;11 (19): *"Papai se se caminha à beira do lago, pode-se desprender a aurora? – O que é que tu achas? – Acho que sim."* Aos 2;11 (17), acorda de madrugada e quer vestir-se. Recusam. Um momento depois ela acha a claridade suficiente e diz: *"Agora, alumiaram do lado de fora."*

Obs. 116. – Aos 3;3 (10), J. faz sua primeira pergunta de origem, sob a forma de uma questão referente à procedência de L. (que tem 1;8): *"Papai, onde foi que encontraste o bebezinho do berço? – Que bebê? – Nonette* (= L.)." Respondo simplesmente que papai e mamãe lhe deram uma irmãzinha. Aos 3;6 (13), pergunta à vovó, tocando-lhe os olhos, o nariz etc.: *"É assim que são feitas as vovós? Fizeste a ti mesmo?"* E depois: *"Será que ela se fez a si mesma? Quem fez ela?"* Na noite do mesmo dia, diante de L.: *"Mas por que eles têm mãozinhas, dentinhos, olhinhos, uma boquinha, os bebês?"* No dia seguinte, exclama espontaneamente: *"Oh não, eu não acredito que ela se fez inteiramente só, vovó."* Aos 3;7 (11): *"Como são feitos os bebês?"*, e dois dias depois: *"Como são feitas as ameixas?"*, e depois: *"as cerejas?"* Aos 3;7 (18): *"De onde vem este bebezinho aqui* (= L.*)? –* O que é que tu achas? – *Não sei. Da floresta* (alarmada). *Antes, não havia bebezinho."* No dia seguinte: *"Ela vem da floresta. Muito longe, muito longe nas árvores.*[1] *Foi mamãe que trouxe ela da floresta."* Aos 3;8 (1), quando estamos na floresta e passamos por uma mulher e duas crianças: *"Ela procurou bebezinhos."* Aos 3;11 (12): *"Compramos para ela o bebezinho aqui* (= sempre L.), *encontraram ela num armazém e compraram ela. Antes ela estava na floresta. E antes numa loja. Eu não sei todo o resto."* Aos 4;1 (0), ela vem *"da floresta"* e *"de uma loja."* Aos 4;3 (2): *"Papai é que foi buscar ela. Ele encontrou ela na beira d'água, na floresta."* Aos 4;10 (18), os bebês vêm *"da clínica. Há uma mamãe na clínica. Todos os bebês da clínica têm a mesma mamãe, e depois trocam de mamãe. Ela lhes prepara esta mamãe, eles crescem. Plantam neles dentes e uma língua."* Aos 5;3 (0), J. descobre gatinhos atrás de feixes de lenha: *"Mas como foi que eles chegaram?"* – O que é que tu achas? – *Penso que a mamãe foi buscar eles."* Aos 5;3 (21): *"Compraram eles numa fábrica, os bebês."* Aos 5;3 (23), a propósito de cobaias que acabam de dar-lhe para facilitar a descoberta da verdadeira solução: *"De onde vêm as cobaiazinhas? –* O que é que tu achas? – *De uma fábrica."* Aos 5;4 (17): *"O que se é, antes de nascer? –* Não sabes? – *Uma formiga. Quantidade de formiguinhas* (ri)." *"A gente é uma poeira antes de nascer?"* A gente não é nada, a gente está no ar? Aos 5;5 (7), as pequenas cobaias nascidas do casal oferecido a J. nasceram durante a noite, numa caixa no interior de um pequeno galinheiro bem fechado e sem outros animais: *"A mamãe cobaia foi buscar eles. –* Por onde foi que ela passou? – *Ah, o galinheiro está fechado! Então ela fez eles! –* Sem dúvida foi isso. – *Mas onde eles estavam antes? –* É fácil de saber. – *Na mamãe cobaia! Em sua barriga! Em seu estômago!"* Aos 5;5 (8): *"Elas estavam na barriga da mãe, as cobaiazinhas? Acho que sim."* Mas no dia seguinte: *"Elas vêm da fábrica."* A mãe lhe responde: *"Tu bem sabes que não."* – Então J. logo responde: *"De onde vêm os bebês? –* O que é que tu achas? – *"De dentro de ti!"* Aos 5;6 (20): *"Como é que isso se fabrica, os bebês? – ... – É uma bolha de ar. É tudo pequeno. Depois se torna cada vez maior. Quando está bastante grande, sai da barriga da mamãe."* Aos 5;6 (22): *"Não são assim, os bebês, é no começo o ar. É tão pequeno. Então é no começo o ar. Há apesar disso alguma coisa, no ar dos bebês: algo pequenininho assim* (mostra a poeira)." Ver a continuação desses exemplos na obs. 127 aos 5;6 (22) igualmente.

Obs. 117. – Em relação estreita com seus interesses pelo nascimento e sua descoberta de uma solução, J. passou do artificialismo difuso da obs. 115 para um artificialismo místico, do qual se seguem as principais manifestações (a começar por um caso de artificialismo lúdico e um resíduo de artificialismo difuso):

---

[1] Ela gosta muito da vegetação rasteira. Não existe, naturalmente, nenhuma sugestão adulta nessa ideia.

Aos 4;3 (28), J. brinca de fazer um grão de terra: *"É aqui que se fabricam os grãos!"* Aos 4;6 (15): *"Por que há pedras grandes como esta, no Salève?* – Não sabes? *– Porque vão buscá-las para fazer casas."*

Aos 5;5 (20): *"Por que há um sol? Por que há uma bola vermelha para o sol?* – Não sabes? – *Acho que é a lua. Penso que é o céu que faz a lua."* No mesmo dia: *"Elas nascem no lago, as pedras?* Aos 5;5 (26): *Como são feitos os lagos da floresta?"* Aos 5;5 (27): *"Por que há uma lua?* – ... – *É o céu que a faz. Quando as nuvens avançam, ela se torna grande."*

Aos 5;6 (20): *"Diz, mamãe, como é que se fabrica a água? Como fizeram ela?* – Que achas? – *Ela veio do céu?* – Sim, está certo. – *Mas como é que ela entra nas torneiras?"* No mesmo dia: *"Como é que se faz para encher o lago?* – Não sabes? *–Sei, a gente pega regadores."* No mesmo dia: *"A chuva, acho que ela se faz com o céu: acho que ele se abre, e depois a água sai. A claridade* (= a luz), *ela vem do céu também, toda a claridade que chega aqui?* – Sem dúvida. – *Como é que isso se fabrica? Isso se faz sozinho? Não, foi a aluna de papai* (= a admiração atual de J.) *que fez tudo, o céu e a água, e a claridade, e tudo* (aparência séria)." No dia seguinte: *"A aluna de papai, ela faz as nuvens* (ri)?"

Aos 5;6 (22): *"Os bebês não se fabricam: é o ar. Isso se fabrica na galinha, na casca do ovo. Acho que é assim também com o ar. As pequenas cobaias são feitas na mamãe.* – O que é que se fabrica? – *Os cachimbos, as árvores, as cascas de ovo, as nuvens, o portão. Isso não se faz só. É preciso que a gente faça eles. As árvores, penso que isso se faz sozinho. Assim se fazem também os sóis. No céu, isso se faz muito bem sozinho."* Aos 5;7 (11): *"A água, acho que são as nuvens. É a chuva. Ela corre para o lago. Há um grande buraco e a água corre para dentro. As nuvens, é o céu que faz elas."* No mesmo dia: *"Como se faz o céu? Acho que a gente talha ele, a gente corta ele. Pintaram o céu."* Aos 5;7 (12): *"Como fizeram as pedras? Como é que se cola elas? Como foram construídas?* – ... – *Acho que é com cimento."* Aos 5;7 (22), ao pôr do sol por trás da crista de uma montanha: *"Então ele se mexe também, o sol? Como a lua? É alguém que faz ele se mexer, alguém atrás da montanha, um gigante, acho."*

Obs. 118. – L., aos 3;2 (18): *"Acho que o céu é um senhor que sobe de balão e faz as nuvens e tudo."* Suas palavras são sem dúvida inspiradas de J., que está então com 5;7. aos 3;3, já ao nascimento não constitui mais um problema para L., que recebe a solução de J. Alguém lhe anuncia, aos 3;3 (7), o nascimento de um primo; L. responde sem titubear: *"Pois bem, o meu Christian* (= sua boneca), *ele saiu por meu pé."* Aos 3;4 (0), L. diz espontaneamente: *"O sol estava lá* (alto), *agora está lá* (quase posto). *Isso lhe causa muito aborrecimento, ao sol, quando há água.* – Mas que água (faz bom tempo)? – *A água do céu.* – Existe água no céu? – *É claro, quando a gente plantou ela* (menção de colocar). *A gente plantou ela no verniz azul."* Aos 3;10 (2), L. está de cama, de noite, e ainda faz dia: *"Queres apagar, faz favor.* – Mas o céu não está aceso, tu vês (acendo e apago a luz elétrica). – *É claro, não é noite.* – Mas olha para fora: é dia. – *Então apaga.* – Mas eu não posso apagar lá fora. – *Mas sim, tu podes fazer a noite.* – Como? – *Apagar com muita força.* – Mas é lá fora que é dia. – *É.* – Então? – *É preciso apagar com muita força. Ficará noite e haverá luzinhas por toda a parte* (estrelas)."

Aos 4;0 (0): *"O que são essas bolas* (rochedos do Salève, durante um passeio)? – *O que é que tu achas? – É para enfeite."* Aos 4;2 (8): *"Ele não gosta da chuva, o sol. Quando chove, ele vai embora, vai esconder-se por trás de uma coberta* (= nevoeiro) *e fica todo branco."* Aos 4;2 (11), no Salève: *"Puseram lá esses rochedos. Foram pessoas muito fortes que puseram eles lá. – Eu teria podido? – Não. Tu não, mas pessoas muito fortes. Eles* (os rochedos) *no começo eram pequenos, e depois se tornaram grandes."* Aos 4;3 (16): *"São pequenas pedras, as montanhas, que se tornaram muito grandes. Ficou pequeno por muito tempo, depois ficou muito grande, cada vez mais grande. Talvez foi alguém que jogou uma pedrinha aqui, e se tornou o Solève* (L. o chama "Solève"; ver obs. 123)*."* Aos 4;3 (26): *"Por que há dois Solèves?*[2] *– Não sabes? – Para divertir."*

Aos 4;2 (26): *"A água dos rios* (na montanha) *vem do lago* (de Genebra)*."* Aos 4;3 (0), *idem*, mas, no mesmo dia, L. diz que a casa à margem do rio *"é mais velha, porque as torrentes e os rios e o lago, é muito difícil de fazer. Primeiro fizeram as casas e depois, o lago."* Aos 4;3 (22): *"Eles correm cada vez mais forte porque vêm de uma fonte."* Aos 4;10 (4), diante do vale do Ródano em Sion: *"Fizeram um grande buraco, cavaram, cavaram, e depois fizeram as casas."*

Aos 5;10 (6): *"A lua é o sol, porque não há sempre seus raios à noite, não se precisa de sol, porque se dorme."*

Tais são as reações de artificialismo que pudemos observar no estado espontâneo em J. e L. É interessante compará-las às que já havíamos obtido mediante perguntas em *A Representação do Mundo na Criança* e analisá-las de ponto de vista dos mecanismos simbólicos e pré-conceptuais do pensamento.

Constata-se de início que, se encontramos em linhas gerais a existência das tendências artificialistas e sua evolução do artificialismo difuso ao artificialismo mítico e, depois, imanente, as idades das reações de J. e de L. não se correspondem, entretanto, entre si, e divergem ambas das de muitos outros sujeitos. A razão desses afastamentos é clara. Por um lado, estando as questões de origem ligadas à curiosidade pelo nascimento (por uma conexão aliás complexa e sem dúvida bilateral), seu desenvolvimento dependerá muito da educação recebida, a qual pode querer favorecer a adaptação ao real, quer manter as explicações míticas. Por outro lado, os primogênitos atuam sobre os mais moços: L. aborda assim as questões mais precocemente que J. e, em particular, acha-se instruída sobre o nascimento desde os 3;3, ao passo que J. só resolve a questão por volta de 5;5 e por si mesma. Compreende-se, portanto, por que as fases de artificialismo nada possuem dessa regularidade que caracteriza as da aquisição do número, das quantidades etc. e o desenvolvimento operatório em geral.

---

[2] Cf. *A Linguagem e o Pensamento na Criança*, pág. 227, a mesma pergunta formulada por Del aos 6 anos e as respostas, pág. 294.

Mas há mais. Torna-se imediatamente visível que, se existe em J. e em L. uma certa continuidade nas questões e nas preocupações, não existe, em contraposição, nenhuma sistematização nas afirmações, que são contraditórias de um dia para o outro ou até mesmo de um momento para o outro. A verdade, nesse domínio, é de uma ordem inteiramente outra do que no das intuições lógicas, numéricas ou espaciais, que decorrem da manipulação e da verificação perceptiva. É causalidade verbal e não intuitiva. Em particular, é interessante para nossa finalidade atual constatar que todos os intermediários relacionam, nesse terreno, o jogo propriamente dito e a crença "séria". Quando J. atribui, por exemplo, a criação dos céus e da terra a uma estudante real, pela qual sente a inclinação, não é preciso dizer que uma acentuada proporção de imaginação lúdica intervém nesses propósitos, ao passo que, onde a criança se limita a dizer que "se" construíram as montanhas e os lagos, ela acredita mais nisso. Tudo se passa, portanto, como se a assimilação da natureza à atividade própria ou humana ocasionasse toda uma gama de estados que se estendem do jogo simbólico à crença real, segundo o grau de acomodação (às coisas e ao pensamento de outrem) que a acompanha.

Convém desde logo inquirir quais processos de pensamento que intervêm na construção do artificialismo. Há, antes de tudo, uma assimilação contínua dos processos naturais à atividade humana. Mas essa assimilação se processa à maneira da do pré-conceito, isto é, por participação direta e sem classes gerais, donde a continuidade possível com o símbolo lúdico, cujo tipo de assimilação é o mesmo, em grau menor de acomodação.

É assim que o termo "fazer", em J., significa, ao mesmo tempo, que "se faz" o céu, por exemplo, e que o sol "se faz" inteiramente só. Por que não dizer então que ele se faz por si mesmo? É que a *vis fabricatrix naturae* procede precisamente como a ação humana: se o sol "se faz", é que "se" fabricou o céu e que essa fabricação se processa por si mesma, à maneira da dos bebês que se põe inicialmente no mundo e que crescem em seguida inteiramente sós.

Quanto ao suporte dessa assimilação, não passa do mito ou narrativo simbólica. O mito artificialista constitui, portanto, um bom exemplo dessa estrutura pré-conceptual, que está próxima do esquema imagístico porque ela ignora ao mesmo tempo a verdadeira generalidade e a identidade individual próprias aos conceitos e aos seus elementos. É assim que a criança diz "a" água, "a" claridade, "a"chuva, mas "os" sóis (obs. 117). Existem, ao mesmo tempo, vários sóis e várias luas, e contudo identidade (no sentido de uma participação) entre "o" sol (sendo "o", portanto, semiindividual e semigenérico) e "a" lua. Sendo assim assimilador no sentido egocêntrico do termo e imagístico porque sua acomodação é insuficiente para atingir a generalidade do esquema conceptual, esse pensamento artificialista não é portanto, ainda, de modo algum operatório. Ele se tornará assim, entretanto, quando a assimilação própria ao artificialismo imanente (isto é, atribuído à própria natureza) se prolongar em identificações dos corpos naturais entre si: a composição espaço-temporal levará então, simultaneamente, à ideia de dissociação atomística e à conservação das totalidades. Mas essa forma de compreensão só é possível por volta dos sete anos, após uma fase de pensamento intuitivo que liga o pré-conceito à operação. Examinemos anteriormente a evolução do animismo.

§2. *O ANIMISMO.* – Nos mesmos níveis que o artificialismo e em estreita correlação com ele, porquanto ligadas igualmente às ideias de nascimento e de desenvolvimento vivo, observam-se as seguintes reações:

Obs. 119. – J., ao 1;11 (20), diz *"não, naaão"* a suas bolas de madeira em tons de voz que variam entre o enfado e a súplica, como a pessoas que resistem. Aos 2;1 (0), diz: *"Lua correr"* andando à noite ao longo do lago (ilusão de ser seguida pela lua). Aos 2;5 (8): *"Tu ouves o vento que canta. Como é que ele faz?"*; e ele: *"Não há barcos no lago: eles dormem, os barcos."* Aos 2;7 (11), falando à sua bola que rola: *"Vem, bolinha, bolinha, eu gostaria de ti."* Aos 2;7 (20), procura sua bola perdida e pergunta com ar sério: *"É preciso chamar ela?"* Aos 2;10 (13): *"Será que elas gostam de dançar* (as folhas mortas)? Aos 3;3 (11): *"Por que as nuvens andam?* – Não sabes? – *Para esconder o sol."* No dia seguinte: *"É engraçado, o sol se mexe. Por que é que ele foi embora? Para ir tomar banho no lago? Por que é que ele se esconde?"*

Aos 3;5 (29), num campo, enquanto o vento acama as ervas: *"Ela é de verdade, a erva? Ela se mexe!*[3] – Que queres dizer por "de verdade"? – De verdade. – "Radou" (seu gato) é de verdade? – *É claro, ele anda."* Aos 3;7 (19), olhando o óleo que cai do motor do automóvel: *É o leite do auto."* Aos 4;0 (3): *"A lua se mexe, se mexe porque é viva."* Idem aos 4;0 (9). Aos 4;6 (2): *"As nuvens andam muito devagar porque não têm pés nem pernas: elas se espicham como as minhocas e as lagartas, é por isso que vão devagar."* Aos 5;6 (23): *"A lua se esconde de novo nas nuvens. Ela está com frio."* E: *"Por que é que tem* (!) *de se esconder na montanha?"*

Aos 5;7 (11): *"Uma enorme pedra, ela ficaria sobre a água porque são muito velhas. As mulheres velhas são mais leves que as criancinhas."* No mesmo dia: *"Oh, olha as árvores lá embaixo: elas são vivas, porque se mexem."* Ainda no mesmo dia, ouço-a dizer a L.: *"Ele é mais vivo que o teu, o meu automóvel. –* (L.) – O que é que isso quer dizer? – (J.) *Isso quer dizer que eles andam quando são vivos."* Aos 5;8 (0), olhando o nevoeiro que sobe num vale e depois se detém a meia-altura: *"Oh! Como ele sabe se*

---

[3] Cf. "Elas são vivas, as folhas? Mas elas se mexem com o vento."

manter bem no ar! Como sabe ficar tempo no mesmo lugar!" (em relação, sem dúvida, com a teoria infantil do voo planado que explica a flutuação). Aos 5;9 (25): *"Por que as pedras não estouram como os insetos quando a gente põe eles numa caixa?"*

Com mais ou menos 6;0 não restam mais manifestações de animismo, salvo no caso de reações afetivas. Por exemplo, aos 6;5 (21), ela recebe nas costas uma pancada da porta do galinheiro, impelida pelo vento, e grita de pavor. Depois, diz a chorar: *"É malvado, o vento, ele nos faz medo. – Mas não de propósito? – Sim, de propósito, ele é ruim, ele disse que nós somos malvados. – Mas o vento sabe o que faz? – Ele sabe que sopra."*

Aos 6;7 (8), interrogo J. sobre suas palavras anteriores. Nada mais é vivo, a não ser as pessoas e os animais. Até mesmo o sol e a lua não sentem nem sabem nada. Aos 6;7 (18), contudo, eu lhe digo que L. acaba de me contar que o sol sabe quando faz bom tempo: *"Mas sim, ela tem razão, porque é ele que faz o bom tempo. É como eu te disse um dia desses* (disse o contrário!) *– E uma pedra que rola sabe disso? – Ah não, é a pessoa que joga ela quem sabe."* Depois disso, nenhum vestígio de animismo.

Obs. 120. – L., depois de uma série de palavras entre 2;6 e 3;4, análogas às de J. e nas mesmas idades (por exemplo, *"sol se põe porque está desgostoso"* etc.), começa aos 3;4 (3), como J. aos 3;5 (29), a formular perguntas explícitas sobre a vida dos corpos. Ela contempla uma nuvem que se desloca: *"É um animal, a nuvem? – Um animal? – É sim, ela anda."* Aos 3;7 (14), perdemos um trem: *"Será que o trem não sabe que estamos com ele?"* No mesmo dia: *"A escada é malvada, ela me bateu."* Aos 4;3, acredita que as pedras crescem (ver obs. 118). Aos 4;3 (18), vendo a lua sair por trás do Salève: *"Acho que ela tem pés pequenos que a gente não vê."* Do mesmo modo, aos 4;3 (22): *"Oh, ele se desloca, ele se desloca, o sol. Ele anda como nós. Sim, ele tem pés pequenos e a gente não vê eles. – Ele caminha para onde? – Mas no céu. É duro o céu. É de nuvens"* (ver a continuação, obs. 130). Depois, ela descobre que ele nos segue: *"Ele faz assim pra se divertir, para nos pregar peças, como tu, quando fumas teu cachimbo e fazes brincadeiras. – Por que como eu? – Como as pessoas grandes. – Não como as crianças? – Não, ele se diverte como as pessoas grandes. – Mas ele sabe que estamos aqui? – Oh! Isso é certo: ele nos vê!"*

Aos 4;3 (23), enquanto o automóvel manobra com dificuldade entre rebanhos de vacas: *"Ele sabe o que deve fazer, o automóvel azul. Ele sabe fazer tudo agora. Antes ele não sabia. Ensinaram a ele."* E, depois de uma manobra falsa num cruzamento: *"Tu vês, ele te ajuda, o automóvel."*

Aos 4;3 (26): *"Elas se mexem sozinhas, as nuvens, porque são vivas."* Aos 4;10 (0): *"As nuvens se mexem porque faz frio. – Como assim? – Sozinhas. Elas vêm quando faz frio. Quando há sol, elas não estão aqui. Quando faz frio, elas voltam. – Como assim? – Elas sabem."*

Obs. 121. – A essas reações animistas é preciso ligar as noções de causalidade e de forças calcadas sobre a atividade própria física, psíquica e mesmo moral. Ao 1;10 (21), J., por exemplo, diz indiferentemente *"pesado"*, *"difícil"* e *"não permitido"* para designar as resistências físicas que experimenta ao mexer com uma mesa, puxar um tapete etc., mesmo que não tenha havido nunca proibições nesse sentido. Para desabotoar um botão que oferece resistência, ela diz: *"Muito pesado."* Aos 2;11 (9) ela diz o mesmo em relação a dois objetos grandes e leves (escova e tapete), mas que a atrapalham: *"Vejam só, eu carrego coisas muito fortes."* L., igualmente aos 3;6 (12), diante do Arve: *"Tu vês, a água corre muito forte. – ... – É porque há pedras. As pedras fazem mexer a água. Isso faz correr o lago* (= o Arve). – Como assim? – Sim, as pedras ajudam ele. Tu vês, a água sai desse buraco* (um turbilhão atrás da pedra). *Então ela vai muito depressa."* Reconhece-se aí a teoria dos dois motores, que havíamos anteriormente assinalado na criança[4] (*Causalidade Física*, pág. 105) e da qual outro exemplo é a explicação da flutuação sobre a água ou no ar: aos 4;5 (1), por exemplo, L. acha-se no barquinho e estamos parados há vários minutos: *"Rema, papai, rema depressa, o barco vai cair. – Por quê? – Porque quando não se rema, ele cai no fundo. – E aquele barco* (diante de nós, imóvel)? *– Porque é um barco no lago. Eles têm de* (!) *flutuar, os barcos. – E o nosso? – Ele não cai por causa dos remos* (fonte de estímulo)." Depois L. faz força com os pés contra o fundo do barco: *"Ponho o pé para que não caia."* E aos 5;0 (0): *"O barco fica sobre a água porque o homem rema. – E quando não há homem? – Ele vai ao fundo. – E aqueles ali? – Mas eles não são novos. Os barcos novos vão ao fundo e, quando o homem entra dentro, não vai mais ao fundo porque o homem dá a direção. – E quando o homem sai? – A direção fica no barco. – Mas onde? – No fundo; não se pode ver ela. É o homem que dá ela, mas não se pode ver ela."*

Esses fatos lembram de forma surpreendente os resultados que colhemos anteriormente (*A Representação do Mundo da Criança*, capítulos V-VII, e *A Causalidade Física na Criança*, capítulos III-IV): um animismo nascido da assimilação dos movimentos físicos (e especialmente dos movimentos que parecem espontâneos) à atividade intencional; uma noção da força ativa nascida da assimilação das resistências exteriores aos esquemas do esforço muscular; uma causalidade moral que assimila a lei física à regra obrigatória (os barcos "têm de" flutuar etc.); enfim, uma concepção do movimento que lembra os dois motores aristotélicos, por assimilação da ação de um corpo físico sobre outro à de um vivo sobre um outro.

Seria interessante retomar, do ponto de vista da causalidade, os pormenores dessas reações, mas somente a forma desse pensamento é que nos importa aqui. Ora, não somente se encontra nessas noções animistas a estrutura quase simbólica do pré-conceito que assinalamos a propósito do artificialismo (assimilação egocêntrica ligada a um mito imagístico, constituindo a primeira o significado e o segundo o significante), como essa união

---

[4] Notemos ainda a este propósito que, entre 1 e 2 anos, a criança, para fazer cair um corpo no chão, joga-o como se ele não caísse inteiramente só. Em compensação, uma bola é posta no chão como se fosse rolar por si mesma. Aos 2;0 (0), ainda, J. lança no ar uma caixa de fósforos, mas sem soltar o objeto, como se ele devesse partir por si mesmo.

do esquema assimilador com a imagem exterior aí se revela ainda mais profunda e lembra os mecanismos formadores do símbolo inconsciente de que tratamos no capítulo VII. Pode-se inquirir, com efeito, como impressões interiores tais como o sentimento do esforço, a consciência da intencionalidade etc. podem ser projetadas sobre objetos inertes ou movimentos físicos e constituírem assim esquemas de assimilação que deformam esses dados exteriores em função do eu. Ora, se a assimilação egocêntrica, que caracteriza as estruturas pré-conceptuais, achar-se em continuidade com a assimilação simbólica característica dos símbolos lúdicos e mesmo oníricos, essa atribuição de caracteres subjetivos a objetos materiais e externos não apresenta mais problema especial e surge como um simples caso particular do mecanismo muito geral que constitui o pensamento simbólico. Recordamos, com efeito, como o símbolo inconsciente de ordem anatômica resulta da fusão entre uma impressão muscular ou cinestética e a imagem visual de um objeto qualquer que pode corresponder a ele, sendo esse objeto escolhido no universo exterior à falta de uma consciência do eu suficiente para localizar a impressão interna durante o sonho ou a semivigília. De modo geral, o símbolo secundário ou inconsciente procede igualmente, no jogo ou no sonho, de uma assimilação entre o externo e o interno por falta de equilíbrio com a acomodação, isto é, por falta de consciência suficiente do eu. Ora, no caso do animismo, produz-se em fenômeno muito análogo: por falta de uma tomada de consciência da subjetividade do pensamento, da intencionalidade, do esforço etc., esses elementos interiores são atribuídos a qualquer quadro externo suscetível de corresponder aos movimentos e à atividade próprios, por uma analogia imediata e não conceptual. Essa ausência de consciência subjetiva aparecerá diretamente nos fatos do §3. Mas, antes de analisá-los, convém ainda verificar como evoluem o animismo e o artificialismo quando se atenuam essas assimilações egocêntricas mais ou menos no fim da primeira infância.

§2 bis. *O DECLÍNIO DO ARTIFICIALISMO E DO ANIMISMO*. – Entre o pensamento pré-conceptual, que engendra o animismo e o artificialismo, e o pensamento operatório, que chega a uma causalidade por composição espaço-temporal, estende-se uma fase de pensamento intuitivo que conserva o caráter imagístico da primeira e anuncia a segunda por suas articulações sucessivas. No domínio que nos interessa aqui, veem-se constituir assim formas de explicação por identificação de substâncias, mas conservando a noção de uma espécie de evolução viva ou hilozoica:

Obs. 122. – Aos 5;7 (17), J., depois de haver perguntado três dias antes se as nuvens são feitas de cimento, formula a pergunta de maneira nova: *"De que são feitas as nuvens? – Não sabes? – De líquido. – Muito bem. – São de água evaporada.* Aos 5;7 (20): *"São no começo muito pequenas, as nuvens, depois muito grandes. Depois elas arrebentam... tu vês isso. São de quê? – Mas tu sabes. – De ar* (começa a chover). *Oh! Mas é a nuvem que derrete."* No dia seguinte: *"Agora, está desmanchada, a lua* (crescente). *Disseram outro dia* (= na véspera) *que era de ar a lua, como as nuvens* (falaram-lhe somente destas). *Então como é que ela se mantém no céu? Como os balões?"* Aos 5;7 (22): *"Mas então ela se mexe, a lua? Me diz o que faz que ela se mexa.* – Tu mesma podes descobrir. – *É o ar. A lua é de ar, eu acho, de ar que fica dourado de noite. De ar que se desmancha assim* (crescente), *depois se refaz."* No mesmo dia: *"A noite, de onde é que ela vem? Acho que vem do lago, em vez dos riachinhos, porque estes vêm das pedras: tu viste, há a noite que fica debaixo das pedras. É por isso que as pedras são pretas às vezes. A noite é a água suja que se evapora."* Aos 5;7 (2): *"Como é feito o ar?";* depois: *"Ah! Compreendo* (brumas que passam), *as nuvens são ar todo branco."* No mesmo dia: *"A claridade* (= a luz), *ela vem do céu, não, vem das estrelas: é sempre claro. As estrelas, estas ficam no ar, porque são também de ar, como a lua."* Ao 5;7 (23): *"Como é que se faz a água? Não, a gente não faz: ela vem das nuvens."* Aos 5;11 (16): *"A neve é água das nuvens com um pouco de nuvem em volta."* Aos 6;3 (4): *"Será que se pode dizer que o sol é uma grande nuvem?"* Aos 6;7 (9): *"Por que é de fogo, o sol? É um relâmpago que faz o sol? –* É uma ideia. – *É verdade? –* Vamos pensar sobre isso." Aos 6;7 (14): *"As nuvens é o céu que se estraga, porque faz mau tempo. A chuva é a neve que derrete, e a neve são pontinhas de nuvens. O céu é o ar, mas é azul porque está muito longe e se vê de muito longe* (ver obs. 127). *E a chuva, ela cai na terra: ela faz as torrentes, as nuvens e os lagos."* Aos 6;7 (15): *"O vento e as nuvens são a mesma coisa. É por isso que as nuvens se mexem. A terra é areia muito molhada e muito fina. A areia é o que sai da água do lago. O lago é a água dos regatos e os regatos, a água da chuva."* No mesmo dia: *"O sol e a lua são de fogo como o relâmpago"* e *"O relâmpago são as tormentas quando há muitas nuvens; isso depende da cor das nuvens."* No dia seguinte, encontramos gesso, J. exclama: *"É pó do céu, a poeira. É o que faz as rochas. A pedra é areia em pacote. A areia são pedrinhas, e, quando se comprime, fica uma pedra. As montanhas são rochas muito grandes."* Aos 6;7 (28) mesma explicação; depois: *"A areia saiu da água. Foi a água que fez ela."* Aos 6;8 (4): *"Me diz, papai, será que essa rocha vai crescer, quando chover?"* Aos 6;8 (23): *"O fogo veio do céu. São relâmpagos. Eles vêm da lua e do sol."*

Vê-se como o artificialismo, tornado imanente à natureza, e o animismo se reduzem a uma espécie de evolução dos corpos, sempre tidos por vivos e ativos; essa transformação dos elementos (a terra a sair da água, do ar etc.) engendra assim uma causalidade por identificação, que, completada pelos esquemas da compressão e da descompressão (a areia comprimida dá seixos, e, reciprocamente, os seixos pulverizados fornecem a areia), anuncia a composição por divisão atomística. Entre o mito pré-conceptual e simbólico e a composição operatória, o pensamento intuitivo assegura assim todos os intermediários graças a uma equilibração progressiva da assimilação com uma acomodação generalizada, deixando a primeira de ser direta e a segunda de ser imagística, para tender ambas na direção do esquema geral e reversível.[5]

§3. *OS NOMES, OS SONHOS E O PENSAMENTO.* – Como já havíamos observado anteriormente, no nível em que a criança anima os corpos exteriores inertes, ela materializa, em compensação, o pensamento e os fenômenos mentais, ao passo que o declínio do animismo e do artificialismo está, ao contrário, ligado à tomada de consciência de sua atividade de sujeito pensante e à descoberta da interioridade dos instrumentos espirituais. Constatamos, além disso (no fim do §2), como essa explicação do animismo unia-se novamente às nossas atuais interpretações da formação do símbolo, no caso das projeções devidas à ausência da consciência do eu. Eis aqui alguns exemplos de reações espontâneas que ilustram essa evolução:

Obs. 123. – Aos 3;6 (7), J., sentada na relva, pergunta-me os nomes de algumas flores, aranhas etc. Disse-lhe então simplesmente: "Tu gostas que te diga os nomes das coisas? – *Sim, gosto quando tu me dizes os nomes...* (silêncio). *Onde estão os nomes das coisas?* – O que é que tu achas? – *Aqui* (mostra em torno de nós). – E o nome desta aranha? – *Em seu buraco."*

Aos 5;9 (0), diante do Dente Branco: *"Mas como se faz para saber o nome do Dente Branco?* – Não sabes? –*Não, não sei. É muito difícil.* – Teria sido possível chamá-lo de outra forma? – *Não, é preciso que cada coisa tenha o seu nome."*

Aos 6;9 (15), em compensação, enquanto sua irmã L. finge pensar que o Salève se chama "Solève", como pronunciava até ali, e não Salève, J. diz: *"Não é verdade, é? É simplesmente porque todo mundo o tem chamado Salève há muito tempo que o chama assim, mas não o viram.* – E no começo? – *Foi alguém que o chamou assim, e disse a outras pessoas, mas ninguém nunca o viu.* – Sim, mas L. é pequena. Ela não sabe. Tu, quando eras pequena, acreditavas também em coisas como esta. Perguntavas onde estava o nome das coisas, das aranhas, lembras-te? – (Ri) *Não, não me lembro mais. Acho que o nome do Salève não está em lugar nenhum: a gente não vê ele, se sabe."*

Eis agora a observação de L., aos 4;3 (16): *"Por que dizes Salève para o Solève?* – Mas se diz Salève e não Solève. – *Mas seu verdadeiro nome é Solève.* – Mas não, é Salève. – *Mas eu vi.* – Que foi que tu vistes? – *Vi que era o Solève.* – O quê? – *Olhei aquela ponta lá. É o pico do Solève, e eu vi que é o Solève e não o Salève.* – Mas não se vê nada. – *Mas eu tive essa ideia.* – Como? – *Porque vi que era o Solève."*

---

[5] Quanto às idades observadas em J. e L., comparadas com as das crianças citadas em *A Representação do Mundo*, mostram que se a ordem de sucessão das fases permanecer constante, as próprias idades médias dependem do meio. Esse mesmo fator explica também as defasagens entre as idades observadas pelos autores americanos (Dennis, Deutsche etc.) e as das crianças de classe muito popular que já tínhamos visto anteriormente.

Obs. 124. – J., aos 2;9 (11), exclama, no meio da noite: *"Estava tudo escuro e vi uma senhora lá em cima* (mostra sua cama).*"* Ela viu, além disso, um pequeno senhor no quarto e, uma vez acordada, acredita que está sempre lá. Desde os três anos, ela admite que os sonhos não são verdadeiros, mas acredita que existem no quarto, como quadros visíveis. Aos 6;7 (21), acredita ainda nessa exterioridade dos sonhos; depois, descobre que estão *"na cabeça".* L., aos 3;10 (8): *"Não sonhei esta noite, porque estava tudo claro. É preciso muita noite para fazer sonhos. Eles estão na noite, os sonhos."* E aos 3;11 (24): *"É boa, a noite. Toma-se tudo que se quer na noite, e depois se devolve. –* Sonhaste esta noite? *– Sim, que um barco voava. Eu vi ele dentro da noite. Ele chegou com a luz. Fiquei com ele um momento. Depois o devolvi: ele partiu de volta com a luz."* É igualmente com cerca de seis anos que L. localiza o sonho na cabeça.[6]

Obs. 125. – J., aos 6;7 (4), procura sua boneca sem resultado: "Não tens ideia de onde a colocaste? *– Não, não tenho mais ideia na barriga. Será preciso que a boca me dê uma ideia nova. –* A boca, como? *– Sim, é minha boca que me dá ideias. –* Como assim? *– É que quando eu falo a boca me ajuda a pensar."* No mesmo dia soltamos uma cabra cuja corda está enrolada num tronco: "Tu vês, ela não teve a ideia de dar a volta sozinha em torno da árvore. *– Mas não, a cabra é um animal. –* Mas os animais não têm ideias? *– Não. Somente os periquitos, um bocadinho, porque falam um pouco. Mas não os outros, nem as cabras."*

Aos 6;7 (26), em compensação: *"Tem-se ideias quando a boca está fechada, mas não se pode dizê-las. –* Então não se tem mais ideias? *– Mas sim, é a língua."*

Observa-se que os nomes começam por ser localizados nas coisas, os sonhos no quarto e o pensamento na voz, ao passo que, por volta apenas dos sete anos, a atividade mental tende a ser concebida como interior. Ora, é interessante situar esses fatos em relação com o próprio mecanismo do pensamento simbólico da criança. É na idade do apogeu do simbolismo que os nomes e os sonhos são projetados na realidade externa (os últimos seriam mesmo por muito tempo considerados verdadeiros sem a necessidade em que se encontram os pais de desenganarem a criança a propósito de seus pesadelos). Ao contrário, é quando o simbolismo se atenua e os verdadeiros conceitos se sucedem aos pré-conceitos imagísticos que o pensamento ocasiona uma tomada de consciência suficiente para que seu funcionamento adquira uma localização introspectiva relativa. É claro que essa dupla correlação não é fortuita: o símbolo é precisamente a expressão da necessidade em que se encontra o espírito de projetar seu conteúdo sobre os objetos, à falta de consciência de si, enquanto o progresso operatório está necessaria-

---

[6] Observa-se a analogia desses fatos com os que já descrevemos em *A Representação do Mundo na Criança*, embora não tenhamos querido interrogar J. e L., para não influenciá-las.

mente ligado a um desenvolvimento reflexivo que leva a essa consciência e dissocia assim o subjetivo da realidade exterior.

§4. *OS COMPORTAMENTOS MÁGICO-FENOMENISTAS, AS REAÇÕES RELATIVAS AO AR E A COORDENAÇÃO DOS PONTOS DE VISTA.* – Para completar os fatos precedentes, resta-nos mostrar como a coordenação dos pontos de vista influi sobre a estrutura dos conceitos, livrando a criança de seu egocentrismo simbólico para levá-la a uma socialização do pensamento. Um exemplo nos pareceu particularmente instrutivo nesse sentido: a passagem de certos comportamentos mágico-fenomenistas para as representações cognitivas adaptadas, continuidade notável entre o préconceito egocêntrico e a coordenação lógica ou pelo menos instrutiva:

Obs. 126. – Eis aqui, de início, alguns exemplos de condutas mágico-fenomenistas, observadas a partir dos últimos níveis sensório-motores, onde elas prolongam a título residual, sem nada acrescentar, as formas iniciais de causalidade. Ao 1;7 (28), J. brinca num quarto no qual estou deitado, com uma manta sobre as pernas. Ela repousa a cabeça sobre a saliência feita pelos pés; dou uma pequena sacudida e ela levanta a cabeça, depois a coloca de novo etc. Paro, por fim; ela olha então unicamente o lugar em que se encontram os pés e sacode a cabeça como se esse procedimento agisse diretamente sobre a saliência! Ao 1;10 (16), do mesmo modo, J. bate com uma chave sobre o fundo de um cesto, atrás da cama onde me acho deitado. Digo: "Oh..." e ela ri, recomeça etc., com seis ou sete trocas regulares. Quando, por fim, deixo de responder "Oh", ela retira a chave do cesto, empurra-a com a outra mão alguns centímetros mais longe, ajusta-a e bate de novo, mais forte do que antes; comporta-se, pois, como se meu grito só dependesse da disposição material do cesto e das chaves.

Aos 3;3 (20), ou seja, bem após o nível precedente, L. escuta uma carroça numa estrada perpendicular ao caminho em que nos encontramos e é tomada de medo: *"Não quero que ela venha aqui. Quero que ela vá lá para baixo."* A carroça passa tal como foi desejado por ela: *"Estás vendo? Ela vai lá para baixo porque eu não queria que ela viesse para aqui."*

Aos 4;6 (2), J. tem medo dos limpa-chaminés. Um dia em que cai na escada ao fugir correndo, o próprio limpa-chaminés a consola. Muito emocionada, não perde por isso seu medo, mas, aos 4;6 (4), encontro-a a girar a toda velocidade em torno de uma barra metálica vertical: *"Rodo assim para aprender a gostar dos limpa-chaminés. Essa musiquinha* (atrito da mão sobre o metal) *me diz que eles são bonzinhos."* Aos 4;6 (6), dá voltas apressadamente em torno de um pequeno canteiro. *"Dou voltas em torno das plantas para não ter mais medo dos limpa-chaminés."* Ora, ela não deixa de acreditar que eles se acham nos sótãos, sob o teto, apesar de nossos desmentidos, e então gira de novo para se tranquilizar.

Aos 4;6 (20), fica com medo ao me ver partir na motocicleta de um amigo. Coloca então os dedos na boca de uma certa maneira (nova) e diz à mãe: *"Ponho os dedos assim para que papai volte."* Na mesma época, bate com os pés em seu quarto, dizendo: *"Bato com os pés porque sem isso a sopa não fica bem boa. Quando bato, a sopa é boa."* É evidente que nada desses comportamentos lhe pode ter sido sugerido pelos adultos que a rodeiam. Por exemplo, nem seus pais e nem mesmo sua babá têm o costume de bater com os pés.

Aos 5;6 (11), escuto uma conversa entre J. e L., na cama. L. tem medo da noite, e J. a tranquiliza: *"E de onde vem a noite?*, pergunta então L. – *Da água, porque, quando é dia, a noite vai para o lago."* Ora, aos 5;6 (22), ouço J., sozinha no jardim, dizer: *"Eu faço subir a claridade* (= a luz do dia), *eu a faço subir* (gesto de levantar alguma coisa do solo). *Agora, mando ela embora* (gesto de rejeitar) *e então a noite vem. Faço subir a noite, quando vou na beira do lago; aquele senhor* (que caminha do lado de fora do jardim) *ainda tem um pouco na roupa. Faço subir a claridade."* Após isso, diverte-se o resto do dia em *"fazer claridade"* com um bastão (gesto de atirar e lançar): *"A claridade sai da minha bengala."* Isso nos conduz às ideias relativas ao ar e à história da *"amão"*: ver a observação seguinte, a partir dos 5;7.

Obs. 127. – J. e L. se interessam, ambas desde os dois anos, pelo vento e pelo ar. L., aos 2;0 (3), vê as folhas de uma árvore mexerem-se e diz: *"Vento.* – Onde? – *Nas folhas."* – Aos 3;10 (17), liga a sombra ao vento (ver obs. 132). Aos 4;2 (12), vê uma grande nuvem que sobe: *"Foi a floresta que trouxe ela.* – A floresta? – *Mas, sim; foi o vento das árvores."*

Do mesmo modo, J., aos 2;11 (14), vê de sua cama brumas sobre as árvores da beira do lago: *"As nuvens se mexem.* – Sim. – *É para ir muito longe nas árvores, porque as árvores se mexem: há ventos."* Uma hora depois, conta à sua mãe o que viu: *"As nuvens se mexiam porque as árvores se mexiam."* No dia seguinte, nota as ondas e diz: *"Compreendo todas as coisas. Compreendo as ondas: é porque tem uma árvore na beira do lago. Estás vendo aquela coisa branca na árvore* (mostra ao longe ora o tronco branco de uma bétula, ora a espuma das ondas vista através da folhagem)? *São as ondas. É a árvore que faz as ondas; as árvores fazem vento."*

Ora, aos 4;6 (15), na idade em que se já se viu suas condutas relativas aos limpa-chaminés e à motocicleta (obs. 126), J. vê a lua se levantar sobre o Salève, por volta das 9 horas da noite: *"Oh! Uma* (!) *lua sobre o Salève! Ela se mexe porque tem vento. Ela desliza no céu. Todo o céu desliza."* J. tenta então, com a mão, fazer vento na direção oposta, depois sopra duas vezes e exclama encantada: *"Ela estava chatinha. Agora está grande. É com o ar. Ela agora inchou!"*

Aos 5;6 (6): *"O que é que faz as nuvens se mexer? Acho que é o céu. Me diz agora o que te disse!* – O que no céu? – *O vento...* (depois, espontaneamente): *A gente pode agarrar o ar?* (gesto de mão que agarra)."

Aos 5;6 (21), gira sobre si mesma: *"Isso faz a grama se mexer.* – Não estou vendo. – *É porque eu rodo; então ela roda também."*

Aos 5;6 (22), em relação com o "ar dos bebês" (ver fim da obs. 116, aos 5;6 (22) igualmente: *"Os bebês, é no começo o ar"* etc.), J. acrescenta: *"Não é que tem ar em minha boca? Eu deixo ele sair quando faço assim* (sopra). *Acho que o vento norte vem das árvores muito grandes."* Aos 5;6 (22), diz também as palavras: *"Faço subir a claridade...etc."* (fim da obs. precedente, nº 126).

Aos 5;7 (11): *"Pode-se fazer ar? – ... – E tu, tu podes fazer ar?"* No mesmo dia: *"O ar do céu é azul, mas o ar que vem contra a casa não é azul. – É isso mesmo. – Então, como é que se faz ar? – Não sei direito."* Na mesma noite: *"Mas me diz, de verdade, como é que se faz ar?* Aos 5;7 (20), sopra num copo e o entorna: *"Estou fechando o ar, não é?"*

Aos 5;7 (22), ela vai e vem numa sala, sozinha, batendo com as mãos. Depois, continuando, passa para a sala ao lado e se aproxima de mim dizendo: *"Estou fazendo ar frio."*

Aos 5;8 (24), por fim, J. gira sobre si mesma cada vez mais forte, até ficar com vertigens, e me diz em seguida: *"Estás sentindo que roda? – Por quê? – Porque eu rodei. Porque é que não se sente quando foi o outro que rodou? – O que é que tu achas? – Oh, isso não posso descobrir, de verdade* (pausa). *É 'amão' – O quê? – Quando eu rodo, é a mão (ou 'amão') que faz rodar o ar, e quando se roda muito depressa, ela voa, tudo voa, 'amão' voa pelo ar. Tu vês, quando eu faço isto* (gesto de movimentar o ar com a mão), *o ar vem, e quando faço isto* (empurrar), *ele vai embora. A mão faz o ar se levantar. – Então, por que é que tu dizes que não gira para mim quando tu rodas? – É 'amão' azul, a tua 'amão'."* – O que é que isso quer dizer? – ... Um momento depois, espontaneamente: *"Eu sei o que é 'amão' azul e 'amão' branca. 'Amão' é quando se mexe. 'Amão' azul é quando não se mexe. Quando eu faço assim com a mão* (remexe), *faço 'amão' branca, e isso faz mexer as árvores, as nuvens e todo o ar, e quando faço assim* (gesto de levantar do solo), *isso levanta o ar e fica tudo azul depois.* – E o que é que se está vendo agora, 'amão' azul ou 'amão' branca? – (Ela olha o céu). *É 'amão' branca, está cheio de nuvens. É o ar que subiu, que se mexeu. E, quando o levantaram, fica tudo azul e não se mexe mais."* Depois, corre sem falar, volta-se e diz por fim: *"Estás vendo, minha mão* (gesto de bater no ar), *estou fazendo 'amão' branca, isso me faz correr muito depressa. Tu não te mexes, é 'amão' azul. Aí* (mostra meu braço imóvel) *não se vê nada. Agora, olha* (corre e depois para), *é 'amão' azul, não estou correndo mais."*

Um momento depois estamos passeando, e ela me anuncia o que compreendeu sobre o fato de eu não ver nada girar quando ela própria gira: *"Tu vês, é assim: quando eu faço assim* (põe-se a girar), *é 'amão' branca, e quando faço assim* (gesto de retirar e de fazer subir), *isso expulsa o ar, não há mais ar branco no céu e é 'amão' azul."* Portanto, quando ela gira, acredita fazer mexer-se objetivamente as coisas pela corrente de ar que provoca, enquanto eu, que estou parado e sou mais alto que ela, encontro-me na 'amão' azul e não vejo nada girar. Para verificar a interpretação, prometo a mim mesmo esperar ou pedir-lhe outro dia um resumo retrospectivo. Como não se falou mais em 'amão', digo-lhe simplesmente, aos 5;11 (2): "Lembras-te do que me contaste uma vez sobre 'amão'? Eu esqueci. – *Lembro, 'amão' azul é quando se empurra o ar* (gesto). *'Amão' é branca quando ela está embaixo; no alto, há 'amão' azul."*

Obs. 128. – Eis aqui a última fase das ideias de J. sobre o ar. Aos 5;9 (25): *"O Arve corre forte. É quando há muito vento."* Aos 5;10 (21), ela olha uma bengala em equilíbrio sobre meu dedo: *"Por que é que ela se mantém* (de pé)? *Acho que é porque está rodeada de ar."*

Aos 6;3 (10), J. roda sobre si mesma como na observação precedente, mas não acredita mais nos efeitos objetivos: *"Pensa-se que rodam, mas elas* (as coisas exteriores) *não rodam de verdade."*

Aos 6;7 (8): *"É o que faz as árvores se mexerem, porque o ar se mexe o tempo todo, e são as árvores que fazem o vento, quando se mexem. É por isso que as nuvens andam. É o ar que faz as árvores se mexerem e depois o ar se mexe sozinho: é isso que faz as nuvens andar."* Portanto, é quase a "reação ambiental", mas ainda não terminada, num círculo acabado. Na noite do mesmo dia: *"É o ar que faz as nuvens se mexerem. O ar se mexe sozinho. Não, são as árvores. Mas onde não há árvores, eu não compreendo mais."*

Aos 6;7 (11): *"O vento e as nuvens são a mesma coisa. É por isso que as nuvens se mexem. Sim, porque elas estão no ar e, quando se mexem, é por causa de seu vento."* E aos 6;7 (12): *"É o ar, acho eu, que faz a lua andar."*

Por fim, aos 6;7 (15): *"O vento é o ar que se mexe. São as folhas, a relva e o ar que fazem o vento; depois, no alto, são o ar e as nuvens. – O quê? – É sim, é o ar que faz as nuvens se mexerem. – Sim, é claro. – Pois é. Elas fazem o ar se mexer, as nuvens: é o ar que empurra ela e depois elas fazem o vento. Os dois se ajudam* (!). – O que é que isso quer dizer? *– Que a nuvem ajuda o vento, que ela o faz soprar, e que o vento ajuda a nuvem a se mexer. – Mas quem é que começa? – O vento empurra um pouco a nuvem e depois a nuvem anda e faz o vento. – E quando não há vento? – Mas a nuvem anda um pouco sozinha, pois é do ar. E depois ela faz vento. – E as plantas? – O vento empurra elas, e então elas fazem ainda mais vento."*

Aos 6;9 (1): *"O ar vem das folhas e as* (o movimento das) *folhas do vento, tá aí."* E aos 6;9 (17): *"As nuvens é o céu que se estraga, é o ar que se vira em nuvens, e a nuvem, andando, faz vento."*

Esses fatos são tão interessantes do ponto de vista da estrutura do pensamento quanto de seu próprio conteúdo. É difícil, com efeito, não ver a continuidade que liga os fatos iniciais de causalidade mágico-fenomenista, que aparecem nos níveis sensório-motores (crença na eficácia do próprio gesto sobre a realidade, sem compreender os pormenores das conexões espaciais) e os fatos de produção da "claridade" (ar "branco" e luz confundidos) do fim da obs. 126. Os primeiros exemplos dessa observação não passam de resíduos da causalidade sensório-motora inicial. Depois, vêm combinações semisérias, semilúdicas da mesma ordem. Enfim, aparece a ação da mão sobre o ar, ação incompreensível para a criança, porquanto o ar não é inicialmente para ela uma substância determinada em estado imóvel: o ar não existe de início senão quando se agita, e, portanto, quando é "feito". Ora, essa ligação causal devida ao mesmo tempo à experiência fenomenista e à atividade própria é imediatamente generalizada por J. numa espécie de ação a distância exercida sobre a noite, o vento e os movimentos celestes (nuvens, lua etc.). O episódio da "amão" ou do ar produzido pela mão constitui admirável exemplo nesse sentido, no qual a criança chega a crer que ela faz girar todos os objetos que a cercam graças ao seu próprio movimento produtor de vento (obs. 127). Do ponto de vista da estrutura do pensamento, vê-se assim como a causalidade mágico-fenomenista, de base de assimilação egocêntrica, se traduz num pré-conceito no qual o papel da imagem imitativa é evidente e do qual a estrutura lógica é a da participação. Além disso, segundo o grau de crença de que ele se acompanha durante as diversas fases da ação, apresenta todas as transições entre a representação cognitiva e o símbolo lúdico.

Ora, como a criança se liberta desses pré-conceitos egocêntricos para atingir as noções objetivas, ou, pelo menos, um grau de objetividade comparável à da noção de "reação ambiente", da qual se servia ainda a física grega? Sem dúvida, começa-se aos dois ou três anos por constatar que o vento está ligado aos movimentos das árvores e das nuvens, mas se trata aí de uma produção direta de substância por objetos dotados de atividade espontânea e viva e, portanto, de noções pré-conceptuais sem conservação de conjunto nem identidades individuais. Ao contrário, já no caso da "amão", apesar do egocentrismo inicial do qual esse pré-conceito é testemunho, J. chega pouco a pouco a dissociar, em conexão com a socialização nascente de seu pensamento, dois pontos de vista distintos: o seu, isto é, aquele do sujeito que gira sobre si mesmo e produz assim a "amão branca" (com os movimentos dos objetos situados à escala deste); e o ponto de vista do observador adulto, isto é, do sujeito imóvel situado na "amão azul" (e não vendo, por consequência, nada girar na escala desse segundo produto). É sem dúvida essa coordenação dos pontos de vista que a leva em seguida a renunciar à sua crença subjetiva e à realidade dos movimentos provocados por sua própria atividade. Procurando então pôr em relação os próprios objetos (obs. 128), ela chega enfim a essa noção intuitiva da "reação ambiental", segundo a qual os corpos em movimento são impelidos pela corrente de ar que produzem ao se deslocarem: ora, encontra-se neste esquema a ideia mágico-fenomenista inicial do ar produzido pelo movimento, mas o ar tende ao estado de substância suscetível de conservação. Aqui, como em toda a parte, o pensamento intuitivo estabelece, portanto, transição entre os esquemas pré-conceptuais e imagísticos e os conceitos propriamente operatórios. É o que iremos ver melhor ainda dentro em pouco.

§5. *O OBJETO, AS PERSPECTIVAS ESPACIAIS E O TEMPO.* – Constatamos até agora como o artificialismo e o animismo, formas de pensamentos pré-conceptuais e intermediárias entre o simbolismo e o pensamento conceptual, conduziam a formas de explicação por composição operatória após uma fase (estendendo-se de cinco a sete anos mais ou menos) de identificações ainda intuitivas e imperfeitamente reversíveis. Vimos a seguir (§3) como, em correlação com essa transformação, os instrumentos do pensamento, inicialmente projetados nas coisas, eram em seguida "refletidos" a título de funções interiores. Por fim, acabamos de ver como as formas iniciais e egocêntricas de causalidade, notadamente as formas mágico-fenomenistas, foram pouco a pouco descentralizadas pela coordenação dos pontos de vista, até ocasionarem uma cinemática intuitiva a anunciar a interpretação operatória. Para encerrar este capítulo, iremos enfim procurar mostrar como as noções de objeto, de espaço e de tempo evoluem, a partir dos esquemas sensório-motores, ao estado de esquemas pré-conceptuais e, depois, intuitivos, para chegar a esquemas suscetíveis de tratamento operatório (as formas superiores dessa evolução devendo, naturalmente, ser tratadas noutro lugar por si próprias).

É sem dúvida no terreno do objeto, do espaço e do tempo que as continuidades e oposições entre os esquemas sensório-motores e a representação são mais visíveis. Como constatamos em *A Construção do Real na Criança*, efetua-se uma vasta construção espaço-temporal no espírito da criança, entre o nascimento e a última fase do desenvolvimento da inteligência sensório-motora, ou, portanto, durante mais ou menos os dezoito primeiros meses: partindo de um mundo sem objetos nem permanência substanciais, de espaços sensórios múltiplos e centrados sobre o próprio corpo e sem outro tempo senão o instante vivido pela própria ação, essa construção chega a um universo formado de objetos permanentes, constituídos num espaço prático único, relativamente descentralizado (porquanto engloba o próprio corpo como um elemento entre os outros) e a desenrolar-se em séries temporais que bastam à reconstituição e à antecipação práticas.

Ora, para constituir o universo representativo que se inicia com a coordenação das imagens e dos esquemas verbais, duas esferas de atividades novas têm que ser conquistadas: 1.º) a extensão no tempo e no espaço do universo prático imediato, isto é, a conquista dos espaços longínquos e das durações abolidas, que exigem, uns e outras, uma representação que ultrapassa a percepção, e não mais apenas o movimento e o contato perceptivo diretos; 2.º) a coordenação do próprio universo com o dos outros, ou, em outras palavras, a objetivação do universo representativo em função da coordenação dos pontos de vista. A questão é, portanto, saber se a intervenção da representação lúdica implica uma ruptura brusca com o passado, como o vê Wallon, em particular, sobre o terreno do espaço, ou se a representação amplia e coordena as conquistas da inteligência sensório-motora, com reconstrução sobre o novo plano mas defasagem entre essa reconstrução e as construções anteriores sem descontinuidade absoluta. Ora, os fatos são, a esse respeito, particularmente claros. Se houvesse descontinuidade, tudo teria que ser reconstruído, e a representação começaria, por exemplo, também ela, por um mundo sem objeto, sem espaço único etc., ou tudo se organizaria desde o começo de um modo inteiramente distinto das construções sensório-motoras, integrando-as, ao mesmo tempo, de saída, nessa organização nova. Mas iremos ver, ao contrário, que se encontra ao mesmo tempo uma reconstituição parcial e uma extensão progressiva dos esquemas sensório-motores, passando, uma e outra, por fases análogas às que se observam no desenvolvimento da atividade sensório-motora:

Obs. 129. – L., aos 2;4 (3), ouve no primeiro andar a água no quarto de banho. Ela está no jardim comigo e me diz: *"É o papai lá em cima."* Aos 2;5 (0), acompanhando o tio até seu carro, L. o vê partir ao longo da estrada, depois entra e vai direto à sala, onde se encontrava antes, dizendo: *"Quero ver se tio C. foi embora."* Chega, examina toda a peça e diz: *"Sim, foi embora."* Aos 2;5 (9), recebe a pequena B. na sala, enquanto a visita se faz habitualmente na varanda: assim que B. parte, L. que a acompanhou até a porta do jardim, entra em casa, dirige-se até a varanda e diz: *"Quero ver se B. está lá."* A cena se reproduz alguns dias após.

Notamos em L., nos mesmos dias, que, ao olhar imagens, ela se comporta da maneira assinalada por M. Luquet e que também estudamos anteriormente;[7] ao mesmo tempo em que reconhece os personagens que reaparecem nas diferentes imagens a representar uma história, ela os conta como diversos: *"O que é que esta menina faz?"* etc., como se não fosse a mesma que ela acabou de ver na imagem ao lado.

Tudo se passa como se os personagens reais em certas situações bem evidentes e os personagens de imagens em todas as situações constituíssem objetos com diversos exemplares, dos quais os duplos são semi-idênticos entre si, mas, no entanto, distintos, enquanto ligados a situações diferentes. Trata-se do mesmo fenômeno que foi assinalado mais anteriormente a propósito do sol e da lua, dos quais cada um é, ao mesmo tempo, múltiplo e único, do mesmo modo que um em relação ao outro (cf. Igualmente "a" lesma do capítulo VIII).

Obs. 130. – Aos 3;3 (1), J. segue uma estrada, e nos colocamos à direita, por causa dos carros. Na volta, ela se põe à esquerda: *"Mas era ali a direita. – O que é a direita? – É o lado da mão que segura a colher."* Ela mantém, no entanto, a direita total no caminho.

Aos 3;7 (12), vendo um nascer do sol na montanha, num local inesperado: *"Mas então há dois sóis?"*

---

[7] *Archives de Psychologie*, XIX (1925), págs. 211-239 e 306-349.

Aos 3;11 (13), L., de carro num caminho perpendicular ao Salève: *"Oh, o Solève* (ela diz ainda "Solève", cf. obs. 123) *está-se mexendo.* – Mas de verdade ou só parece (com efeito, ele tem o ar de se afastar à medida que caminhamos)? – *Mas é claro, porque é o carro que faz ele se mexer."* Um momento depois: *"Está-se mexendo ainda mais mesmo que antes, porque o auto vai depressa."* Aos 3;11 (20), percorremos de carro o mesmo caminho, mas no sentido inverso e lentamente: *"Ela está-se mexendo de novo, a montanha está-se mexendo porque nós andamos.* – De verdade ou só parece? – *Parece.* – Então ela não se mexe? – *Não, porque não estamos andando bastante depressa.* – E no outro dia, ela também não se mexia de verdade? – *Sim, ela se mexia porque íamos depressa."*

L., aos 4;3 (22): *"Oh, como ele anda depressa, o sol. Ele passeia como nós, divertese em passear como nós. Oh, ele vai para o mesmo lado que nós. Daqui a pouco estará sobre estas plantas."* Retornamos, e L. ri muito de o ver voltar também: *"Ele faz isso para se divertir, para nos fazer brincadeiras...* (ver obs. 120)." Uma hora depois: *"Oh, ele está correndo conosco."* Depois, na descida: *"Ele vai descer agora.* – Por quê? – *Porque estamos descendo."* Passamos por uma garganta ensombreada e depois encontramos de novo o sol: *"Oh, ele está de novo lá, e, depois, quando estivermos no carro, estará de novo lá e em casa também: ele vai sempre conosco."* Aos 4;5 (1): *"Oh, a lua. Ela está passeando conosco, por causa do barco.* – Mas anda sozinha? – *Não, ela não anda sozinha. É o barco, é nós."* No mesmo dia, L. se balança com J. (6;7) e uma amiga de 7 anos: L. acredita que a lua se mexe e se balança também, mas J. e a amiga não o admitem.

Aos 4;6 (3), L. vê o Salève desde Archampe não mais dos lugares habituais: *"Ele mudou todo.* – Mas de verdade ou somente parece? – *Mudou de verdade.* – E as pessoas que estavam aqui ontem já o viam assim? – *Não, de outro modo.* – Mas ontem não era assim, aqui? – *Não, diferente."* Um momento depois, do mesmo ponto: *"Mas por que não se vê o Pequeno Salève?* – O que é que tu achas? – *Não sei.* – Não está mais lá ou se escondeu? Por quê? – *Não sei. Deveria estar ali* (mostra um lugar ao pé do Salève)." Na volta (de carro): *"O Salève está-nos seguindo."* Depois: *"Ele se deforma, como o sol quando entra nas nuvens; depois, se ajeita de novo."*

Aos 4;11 (4), subindo uma colina, ao pé da qual existe um pequeno lago. Este é *"maior quando se sobe.* – Por quê? – *Porque se está mais longe.* – E as casas? – *Mais pequenas* – E o lago? – *Maior, porque a água do Ródano chegou e fez o lago maior."*

Obs. 131. – Por volta dos seis a sete anos, J., que partilhou até então dos erros precedentes, deles se desfaz pouco a pouco. Já aos 5;11 (0): *"Se diria que as estrelas se mexem, porque nós andamos"*, mas ela não sabe se isso é real ou apenas aparente. Aos 6;7 (8): *"Lausanne é bem mais longe que La Sage e La Sage bem mais longe que Lausanne, não é?* – (Medimos as distâncias recíprocas entre dois pontos.) – *Mas é isso o que eu queria dizer: La Sage é longe de Lausanne, como Lausanne é longe de La Sage."* Ela exprimia, pois, a simetria em termos de relações assimétricas iguais. Aos 6;9 (15), subindo o Salève, ela vê nuvens que passam a toda velocidade sobre a crista: *"Mas o Salève está-se mexendo, por quê?* – ... – *Ah, não! São as nuvens que estão se mexendo. Não é o Salève."* No mesmo dia: *"O lago é maior porque se está mais alto; então se vê mais fundo."* Na descida, ele torna-se menor: *"É porque estamos descendo e então a barreira* (o anteparo da colina que dele nos separa) *sobe."*

Aos 7;3 (29), sobre a colina donde L., aos 4;11 (4), via um laguinho crescer (obs. 130): *"É porque ele se descobre."*

Obs. 132. – A essas questões de perspectivas, é interessante acrescentar a análise das noções projetivas que se ligam às sombras, estas últimas levantando igualmente um problema relativo ao objeto.

Ao 1;6 (6), já J. corre empós sua sombra, no jardim, mostrando-a com o dedo. Ao 1;7 (27), faz o mesmo, mas tenta agarrá-la: baixa-se e levanta-se para recomeçar um pouco mais longe, mostrando-a às vezes com o dedo para dizer: *"Acqueline."* Em determinado momento faz sombra com a mão e diz: *"Mão."* À tarde, sentada em meus joelhos, vê de novo sua sombra e diz novamente: *"Acqueline".* Respondo: "Onde está J.?", e então, em vez de se mostrar a si mesma, ela desce dos meu joelhos, dá alguns passos em direção à sua sombra que foge e depois se abaixa e a mostra para mim. Mesmas observações ao 1;9 (28); depois, quando faço uma sombra com a mão, diz *"Papai",* designando a própria sombra. Aos 2;6 (5), mostra-me a sombra de uma árvore e diz: *"Árvore."*

Após reações análogas, não se passa nada de interessante até por volta dos cinco anos. Contrariamente, L., aos 3;10 (17), pensa que *"a sombra vem do vento".*) Aos 5;7 (21), J. pergunta sobre um rochedo em pleno sol: *"Por que é que ele não faz sombra?"* Vemos imediatamente após a sombra de uma nuvenzinha isolada se projetar sobre uma aldeia abaixo de nós: "Estás vendo aquela sombra? – *Sim, é a sombra da aldeia. –* Não será a sombra desta nuvem (vê-se a sombra se deslocar e entrar pelos campos)? – *Mas não, é a sombra da aldeia."* Ela acredita ainda que a noite *"vem das nuvens",* como se fosse uma substância que delas emanasse. Aos 5;7 (22), à tardinha, ela vê o fundo do vale já escuro, enquanto as montanhas continuam ao sol: *"Estás vendo, a noite, ela vem de baixo. É a água que faz a noite, é a torrente."* Depois: *"Onde é que a noite se deita? – ... – No lago, acho. Então fica tudo escuro, lá onde ela está."* Aos 5;8 (0): *"Ela é toda preta, esta noite, ela vem das nuvens."*

Aos 5;9 (0), ela vê a sombra de umas nuvenzinhas a correr sobre a montanha: *"É a sombra das nuvens? Por que é que as nuvens fazem sombra também?* Depois: *"Há também sombra na terra dos negros? – Mas é claro. O que é a sombra? – São coisas que correm. – A noite também tem sombras? – Oh, sim, muitas."*

Aos 5;9 (20), perto do pôr do sol, a sombra de uma estaca é mais comprida que o próprio objeto: *"Mas por que a sombra é mais comprida que ela* (a estaca)?" Aos 6;3 (2), a mesma pergunta: *"Por que a sombra do pau de boliche é mais comprida que o pau?"* Estamos sentados em círculo sobre a relva, e J. olha minha sombra, às minhas costas: "E L. (em frente), onde estará sua sombra? – *Do outro lado, porque ela também está com sombra nas costas."* J. se vira então e não entende.

Aos 6;7 (7), ao pôr do sol, achamo-nos sobre um montezinho de 10 m de altura, e a sombra de J. se projeta sobre um outro outeiro de 5-6 m de altura, separado do nosso por um fosso que, naturalmente, se acha ele próprio na sombra. J. nota sua sombra: *"Ela está tão longe, a sombra, porque nós subimos a colina e ela ficou embaixo."*

Aos 6;7 (22), por fim, enquanto os últimos raios de sol iluminam os picos das montanhas, ela diz inicialmente: *"Ainda há sol lá, e as nuvens estão do outro lado, para a noite;* depois, descobre que os raios passam por cima da crista em frente a nós e que, então, a sombra do vale não é mais que a ausência da luz: *"Mas é a montanha, aquela lá, que esconde o sol; então a sombra é porque os raios não podem chegar até aqui."*

Obs. 133. – Ao 1;11 (10), J. traduz verbalmente, durante a ação, uma sucessão temporal, ao dizer: *"Sopa antes, ameixas depois."* Do mesmo modo, entre 2 e 2;6 ela compreende as durações expressas por "um momentinho", "num momento" etc.

Aos 3;10, L. pergunta se o dia em que estamos e que se lhe havia dito na véspera que seria *"amanhã": "é amanhã em Pinchat* (nosso bairro) *ou é amanhã em toda parte?* J., aos 5;7 (11): *Domingo é amanhã?* – Sim. – *Na terra dos negros de verdade é também domingo?* – Sim. – *Por que é domingo em toda parte?"*

Aos 5;9 (0): *"Há também um 'ontem' na terra dos negros?"* Aos 5;9 (2): *"Existem momentos em que não há horas ou há horas todo o tempo, todo o tempo?"*

Aos 4;5 (0), diz de um rio que ele é *"mais velho que uma casa".* – Como é que tu sabes que ele é mais velho? – *Porque o rio me interessa mais."* Aos 5;11 (0), seu velho tio acaba de se separar de uma empregada muito idosa: *"Não é verdade que P. foi embora da casa do tio A. porque estava muito velha e cansada? Então, quando E.* (a nova empregada, mocinha) *for velha, também ela irá embora da casa do tio A. e ele tomará outra."* Portanto, o tio A., concebido como sistema de referência imóvel, ele próprio não envelhece. Aos 6;5 (9): "Mas talvez T. seja um dia maior que tu. – *Ah, sim, porque é um menino; será então mais velho."* Ora, T. tem dezessete dias, e há mais de seis anos de diferença entre J. e seu irmãozinho!

A lição desses fatos parece bem clara quanto às relações entre o objeto, o espaço e o tempo representativos, por um lado, e os esquemas sensório-motores correspondentes, por outro. Pode-se dizer, com efeito, de modo geral, que aquilo que é adquirido no plano prático pela inteligência sensório-motora, isto é, a permanência de forma e de substância dos objetivos próximos, bem como a estrutura do espaço e do tempo próximos, não necessita de reaprendizagem no plano representativo, mas se encontra diretamente integrável nas representações, enquanto tudo o que ultrapassa o espaço e o tempo próximos e individuais exige uma construção nova: ora, essa elaboração, em lugar de proceder por generalização imediata a partir das estruturas práticas já conhecidas, constitui uma nova e verdadeira construção, a qual, fato muito interessante, reproduz em linhas gerais o desenrolar da construção já concluída no plano sensório-motor no que diz respeito às estruturas próximas. É precisamente esse novo desenrolar de que as etapas caracterizam o pré-conceito, depois a intuição e, enfim, os próprios mecanismos operatórios.

O exemplo da noção de objeto é, nesse sentido, inteiramente característico. Pudemos mostrar anteriormente (*A Construção do Real na Criança*) como a criança começa por comportamentos que implicam um universo sem objetos permanentes formado de quadros reconhecíveis, mas que desaparecem e reaparecem sem coordenação dos deslocamentos no espaço nem no tempo. Com mais ou menos 0;8 a 1;0, a criança começa a procurar o objeto desaparecido e, portanto, a atribuir-lhe um começo de permanência substancial, mas sem levar em conta seus deslocamentos visíveis, como se o objeto estivesse ligado a uma situação particular. Enfim, entre 1;1 e 1;6, o objeto se constitui a título de substância individualizada, conservando-se através dos deslocamentos que assegurem seu retorno possível. Em correlação com essa construção da inteligência sensório-motora, constituem-se dois esquemas perceptivos fundamentais: uma certa constância da grandeza e uma certa invariância da forma. Sobre o primeiro ponto, os "gestaltistas" creem, é verdade, poder afirmar a existência, a qualquer idade, da constância da grandeza. Mas se assinalou recentemente que ela se construía muito progressivamente durante os primeiros meses.[8] Quanto às experiências de H. Franck sobre os bebês de 0;11, a sua retomada não confirmou uma constância tão boa nessa idade como o julgava esse autor. Nossas próprias experiências, em colaboração com Lambercier, com crianças de idade escolar,[9] confirmaram, com Beyrl e contra Burzlaff, que ela não era completada entre cinco e sete anos. É preciso portanto concluir, no estado atual dos conhecimentos, que a constância da grandeza só começa mais ou menos no fim do primeiro ano, em estreita conexão com a construção do objeto, e só termina no fim da infância para as distâncias maiores.[10] Por outro lado, em correlação com essa mesma construção se elabora o esquema perceptivo da constância da forma (ver, por exemplo, as experiências sobre a inversão da mamadeira, obs. 78 e 87 da obra citada).

Mas se a construção do objeto, com sua forma e suas dimensões constantes, é assim concluída por volta dos doze aos dezoito meses no que

---

[8] Brunswik e Cruikshank, "Perceptual Size-Constancy in Early Infancy", *Psychol. Bull.*, 1937, 34, 713-714.

[9] Ver em *Archives de psychologie*, 1944-45: "Recherches sur le développement des perceptions." Ver *Rech.* III e VI-VIII.

[10] Nós não poderíamos, portanto, concordar com a objeção, muito pertinente em sua época, que nos dirigiu P. Guillaume ("L'intelligence sensori-motrice selon J. Piaget", *Journ. de psychologie*, 1942), segundo a qual a inteligência sensório-motora e a percepção constituem dois campos bem separados. Os fatos de ordem perceptiva que motivam esse ponto de vista foram, segundo nos parece, ultrapassados desde então.

Categorias Práticas e Representativas

concerne ao espaço próximo, que é dela ao nível de dois a quatro ou 4;6 anos, que corresponde às obs. 129 e 130, que se acaba de ler? Constatamos inicialmente que a intervenção da linguagem e da representação não modifica em nada a percepção dos objetos próximos; o que é adquirido nesse domínio por via sensório-motora ocasiona, de início, juízos e representações corretos. A descontinuidade radical que Wallon queria introduzir, se o compreendemos bem, entre o espaço representativo e o espaço sensório-motor esbarra pelo menos nessa continuidade do esquema dos objetos permanentes, que estrutura diretamente a representação em seu núcleo essencial, como aliás toda a continuidade das construções perceptivas cuja importância não se poderia negligenciar no tocante à organização dos esquemas espaciais intuitivos. Mas constatamos a seguir que, no caso dos objetos afastados (montanhas, árvores e mesmo personagens que se perdem ao longe), uma nova construção do objeto e da constância de suas formas e dimensões é então necessária e que ela se efetua repetindo de forma surpreendente as etapas da construção sensório-motora anterior, relativa aos objetos próximos.

Que se comparem, por exemplo, as reações de L. aos 4;6 (3), na presença do Salève encarado dum ponto de vista novo, às de T. aos 0;6, quando se apresenta a ela sua mamadeira ao contrário (op. cit., obs. 78): nos dois casos, considera-se que o objetivo muda realmente de dimensões e de forma, o Pequeno Salève oculto por trás do grande "deveria estar lá" como o bico de borracha que T. procura do lado errado da mamadeira; o Salève se "deforma" como o sol quando parece desaparecer nas nuvens etc. Do mesmo modo, um lago que parece aumentar quando se sobe realmente cresce etc. É muito curioso, igualmente, ver L. ainda aos 2;5 (obs. 129), quando não existe mais problema para ela quanto aos deslocamentos e à permanência dos objetos próximos, perguntar se um tio que ela vê sair de automóvel ou um bebê que ela vê se afastar pela estrada em seu carro não se encontrarão imediatamente depois na casa, no lugar em que foram vistos anteriormente.

Quanto às noções relativas aos movimentos aparentes das árvores e das montanhas, que são tomados por deslocamentos reais até cerca de seis a sete anos, reproduzem as atitudes da criança de peito no tocante aos movimentos próximos, por exemplo, quando mexendo com a cabeça não pode decidir se os deslocamentos percebidos sobre os objetos são aparentes ou reais. Ora, nos dois casos, a determinação dos movimentos reais se deve a uma organização dos deslocamentos percebidos que assume a forma de um "grupo", isto é, que permite sua composição reversível (com o retorno à posição inicial podendo ser assegurado por um movimento do objeto ou do próprio sujeito). De igual modo, os comportamentos relativos às sombras, além do seu aspecto que interessa à noção de objetos, lembram, sob muitos aspectos, a evolução das condutas sensório-motoras que se relacionam com as telas ou anteparos e recorrem a relações projetivas da mesma ordem.

Enfim, constata-se que os mesmos mecanismos são encontrados a respeito do tempo, as sucessões práticas e estimativas das durações da ação transpondo-se simplesmente, sem nada acrescentar, para o plano da representação, enquanto as sucessões e durações que se relacionam com o tempo longínquo (sobre o tempo como se apresenta no espaço longínquo, por exemplo, "nos negros", ou sobre as grandes durações, como as idades relativas de dois personagens) ocasionam uma nova construção. Ora, esta última reproduz de início o mecanismo das "séries subjetivas" próprio aos primeiros níveis sensório-motores, antes de atingirem a seriação exata e operatória que corresponde às séries práticas objetivas.

Em suma, afigura-se, portanto, que as categorias representativas do objeto, do espaço e do tempo, originando-se a partir dum núcleo pelos esquemas sensório-motores de ordem espaço-temporal e relativos à ação sobre os objetos próximos, acabam por integrar esses esquemas numa nova construção que visa tanto ao espaço e ao tempo longínquos quanto aos próximos, mas essa nova construção passa novamente por fases análogas às do desenvolvimento sensório-motor. Nesse sentido, o nível do pré-conceito, estendendo-se do aparecimento da linguagem aos quatro anos ou 4;6, corresponde àquele no qual os objetos não têm ainda nenhuma identidade permanente, nem o espaço e o tempo de organização objetiva; o nível da intuição estabelece transição como os níveis sensório-motores intermediários, e o das operações arremata o edifício como o das coordenações práticas da fase VI da inteligência sensório-motora. Mas como explicar essas defasagens e essas correspondências? É o que nos resta examinar em linhas gerais.

§6. *CONCLUSÕES: PRÉ-CONCEITO, INTUIÇÃO E OPERAÇÃO.* – Já analisamos como a adaptação sensório-motora desde os dezoito primeiros meses leva à construção de um universo prático próximo, por um equilíbrio progressivo entre a assimilação das coisas aos esquemas da atividade própria e à acomodação destes aos dados da experiência. A adaptação representativa prolonga, num sentido, exatamente esse processo, porém a maiores distâncias espaço-temporais, tornadas possíveis graças à evocação dos objetos e dos acontecimentos fora do campo perceptivo, por meio das imagens simbólicas, dos signos e do pensamento. Em outras

Categorias Práticas e Representativas

palavras, além dos objetos próximos e perceptíveis, ela tem que adaptar-se ao universo longínquo, no espaço e no tempo, bem como ao universo dos outros.

Ora, no caso das categorias reais ou espaço-temporais, como se efetua essa adaptação? Por uma extensão progressiva dos esquemas sensóriomotores ou, em outras palavras, dos esquemas de movimentos e de percepções. Mas é a acomodação própria a esses esquemas que, conforme vimos no capítulo III, gera a imagem e constitui assim os significantes individuais que servem de suporte à assimilação representativa. É portanto muito natural que, uma vez dissociados de seu ponto de contato com o real imediato, e, por conseguinte, da percepção e do movimento atuais, os esquemas assim empregados, quer a título de significantes, quer a título de significações, perdem, assimilando novos domínios, o equilíbrio que os caracteriza no terreno de partida, e não é menos compreensível que a maneira pela qual o equilíbrio se encontrará progressivamente entre a acomodação e a assimilação representativas reproduzirá então, em linhas gerais, as fases da construção sensório-motora precedente.

A primeira fase (1;6-dois anos a quatro ou 4;6) será portanto caracterizada ao mesmo tempo por uma assimilação egocêntrica, que reduz os dados do espaço e do tempo longínquos aos da atividade própria imediata, e por uma acomodação imitativa que simboliza, por meio de imagens particulares, a realidade representada, por não poder acomodar-se às transformações novas em jogo. Reconhece-se aí a estrutura do pré-conceito que, segundo vimos, explica o animismo, o artificialismo e as participações mágico-fenomenistas ("amão" etc.), do mesmo modo que a propriedade característica dos objetos longínquos de ser ao mesmo tempo um e vários exemplares segundo as situações que ocupem ("a" lua como "a" lesma ou como o tio e o bebê que se poderiam reencontrar, após sua partida, em seu lugar habitual). Quanto ao espaço e ao tempo, eles próprios ficam reduzidos a suas qualidades perceptíveis consideradas na escala próxima ou prática e não apresentam ainda nenhuma das coordenações que permitirão estruturá-los em sua generalidade.[11]

Durante a segunda fase (quatro-cinco a sete-oito anos), a assimilação e a acomodação tendem a se equilibrar, mas não o conseguem senão no quadro de certas configurações privilegiadas. Por exemplo, J. admite aos 6;7 (8) a igualdade das duas distâncias A B e B A julgadas horizontais, ao passo que essa igualdade seria posta em dúvida em percursos verticais ou oblíquos, como outras demonstrações nos mostraram depois. Mas preci-

---

[11] Ver as obras consagradas a esses dois domínios especiais, que publicaremos proximamente.

samente porque fica ligada a essas estruturas perceptivas e, portanto, a certos estados perceptíveis privilegiados em oposição às transformações gerais, o pensamento permanece imagístico e intuitivo, isto é, o equilíbrio entre a assimilação e a acomodação ainda não é absolutamente permanente. Semirreversível, por consequência, mas sem composições rigorosas, é esse pensamento intuitivo que assegura a transição entre os préconceitos e os conceitos na causalidade por identificação de substâncias ainda concebidas como vivas, nas primeiras coordenações de pontos de vista ("amãos" azul e branca) e, sobretudo, nas primeiras articulações corretas do espaço longínquo (obs. 131).

Enfim, a conclusão do equilíbrio entre a assimilação e a acomodação representativa se marca pela reversibilidade inteira atingida pelo pensamento ou, em outras palavras, pela constituição das operações (período III). Mas, no domínio espaço-temporal que nos interessa aqui, essas operações não se excluem em nada e parecem mesmo invocar a representação imagística, a ponto de se falar da "intuição" geométrica, não somente num sentido limitativo, mas para opô-la ao raciocínio sobre o espaço, e também, amiúde, no sentido de uma faculdade intermediária entre o sensível e o operatório (no sentido de Kant). Existe um ponto muito importante a assinalar nas relações entre o esquema imaginístico e a operação. Como procuramos mostrar alhures, o caráter do objeto único próprio ao tempo ou a um espaço considerado não se opõe em nada à sua natureza operatória e não legitima de modo nenhum a concepção de "formas *a priori* da sensibilidade". Existem, com efeito, duas espécies de operações intelectuais: as operações lógico-aritméticas, que consistem em ligar os objetos entre si sob a forma de classes, relações e números, de conformidade com os "grupamentos" e os "grupos" que a elas se ligam, e as operações infralógicas ou espaço-temporais, que consistem em ligar não os objetos mas os elementos de objetos totais: ao imbricamento das classes corresponde, portanto, na infralógica, a divisão ou o imbricamento das partes; às relações assimétricas correspondem as operações de colocação (ordem) e de deslocamento, e ao número corresponde a medida. Ao mesmo tempo que objetos únicos, o espaço e o tempo são, portanto, sistemas de operações, que correspondem univocamente às operações lógico-aritméticas, distintas, porém, por sua escala. Ora, como todas as operações, essas operações espaço-temporais não passam de esquemas sensório-motores que se tornaram intuitivos e depois reversíveis ao término de um desenvolvimento definido pelo equilíbrio progressivo da assimilação e da acomodação. Somente, à diferença dos esquemas lógico-aritméticos, trata-se aqui de esquemas relativos aos objetos e não aos seus conjuntos.

Por consequência, as imagens que resultam da acomodação a esses objetos se encontram numa situação inteiramente diferente, em relação a essas operações, que no tocante àquelas que visam às classes, às relações lógicas e aos números. Neste último caso, com efeito, a imagem de um objeto não é mais que um símbolo do conjunto, um símbolo que usurpa a categoria de substituto ou de exemplo representativo privilegiado no nível do pré-conceito ou da intuição, mas que, no nível do pensamento operatório, fica reduzido à categoria de simples símbolo, útil por vezes, mas inadequado, e servindo de simples adjuvante ao signo verbal. Nos casos das operações espaço-temporais, ao contrário, a imagem fica na escala da operação, pois que esta visa ao próprio objeto: a imagem é, então, a expressão de uma acomodação cujo equilíbrio com a assimilação constitui precisamente a operação. Eis por que existe uma intuição geométrica quase adequada ao raciocínio operatório que visa ao espaço, enquanto a linguagem corrente apresenta alguma imperícia em exprimir o pormenor. Mas dizemos somente "quase" adequada, porquanto, nascida do esquema sensório-motor, a imagem permanece limitada pelos quadros da escala perceptiva, ao passo que a operação, uma vez constituída em sua capacidade indefinida de composição reversível, torna-se suscetível de todas as generalizações. Igualmente, a grande diferença entre a intuição espacial ingênua, do nível do pensamento intuitivo ou pré-operatório, e a intuição propriamente geométrica que subsiste no nível das operações infralógicas ou espaço-temporais, é que a primeira substitui o raciocínio, ou pelo menos o determina, ao passo que a segunda acompanha simplesmente o raciocínio operatório até onde pode, e lhe fica sempre subordinada. Dela não se constata menos, e é por aí que podemos terminar este capítulo, a admirável unidade de desenvolvimento que, do esquema sensório-motor, conduz à representação espaço-temporal por intermédio das formas de pensamento pré-conceptual e intuitivo.

CAPÍTULO X

Conclusões: os Estágios Gerais da Atividade Representativa

A ideia diretriz deste estudo consistiu em considerar diversas formas de pensamento representativo – imitação, jogo simbólico e representação cognitiva – como solidárias umas com as outras e evoluindo todas as três em função do equilíbrio progressivo da assimilação e da acomodação. O equilíbrio destas últimas funções, que constituem os dois polos de toda a adaptação, determina já o desenvolvimento da inteligência sensório-motora, como procuramos demonstrar anteriormente. Mas só se trata então da assimilação e da acomodação atuais; o próprio da representação é, ao contrário, ultrapassar o imediato, fazendo crescer as dimensões no espaço e no tempo do campo da adaptação e, portanto, evocar o que ultrapassa o domínio perceptivo e motor. Quem diz representação diz consequentemente reunião de um "significante" que permite a evocação e de um "significando" fornecido pelo pensamento. A instituição coletiva da linguagem é, em relação a isso, o fator principal e de formação e socialização das representações. Apenas, o emprego dos signos verbais só é plenamente acessível à criança em função dos progressos de seu próprio pensamento, e, como acabamos de ver a propósito da intuição do espaço, a linguagem corrente, principalmente adaptada às operações lógicas, permanece inadequada à descrição do objeto individual, isto é, à representação espacial ou infralógica; não há necessidade, por outro lado, de relembrar sua pobreza essencial quando se trata de exprimir o vivido e a experiência pessoal. Além das palavras, a representação nascente supõe, portanto, o apoio de um sistema de "significantes" manejáveis, à disposição do indivíduo como tal, e é por isso que o pensamento da criança permanece muito mais "simbólico" que o nosso, no sentido em que o símbolo se opõe ao signo. Ora – e é aqui que intervém a hipótese que nos dirigiu –, esse "significante" comum a toda representação nos pareceu ser constituído pela acomodação, enquanto ela se prolonga em imitação e, consequentemente, em imagens ou imitações interiorizadas. Reciprocamente, o significado é, evidentemente, fornecido pela assimilação, que, incorporando o objeto a esquemas anteriores, fornece-lhe por isso mesmo uma significação. Segue-se que a representação implica um duplo jogo de assimilações e acomodações, atuais e passadas, das quais o equilíbrio de umas em relação às outras não poderia ser rápido, mas ocupa, na verdade, toda a primeira infância. Daí o processo evolutivo que encontramos incessantemente: enquanto há desequilíbrio, a acomodação precede a assimilação e há imitação representativa ou então a assimilação vence e há jogo simbólico ou então ainda ambas tendem ao equilíbrio e há representação cognitiva, mas então o pensamento não ultrapassa o nível dos pré-conceitos ou da intuição, porque a assimilação e a acomodação, permanecendo uma e outra incompletas, a primeira continua direta e sem encaixe hierárquicos, enquanto a segunda permanece ligada a imagens particulares; na medida, ao contrário, em que o equilíbrio aumenta e atinge a permanência, a imitação e o jogo se integram na inteligência, a primeira tornando-se refletida e o segundo, construtivo, com a própria representação cognitiva chegando então ao nível operatório graças à reversibilidade que caracteriza o equilíbrio de uma assimilação e uma acomodação generalizadas.

Dada a diversidade dos assuntos abordados nos capítulos precedentes, pareceu-nos útil, para marcar a unidade da tese que acabamos de resumir, retomar esquematicamente, a título de conclusão, os principais resultados obtidos, agrupando-os segundo as fases de sua evolução comum.

I. *O PRIMEIRO PERÍODO: A ATIVIDADE SENSÓRIO-MOTORA.* – Partamos do desenvolvimento sensório-motor e especialmente da existência dos esquemas de ação, ou seja, dos sistemas de movimentos e percepções coordenados entre si que constituem toda conduta elementar suscetível de se repetir e aplicar-se a situações novas: por exemplo, apanhar um objeto, deslocá-lo, sacudi-lo etc.

O exercício de tais esquemas supõe movimentos próprios que se podem reproduzir e modificar os movimentos e posições dos objetos sobre os quais se dirige a ação. Os movimentos e posições do sujeito determinam, por outro lado, a cada instante, um "ponto de vista" próprio, cujas relações com os movimentos e posições exteriores condicionam sua percepção e sua compreensão. Chamamos *assimilações* a essa modificação objetiva dos movimentos e posições externas pelos movimentos próprios, bem como a modificação subjetiva que resulta do fato de que a percepção ou a compreensão desses movimentos e posições externos é necessariamente relativa ao "ponto de vista" próprio. A modificação subjetiva, portanto, corresponde sempre a uma modificação objetiva possível, mas que pode tanto permanecer virtual quanto tornar-se real.

Por fim, pela própria razão de que os movimentos e o ponto de vista próprios a agir sobre os dados exteriores ou sobre sua percepção são a expressão de uma ação suscetível de repetir-se e aplicar-se a novos dados, esses dados sucessivos acham-se ligados entre si: a assimilação dos dados atuais ao esquema (definida pelas modificações subjetivas e objetivas que se acabou de ver) implica portanto o que se pode chamar, por extensão, de sua assimilação aos dados anteriores sobre os quais dirigiu a própria ação. Definir-se-á então simplesmente essa assimilação dos dados atuais aos dados anteriores pelo fato de que a própria ação, ou, dito de outro modo, o mesmo esquema, lhes é aplicado sucessivamente. Por exemplo, agarrar é uma ação que modifica os movimentos e as posições exteriores, objetiva e subjetivamente ao mesmo tempo, e, como é uma ação suscetível de se repetir e de se generalizar, ela ocasiona uma recognição visual, tátil, cinestésica etc. tal que um objeto é percebido e compreendido, não somente como sendo agarrado quando ele o é, mas como podendo ser agarrado quando ainda não o foi: é em todos esses sentidos reunidos (e necessariamente solidários) que dizemos que o objeto é assimilado ao esquema da preensão ou que é assimilado aos objetos anteriores sobre os quais já se exerceu o esquema da preensão.

Inversamente porém, os movimentos e posições exteriores do objeto ao qual o esquema se aplica reagem sobre os movimentos e o ponto de vista próprios. Por exemplo, segundo o objeto a agarrar esteja mais ou menos afastado, há percepção dessa profundeza e um deslocamento correlato da mão e, segundo ele se desloque, a mão e o olho seguem esses movimentos. Chamamos de *acomodação* essa modificação dos movimentos e do ponto de vista próprios pelos movimentos e posições exteriores.

É de se notar ainda que essas duas noções de assimilação e de acomodação são de ordem puramente funcional.[1] As estruturas às quais correspondem, ou, dito de outra maneira, os órgãos que preenchem essas funções, podem ser, em princípio, absolutamente indiferentes: do reflexo à inteligência sensório-motora, encontramos essas duas invariantes funcionais (do mesmo modo que, a seguir, da representação elementar à operação racional).

Dito isso, uma primeira relação possível entre a assimilação e a acomodação é a procura de um equilíbrio entre as duas. Falamos, nesse caso, de *adaptação*, e são as formas superiores dessa adaptação que vêm a dar na atividade inteligente. Mas como toda conduta apresenta sempre os dois elementos ao mesmo tempo, no estado ativo ou passivo, a questão é saber-se em que medida a acomodação aos dados exteriores é completa e durável. Com efeito, o equilíbrio atingido só é estável se a atividade assimiladora do sujeito permanece de acordo com os movimentos ou a causalidade específica dos objetos sobre os quais se volta (ou com sua finalidade particular, no caso de instrumentos). Seja, por exemplo, um acontecimento A que acarreta objetivamente os acontecimentos B, C etc. e uma ação própria A', que acarreta as ações B', C' etc.: dizemos que há equilíbrio (estável) se a sucessão das ações A', B', C'... conserva a sucessão objetiva A, B, C... O caso mais simples é o de um processo perceptivo, quanto A, B, C... são as posições dos elementos de uma figura ou aquelas que um móvel percorre sucessivamente, e A', B', C'..., as do olhar. Mas se, nesse caso, o esquema de assimilação não modifica objetivamente os dados exteriores, pode haver reformação pelo fato do ponto de vista do sujeito, por exemplo, de centrações privilegiadas, e então há assimilação deformante e equilíbrio incompleto; para restabelecer o equilíbrio, será preciso que novas centrações corrijam as precedentes, ou, dito de outra maneira, que uma coordenação suficiente dos atos sucessivos de assimilação descentre o olhar e garanta a conservação das posições e movimentos exteriores. Em resumo, o equilíbrio entre a assimilação e a acomodação se define pela conservação mais ou menos durável das sequências exteriores, e quanto mais as sequências conservadas são extensas e complexas, mais estável é o equilíbrio do esquema que as engloba. Entretanto, da percepção mais elementar ao pensamento mais elevado, essa conservação supõe sempre – pelo próprio fato de a acomodação não ser nunca pura, mas manifestar-se necessariamente no interior de um sistema de assimilação – uma coorde-

---

[1] E tomadas de empréstimo sem modificação à Biologia, que define a "acomodação" pela variação individual sob a influência do ambiente.

nação dos esquemas, ou, dito de outro modo, uma assimilação recíproca que vem a dar em sua descentração.

Uma segunda possibilidade é a da *assimilação a preceder a acomodação*, com esse primado podendo manifestar-se simplesmente por uma insuficiência de descentração da ação própria em relação às sequências exteriores ou por uma inadequação entre o esquema de assimilação e os objetos ou movimentos exteriores. Esse primado da assimilação pode assim apresentar toda uma gama de valores distintos, e, no caso extremo, ele caracteriza o *jogo*, com todos os intermediários ligando este à adaptação propriamente dita. 1.º) Examinemos inicialmente o caso em que a ação lúdica é objetivamente idêntica à ação adaptada: por exemplo, agarrar um objeto para divertir-se ou agarrá-lo para aprender a segurá-lo ou com um objetivo de utilização. Em todos esses casos, o objeto é incorporado ao mesmo esquema de assimilação, mas na situação da adaptação em curso (aprendizagem do ato de agarrar), as posições e movimentos do objeto necessitam de uma acomodação mais aprofundada, ou seja, modificam mais profundamente a conduta (atenção, esforço e outras regulações de energia no sentido do esforço), enquanto o esquema de assimilação acha-se, ele próprio, em via de construção. No caso do jogo, ao contrário, a acomodação é fácil por ser automatizada, e a ação chega assim a um desequilíbrio em favor da assimilação, pois a energia disponível se gasta no prazer de ser causa (em regulações de "jubilações", como diz P. Janet), isto é, no exercício do esquema por si próprio. No caso da preensão com vistas a utilizações ulteriores, tanto a assimilação quanto a acomodação são automatizadas, e o equilíbrio se restabelece. 2.º) Temos a seguir a situação na qual o objeto dado é assimilado a um outro esquema que aquele que lhe é habitual ou então naquela o esquema de assimilação funciona no vazio; por exemplo, diverte-se em balançar uma colher ou então, não podendo apanhar o objeto desejado, esboça o gesto de apanhar o vazio. Nesses casos, é evidente que a assimilação não se encontra mais em equilíbrio com a acomodação, seja porque a primeira funciona sozinha, seja porque ela despreza a causalidade ou a finalidade específicas do objeto e assim não coloca numa sucessão causal à qual a ação propriamente dita deveria acomodar-se; ademais, nos dois casos, a ação escolhida é mais fácil que a ação ordinária. Essa segunda situação vem a dar, em determinado momento, naquela em que o esquema que se aplica ao objeto é extraído de um contexto estranho à ação atual, o que lhe confere um caráter simbólico e nos conduz à fronteira do domínio sensório-motor.

Existe enfim uma terceira possibilidade geral, a da *acomodação a preceder a assimilação*. É esse primado que caracteriza a imitação, e isso desde o nível em que o sujeito se limita a reproduzir os sons conhecidos ou os gestos já executados de maneira visível sobre o próprio corpo. Por exemplo, uma criança que sabe por si mesma afastar e juntar as mãos reproduzirá esse gesto se ele lhe é apresentado como modelo, porque assimilará tal modelo ao esquema conhecido. Mas, se se compara essa assimilação àquela que consiste, por exemplo, em chupar o polegar e uma série de outros objetos, subsiste a diferença seguinte: nada, na natureza desses objetos, destina-os necessariamente a serem sugados – a assimilação é, pois, o motor da ação, e o esquema de assimilação se acomoda ao seu objetivo porque o faz bem –, enquanto no caso em que o espetáculo das mãos de outrem acarreta o movimento das próprias mãos é a acomodação do esquema ao modelo que, sozinha, permite e desencadeia a assimilação recognitiva e reprodutora. Com a imitação dos modelos novos, o papel da acomodação se torna decisivo: o modelo diferencia, com efeito, o esquema de assimila-ção, o que constitui uma acomodação ativa e não passivamente sofrida, e esse esforço acomodador tende a um fim que não é de utilização, ou seja, de assimilação à ação propriamente dita, mas, ao contrário, de cópia e adequação, o que mostra de novo o papel da acomodação. Com a imita-ção diferida, por fim, no nível da fase VI, essa acomodação começa a se interiorizar e se prolonga em representação. Em resumo, a acomodação, diferenciando-se da assimilação, constitui uma espécie de "negativo" do objeto ao qual se aplica o esquema assimilador, e esse "negativo", subordi-nando-se à assimilação reprodutora, prolonga-se então em um "positivo", que é a imitação exterior ou interiorizada, como a imagem fotográfica em relação à chapa.

II. *O SEGUNDO PERÍODO: A ATIVIDADE REPRESENTATIVA EGOCÊN-TRICA. FASE I: O PENSAMENTO PRÉ-CONCEPTUAL.* – A representação começa quando os dados sensório-motores atuais são assimilados a ele-mentos simplesmente evocados e não perceptíveis no momento conside-rado. Toda assimilação consiste já, e isso desde o nível sensório-motor, em ligar os dados atuais a elementos anteriores, pois assimilar é modificar o objeto em função da ação e do ponto de vista propriamente ditos, ou seja, em função de um "esquema"; ora, esse esquema possui uma história e se constitui pela aplicação repetida do ato a outros objetos, aos quais o obje-to presente é portanto assimilável. Mas essa assimilação sensório-motora dos objetos sucessivos entre si não supõe nenhuma evocação, pois o objeto anterior só age sobre o objeto presente de maneira implícita e pela inter-mediação de um simples esquema de ação, isto é, de uma repetição moto-ra. Ao contrário, a assimilação representativa é caracterizada pelo fato de que os objetos não atualmente perceptíveis aos quais é assimilado o objeto percebido são evocados graças a "significantes" que os tornam presentes ao pensamento, na ausência de uma presença real.

A representação nasce, portanto, da união de "significantes" que permitem evocar os objetos ausentes com um jogo de significação que os une aos elementos presentes. Essa conexão específica entre "significantes" e "significados" constitui o próprio de uma função nova, a ultrapassar a atividade sensório-motora e que se pode chamar, de maneira muito geral, de "função simbólica". É ela que torna possível a aquisição da linguagem ou dos "signos" coletivos. Mas ela a ultrapassa largamente, pois interessa igualmente aos "símbolos", por oposição aos signos, ou seja, as imagens que intervêm no desenvolvimento da imitação, do jogo e das próprias representações cognitivas. Foi frequentemente observada, em particular a propósito da afasia e da evolução da criança, a existência de certos laços entre o funcionamento da linguagem e a representação espacial, na medida em que esta ultrapassa a percepção e o movimento atuais para se apoiar ao mesmo tempo sobre imagens ou "intuições" de configurações e sobre operações de relacionamento (ordem, distâncias etc.). A função simbólica, portanto, é essencial à constituição do espaço representativo, tão naturalmente quanto as outras categorias "reais" do pensamento.

Mas a função simbólica levanta um problema de ordem psicológica, que não é resolvido pelo apelo à vida social – pois o símbolo individual ultrapassa o signo coletivo – ou à neurologia – pois uma conduta nova, mesmo quando necessita da intervenção de aparelhos nervosos distintos, não se apresenta nunca como descontínua, mas parcialmente determinada por aqueles que a precederam. Esse problema é o da diferenciação entre o significante e o significado, e foi para tentar resolvê-lo que procuramos, nesta obra, traçar a história das diferentes formas iniciais de acomodações e assimilações sensório-motoras e mentais. Com efeito, essa diferenciação entre dois tipos de esquemas, os "significantes" e os "significados", é exatamente tornada possível pela da acomodação e da assimilação, ou seja, da imitação e dos mecanismos assimiladores da inteligência e do jogo. Durante o período sensório-motor (salvo precisamente na fase VI, em que a dissociação entra em sua fase final), o significante e o significado permanecem indiferenciados, como os únicos "significantes" sendo constituídos por "indícios" ou "sinais", que são simples aspectos do objeto ou do esquema de ação. Ao contrário, assim que a imitação se torna bastante flexível e sólida para funcionar no estado diferenciado, ela se torna suscetível de evocar modelos ausentes e, consequentemente, de fornecer à atividade assimiladora dos "significantes", desde que esta, igualmente diferenciada pelo seu lado, seja capaz de ligá-los aos dados presentes. Por sua própria diferenciação, a acomodação e a assimilação adquirem, portanto, o poder de integrar-se em novos sistemas, mais complexos que as ações sensório-motoras e que se constroem pela extensão destas últimas ao domínio do imperceptível. Enquanto, na atividade sensório-motora, só há acomodação aos dados presentes e assimilação sob a forma inconsciente e prática de uma aplicação dos esquemas anteriores ao atual, a atividade representativa exige assim um duplo jogo de assimilações e acomodações: à acomodação aos dados presentes acrescenta-se uma acomodação imitadora dos dados não perceptíveis, de maneira tal que, além da significação do objeto atual, fornecida pela assimilação perceptiva, intervêm igualmente as significações assimiladoras ligadas aos significantes que constituem a evocação imitativa. É verdade que esse mecanismo complexo é ao mesmo tempo simplificado e socialmente uniformizado pelo emprego dos signos coletivos constituídos pelas palavras, mas o uso de tais significantes supõe que a criança os aprenda; ora, ela os aprende precisamente por imitação e após ter sido tornada, graças a ela, capaz do pensamento representativo; por outro lado, a linguagem não exclui nunca a intervenção dos significantes individuais que continuam a ser as imagens imitativas interiores.

Se tal é a representação nascente, lembremos agora as transformações que ela acarreta nos domínios da imitação, do jogo e da própria inteligência. O sistema duplo de assimilação e de acomodações que constitui o pensamento representativo é efetivamente suscetível, exatamente como o sistema das assimilações e acomodações sensório-motoras, de se deslocar segundo três modalidades, de acordo com o primado dos processos acomodadores, dos processos assimiladores ou da tendência dos dois ao equilíbrio. Nesse segundo período, a *imitação* propriamente dita é, portanto, representativa, por oposição à imitação sensório-motora, que funciona somente na presença do modelo; não apenas o sujeito imita de maneira diferida, mas ainda essa imitação exterior se fundamenta na imagem mental do modelo. Há portanto inversão da situação à fase anterior da imitação. Na fase VI do período sensório-motor ainda, é a imitação exterior ou em via de interiorização que serve de representação: por exemplo, quando L. abre a boca no decurso de seus esforços para atingir o conteúdo de uma caixa de fósforos (obs. 57), ela representa assim o aumento desejado da abertura visível da caixa, e o gesto imitativo assume, pois, desde já, um valor de "significante", representativo. Na imitação propriamente representativa, ao contrário, a imagem precede o gesto exterior, o qual copia assim um "modelo interno" que assegura a continuidade entre o modelo real ausente e a reprodução imitativa.

Mas a imagem, como constatamos incessantemente, não se vem intercalar aqui por uma intervenção súbita e miraculosa: ela não é mais que a acomodação dos esquemas sensório-motores, até aqui desdobrada em imitações exteriores, mas doravante interiorizada e a prolongar a atividade sensório-motora que dirige sempre a percepção e a motricidade. A imagem, portanto, é ao mesmo tempo imitação sensório-motora interiorizada e bosquejo de imitações representativas. A imagem sonora de uma palavra, por exemplo, é ao mesmo tempo o resultado interiorizado de uma imitação sensório-motora adquirida e o esboço de sua produção ulterior ou, dito de outra maneira, de uma imitação representativa. Uma imagem visual, do mesmo modo, é o prolongamento dos movimentos e da atividade perceptiva (por oposição à percepção como tal, cf. capítulo III, §3) acomodados ao objeto, ao mesmo tempo em que é a fonte de imitações possíveis. Em resumo, a imagem não é um elemento estranho que se vem intercalar, num determinado momento, no desenvolvimento da imitação, mas uma parte integrante do processo da acomodação imitativa; imitação interiorizada em esboço de imitação exteriorizada, ela assinala o ponto de junção do sensório-motor e do representativo.

Mas se a imitação prossegue assim, com as imagens, o sistema essencial dos "significantes" de que se vai beneficiar a representação individual ou egocêntrica, ela permite igualmente a aquisição da linguagem, ou seja, do sistema de signos sociais convencionais ou "arbitrários" (no sentido dos linguistas e por oposição à "motivação" do símbolo por imagens). Por esse canal, a imitação se torna não causa direta de representações novas, mas instrumento de aquisição de um número indefinido de significantes, eles próprios formadores de uma sucessão inumerável de representações socializadas. Com efeito, as representações verbais constituem um tipo novo, que ultrapassará largamente a possibilidade da representação imitativa: o tipo conceptual. Unicamente, longe de atingir de saída o nível propriamente conceptual, a linguagem inicial da criança se limita essencialmente a reforçar o poder representativo já preparado pela imitação como tal: as representações que ela evoca são então, seja do tipo lúdico, isto é, apoiadas sobre todo um simbolismo que a linguagem não cria, mas simplesmente acompanha e acentua, seja do tipo pré-conceptual, isto é, engendrando representações novas de um tipo que anuncia o conceito, mas que permanece ainda dependente do esquema sensório-motor e intermediário entre o símbolo por imagens e o próprio conceito.

Explicando assim a acomodação imitativa a formação dos "significantes" necessários à atividade representativa, lembremos agora como a assimilação vai determinar as significações exprimidas, seja por essas imagens ou significantes imitativos individuais, seja por esses signos ou significantes arbitrários, porque imitados socialmente.

Uma primeira possibilidade, para a representação por imagens, é que a assimilação precede a acomodação, ou seja, a imagem do objeto ausente não serve a um sistema de assimilações que a ligaria aos dados presentes de maneira adaptada, mas é simplesmente utilizada ao serviço de assimilações quaisquer e subjetivas. Tal é o *jogo simbólico*: assimilação de qualquer objeto a qualquer outro, através de imagens imitativas. Qual é então a diferença entre o símbolo lúdico e a imagem, quando esta intervém num ato de imitação representativa ou de inteligência adaptada, e que forma assume, nos pormenores, o equilíbrio entre os processos assimiladores e acomodadores que caracterizam o jogo simbólico?

A imagem simples é uma imitação interior do objeto ao qual ela se refere, do mesmo modo que a imitação exterior é uma cópia direta do modelo, por meio do corpo propriamente dito ou de movimento que projetam os caracteres imitados numa reprodução material (desenho ou construção). Num símbolo lúdico, tal como uma concha sobre uma caixa a representar um gato sobre um muro, acrescenta-se o fato de que o objetivo (o gato) não é evocado diretamente por um movimento do corpo propriamente dito nem por uma reprodução material (desenho, modelagem etc.), mas pela intermediação de um objeto muito vagamente comparável, ao qual são atribuídas as qualidades do objeto significado, e isso graças, de novo, a uma imitação exterior ou interior deste último. No chamado "jogo de imitação", o objeto significante não é outro que o corpo propriamente dito (por exemplo, "eu sou uma igreja", obs. 80), mas não existe aí mais que uma diferença de instrumento, e, como já vimos, existe imitação em todo jogo simbólico. No simbolismo secundário acontece a mesma coisa, exceto que a relação entre o objeto significante e o objeto significado escapa à reflexão do sujeito e o objeto significante pode-se reduzir ao estado de simples imagem.

Reconhece-se nessa situação complexa o sistema duplo de assimilações e acomodações através do qual definimos anteriormente a representação: a relação assimiladora de significação entre o objeto percebido e o objeto evocado e a relação entre essas significações e as duas acomodações, das quais uma é direta (objeto dado) e a outra, imitativa (imagem que "significa" o objeto evocado). Ora, no que concerne à relação das significações, é claro que, se o sujeito assimila, por exemplo, uma concha sobre uma caixa a um gato sobre um muro, é que ele não experimenta nenhum interesse, no momento considerado, pela concha como tal, e a subordina ao seu interesse pelo gato: a assimilação da concha ao gato precede, portan-

Conclusões

to, ao mesmo tempo, a acomodação à concha e, consequentemente, sua assimilação perceptiva direta. Por outro lado, a criança não pensa no gato sobre o muro para compreender e se adaptar, mas simplesmente pelo prazer de combinar essa realidade à sua ideia e submetê-las à sua atividade, o que reforça o primado da assimilação e confere assim às significações um sentido puramente lúdico. Quanto aos significantes, a imagem que representa o significado não é puramente imitativa, pois que ela integra ao objeto dado, a título de significante a reforçar essa imitação, ou, dito de outra maneira, de substituto simbólico do objetivo representado (a concha a representar o gato). Em certos casos (a imagem onírica de um objeto exterior a representar uma parte do corpo), trata-se, é verdade, de uma simples imagem, mas que difere precisamente da imagem puramente imitativa no fato de apresentar, ao mesmo tempo, os caracteres daquilo que ela representa diretamente e do que representa graças ao simbolismo inconsciente. Essa intervenção de um objeto dado a título de significante a reforçar a imitação do objeto significado é aliás comparável à que seria um apelo a um desenho para ilustrar um raciocínio (p. ex., uma figura geométrica a facilitar a compreensão dedutiva). Mas, nesse último caso, a imagem mental e o desenho, que servem simultaneamente de significantes, correspondem-se diretamente e correspondem ambos também diretamente ao esquema significado (por exemplo, a imagem mental, o desenho e a noção de um triângulo equilátero). Ao contrário, no caso do símbolo lúdico, o objeto significante ou simbólico não possui mais que uma relação mais ou menos longínqua com aquilo que representa, assim como com o esquema imitativo que serve, ele também, para evocar aquele objeto representativo; entretanto, são esse objeto significante e o esquema imitativo que constituem, entre ambos, o símbolo. Vê-se quanto é evidente que em uma tal estrutura de conjunto a assimilação precede a acomodação: precede no esquema significado, pois que ele é evocado pelo único prazer da combinação; precede na relação entre o significante e o significado, pois o primeiro é assimilado ao segundo sem correspondência objetiva, e, por fim, modera mesmo a acomodação no seio do significante, pois este não é puramente imitativo, mas se apoia sobre um substituto qualquer.

Observemos enfim a diferença que opõe o sistema dos significantes e das significações lúdicas ao sistema correspondente que rege a imitação representativa. Quando o sujeito imita um modelo ausente, que evoca pela imagem, pode-se também falar de um objeto substituto ou significante, que é aqui o próprio corpo de um objeto evocado, que é o modelo, e da imagem imitativa desse último. Entretanto, como no exemplo do ato de pensamento adaptado que se acompanha ao mesmo tempo por imagem mental e desenho, e contrariamente ao caso do símbolo lúdico, a imagem mental, o objeto significante ou substituto (o próprio corpo) e o objeto evocado (o modelo) são colocados em correspondência exata e não só subjetivamente análoga. Apenas, diferentemente da pesquisa inteligente, na qual essa correspondência é, ao mesmo tempo, acomodação aos objetos e assimilação destes aos esquemas do sujeito, a correspondência própria à imitação representativa apresenta um primado da acomodação sobre a assimilação, pois que todo o sistema é moldado sobre o objeto-modelo, e a atividade assimiladora se limita a reproduzir os esquemas assim acomodados.

Chegamos pois à *representação cognitiva*, que, nesse nível, é constituída pelo "pré-conceito". Caracterizada por uma busca de equilíbrio entre a assimilação e a acomodação e favorecida, por outro lado, pelo apoio dos significantes coletivos que são os signos verbais, a representação cognitiva nascente deveria poder transformar de saída os esquemas da inteligência sensório-motora em conceitos gerais e suas coordenações em raciocínios operatórios. É muito interessante constatar, ao contrário, que no nível marcado pelo apogeu dos jogos simbólicos e da imitação representativa, da qual acabamos de lembrar as estruturas, o pensamento mais bem adaptado de que a criança seja capaz não ultrapassa uma forma ainda vizinha, precisamente, de uns e de outra. É portanto em função do conjunto do desenvolvimento dos representantes, sob seu tríplice aspecto imitativo, lúdico e nocional, que convém interpretar o pensamento cognitivo elementar da criança, cujo caráter intermediário entre o pensamento simbólico e o pensamento lógico assinalamos há bastante tempo.

O pré-conceito, ou seja, a primeira forma de pensamento conceptual que se supõe, graças à linguagem, aos esquemas sensório-motores, é, com efeito, um quadro nocional que não atinge nem a generalidade (inclusões hierárquicas) nem a individualidade verdadeiras (permanência do objeto idêntico fora do campo de ação próximo). Seu mecanismo próprio consiste, portanto, em assimilar o objeto dado ou percebido a objetos evocados pela representação, mas não reunidos em classes ou relações gerais e simplesmente significados pela imagem e por designações verbais semi-individuais ("a" lesma, "a" lua etc.). O duplo sistema de assimilações e acomodações que caracteriza toda representação dá um bom testemunho, em tal caso, de uma tendência ao equilíbrio entre as duas funções e não de um primado de uma ou de outra, como acontece na imitação ou no jogo simbólico, mas esse equilíbrio permanece instável e incompleto: um dos objetos (percebido ou evocado) do conjunto é, com efeito, considerado exemplar-tipo do todo – relembrando assim o substituto simbólico próprio ao esquema lúdico ou o modelo próprio ao esquema imitativo – e não um indivíduo entre os outros, como é o caso nos esquemas conceptuais. Segue-se que a assimilação é centrada, como no jogo, em vez de ser generalizada, e que a acomodação ao objeto-tipo continua a ser por imagens, como na imitação, em vez de se estender a todos e perder, por isso mesmo, seu caráter imitativo. Quanto à coordenação entre os pré-conceitos, ou, dito de outra maneira, quanto ao raciocínio "transdutivo", ele permanece, consequentemente, a meio caminho entre as coordenações simbólicas ou imitativas e o raciocínio propriamente dito ou dedutivo: constitui ao mesmo tempo uma simples experiência mental, ou imitação das sequências reais em prolongamento dos raciocínios práticos ou sensório-motores, e uma sucessão de participações diretas sem inclusões ou encaixes hierárquicos, como são os raciocínios simbólicos. Ora, é fácil explicar esses caracteres da representação cognitiva nascente substituindo-os no contexto geral das representações desse nível e das formas de equilíbrio próprias à assimilação e à acomodação dessa fase.

A primeira questão que se coloca a esse respeito é compreender por que, durante essa fase inicial do desenvolvimento das representações, a representação cognitiva ou nocional não desempenha mais que um papel tão limitado no conjunto da atividade representativa, enquanto, a seguir, ela a dominará cada vez mais completamente. Isso corresponde a perguntar-se por que a criança pequena consagra quase todo o seu tempo a jogar simbolicamente ou a imitar, em vez de entregar-se à procura adaptada. A resposta é simples: é que a adaptação a realidades novas, antes de atingir as relações essenciais entre o sujeito e o objeto, começa sempre por permanecer à superfície do eu (egocentrismo) e das coisas (imitação). Dito de outra maneira, a acomodação e a assimilação não se podem equilibrar de saída, quando, ultrapassando a esfera da ação prática e próxima, o sujeito se encontra em presença da realidade física desdobrada no espaço e no tempo, assim como da realidade social. O novo universo aberto à representação obriga portanto a criança a reproduzir a evolução já concluída no plano do universo sensório-motor: não podendo compreender desde o início (por assimilação e acomodação reunidas), ora ela assimila o real ao seu eu, sem a ele acomodar-se (jogo simbólico), ora acomoda sua atividade ou sua representação a modelos, sem assimilá-los de saída (imitação, desenho etc.), e o esforço de adaptação a reunir as duas funções não ocupa então mais que uma posição intermediária, restrita aos seus primórdios, mas destinada a se ampliar cada vez mais e a englobar progressivamente suas duas alas. O desequilíbrio entre a acomodação e a assimilação, simples expressão da situação geral que caracteriza a adaptação representativa em seu início, basta assim para explicar a pobreza inicial das representações propriamente cognitivas.

Quanto à sua estrutura pré-conceptual e transdutiva, ela decorre, então, sem mais, desse desequilíbrio de conjunto, pois acabamos de ver que ela própria dá testemunho de um equilíbrio incompleto e instável entre os processos assimiladores e acomodadores. Com efeito, se o jogo simbólico marca um primado da assimilação sobre a acomodação e a imitação, o primado inverso, o pré-conceito é caracterizado por uma assimilação incompleta – porque centrada sobre o exemplar-tipo em vez de englobar todos os elementos do conjunto – e por uma acomodação igualmente incompleta – porque limitada à evocação por imagens daquele indivíduo-tipo, em vez de estender-se a todos. Portanto, é evidente que o caráter incompleto dessas duas componentes do equilíbrio adaptativo prende-se às mesmas causas que as do seu primado alternativo no jogo ou na imitação e, portanto, que aquelas de seu desequilíbrio de conjunto. Um equilíbrio estável entre os dois processos supõe que o pensamento não se prende somente a estados estáticos, mas apreenda as próprias transformações e que essas transformações não imitem simplesmente as modificações irreversíveis da realidade, mas possam, graças à sua reversibilidade, encontrar os estados anteriores e assegurar a existência de constâncias indeformáveis. Somente um sistema de operações acha-se, pois, em equilíbrio permanente, porque uma operação é, ao mesmo tempo, uma modificação possível do real, a qual a acomodação imitativa poderá seguir passo a passo, e uma ação assimiladora cujo poder próprio a reversibilidade atesta. Mas, por constituir um sistema de operações, é preciso, portanto, que a assimilação e a acomodação ajam as duas de maneira contínua e não momentânea ou alternativa. Ora, o próprio das representações desse nível é precisamente oscilar entre a assimilação egocêntrica, cuja forma extrema é o jogo, e a acomodação fenomenista da imagem imitativa, e o próprio do pensamento pré-conceptual, ele mesmo, é não equilibrar entre elas mais que assimilações e acomodações breves e incompletas, porque estáticas e centradas sobre elementos privilegiados. É por falta desse equilíbrio móvel e permanente que caracteriza as operações que o pensamento pré-conceptual permanece assim intermediário entre o símbolo, a imagem e o conceito: na medida em que a acomodação imitativa permanece estática e não consegue seguir o conjunto dos elementos e das transformações, ela permanece, com efeito, por imagens e exprime simplesmente situações instantâneas ou elementos parciais; por outro lado, na medida em que a assimilação é incompleta, isto é, estabelece participações diretas entre os objetos sem atingir a hierarquia das classes ou a coordenação das relações, ela permanece simbólica sem atingir a generalidade operatória. Portanto, é compreensível que as estruturas características do pensamento pré-conceptual, as do jogo e as da imitação se influenciem reciprocamente, nesse primeiro nível da representação, até formarem uma totalidade bem determinada por suas condições gerais de equilíbrio.

III. *O SEGUNDO PERÍODO: A ATIVIDADE REPRESENTATIVA EGO-CÊNTRICA. FASE II: O PENSAMENTO INTUITIVO.* – A interdependência que acabamos de constatar entre as diversas formas de representações durante a primeira fase do pensamento egocêntrico é encontrada entre os quatro a cinco e sete anos nas transformações simultâneas que caracterizam essa segunda fase do ponto de vista do jogo, da imitação e da representação nocional.

O pensamento egocêntrico se caracteriza por suas "centrações", ou seja, em vez de adaptar-se objetivamente à realidade, ele a assimila à ação propriamente dita, deformando as relações segundo o "ponto de vista" desta última.[2] Daí o desequilíbrio entre a assimilação e a acomodação, cujos efeitos constatamos no curso da fase pré-conceptual. Em conseqüência, é evidente que a evolução se fará no sentido do equilíbrio, ou seja, da descentração. O pensamento intuitivo marca, a esse respeito, um primeiro progresso, na direção de uma coordenação que encontrará sua realização com os grupamentos operatórios.

A descentração gradual da assimilação egocêntrica é já visível nos jogos simbólicos dessa segunda fase e em sua união com a imitação representativa. Enveredando no sentido de combinações múltiplas e de ciclos propriamente ditos, o jogo torna-se tanto expressão da realidade quanto transformação afetiva desta última. Por outro lado, o símbolo sendo cada

---

[2]O egocentrismo é, portanto, por um lado, primado da satisfação sobre a constatação objetiva (donde o caráter do pensamento inicial da criança, que fica a meio caminho entre o jogo e a adaptação), e, por outro lado, deformação do real em função da ação e do ponto de vista propriamente ditos. Nos dois casos é naturalmente inconsciente de si mesmo, sendo essencialmente indissociação do subjetivo e do objetivo. O termo egocentrismo, que sempre empregamos nesse sentido, é sem dúvida mal escolhido, mas não pudemos encontrar outro melhor. A própria ideia já foi criticada, principalmente por Wallon. Apenas, sobre esse ponto central, acreditamos acharmo-nos muito mais de acordo com Wallon do que ele próprio o pensa, porque, se põe de lado a palavra, retoma a noção. Em particular em seu estudo sobre as "Reações ao mundo exterior" (*Encycl. franç.*, 8.3.D, 1938), desenvolve, com efeito, essa ideia de que a criança começa por conceber as coisas através de atividades das quais elas são o objeto, donde a dificuldade dos pequenos em objetivar seus conceitos espaço-temporais. E, principalmente, retorna sobre o primado da satisfação, numa bonita fórmula, "A criança pensa antes no optativo do que no indicativo", que poderia constituir a própria definição do egocentrismo, do ponto de vista funcional. Ficamos tanto mais felizes de assinalar esse acordo quanto ao fundo, por havermos, em diversas ocasiões nesta obra, sublinhado os mal-entendidos que algumas vezes se insinuaram nas interpretações dadas por Wallon a nossos resultados.

vez menos deformante para se aproximar da construção imitativa e da imagem adequada, segue-se uma coordenação mais estreita entre os significantes fornecidos pela imitação e a assimilação lúdica. Desde então se encontram, dos cinco aos sete anos, intermediários cada vez mais numerosos entre o jogo e a procura adaptada, a um ponto em que é bem difícil, num meio escolar onde se pratica a atividade livre, marcar as fronteiras entre o jogo e o próprio trabalho. Essa evolução conjugada do jogo e da imitação marca, pois, o início de um processo que será concluído no decurso do período seguinte, que é o de sua integração progressiva ou, mais precisamente, de sua reintegração na inteligência como tal. Dito de outra maneira, na linguagem de que nos servimos, isso significa um deslocamento em direção ao equilíbrio da assimilação e da acomodação.

Ora, as transformações correlativas do próprio pensamento adaptado são muito significativas sob esse ponto de vista: o pensamento intuitivo de quatro a cinco e sete anos constitui, com efeito, o intermediário exato entre o pensamento pré-conceptual e o pensamento operatório, e foi isso o que vimos em cada um dos pontos abordados nos capítulos VIII e IX. Retomemos o exemplo da correspondência entre cadeiras e meninazinhas (obs. 112 *bis*) e a comparação já esboçada no capítulo VIII com o que constatamos alhures sobre a correspondência serial e o pensamento intuitivo em geral.[3] Quando se pede à criança que faça corresponder, segundo sua ordem de grandeza, os objetos de uma determinada coleção aos de outra (tais como, precisamente, cadeiras e personagens ou bengalas e bonecas etc.) ou, mais simplesmente, quando a criança procura seriar os objetos de um conjunto único, as reações de quatro a sete anos passam pelas três fases seguintes: durante a primeira, que participa ainda do pensamento pré-conceptual, o sujeito não consegue reunir os objetos a não ser por duplas ou pequenos conjuntos, sem seriação nem correspondência serial; durante a segunda, ele consegue, por tateios, encontrar tanto a ordem quanto a correspondência serial, mas não está certo, quando se destrói a figura que acaba de construir, de que as duas coleções sejam ainda equivalentes (em número), nem mesmo que seja possível recolocá-las em correspondência termo a termo, sem acrescentar ou retirar termos; durante a terceira fase, que é operatória, a correspondência é conseguida e a equivalência se conserva por quaisquer que sejam as transformações da figura. A sucessão dessas três fases, que podem servir de exemplo típico em relação ao que se

---

[3] É sobretudo em *A Gênese do Número na Criança* e em *O Desenvolvimento das Quantidades na Criança* que pudemos analisar o pensamento intuitivo dos domínios lógico-aritméticos e espaço-temporais.

encontra em todos os domínios, basta para fazer compreender o papel da intuição na passagem do pensamento por imagens e pré-conceptual dos primórdios ao pensamento operatório do período seguinte.

É desde logo evidente que a primeira fase, durante a qual o sujeito não consegue construir mais que pares de objetos descoordenados entre si, prolonga simplesmente a transdução pré-conceptual: incapaz de antecipar a figura total de uma série simples ou dupla, a criança permanece no nível das relações semi-individuais, semigerais, e justapõe então essas relações por centrações sucessivas, sem assimilação e acomodação de conjunto. A segunda fase, que provém da primeira por progressos insensíveis (sucessões de três a quatro termos etc.), marca, ao contrário, um progresso nítido no sentido da descentração e da extensão dos processos adaptativos. Por um lado, os pequenos conjuntos não ficam mais justapostos, mas são assimilados entre si até a construção da série total. Por outro lado, essa assimilação se apoia numa figura de conjunto (o esquema da série ou da correspondência) que serve de significante ou de imagem diretriz, pois o sujeito não poderia realizar a construção se não a antecipasse por uma acomodação imitativa suficientemente precisa. Mas a questão é saber se se trata ainda de uma imagem ou se já nos encontramos na presença de um esquema operatório. Ora, a experiência responde precisamente da maneira mais nítida sobre esse ponto essencial, pois, mesmo após haver construído seu dispositivo, a criança não acredita mais na equivalência durável das duas coleções, se se transforma a configuração: trata-se, pois, de uma figura e não de um sistema operatório, de uma figura ligada à acomodação da ação projetada, por oposição ao símbolo móvel de uma operação reversível, que pode ser pensada em qualquer tempo (em particular, após a destruição da configuração perceptiva). A única diferença entre essa figura intuitiva e a imagem da fase precedente é que ela constitui uma estrutura figural complexa, ou seja, uma "configuração" e não uma simples imagem individual. Vê-se, pois, o progresso dessa intuição articulada em relação à intuição pré-conceptual, mas constata-se também o que lhe falta para chegar ao esquema operatório, ou seja, precisamente libertar-se de toda imagem e acomodar o pensamento, não somente a configurações estáticas, mas às transformações possíveis, como tais. Ora, é no curso somente da terceira fase que esse resultado é atingido.

Em resumo, a existência do pensamento intuitivo, que bem conhecemos por outras pesquisas recentes, mostra confirmar por recorrência o papel da acomodação intuitiva e por imagens nas fases iniciais da representação nocional e se explica simultaneamente pela continuidade que une o pensamento pré-conceptual e simbólico ao pensamento operatório. Durante essa fase, como no decurso da precedente, as relações gerais da assimilação e da acomodação explicam, pois, simultaneamente, as relações entre o jogo, a imitação e o pensamento adaptado, assim como o equilíbrio intrínseco atingido por este em suas formas específicas.

IV. *O TERCEIRO PERÍODO: A ATIVIDADE REPRESENTATIVA DE ORDEM OPERATÓRIA*. – Por volta dos sete a oito anos, enfim, um equilíbrio permanente entre a assimilação e a acomodação é atingido pelo pensamento adaptado no plano das operações concretas e, por volta dos onze a doze anos, no plano das operações formais. Ora, é precisamente por volta dos sete a oito anos que se pode falar de uma reintegração real do jogo e da imitação na inteligência, e é por volta dos doze anos que as últimas formas de jogo simbólico findam, com o início da adolescência. Resta-nos discutir essas correlações finais e recolocá-las no conjunto do desenvolvimento da representação.

Durante esse terceiro período, com efeito, a imitação se torna refletida, isto é, ela se subordina aos objetivos perseguidos pela inteligência, terminando assim uma evolução cuja curva é digna de nota. Já constatamos quanto, nos níveis sensório-motores em que nasce, a imitação é correlativa do desenvolvimento da inteligência: acomodação de esquemas assimiladores, a imitação inicial, ao mesmo tempo em que se diferencia progressivamente da assimilação, permanece contudo sob sua dependência e não é mais que uma das manifestações da inteligência sensório-motora. É uma vez constituída a título de imitação representativa que essa função apresenta o *máximo* de diferenciação, no nível em que a criança pequena, sugestível e aberta a todas as influências, reproduz sem reflexão todos os modelos que registra, com a escolha destes dependendo sobretudo de razões afetivas. É apenas por volta do fim do período egocêntrico que, chegando a dissociar os pontos de vista, a criança aprende simultaneamente a levar em conta o ponto de vista próprio (em vez de confundi-lo com todos os outros possíveis) e a resistir às sugestões de outrem: o progresso da reflexão engloba então à própria imitação, que se reintegra assim na inteligência. A imitação interior ou imitação reprodutora segue a mesma linha de evolução: dissociada da atividade perceptiva a partir do período representativo, ela se desdobra a princípio por si só, tanto que fornece imagens, a título de "significantes", ao jogo simbólico e ao pensamento; depois, esses significantes se reintegram pouco a pouco na inteligência como tal. Para verificar isso, basta examinar as transformações do desenho. Os pequenos desenham simplesmente para representar os objetos, enquanto os grandes integram seus desenhos em sistemas de objetivos intelectuais mais amplos. Mas isso não se destina absolutamente a dizer que, com o desenvolvimento do pensamento no sentido operatório, a imitação regrida ou a acomodação se estreite: ao contrário, é a inteligência que se amplia sem cessar. A coisa é fácil de compreender, pois a atividade inteligente é uma colocação em equilíbrio da assimilação e da acomodação, e a imitação é um simples prolongamento desta última; dizer que a imitação se reintegra na inteligência significa, portanto, simplesmente, que a acomodação, a princípio em desequilíbrio em relação à assimilação nos inícios do período representativo (e já se viu por quê), tende a se reequilibrar com referência a ela.

Ora, a evolução do jogo segue uma curva exatamente simétrica. Do mesmo modo que a imitação se reintegra progressivamente na inteligência, mas não por enfraquecimento da atividade acomodadora e sim por uma equilibração gradual com a assimilação e, portanto, por extensão geral do domínio da inteligência, assim também a evolução do símbolo lúdico assinala uma reintegração complementar e correlativa da atividade assimiladora no trabalho intelectual, por equilibração progressiva com a acomodação. Com efeito, enquanto o jogo sensório-motor não é mais que um prolongamento das aquisições devidas ao desenvolvimento da inteligência, o jogo simbólico dos primórdios do período representativo desabrocha de maneira autônoma e se diferencia largamente durante toda a primeira infância; ora, por volta dos sete a oito anos, quando da aparição das primeiras operações concretas, o jogo simbólico se transforma no sentido de uma adequação progressiva dos símbolos à realidade simbolizada, ou, dito de outra maneira, de uma redução do símbolo à imagem simples. É isso que é visível, em particular, na transformação dos jogos simbólicos em jogos de construção, com o objeto construído simbolizando então o objeto representado por uma correspondência direta análoga à do desenho. Mas essa reintegração do jogo simbólico na inteligência, se chega a restringir a extensão do símbolo enquanto deformante, não diminui em nada a atividade formadora (não mais que a diminuição da imitação exterior restringe a atividade acomodadora ou a imitação interior e por imagens): a imaginação criadora, que é a atividade assimiladora em estado de espontaneidade, não se debilita de modo algum com a idade, mas, graças aos progressos correlativos da acomodação, reintegra-se gradualmente na inteligência, a qual se amplia na mesma proporção.

Ora, é evidente que essa extensão geral do equilíbrio entre os processos assimiladores e acomodadores, que explica assim a evolução do jogo e da imitação, acompanha-se necessariamente por um equilíbrio mais estável e mais completo no domínio em que o espírito procura precisamente assimilar e se acomodar ao mesmo tempo, isto é, no pensamento adaptado ou pesquisa inteligente. Efetivamente, do mesmo modo que nos primórdios da representação, o desequilíbrio da assimilação e da acomodação acarreta ao mesmo tempo a diferenciação do jogo e da imitação e a estrutura semiimitativa semissimbólica do pensamento pré-conceptual, assim também o equilíbrio progressivo conduz ao mesmo tempo ao alargamento da inteligência, que integra em si a imitação e a construção lúdica ou espontânea, e à sua estruturação no sentido de uma coordenação permanente entre os processos assimiladores e acomodadores.

Essa coordenação em equilíbrio permanente não é outra coisa que o pensamento operatório. Com efeito, um sistema de operações, tais como, por exemplo, as operações elementares da Aritmética ou da Geometria assim como as seriações e os encaixes lógicos, pode também ser concebido tanto como um conjunto de transformações objetivas reproduzidas sucessivamente por experiência mental (acomodação imitativa) quanto como um sistema de combinações devidas à atividade assimiladora do sujeito. Além disso, o caráter próprio das operações é a sua reversibilidade: ora, a reversibilidade só se explica precisamente como o produto desse equilíbrio entre a assimilação e a acomodação. A acomodação sozinha é necessariamente irreversível, pois se acha submetida às modificações em sentido único da realidade exterior, e, por uma acomodação sem assimilação, o caminho de volta é um novo caminho. A assimilação sozinha é igualmente irreversível, porque, sem acomodação correlativa, ela deforma seu objeto em função da atividade propriamente dita, que é, ela mesma, também em sentido único e sempre orientada para um objetivo. Com o equilíbrio da assimilação e da acomodação, a primeira é, ao contrário, descentrada em função das transformações do real, enquanto a acomodação tem de levar em conta tanto os estados anteriores quanto os ulteriores: o equilíbrio das duas tendências garante assim a reversibilidade e cria por isso mesmo a operação como tal ou ação tornada reversível.

Pode-se ver a continuidade que une desse modo a operação à intuição da fase precedente. A acomodação própria ao pensamento intuitivo permanece ainda dependente de certas configurações, enquanto a acomodação operatória se liberta de qualquer influência figural prendendo-se às transformações como tais e não mais à imagem dos estados isolados e estáticos. Quanto à intuição, viu-se anteriormente suas relações com o pensamento por imagens inicial. Por outro lado, a assimilação operatória prolonga naturalmente a assimilação intuitiva, e esta, a assimilação pré-conceptual. A evolução do pensamento aparece, portanto, como um equilíbrio progressivo entre a acomodação imitadora e a assimilação, e isso através de suas fases sucessivas, enquanto o jogo e a assimilação evolvem correlativamente no sentido de sua reintegração complementar.

Encontramo-nos, portanto, na presença de um novo aspecto do desenvolvimento mental, que podemos unir, para concluir, aos dois aspectos distintos descritos até aqui em nossas pesquisas anteriores. Começamos por constatar o caráter egocêntrico do pensamento primitivo da criança, sob a forma de uma estrutura pré-lógica ligada aos pontos de vista e aos esquemas da atividade propriamente ditos, e procuramos demonstrar como esse egocentrismo diminui na medida da socialização da criança, no sentido da troca e da cooperação. Após isso, pudemos isolar o mecanismo operatório que caracteriza os processos internos dessa evolução: ao pensamento lógico e socializado corresponde o "grupamento", que é uma coordenação reversível dos pontos de vista (reciprocidade das relações e encaixes hierárquicos das classes), ao mesmo tempo no seio de um só e único pensamento individual ou entre diversos observadores, enquanto ao pensamento egocêntrico corresponde a irreversibilidade própria à intuição e à percepção. Por fim, constatamos agora que o pensamento evolve da representação por imagens, simbólica e pré-conceptual, à representação conceptual de ordem operatória, como se o pensamento egocêntrico e irredutível ao "grupamento" fosse necessariamente simbólico ou intermediário entre a imagem e o conceito, enquanto o pensamento conceptual de ordem racional suporia a socialização e o "grupamento".

Ora, essas correlações se compreendem por si próprias. Efetivamente, é claro que o egocentrismo deve-se definir não somente pelo primado da assimilação sobre a acomodação, mas pelo desequilíbrio entre os dois processos, com primado alternativo de um e de outro. No próprio plano social havíamos notado, desde o início de nossas pesquisas (*A Linguagem e o Pensamento na Criança*, pág. 57), que a idade em que a criança é mais egocêntrica é também aquela em que ela mais imita, sendo o egocentrismo a indiferenciação do eu e do grupo e a confusão do ponto de vista próprio com o dos outros. Do ponto de vista do pensamento, observamos que as formas de causalidade ou de representações mais egocêntricas se acompanham sempre do máximo do fenomenismo, permanecendo a assimilação à superfície das coisas quando a assimilação as deforma em função dos caracteres mais periféricos da ação (*A Causalidade Física na Criança*, Conclusões). Há aí uma primeira razão para que o pensamento egocêntrico permaneça ao mesmo tempo por imagens, do ponto de vista da acomodação, e simbólico, por suas assimilações. Por outro lado, na medida em que ele é pré-operatório e irreversível, só se pode apoiar na imagem e na própria percepção. Quanto ao pensamento conceptual de ordem racional, suas relações com o "grupamento" lógico e com a socialização por cooperação, ou coordenação dos pontos de vista, são evidentes demais para que aqui se retorne a eles pormenorizadamente. Importa somente compreender que é a forma de equilíbrio assim atingida, ao termo do desenvolvimento,

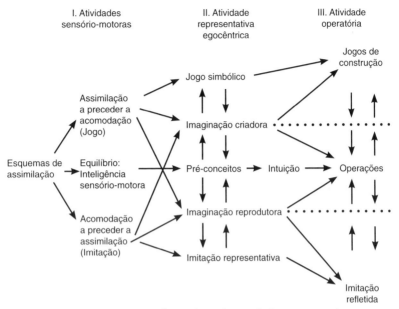

Figura 10.1 Resumo dos estágios da atividade representativa.

que fornece a melhor justificação da continuidade funcional sobre a qual tão seguidamente insistimos nesta obra.

As operações da razão constituem, com efeito, sistemas de conjuntos, caracterizados por uma certa estrutura, móvel e reversível ("grupamentos" qualitativos e "grupos" matemáticos), que não poderiam ser explicados pela Neurologia, nem pela Sociologia, nem mesmo pela Psicologia, senão a título de formas de equilíbrio em direção às quais tende todo o desenvolvimento. Ora, para explicar o fato de que as estruturas sucessivas, sensório-motoras, simbólicas ou pré-conceptuais e intuitivas acabem por dar sistemas gerais de ações que são as operações racionais, tem-se essencialmente de compreender de que maneira cada uma dessas variedades de conduta se prolonga na seguinte, segundo o sentido de um equilíbrio inferior a um equilíbrio superior. É por isso que a análise estática dos níveis descontínuos e superpostos não poderia bastar, enquanto o dinamismo funcional da assimilação e da acomodação, ao mesmo tempo em que respeita essas heterogeneidades estruturais, permite seguir o equilíbrio progressivo e apreender, por esse próprio fato, o papel específico da vida mental, que é conquistar uma mobilidade e uma reversibilidade completas, impossíveis de realizar no plano orgânico.

Índice

A

Ação(ões)
  heterotélicas, 166
  "séria", 140, 166
Acomodação, 307
  a preceder a assimilação, 309
Adaptação, 308
Agrupamento possível, 268
Alegria de ser a causa, 170
Amão, 292
Animismo, 281
  declínio do, 284
Aparência, prazer da, 126
Apercepção, 221
Arquétipos, hipótese junguiana da
  hereditariedade dos, 176
Artificialismo, declínio do, 284
Assimilação(ões), 26, 307
  a preceder a acomodação, 309
  egocêntrica, 175
  sensório-motora, 128
  simples de um objeto a um outro, 141
Atirar, 131
Atitude
  gnóstica, 179
  pática, 179
Atividade(s)
  representativa
    de ordem operatória, 322
    egocêntrica, 310, 319
    estágios gerais, 305
    resumo dos estágios, 326
  sensório-motora, 305
Autismo, 192
Autotelismo, 166

B

"Bater palmas", 74

Boca, percepções tátil-cinestésicas da
  própria, 47
Brincar de bonecas, jogo de, 121
Burzlaff, experiências de, 86
Buytendijk, F. J. J., teoria da dinâmica
  infantil de, 178

C

Casa da Criança, Genebra, 81, 120
Catarse, 178
Categorias práticas às categorias
  representativas, das, 275
Causalidade por eficácia, 56
Centrações, 319
Combinação(ões)
  com finalidade, 135
  liquidantes, 150
  sem finalidade, 132
  simbólicas, 141, 144
    antecipatórias, 152
    ordenada, 154
  simples, 145
Complexo do "*männliche Protest*", 198
Comportamentos
  mágico-fenomenistas, 288
Conexões lógicas, 212
Consciência, desdobramento da, 171
Constelações perceptivo-motoras, 76
Construção simbólica, 159
Conteúdo latente, 207
Coordenação dos pontos de vista, 288
Crença refletida, 188
Criptóforas, 192
Curiosidade, 120

D

Danças, 80
Decomposição de um todo, 131
Defasagem vertical, 83

Desdobramento da consciência, 171
Desejo de igualdade da menininha, 198
Desenvolvimento
  da criança, segundo período, 136
  pré-verbal, 127
  sensório-motor, 137
  sexual, 208
Desigualdade taquistoscópica, 86
Deslocamento do equilíbrio, 182
Divagação, 149
Doença da linguagem, 222

E

Egocentrismo infantil, 82
Energia psíquica, 220
Erro de padrão, 86
Esconde-esconde, 123
Esquema(s)
  afetivos, 199, 235
  pessoais, 235
  sensório-motor(es), 137
    para esquemas conceptuais,
      passagem dos, 243
  simbólico(s), 136, 137, 143
    projeção dos, 138
  verbais, primeiros, 244
Evolução
  dos jogos infantis e os jogos de
    regras, 160
  ulterior da imitação, 69, 81
Exercício sensório-motor, 128
Experiência(s)
  mental, 79, 263
  para ver, 107
Explorações, 23

F

Fabulação, 136
Fair-play, 190
Fantasia, 148
Fazer de conta, 109
Ficções, 115
Fonação da criança, 23
Função simbólica, 77
Funktionslust, 103

G

Gestalt

escola da, 86
perceptiva, 90
Gestaltkreis, 90
Groos, pré-exercício de, 103
Grupamentos, 302
Grupos, 302

H

Heterotelismo, 166
Hipótese
  de coordenações fortuitas, 91
  junguiana da hereditariedade dos
    arquétipos, 176

I

Identificações, 239
Ilusão, jogo de, 125
Imagem(s), 75
  imitação e, 81
  mental, 80
Imaginação, 120, 148, 165
  simbólica, 121
Imago, 213
Imitação
  ausência de, 9
  de movimentos não visíveis do próprio
    corpo, 37
  diferidas, 69, 70
  do sono, 115
  dos modelos sonoros ou visuais
    novos, 52
  esporádica, 9, 11
  evolução ulterior da, 69
  exata do real, 154
  gênese da, 7
  imagem e, 81
  instinto de, 88
  passagem para, 76
  representativa, princípios da, 69
  sistêmica, 9, 23
    de sons, 23
    dos novos modelos, 59
  teorias da, 88
Impulsividade, 179
Inconsciente
  coletivo, 221
  individual, 221
Indício, 48

Índice

Instinto, 122
de conformidade, 88
de imitação, 88
Inteligência
aparecimento da, 119
conceptual, 86
das situações, 267
inicial, aspectos da, 175
intuitiva socializada pela
linguagem, 235
sensório-motora, 8, 84, 101
à representação cognitiva, 267
verbal, 84
Interesse, 21
extrínseco, 169
Interiorização, 80
Intuição, 185, 300

J
Jogo(s), 99-118
classificação dos, 119
critérios do, 165
da comidinha, 123
de brincar de bonecas, 121
de comédia, papéis, 128
de construção, 125
de cortesia, 120
de destruição de objetos, 133
de exercícios
do pensamento, 134
sensório-motores, 124
simples, classificação e
evolução, 129
de experimentação, 120
de funções
especiais, 120
gerais, 120
de hereditariedade, 122
de ilusão, 125
de imitação, 120
de luta, 120
de perseguição, 120
de regras, 121
evolução dos jogos infantis e os, 160
do arco, 122
explicação do, 165-190
familiares, 120
intelectuais, 120

motores com o próprio corpo, 124
nascimento do, 101
origem, princípio da, 123
simbólico, 127
classificação e evolução, 135
sociais, 120
Jubilações, 309
Julgamentos, 212

K
Koehler, antropoides de, 97

L
Lacunas, 239
Lei de involução, 164
Linguagem
afetiva, 80, 192
aparecimento da, 121
da criança, 82
doença da, 222
egocêntrica, 157
intelectual, 192
interior, 74, 80
oral, 77
Lustprinzip, 167, 208

M
Matéria sensível, 78
Memória de recognição, 212
Metáforas, 192
Metamorfose
de objetos, 123
de pessoas e coisas, 124
simbólica, 124
Método
clínico, 153
livre de conversação, 153
Modelo(s)
interno, 74
novos, imitação de movimentos não
visíveis de, 37
sonoros, início da imitação dos, 52
Monólogos coletivos, 156
Montagem hereditária, 88
Motivação, 313

N
Nomes, 286

O

Objeto(s), 292
   metamorfose de, 123
   simbólicos, 78
Operação, 300

P

Paleopsique, 222
Passagem dos esquemas sensório-motores
   para os conceptuais, 243
Pensamento
   da criança
      ensaio de interpretação do jogo pela
      estrutura do, 181
   intuitivo, 319
   jogos do exercício do, 134
   lógico-verbal, 174
   não dirigido, 206
   pré-conceptual, 310
   simbólico, 191
      explicação freudiana, 206
Percepções tátil-cinestésicas da própria
   boca, 47
Perspectivas espaciais, 292
Polissimbolismo, 208
Prazer
   da aparência, 126
   de ser causa, 104, 172
   funcional, 99, 104
   princípio do, 167
Pré-conceitos, 250
   da criança, 189
Pré-exercício
   de Groos, 103
   fenômeno do, 99
   noção de, 127
   o verdadeiro, 174
   teoria do, 120
Pré-lógica intuitiva, 238
Preparação reflexa, 10
Projeção dos esquemas
   de imitação em novos objetos, 139
   simbólicos nos objetos novos, 138
Pseudoimitação, 24
Pseudomentira, 262
Pulsão, 210
Puxar, 131

R

Raciocínio(s)
   Pré-conceptuais, 259
   primeiros, 259
   simbólicos, 259
   transdutivo, 317
Realitätprinzip, 167
Reação(ões)
   ambiental, 292
   circulares
      primárias, 103
      terciárias, 107
   lúdicas, 103
   primárias, 23
   relativas ao ar, 288
Recapitulação, teoria da, 175
Recomposição de um todo, 131
Regelbewsstssein, 128
Regra(s), 125
   jogos com, 128
Representação, 74
   cognitiva, 241-274, 316
   da inteligência
      sensório-motora à, 267
   conceptual, 75
Ritos, 80
Ritualização, 107

S

Scheinlüge, 262
Sentimentos
   "como se", 115
   transformação social dos, 210
Significação, 21
Significado, 75, 77, 99
Significante(s), 75, 77, 99
   arbitrário, 191
Signos, 75, 112
   arbitrários, 313
   coletivos, sistema de, 80
   sociais convencionais, 313
Simbolismo
   coletivo, 156
   consciente, 115
   inconsciente, 115
      e os esquemas afetivos, 232
      ensaio de explicação do, 225
   lúdico de Zoubab, 205

Índice

onírico, 175
secundário do jogo, 191
do sonho na criança, 193
segundo Silberer, Adler e Jung, 218
Símbolo(s), 75
inconscientes, 191
lúdico, 109
Sinais, valor dos, 92
Sistema de signos coletivos, 80
Sociedade, 76
Socius imaginário, 124
Sonho
censura do, 216
na criança, simbolismo secundário do, 193
Stanley Hall, teoria de, 175
Superego, 207

T

Tempo, 292

Tendência, 88
Teoria
da dinâmica infantil de E. J. J.
Buytendijk, 178
da recapitulação, 175
de Groos, 121, 135
de Stanley Hall, 175
do pré-exercício, 120, 169
Transduções, 259
Transferências, 20
na base dos sinais, 48
Transformação social dos
sentimentos, 210
Transposição simbólica, 207
Trieb, 88

V

Vida social, 76
Vocalizações, 22